D1750807

WEHR DIE SIEBEN
      WELTRELIGIONEN

GERHARD WEHR

DIE SIEBEN WELTRELIGIONEN

Christentum
Judentum
Islam
Hinduismus
Buddhismus
Taoismus
Konfuzianismus

DIEDERICHS

Die Deutsche Bibliothek – CIP-Einheitsaufnahme
Wehr, Gerhard:
Die sieben Weltreligionen : Christentum, Judentum, Islam,
Hinduismus, Buddhismus, Taoismus, Konfuzianismus : die Lehren, die
Unterschiede, die Gemeinsamkeiten / Gerhard Wehr . -
Kreuzlingen ; München : Hugendubel 2002
(Diederichs)
ISBN 3-7205-2310-1

© Heinrich Hugendubel Verlag, Kreuzlingen/München 2002
Alle Rechte vorbehalten

Umschlaggestaltung: Zembsch' Werkstatt, München
Produktion: Maximiliane Seidl
Satz: EDV-Fotosatz Huber/Verlagsservice G. Pfeifer, Germering
Druck und Bindung: GGP Media, Pößneck
Printed in Germany

ISBN 3-7205-2310-1

Inhalt

Einleitung
An der Schwelle zum dritten Jahrtausend 9
Religiöse Wirklichkeit – Wesen und Erscheinung. 13

Teil 1 Die abrahamitischen Religionen

Abraham als patriarchale Leitfigur 24

Kapitel 1 Das Judentum
Israels Gang durch die Geschichte. 27
Zur Geschichte Israels 30
Dokumente der Glaubenserfahrung 40
*Die Schrift – Die Thora – Einheitsfunktion der Bibel –
Synagogaler Gebrauch der Schrift – Talmud und Mischna –
Die Kabbala*
Jüdische Philosophie 57
Gelebte Frömmigkeit und Spiritualität 60
*Die Beschneidung – Bar Mizwa – Die Hochzeit –
Koscheres Leben – Tod und Sterben – Der Kalender
und die Feste*
Messias-Erwartung 72
Zionismus 74
Antijudaismus und Antisemitismus 77

Kapitel 2 Das Christentum
Gottesoffenbarung in Menschengestalt 78
Ursprung und Wesen 78
Der historische Jesus und der Christus des Glaubens 86
Verkündigung und Anbruch des Gottesreiches 95
Seine Auferstehung – »Er ist erweckt worden!«.......... 101
Der Apostel Paulus 103
Das Neue Testament und die Apostolischen Väter........ 108
Die Kirche in Geschichte und Gegenwart 117

Kapitel 3 Der Islam
Allah als autoritärer Allerbarmer 127
Verständnisprobleme 127
Muhammad und die Anfänge 133
Koran und Hadith 145
Die fünf Säulen des Glaubens 152
Sunniten und Schiiten 157
Die Mystik der Sufis 163

Teil 2 Die indischen Religionen

Kapitel 4 Der Hinduismus
Seine vielgestaltige Religionswelt 174
Zur Begriffsbestimmung und Eigenart 174
Geistiger Hintergrund und religiöse Praxis 179
Heilige Schriften 182
Die Veden und die Brahmana-Texte 183
Upanishaden-Mystik 187
Die Bhagavadgita 191
Die Tantras 198
Shankara und der Vedanta 202
Erkenntniswege des Yoga 207
Gestalten und Bewegungen geistig-religiöser
Erneuerung in Indien 215
Die Begegnung zwischen Hinduismus und
Christentum 227

Kapitel 5 Der Buddhismus
Seine »Schulen« und spirituellen Wege 232
Die älteste Weltreligion – eine Religion der Befreiung 232
Der Buddha 235
Seine Lebensspur 236
Seine Lehre (Dharma) 241
Seine Gemeinde (Sangha) 246
Heilige Schriften 249
Hinayana- und Theravada-Buddhismus 250
Mahayana-Buddhismus 253
Der tibetische Vajrayana-Buddhismus 259

Zen-Buddhismus 266
Der Buddhismus im Westen 276

Teil 3 Die chinesischen Religionen

Kapitel 6 Der Taoismus 284
Die Religionen im Reich der Mitte 284
Das Tao – Universalität und Mysterium 286
Das I Ging (I-Ching) und die Polarität von Yin und Yang .. 289
Im Spannungsfeld von Philosophie und Religion 296
Laotse (Lao-Tzu) 301
Das Tao te king (Daudedsching) 306
Zhuangzi (Dschuang Dse) und seine poetischen
Gleichnisreden 310
Zur Wirkungsweise des Taoismus 313

Kapitel 7 Der Konfuzianismus 315
Versuche einer Erstbegegnung 315
Meister K'ung-tse (Konfuzius) 317
Entwicklungen in Geschichte und Gegenwart 321

Exkurs: Natur- und Stammesreligionen

**Die Religionen und Kulturen in Gespräch und
Begegnung** 328
Ökumenische Tendenzen 329
Mission und Konversion 332
Die Rolle der Mystik 334
Weltethos im Dialog 337

Anhang
Anmerkungen 341
Stimmen und Zeugnisse 360
Glossar 367
Literatur 372
Religionsstatistik 390
Personenregister 392
Zum Autor 397

Einleitung

An der Schwelle zum dritten Jahrtausend

Die Welt ist klein geworden. Die Kontinente und Kulturen sind nah aneinander gerückt. Unterschiedliche Lebensarten und Bräuche, wenig vertraute Werte und Normen, die nicht selten mit religiösen Unterschieden zusammenhängen, bringen uns dies zum Bewusstsein. Wie wenig es bisher gelungen ist, diesem »Schrumpfen der Welt« in angemessener Weise zu begegnen, das zeigt die Diskussion um die längst zum Faktum gewordene multikulturelle Gesellschaft, die sich in ihrer extremen Form in Fremdenfeindlichkeit, Ausländerhass und unverblümter Aggressivität äußert. Große Bevölkerungsteile der westlichen Welt tun sich schwer, mit dieser neuen Realität zurecht zu kommen. Was Menschen, die in der zweiten Lebenshälfte stehen, an Toleranz nicht gelernt haben, dem versagt sich auch ein nicht geringer Teil der jungen Generation. Existenzielle, ins persönliche, familiäre oder allgemeine gesellschaftliche Leben greifende Tatsachen machen ein Umdenken und Umschwenken nötig. Ängste aller Art entstehen, weil gewohnte Vorstellungen und Lebenseinstellungen ihre Gültigkeit verloren haben und viele nicht bereit sind, sich der im raschen Wandel befindlichen Welt anzupassen. Noch ist die Zahl derer klein, die einen Gestaltungsauftrag für eine neue bessere Welt zu sehen und zu realisieren vermögen.

Vielfach sind Zeitfragen auf wirtschaftliche Effizienz reduziert. So verlangt ein empfindlicher Mangel an qualifizierten Arbeitskräften und ein deutlich bemerkbarer Bevölkerungsschwund in mehreren Nationen der nördlichen Hemisphäre nach Lösungen, aus denen sich weitreichende Konsequenzen ergeben. Sie haben mit dem Aufeinandertreffen mit Menschen zu tun, die in eben jenen

EINLEITUNG

kulturell-geistigen Welten leben, die den »Alteingesessenen« befremdlich erscheinen. Zu lange meinte man – und immer noch gibt man sich der Illusion hin –, dass kommerzielle Aufgabenstellungen allein durch Anwerbung von ausländischen »Arbeitskräften« und durch den Einsatz modernster Techniken zu bewältigen seien, ohne dass Fragen zu Mentalität und Spiritualität der einander begegnenden Menschen gestellt und beantwortet würden.

Beim ersten Hinsehen scheinen oder schienen die sich abzeichnenden Schwierigkeiten verwunderlich, weist doch die Religionsstatistik Europa und große Teile Amerikas immer noch als »christlich« aus. Und hat die Christenheit ihren Weg in die Welt nicht mit der Botschaft von der umfassenden Gottes- wie der Menschenliebe angetreten? Und sind während zweier Jahrtausende im Zeichen Christi nicht imponierende Beispiele der Weltgestaltung und der Daseinsbewältigung gegeben worden? Diese kulturschöpferische Kraft des Christentums von einst scheint versiegt zu sein. Diese Vermutung drängt sich auf, auch wenn das sozialpädagogische und karitativ-diakonische Engagement nicht gering einzuschätzen ist, das von kirchlichen Organisationen in der Dritten Welt geleistet wird.

Eine dem Bisherigen verhaftete Religiosität und Geisteshaltung sucht ihre Zuflucht in einem Fundamentalismus, der das Überkommene (»the old time religion«) den notwendig gewordenen Wachstums- und Wandlungsprozessen entziehen möchte. Man will beispielsweise die Formen eines Christentums bewahren, die einer inzwischen unzeitgemäß gewordenen Kirchlichkeit verpflichtet sind. Dabei hat der Fundamentalismus viele Gesichter, auch jener, der sich in anderen Religionen findet, namentlich in solchen, die von der Aufklärung und der Emanzipationsbewegung noch wenig berührt worden sind, z.B. der Islam.

Über die Mangelerscheinungen, die sich aus einer bloß nominellen Zugehörigkeit zu einer Kirche (z.B. in Westdeutschland) ergeben, täuscht sich längst niemand mehr hinweg. Signifikant sind nicht allein die beträchtlichen Kirchenaustritte vergangener Jahrzehnte. Viel stärker ins Gewicht fällt der offenkundige spirituelle Substanzschwund, der in Kirche und Theologie festzustellen ist. Dabei ist der Hunger nach Religiosität und nach einer christlichen wie außerchristlichen Spiritualität groß, jedenfalls sehr viel größer, als man noch vor wenigen Jahrzehnten vermuten konnte. Man sprach beispielsweise nach der letzten Jahrhundertmitte vom »Tod Gottes« und propagierte – etwa in Anlehnung an Thesen Dietrich Bonhoeffers (1906–1945) oder an Rudolf Bultmanns (1884–1976) »Entmythologisierungsentwurf« – die »religionslose Verkündigung« des Evangeliums. Immerhin begann ein Fragen einzusetzen, das nach neuen Horizonten Ausschau hielt. »Gott ist nicht ganz tot«, schrieb der tschechische Philosoph Viteslav Gardavsky in seinem gleichnamigen Buch[1]. Und selbst solche Theologen, die einst eine »Theologie nach dem Tode Gottes«[2] ausgerufen hatten, mussten mit Dorothee Sölle einräumen, dass die heutige globale Verantwortung eine tiefere Vergewisserung benötige, als »moderne Theologen« bislang glauben machen wollten. Eine Kurskorrektur in Gestalt einer »Hinreise«[3] zu Religiosität und Spiritualität sei nötig geworden. Sie wurde insbesondere in Kreisen der jungen Generation gefordert. Aber wer entsprach dieser Forderung nach einer Veränderung, die sich nicht allein auf den sozialen Bereich begrenzte, sondern die beim Menschen selbst, bei seinem Bewusstsein und bei seinem Verlangen nach innerem Wachstum und Reifung ansetzt?

Dieses Bedürfnis konnte im Raum der ehemaligen Volkskirche nur in einem vergleichsweise kleinen Maß durch kirchliche Aktivitäten befriedigt werden, beispielsweise im Rahmen der Meditationsbewegung und einer wiederbelebten Hinkehr zu mystischer Erfahrung. Die östlichen Religionen in ihren unterschiedlichen Ausgestaltungen wurden auch für Menschen im Westen immer attraktiver, sei es als Yoga oder Zen, in sufischen oder buddhistischen Übungsformen, in fernöstlicher Körperkultur als Tai Chi und Qi Gong und nicht zuletzt in der Anwendung des »I Ging« als Orakelbuch. Die traditionellen Grenzen kirchlicher Frömmigkeit sind im Übrigen nicht immer deutlich. Mischformen haben sich gebildet und erwecken den nicht selten von Illusionen begleiteten Eindruck, im Grunde sei »alles gleich«. Meditationslehrer und -lehrerinnen schmücken sich mit den Namen indischer, japanischer, sufischer oder tibetischer Gurus, Roshis, Sheiks bzw. Lamas, auf deren Initiation und Lehrbefähigung sie sich berufen. Man meint, sich in die eine oder andere spirituelle Tradition hineinstellen zu können, ohne sich um die Andersartigkeit der jeweils zugrunde liegenden Geistesart kümmern zu müssen. Selten genug macht man sich klar, welche Schwierigkeit das Verstehen fremder Religionen bereitet. Ernst Benz deutet das mit dem Hinweis an: »Eine der ersten Schwierigkeiten beim Verständnis fremder Religionen ist die Tatsache, daß auch der kritisch geschulte Forscher bei der Beurteilung fremder religiöser Phänomene mehr oder minder unbewußt den eigenen Standpunkt als maßgeblich voraussetzt.«[4] Das sind nur einige Erwägungen, die unser Thema nahe legt. Versucht man an der Schwelle zum 3. nachchristlichen Jahrtausend die in den letzten Jahrzehnten entstandene Situation zu überblicken, dann liegt auf der Hand, wie wichtig und unerlässlich es ist, sich über Wesen und Werden der Weltreligionen klar zu werden. Denn angesichts der Frage nach dem, »was uns unbedingt angeht« (P. Tillich), also der Frage nach dem Sinn menschlicher wie menschheitlicher Existenz, liegen in den Religionen grundlegende Antworten bereit. Ihre Verkünder sind mit dem Anspruch auf den Plan getreten, für bestimmte Wege des Heils zu missionieren. Insbesondere monotheistische Religionen wie Judentum, Christentum und Islam meldeten oft genug Alleinvertretungsansprüche an, als habe allein zu ihnen und durch sie Gott in vollgültiger Weise gesprochen und als könne allein durch sie die Seligkeit erlangt werden – eine in hohem Maße Unfrieden schaffende Behauptung.

An Brisanz hat es daher noch nie gefehlt, wenn beispielsweise Juden und Christen, Christen und Mulime, Israelis und Araber aufeinander treffen. Und wie sehen die östlich-fernöstlichen Heilswege aus? Wie stehen die Gläubigen des Ostens zueinander und zum Glauben der Christenheit, in der katholischen, d.h. allgemeinen Ausprägung? Denn schon in der frühen Christenheit wurde der Satz gepägt: Außerhalb der Kirche gibt es kein Heil (*Extra ecclesiam nulla salus*). Doch eben diese mit hohem autoritativem Anspruch auch in der Gegenwart immer wieder vorgetragene These stellt eine Herausforderung dar, die eine der Wirklichkeit gemäße Antwort verdient. Und die Religionen der Welt, mehr noch: die Religiosität eines jeden Menschen, dem die eigene religiöse Erfahrung wichtiger sein muss als eine von außen erhobene Forderung oder dogmatische Unterordnung der jeweils anderen Glaubensüberzeugung, sie sind eine Antwort auf eine solche Herausforderung. Voraussetzung ist freilich, dass man sich der Religiosität der anderen unvoreingenommen öffnet.

Die Frage nach dem Wesen der Religion kann – wie alle Grundfragen nach Sinn und Sein – immer nur in einem und für einen konkreten Augenblick gestellt werden. Niemand kann von dem geographisch-kulturellen und bewusstseinsgeschichtlichen Ort absehen, von dem aus gefragt und zu antworten versucht wird. Das ist eigentlich eine Binsenwahrheit. Dennoch oder gerade weil das so ist, sollte man sich dies klarmachen, will man nicht einer Täuschung anheimfallen, etwa der Annahme, man könne ungeprüft und angeblich voraussetzungslos von den Glaubenswelten und Weltanschauungen anderer sprechen.

Religiöse Wirklichkeit – Wesen und Erscheinung

Religion lässt sich verstehen als eine Wesen und Natur des Menschen ergreifende, ihn in seiner Ganzheit zugleich transzendierende Wirklichkeit. Religiosität, der religiöse Akt als solcher, gleich welcher Prägung, hat mit der Existenz des Menschen zu tun. Sie ist ihm geradezu angeboren als eine archetypische Gegebenheit. Ausgedrückt und in seinen Konsequenzen besprochen wird dies von Friedrich Schleiermacher (1768–1834), dem bis heute wohl einflussreichsten protestantischen Theologen des 19. Jahrhunderts, wenn er sagt: »Der Mensch wird mit der religiösen Anlage geboren wie mit jeder andern, wenn nur sein Sinn nicht gewaltsam unterdrückt wird, so müßte sie sich auch in jedem unfehlbar auf seine eigne Art entwickeln.« Deshalb kann Schleiermacher fortfahren: »Nicht der hat Religion, der an eine heilige Schrift glaubt, sondern welcher keiner bedarf und wohl selbst eine machen könnte.«[5]

Diese gleichsam angeborene Religiosität hat nichts damit zu tun, ob man sich einer bestimmten Religionsform zuwendet oder ob man sich – ungeachtet der erwähnten Veranlagung – vor der Öffentlichkeit als religionslos bzw. als atheistisch bezeichnet. Auf den ersten Blättern des alttestamentlichen Buches Genesis ist diese Urbildlichkeit bereits ausgedrückt, wo es vom Menschen (in der Verdeutschung Martin Bubers) heißt:
»*Gott schuf den Menschen in seinem Bilde, im Bilde Gottes schuf er ihn.*« Angesprochen ist die Ebenbildlichkeit des Erdgeborenen

(Adam). Thomas von Aquin sprach von der »ordo hominis ad deum«, d.h. von der zu Gott hinweisenden Ordnung, in die der Mensch eingefügt ist.

Dabei ist freilich zu bedenken, dass Überlegungen und Beschreibungen dieser Art bereits durch ein bestimmtes Vorverständnis geprägt sind. Sie nehmen zumindest in der westlichen Welt ihren Ausgang vom Christentum bzw. vom christlichen Gottesbild, soweit dieses auf einen einfachen Nenner zu bringen ist. In der östlich-fernöstlichen Welt sowie in allen außereuropäischen religiösen Traditionen müsste der Religionsbegriff anders formuliert werden. Der hierzulande immer noch übliche Eurozentrismus hat eine kritisch zu betrachtende Schieflage in der Einschätzung religiöser Wirklichkeit in der Welt verursacht. Das ist Grund genug dafür, dass man sich die bestenfalls partielle Gültigkeit unserer Aussagen über fremde bzw. fremd erscheinende Glaubensanschauungen bewusst macht.

Bereits die Verwendung des Wortes »Religion« (lat. *religio*) bedarf der Klärung. Auch ist die Bedeutung des Wortes *religio* nicht eindeutig. Zum einen rühren die Bedeutungsschwankungen von daher, dass es einen Unterschied macht, ob man den Begriff von *religare* (sich binden), von *relegere* (auf etwas achten) oder von *reeligere* (wiedererwählen) ableitet. Zum anderen ist zu berücksichtigen, dass *religio* auf dem Boden einer einzigen Sprache, des Lateinischen, und eines einzigen Kulturzusammenhangs, eben des abendländisch-westlichen, gewachsen ist, während die Kulturen und Sprachen anderer Weltreligionen nicht ohne weiteres durch diesen lateinischen Wortstamm in seinen verschiedenen Ableitungen wiedergegeben werden können. Bereits das Hebräische fürs Judentum und das Arabische für den Islam, ganz zu schweigen von den im ostasiatischen Raum gesprochenen Sprachen und Dialekten (Sanskrit, Pali, Chinesisch, Tibetisch), alle Sprachen sind mit Konnotationen oder Begleitvorstellungen behaftet, die sich nicht problemlos mit anders gearteten identifizieren lassen. Wir sind – nicht allein nur im sprachlichen Sinn – auf »Übersetzungen« angewiesen, wenn wir von Fremdreligionen hören. Und es ist zu bedenken, dass wir die in der eigenen Bewusstseinswelt entstandenen Vorstellungen – meist unbewusst – auf andere projizieren und dadurch Unklarheit verursachen.[6] Mit Mircea Eliade kann man es daher bedauern, »daß wir kein präziseres Wort als Religion haben, um das Erlebnis des Heiligen zu bezeichnen. Dieses Wort ist mit einer langen, kulturell eher eingeschränkten Geschichte belastet, und man überlegt, wie es ohne Unterschied auf den Alten Orient, das Christentum und den Islam oder auf Hinduismus, Buddhismus und Konfuzianismus sowie auf die sogenannten Primitiven angewendet werden kann.«[7]

Wie wird Transzendenz anderswo erfahren? Gibt es überall die Überzeugung, dass es eine unauflösliche Wirklichkeit in der Welt gibt, auf die letztlich alles Sein und Tun bezogen wird? Wie wird jener bzw. jenes »Ganz Andere«, das Absolute, die Gottheit in Gebet und Kultus angesprochen, wie in der Lebenswirklichkeit und in der religiösen Praxis ausgedrückt, personal als das göttliche Du oder unpersönlich-transpersonal als das einzigartige Eine? Erfahrungsgemäß reicht es nicht aus, lediglich die heiligen Schriften und andere religiöse Texte miteinander zu vergleichen und deren Aussagen philologisch-theologisch zu interpretieren. Zugrunde liegt jeweils eine Fülle spiritueller Erfahrung, die sich im gelebten Leben kollektiver wie individueller Frömmigkeit und im Brauchtum niedergeschlagen hat. Dieses spezifisch Andere lässt sich nicht durch das geschriebene, jeweils interpretationsbedürftige Wort in zureichendem Maße ausdrücken.

Wer von den Weltreligionen spricht, der setzt andererseits eine viele Jahrhunderte, Jahrtausende zählende Geschichte der Menschheit voraus, in der bestimmte Erfahrungen mit einer oder vielen überirdischen Mächten – »mit Furcht und Zittern« – gemacht worden sind. Es handelt sich um die *Begegnung mit dem Heiligen*, das wieder und wieder als ein übermenschliches Mysterium erlebt wurde, als das Mysterium der Transzendenz, die – streng genommen – jenseits des Erlebbaren liegt. Der Religionswissenschaftler Rudolf Otto (1869–1937) hat es als »mysterium tremendum et fascinans«, als ein bald erschreckendes, bald faszinierendes Geheimnis beschrieben. Je nach der kulturellen und bewusstseinsmäßigen Befindlichkeit derer, die von diesem Mysterium berührt und ergriffen sind, gestaltet sich auch die Religiosität mit ihren unterschiedlichen Formen des Umgangs mit dem, was von den Menschen als die »Tiefe des Seins« (P. Tillich) erlebt wird. Oder um es mit den Worten zu sagen, die Otto in seinem grundlegenden Werk »Das Heilige« (1917) umreißt:

EINLEITUNG

»Das, wovon wir reden und was wir versuchen wollen, einigermaßen anzugeben, nämlich zu Gefühl zu bringen, lebt in *allen* Religionen als ihr eigentlich Innerstes, und ohne es wären sie gar nicht Religion. Aber mit ausgezeichneter Kräftigkeit lebt es in den semitischen Religionen, und ganz vorzüglich hier wieder in der biblischen. Es hat hier auch einen eigenen Namen: nämlich ›qadosch‹, dem ›hagios‹ und ›sanctus‹ und noch genauer ›sacer‹ entsprechend. Daß diese Namen in allen drei Sprachen das ›Gute‹ und schlechthin Gute mitbefassen, nämlich auf der höchsten Stufe der Entwicklung und Reife der Idee, ist gewiß, und dann übersetzen wir sie mit ›heilig‹. Aber dieses ›heilig‹ ist dann erst die allmähliche ethische Schematisierung und Auffüllung eines eigentümlichen ursprünglichen Momentes, das an sich selber gegen das Ethische auch gleichgültig sein und für sich erwogen werden kann. Da diese Kategorie vollkommen sui generis ist, so ist sie wie jedes ursprüngliche und Grund-Datum nicht definibel im strengen Sinne, sondern nur erörterbar.«[8]

So wünschenswert die begriffliche Fassbarkeit sein mag, die einer Wesensbestimmung des Heiligen dient, so belanglos mag dergleichen demjenigen erscheinen, der die Erfahrung dieses Außerordentlichen gemacht hat. Dieses ist ihm evident, aus sich selbst heraus und durch sich selbst begründet. Es bedarf keines zusätzlichen Beweises oder einer »Erklärung«. Es ist schon Inbegriff des Klaren. Ihm, dem solchermaßen erfahrenden Menschen, genügt das Vorhandensein seines Erlebnisses, das er – vielleicht ebenfalls »mit Furcht und Zittern« – als eine Tatsache bezeugen kann oder das ihm – auf anderer Ebene – als die »Große Erfahrung« im Sinne Graf Dürckheims nahe gekommen ist[9]. Und weil Otto auf die semitischen Religionen zu sprechen kommt, sei an das Berufungserlebnis des Propheten Jesaja (Kapitel 6) erinnert. Der sieben Jahrhunderte vor Christus schreibende Berichterstatter nennt Ort und Zeit, in dem ihm die Schau zuteil geworden ist. Im Tempel zu Jerusalem ist sie ihm widerfahren: »*Ich sah den Herrn (Adonai) sitzen auf einem hohen und erhabenen Stuhl, und sein Saum füllte den Tempel. Seraphim standen über ihm, ein jeglicher hatte sechs Flügel. Mit zweien deckten sie ihr Antlitz, mit zweien deckten sie ihre Füße, und mit zweien flogen sie; und einer rief zum andern und sprach:*

Religiöse Wirklichkeit – Wesen und Erscheinung

*Heilig (qadosch), heilig heilig
ist der Herr Zebaoth;
alle Lande sind seiner Ehre voll!
daß die Überschwellen (des Tempels) bebten von der Stimme ihres Rufens, und das Haus ward voll Rauch. Da sprach ich: ›Weh mir, ich vergehe! denn ich bin unreiner Lippen und wohne unter einem Volk von unreinen Lippen, denn ich habe den König, den Herrn Zebaoth gesehen mit meinen Augen.‹ Da flog der Seraphim einer zu mir und hatte eine glühende Kohle in der Hand, die er mit der Zange vom Altar nahm, und rührte meinen Mund an und sprach: ›Siehe, hier sind deine Lippen berührt, daß deine Missetat von dir genommen werde und deine Sünde versöhnt sei.‹ – Und ich hörte die Stimme des Herrn, daß er sprach: ›Wen soll ich senden? Wer will unser Bote sein?‹ – Ich aber sprach: ›Hier bin ich, sende mich.‹ Und er sprach: ›Gehe hin und sprich zu diesem Volk!‹«*

So ist es die Erschütterung, es ist die Stimme des Erhabenen, des »Herrn der Heerscharen« (*Zebaoth*), den der Prophet vernimmt, ein Ereignis, aus dem Jesaja als ein Gewandelter entsühnt hervorgeht. Er ist ermächtigt, der Bote des Allerhöchsten zu sein. Die Religionsgeschichte kennt viele andere Beispiele der Konfrontation mit dem Jenseitigen, das machtvoll in die menschliche Existenz hineingreift. Aber auch immer wieder ereignen sich Seinserfahrungen und Seinsfühlungen, die nicht den großen Erscheinungen des Heiligen gleichzustellen sind. Aber Begebenheiten dieser Art, die, ohne an Raum und Zeit gebunden zu sein, wieder und wieder den alltäglichen Bewusstseinshorizont überschreiten, verweisen auf das Transrationale, das stärker als ein begrifflicher Fixierungsversuch den Menschen beeindruckt und »überzeugt«. Es ist jeder Beweispflicht enthoben. Der schlichte Bericht, sofern das Erfahrene in Worte gefasst werden kann, muss genügen, etwa in der Art, wie ihn Rudolf Otto aus eigenem Erleben schildert:
Man schreibt das Jahr 1911. Der Religionswissenschaftler bereist Marokko. Dort betritt er die Synagoge einer kleinen jüdischen Gemeinde. »Es ist Sabbat, und schon im dunkeln, unbegreiflich schmutzigen Haus hörten wir das ›Bemschen‹ der Gebete und Schriftverlesungen, jenes halbsingende, halbsprechende nasale Cantillieren, das die Synagoge an die Kirche wie

an die Moschee vererbt hat. Die Worte zu trennen und zu fassen bemüht sich das Ohr zunächst vergeblich und will die Mühe schon aufgeben, da plötzlich löst sich die Stimmenverwirrung, und – ein feierlicher Schreck fährt durch die Glieder – einheitlich, klar und unmißverständlich hebt es an:

> *Kadosch, Kadosch, Kadosch*
> *Elohim Adonai Zebaoth.*
> *Heilig, heilig heilig*
> *ist Gott der Herr Zebaoth,*
> *Himmel und Erde sind voll*
> *von seiner Herrlichkeit!*

In welcher Sprache immer sie erklingen, diese erhabensten Worte, die je von Menschenlippen gekommen sind, immer greifen sie in die tiefsten Gründe der Seele, aufregend, und rühren mit mächtigem Schauer das Geheimnis des Überweltlichen, das dort unten schläft.«[10]

Die Namengebung wie die Deutung des Außerordentlichen oder »ganz Anderen« beginnt, lange bevor sich jene großen Systeme der Gottesverehrung ausgestalten, die wir als Weltreligionen bezeichnen. Doch für den frühen Steinzeit-Menschen gilt ähnlich wie für den religiös »hoch entwickelten Modernen« die Definition: »Religion ist Begegnung mit dem Heiligen.«

Nun gibt es für jede Religion so etwas wie ein Eigenleben. Dazu gehört die Hingabe und Frömmigkeit derer, die sich ihr verbunden fühlen. Die Angehörigen verschiedener Religionen fordern aber auch einander heraus. Es besteht das Bedürfnis der Abgrenzung, insbesondere bei denen, die den Anspruch erheben, als Auserkorene dem »wahren Gott« untertan zu sein, seine Gebote zu erfüllen und seine Mission zu vollziehen. In einer Zeit, in der die bislang bestehende räumliche Distanz schwindet und nahezu ganz aufgehoben wird, ergibt es sich wie von selbst, dass man in anderer Weise voneinander Kenntnis nimmt als in vergangenen Jahrhunderten. Es handelte sich um jene Zeit, als die welterobernden und kolonisierenden »christlichen Kulturvölker« bestrebt waren, das »Heidentum« in allen Weltgegenden zu missionieren. Man studierte die Sprachen und Überlieferungen der Völker nicht zuletzt deswegen, um die eigene Heilsbotschaft weiterzusagen und »siegreich« durchzusetzen. Dass die Mission der Kirchen jahrhundertelang unter dem militärischen Schutz der jeweiligen Kolonialherren und in Begleitung der nach neuen Absatzmärkten ausschauenden Kaufleute erfolgt ist, stellt ein besonders finsteres Kapitel der Kirchengeschichte dar. Ebenso die Tatsache, dass gewachsene Sozialstrukturen aus Ignoranz zerstört und vielfältige Probleme der Missionare, auch solche der miteinander im Streit liegenden Konfessionen, in die »Dritte Welt« verpflanzt und damit vervielfältigt wurden. Ein Großteil der heutigen Probleme der »Dritten Welt« gehen auf jene oft fragwürdigen Exporte zurück.

Ungeachtet dieser Vorgänge wuchs das Bedürfnis, die Religionswelt in ihrer Vielgestaltigkeit, vor allem auch um ihrer selbst willen kennen zu lernen. Dazu kam beides: die große Faszination, die die Weltreligionen mit ihrer fremdartigen Spiritualtität seit langem ausüben, zum anderen erwuchs der westlichen, von Selbstzweifel erschütterten Christenheit eine nicht minder starke Herausforderung. Berechtigt ist der Hinweis, dass zwei Jahrtausende Christentum nicht nur nicht in der Lage waren, die Menschheit zu befrieden, sondern dass im Namen des Friedensfürsten Jesus Christus ungeheure Gewalttaten verübt und Andersdenkenden wie Andersglaubenden unsägliches Leid angetan wurde. Deshalb kann das von Hans Küng geprägte Signalwort »Ohne Religionsfriede kein Weltfriede« nicht ernst genug genommen werden. Oder um es mit Worten auszudrücken, die in der von Raimundo Panikkar formulierten Abschlusserklärung der 1985 in Madras/Indien erfolgten Religionskonferenz geäußert wurden. Die Angehörigen verschiedener Religionen und religiöser Glaubensgemeinschaften sind demnach bestrebt, *für einen ganzheitlichen und integralen Lebensstil zu entscheiden, und zwar in Bezug auf uns selbst, unsere gesellschaftliche Umgebung und die Welt als ganze, ein echtes Verlangen nach gegenseitigem Verständnis zwischen den Religionen und der Wunsch, eine positive Einstellung von Toleranz und ein ehrliches Bemühen für Harmonie zwischen den Völkern der Welt, zwischen uns selbst und auch im ganzen Kosmos zu fördern.*

Wir drückten unser Unbehagen darüber aus, daß die traditionellen Religionen die gegenwärtige Situation weder verhindert haben, noch den ›Raum‹ dazu anzubieten scheinen, in dem die erforderliche Transformation stattfinden kann, obwohl nach unserem Eindruck genau dies die Aufgabe der Religion wäre: ›Raum‹ für die Befreiung des Men-

schen von jeder Knechtschaft zu schaffen und Mittel bereitzustellen, damit die Ziele des menschlichen Lebens erreichbar würden, wie auch immer diese Ziele im Einzelnen interpretiert werden.«[11]

Und ein Weiteres steht außer Frage: Religionen sind keine statischen, für alle Zeit fixierbaren Phänomene. In ihnen pulsiert ein Leben, das auch in seinen dogmatischen Aussagen und ethischen Maximen bestenfalls annäherungsweise beschrieben werden kann. Ihre Symbole weisen wie jedes echte Symbol über sich hinaus auf eine Wirklichkeit, an der die Menschheit als Totalität teilhat. Selbst die genaueste Analyse heiliger Texte reicht nicht hin, um etwas von dem Pulsschlag des jeweils Lebendigen, von der Frömmigkeit und Hingabe zu vermitteln. So wichtig wie unverzichtbar aus heutiger Sicht die Arbeit der Philologen und Historiker ist, abhängig von ihnen ist der religiöse Mensch in seinem Frommsein nicht. Wie groß ist im Übrigen die Kluft zwischen den Insidern, die anbetend und meditierend an dem Mysterium ihres Glaubens in existenzieller Weise partizipieren, indem sie es erfahren, und jenen, die die Formen und Weisen einer Religiosität in akademischer Distanz nur von außen betrachten und vergleichen. Dazu kommt, dass die Beschreibenden dem Wandel ihrer eigenen Vorstellungen und Überzeugungen unterworfen sind. Sie bringen jenes Vorverständnis mit, das die Objekte ihres Sehens und Deutens notgedrungen »färbt«. All das macht jede Unternehmung dieser Art zu einem Abenteuer.

Dabei geht es um Menschen, die – etwa in der Weise Parzivals – auf der Suche (*quest*) sind nach dem, das not tut. Die Reise als solche, das Auf-dem-Wege-Sein, stellt ein menschliches Urphänomen dar. Man denke nur an die Heilssuche, die auf das »gelobte Land« gerichtet ist oder auch auf die »Inseln der Seligen«, deren Orte jenseits von Raum und Zeit zu liegen scheinen. Man denke an die Wallfahrtsstätten in aller Welt, an die Gläubigen von damals, aber auch an die Interessierten von heute, die – vielleicht unbewusst – durch ein in den Tiefen der Seele veranlagtes religiöses Anliegen zur Hinreise bewegt werden. Aber nicht nur in allen Weltgegenden wird gepilgert: zum Heiligen Grab, zu einer bestimmten Stupa, die ein buddhistisches Kleinod birgt, oder zur Kaaba in Mekka – für den gläubigen Moslem lebenslange Sehnsucht und Verpflichtung in einem. Es gibt auch die visionäre Reise, wie sie etwa Dante in seiner »Divina Commedia« durch die jenseitigen Reiche des Inferno, des Läuterungsbergs (*purgatorio*) und schließlich des Paradiso schildert. Es gibt die Seelenreisen in »höhere Welten«, seien es Resultate schamanistischer Praktiken, seien es Entrückungen, Himmelfahrten, wie sie vom biblischen Henoch oder Elia, von den Gestalten des Neuen Testaments, von gnostischen Esoterikern und von ungezählten anderen berichtet sind, die nach spiritueller Erkenntnis suchen.[12]

Will man sich die grundlegenden Tatsachen religiösen Erlebens und gläubigen Vollzugs vor Augen führen, dann ist eine Reihe von Begriffen, auf die noch einzugehen ist, zu nennen. Die Erfahrung des *Heiligen* wurde schon erwähnt. Denn am Anfang steht das Ergriffenwerden, das Konfrontiertsein mit einem Übermenschlichen, auch Übernatürlichen, insofern die Grenzen von Mensch und Natur in einer bestimmten Weise überschritten werden. Alles Denken, Fühlen und Wollen erfährt eine charakteristische Veränderung, die das Leben des Einzelnen ebenso wie das seiner Mitwelt gestaltend beeinflusst. Dabei macht es zunächst keinen Unterschied, ob die Transzendenz in personaler Weise wie in monotheistischen Religionen erfahren wird oder ob es sich um unpersönliche Mächte handelt. In jedem Fall sind Religionen stets Ereignisse und Konstellationen von Gemeinschaften, selbst wenn einzelne Stifterpersönlichkeiten oder Charismatiker, d.h. Empfänger (seltener Empfängerinnen) von spirituellen Weisungen am Anfang einer religiösen Bewegung stehen.

TEIL 1
Die abrahamitischen Religionen

Abraham als patriarchale Leitfigur

Wenngleich Mose als »der Mann Gottes« für Israel und das Judentum den Rang des Gesetzgebers und einer Stifterpersönlichkeit erlangt hat, so gibt es doch noch so etwas wie einen väterlichen Grund, auf den sich das alte Gottesvolk beruft, wenn es die Namen der Erzväter Abraham, Isaak und Jakob-Israel nennt. Diese Patriarchen oder Stammväter der Hebräer, als wandernde Hirten und Kleinviehzüchter mit dem Namen *Habiru* bezeichnet, kommen aus dem mythischen Raum Mesopotamien. Von dem Gott, der sich später als Jahve (*JHVH*) zu erkennen gibt, aus ihrer Heimat und Sippe herausgerufen, folgen sie – als erster Abraham – der Aufforderung ihres Herrn: »*Ziehe fort aus deinem Land, aus deiner Verwandtschaft und aus deinem Vaterhaus in das Land, das ich dir zeigen werde! Ich will dich zu einem großen Volke machen. Ich will dich segnen und deinen Namen groß machen, und du sollst ein Segen sein. Ich werde segnen, die dich segnen, und die dich verwünschen, werde ich verfluchen. Durch dich sollen gesegnet sein alle Völker der Erde.*« So lauten für den Herausgerufenen ebenso wie für die ferne Zukunft seiner Nachkommen Auftrag und Bestimmung im Buch Genesis (Kap. 12, 1–3).

Eine zeitliche Datierung Abrahams und der Erzväterzeit ist kaum möglich. Zu denken ist allenfalls an die Mitte des zweiten vorchristlichen Jahrtausends. Und was die mit dem Namen ›Habiru‹ bezeichneten Menschen betrifft, in deren Mitte »Abraham der Habiru« oder der Hebräer steht, so weist ihnen die Etymologie die Bedeutung von ›Unsteten, Schweifenden‹ zu, also Menschen, die auf dem Weg sind, »das wandernde Gottesvolk«. Von ihm spricht auch das Neue Testament (Hebr. 12). Dahinter verbirgt sich zugleich eine theologische Bedeutung, denn es sind Menschen gemeint, die sich der Führung Gottes anvertrauen und ihre Zelte dort aufschlagen, wohin er sie sendet. Martin Buber, der den Spuren seiner Väterüberlieferung nachgegangen ist, sieht in den Habiru weniger ein Volk, »sondern eine Menschenart ihrer Lebensweise und ihrem besonderen Verhältnis zu ihrer Umwelt nach, doch hat der Name die entschiedene Tendenz, sich zu einer ethnischen Bezeichnung zu entwickeln. Diese Menschenart setzt sich aus Angehörigen verschiedener Völkergruppen zusammen, unter denen die semitische zumeist vorherrscht. Es sind Menschen ohne Land, die sich von ihren Volkszusammenhängen abgetrennt und zu gemeinsamen Weide- und Kampfzügen zusammengetan haben, je nach den Umständen halbnomadischer Viehzüchter oder Freischärler.«[1]

Abraham, zugleich der Prototyp des dem Ruf Gottes folgenden Menschen, verlässt mit den Seinen Chaldäa und gelangt nach Haran ins nordwestliche Mesopotamien. Von dort zieht er südwärts nach Syrien, Palästina und Ägypten. In Palästina findet er eine Bleibe. Hier wird ihm aufgrund göttlicher Zusage durch seine Ehefrau Sarah (d.i. »Fürstin«) Isaak geboren, dessen Sohn Jakob schließlich den Vatersegen empfängt und der seinerseits zum Vater von zwölf Söhnen, den »Kindern Israel«, wird. Sie bilden die Grundlage des Zwölf-Stämme-Volkes. Als »Vater des Glaubens«, wie ihn später noch die Christenheit, in anderer Form auch der Islam anerkennt, steht er am Anfang einer Vater-Religion, dem Inbegriff des religiösen Patriarchalismus. Denn »Gott ist König« (Psalm 146, 10), ein unumschränkter Herrscher, Inbegriff jeglicher Autorität. Er hat kein weibliches Gegenüber an seiner Seite. Die Frau ist in jedem Fall »des Herren Magd«.

Und der »Gott Abrahams, Isaaks und Jakobs«, wie ihn die Nachfahren dreier Jahrtausende im Gebet anrufen, macht mit dem Stammvater der ihm nachfolgenden Habiru einen Bund. Besiegelt wird er durch die Beschneidung. Nach Art der alten Hirtenkulturen steht das Blutopfer, die rituelle Schlachtung eines makellosen Tieres im Mittelpunkt der Gottesverehrung. Der durch den Gottesbund auf die Segensverheißung verpflichtete Abraham muss bereit sein, seinen erstgeborenen Sohn Isaak zu opfern (Gen. 22). Doch als er diese Glaubenstreue und rückhaltlose Hingabe bestätigt, nimmt Gott einen Widder anstelle des Menschenopfers an. Und noch das Evangelium (Matth. 3, 9) belegt mit dem Wort: »Wir haben Abraham zum Vater«, welche Rolle Israel seinem Urvater zuweist. Für den Apostel Paulus (Röm. 4) – und damit für die Christenheit – wird Abraham zum Typus des glaubenden, dem Geheiß Gottes bedingungslos gehorchenden Menschen. Im Islam gilt Abraham (arab. *Ibrahim*) als der Prophet, der die Menschheit zur Anbetung des wahren Gottes aufruft und sich allem blasphemischen Götzendienst widersetzt. Darauf bezieht sich die 2. Sure (124 ff.): »*Wer außer dem, dessen Seele töricht ist, verschmähte die Religion Abrahams? Fürwahr, wir erwählten ihn hinieden, und siehe, wahrlich, im Jenseits gehört er zu den Rechtschaffenen. Als sein Herr zu ihm sprach ›Werde Muslim‹, sprach er: ›Ich ergebe mich völlig dem Herrn der Welten‹.*« So gilt Abraham als der mit großer patriarchalischer Autorität ausgestattete bedeutsame Vorfahr des letzten aller Propheten, nämlich Muhammads, in dem sich die Gottesoffenbarung nach muslimischer Glaubensüberzeugung vollendet hat. Auch mit der Kaaba in Mekka und der für die Muslime verpflichtenden Wallfahrt dorthin ist Abraham verbunden.

Die Bedeutung, die der »Vater des Glaubens« somit im Judentum für die Christenheit und im Islam erlangt hat, macht verständlich, weshalb im Dialog der Religionen die Anknüpfung an Abraham für die drei monotheistischen Religionen hervorgehoben wird, so unterschiedlich die Akzentuierung und Einschätzung Abrahams da und dort ausfällt. Leo Baeck (1873–1956), der als die letzte Leuchte des Rabbinats in Deutschland verehrt wird, hat die abrahamitische Religiosität so charakterisiert:

»Die messianische Sendung des Christentums und des Islams ist im Judentum anerkannt worden, und diese Einsicht wurde auch dadurch nicht getrübt, daß es selten messianische Züge waren, die man von den beiden erfuhr. Man begriff, welch weltgeschichtliche Aufgabe diese Bekenntnisse zu erfüllen haben, und man stand nicht an, dem offenen Ausdruck zu geben. Die religiöse Literatur des Judentums legt von dieser Unbefangenheit des Urteils Zeugnis ab. In ihr wird des öfteren betont, daß Islam und Christenheit ›für die messianische Zeit vorbereiten und zu ihr hinleiten; daß sie den Auftrag haben, das Kommen des Gottesreiches anzubahnen‹. Ja, in der Tat, daß sie es vollbracht hatten, ›die Worte der Heiligen Schrift bis an die Enden der Welt dringen zu lassen‹.«[2]

Es macht demnach Sinn, beim Blick auf die Religionen der Welt mit den Wegen abendländischer Gottesbegegnung und Glaubenserfahrung zu beginnen.

Kapitel 1
Das Judentum

Israels Gang durch die Geschichte

Im Vergleich zu den hier zu besprechenden mitgliederstarken Weltreligionen stellt das gleichwohl in aller Welt verbreitete Judentum als Religionsgemeinschaft eine verschwindende Minderheit dar. Daraus ist aber nicht etwa eine geringe historische Bedeutung abzuleiten. Im Gegenteil: Schon aufgrund der Tatsache, dass Christentum und Islam als abrahamitische Religionen mit ungefähr zwei Milliarden Angehörigen letztlich im Judentum wurzeln, muss den spirituellen Nachkommen Abrahams eine außerordentliche Rolle zugesprochen werden. Kein Antijudaismus – gleich welcher Couleur – vermochte dies bis heute zu widerlegen.

Was nun die jüdische Religion, den Glauben Israels, betrifft, so liegen hier besondere Verhältnisse vor. Zum einen handelt es sich bei einer Weltbevölkerung von mehr als sechs Milliarden Menschen um einen überaus geringen Teil – etwa 15 Millionen Menschen wurden im Jahr 2000 dem Judentum zugerechnet. Aber nur ein Bruchteil derer, die sich als Juden bekennen, lebt im Staate Israel, also in dem Land, das in vorchristlicher Zeit länger als ein Jahrtausend hindurch dort beheimatet war.

Das Judentum verkörpert nicht die Religion eines Landes oder einer klar begrenzten Region, sondern eines Volkes. Das »Land Israel« (*Erez Jisrael*) und Zion (*Jerusalem*) als die Gottesstadt sind für jeden gläubigen Juden dennoch von einzigartiger Bedeutung. Nicht nur die gegen Ende des 19. Jahrhunderts entstandene zionistische Bewegung Theodor Herzls (1860–1904) mit ihren verschiedenen Fraktionen suchte dieser Tatsache durch politische Aktivitäten wie durch kulturelle Aufbauarbeit in Palästina Ausdruck zu verleihen, bis hin zur Begründung des Staates Israel durch David Ben-Gurion (1886–1973) am 14. Mai 1948. Und dieses Israel ist bekanntlich nicht etwa die Erfüllung messianischer Erwartungen in einem theokratisch geführten Priesterstaat, sondern eine Demokratie modernen Zuschnitts, in dem auch christliche, muslimische und andere religiöse Minderheiten toleriert sind.

Spricht man von *Israel* (wörtlich etwa: »der Gott El kämpft«), dann lässt sich diese Bezeichnung unter verschiedenen Aspekten betrachten: Zunächst handelt es sich um den Namen des Volkes, das seit den Tagen Abrahams von Jahve aus dem Kreis der semitischen Völkerfamilie erwählt wurde. Zum anderen werden die von Jakobs zwölf Söhnen hergeleiteten zwölf Stämme, von denen einer den Stamm Juda darstellt, Israel genannt. Es ist derselbe Name, der einst Jakob beigelegt wurde, nachdem er, mit einem Engel ringend, seine sein ganzes Leben bestimmende Gottesbegegnung an der Furt des Jabbok-Flusses gehabt hatte (Gen. 32, 25). Infolge der dramatisch verlaufenen Geschichte des Volkes kam es auf dem Boden Palästinas 722 v. Chr. zu einer politisch-religiösen Spaltung mit Israel im Norden und dem selbständig gewordenen Königtum Juda im Süden. Das assyrische bzw. babylonische Exil bewirkte ein Übriges. Es waren in erster Linie Angehörige des Stammes Juda, also Juden, denen aufgrund der Intervention des Perserkönigs Cyrus (Kores) im Jahr 538 v. Chr. die Rückkehr ins Land der Väter erlaubt wurde. Es zeugt für das Geschichtsbewusstsein der im heutigen Staat Israel lebenden Juden, dass sie – im Gegensatz etwa zu Herzl – nicht etwa vom »Judenstaat« sprechen, sondern dass sie an die Tradition ihrer Vorväter anknüpfen. Ein Israeli muss aber, wie gesagt, nicht Jude sein, sondern kann als Bewohner des heutigen Staates Israel einer ethnischen bzw. religiösen Minderheit angehören.

Wofür der Terminus »Judentum« steht, das hat – aus philosophischer Betrachtung – Emmanuel Lévinas (1906–1995) in der »Encyclopaedia Universalis« wie folgt zusammengefasst:

»Das Wort ›Judentum/Judaismus‹ enthält in unserer Zeit sehr verschiedene Vorstellungen. Es bezeichnet vor allem eine Religion: ein System von Glaubensinhalten, von Riten und moralischen Vorschriften, die sich auf die Bibel, den Talmud, die rabbinische Literatur stützen, und ist oft verbunden mit der Mystik oder der Theosophie der Kabbala. Die Hauptformen dieser Religion haben sich seit fast 2000 Jahren nicht verändert und zeugen von einem Geist, der sich gänzlich seiner selbst bewußt ist, der sich in einer religiösen und moralischen Literatur spiegelt und der zugleich weiterer Fortsetzungen fähig ist. Fossil gewordene Zivilisation, die sich selber überlebt – oder Ferment einer besseren Welt? Mysterium Israel! Jenes Problem spiegelt eine historische Gegenwärtigkeit, die einzigartig ist. In der Tat, als Quelle der großen monotheistischen Religionen, denen die moderne Welt ebenso viel wie dem antiken Rom oder Griechenland verdankt, gehört das Judentum zur lebendigen Aktualität. Der Versuch der Wiedererweckung eines Staates in Palästina und der Wiederentdeckung einstiger schöpferischer Eingebungen mit universeller Bedeutung läßt sich außerhalb der Bibel nicht verstehen.«[3]

Was die Christenheit das Alte Testament nennt und was den größten Teil der Bibel ausmacht, das stellt in der Tat das wichtigste spirituelle Erbe dar, das jüdischen Ursprungs ist, und ist zugleich eine bedeutsame Hinterlassenschaft, die, über das Judentum hinausweisend, der gesamten Menschheit anvertraut ist. Dieser menschheitliche Aspekt ist bekanntlich bereits in dem Segenswort angedeutet, das Abraham zugesprochen wurde. Im Grunde gilt das freilich für alle heiligen Schriften, auch wenn diese ursprünglich von Fall zu Fall nur einer zeitlich und räumlich begrenzten Menschheitsgruppe als ihr »Wort Gottes« bestimmt worden ist.

So gewagt es erscheint, in dem hier vorgegebenen engen Rahmen ein Bild des Judentums als einer religiösen Wirklichkeit zu geben, so unerlässlich ist es, aus der Fülle des allgemeinen historischen wie des religionsgeschichtlichen Materials zumindest eine Auswahl an theologischen Grundbegriffen zu treffen. Dazu gehören Begriffe wie *Gott* samt dem im Bewusstseinswandel sich verändernden Gottesbild, die Vorstellung von der *Schöpfung* von Mensch und Welt, die *Offenbarung* als die Wahrnehmung des Hervortretens und Fortwirkens Gottes, nicht zuletzt die *Tradition* als eine an die einst ergangene Offenbarung anschließende Überlieferung, die sich heute in der zu vollziehenden religiösen Praxis und alltäglichen Ethik, in Fest und Feier manifestiert. Als eine »Religion des Buches« kommt dem geschriebenen Wort der Offenbarung samt ihrer Auslegung oder der mündlichen Offenbarung und Aktualisierung eine zentrale Bedeutung zu. Dem sei jedoch eine historische Orientierung vorangestellt.

Zur Geschichte Israels

Die Geschichte Israels und des Judentums erstreckt sich über einen Zeitraum von nahezu vier Jahrtausenden. Die Anfänge, die gemäß biblischem Zeugnis (Genesis 12 ff.) durch die erwähnten Patriarchen, die sogenannten Erzväter Abraham, Isaak und Jakob, bestimmt sind, werden zur Beleuchtung des kulturellen Hintergrundes durch archäologische Forschungen gestützt. Als literarische Quellen kommen in erster Linie die biblischen (alttestamentlichen) Zeugnisse infrage. Doch es liegt in der Natur der Sache, dass Textbestände unterschiedlicher Art, die vor nahezu drei Jahrtausenden erstmals niedergeschrieben worden sind, nicht mit Dokumenten gleichgesetzt werden können, die historisch informieren wollen.

Die historisch-kritische Forschung der letzten zwei Jahrhunderte ist dabei über mehr oder minder plausible Annahmen der zeitlichen Zuordnung nicht hinausgekommen. Die von mythischen Bildern durchsetzten Schilderungen, von denen die hebräische Bibel berichtet, lassen sich mit der ersten Hälfte des zweiten vorchristlichen Jahrtausends nur ungefähr datieren, wobei Abraham nicht nur den Ahnherrn Israels, sondern auch den der Semiten bzw. den weiterer vorderasiatischer Völker darstellt.

Als Sohn Abrahams und seiner Frau Sarah nimmt Isaak eine genealogische Mittelstellung ein – eine historische Gestalt wahrscheinlich auch er, dazu ein Verheißungsträger für die Zukunft des wachsenden Gottesvolkes. Erst durch Isaaks – nach Esau – zweitgeborenen Sohn Jakob nimmt die eigentliche Geschichte des Volkes Israel, wie sie in den Büchern Genesis und Exodus geschildert wird, ihren dramatischen Fortgang. Auf Jakob mit dem Ehrennamen »Israel« (gemäß Genesis 32, 22 ff., etwa: Gottesstreiter) und seine Söhne (Ruben, Simeon, Levi, Juda, Isaschar, Sebulon, Gad, Asser, Dan, Naphtali, Joseph und Benjamin) geht der Zwölf-Stämme-Verband der »Kinder Israel« zurück.

Im Zusammenhang mit der großen Volksbewegung, die sich im zweiten Jahrtausend vor Christus im Vorderen Orient vollzogen hat, sind auch die Wanderungen der bereits erwähnten Habiru, denen die Hebräer ihren Namen verdanken. Die Religion und Geschichte des alten Israel gehören daher in den Kontext der semitischen Völkerfamilie dieses Raums. Es handelt sich um das Spannungsfeld, das sich – von Palästina aus betrachtet – im Nordosten, d.h. zwischen dem Zweistromland von Euphrat und Tigris, und Ägypten im Südwesten erstreckt. Der Einfluss der großen Kulturnationen auf das unscheinbare und machtlose Zwölf-Stämme-Volk kann gewiss nicht groß und nicht nachhaltig genug angenommen werden. Umso mehr muss es verwundern, dass die Hebräer offensichtlich das einzige Volk des Alten Orients darstellen, das im Lauf der Geschichte überlebt hat. »Ein derartiges Überleben ist aber nicht mit politischer Macht verbunden; wenn es dabei eine treibende Kraft gibt, so muß diese vielmehr auf religiösem Gebiet gesucht werden, und zwar im zähen Festhalten am alten Glauben durch die Jahrhunderte und verschiedensten Schicksale hindurch. Dieses Festhalten findet in der Geschichtsauffassung des israelitischen Volkes seinen Ausdruck. Sie gründet sich auf einen am Anfang stehenden Bund zwischen Gott und dem Volk und sieht im Ablauf der Ereignisse die eigentliche Geschichte dieses Bundes.«[4]

Israels Zug nach Ägypten bedeutete langjährige Knechtschaft und Frondienst. Der Mann Mose, der – von Jahve berufen – etwa im 13. Jahrhundert v. Chr. an die Spitze des Volkes tritt, wird zu der religiösen und politischen Führergestalt. Er ruft zum Aufbruch auf, lenkt das Zwölf-Stämme-Volk und wird zum maßgeblichen Mittler der religiösen Offenbarung. Dabei muss offen bleiben, wann diese Stämme zu einer völkischen Ganzheit zusammengewachsen sind. Am Horeb/Sinai-Gebirge empfängt Mose durch göttliche Offenbarung das Grundgesetz Israels, die Zehn Gebote. In der Verdeutschung Martin Bubers lautet dieser Text (Ex. 20):

ICH bin dein Gott,
der dich führte aus dem Land Ägypten,
aus dem Haus der Dienstbarkeit.
Nicht sei dir andere Gottheit mir ins Angesicht.
Nicht mache dir Schnitzgebild und alle Gestalt,
die im Himmel oben, die auf Erden unten,
die im Wasser unter der Erde ist,
neige dich ihnen nicht, diene ihnen nicht,
Denn ICH dein Gott

bin ein eifernder Gottherr,
zuordnend Fehl von Vätern ihnen an Söhnen,
am dritten und vierten Glied denen, die mich hassen,
aber Huld tuend ins tausendste
denen, die mich lieben, denen die meine Gebote wahren.

Trage nicht SEINEN deines Gottes Namen
auf das Wahnhafte, denn nicht straffrei läßt ER ihn,
der seinen Namen auf das Wahnhafte trägt.
Gedenke des Tags der Feier, ihn zu heiligen.
Ein Tagsechst diene und mache all deine Arbeit,
aber der siebente Tag ist Feier IHM, deinem Gott:
nicht mache allerart Arbeit, du, dein Sohn, deine Tochter,
dein Dienstknecht, deine Magd, dein Tier,
und der Gastsasse in deinen Toren.
Denn ein Tagsechst machte ER
den Himmel und die Erde, das Meer und alles, was in ihnen ist,
und ruhte am siebenten Tag, darum segnete er den Tag der Feier
und hat ihn geheiligt.

Ehre deinen Vater und deine Mutter,
damit sie längern deine Tage auf dem Ackerboden, den ER dein Gott
dir gibt.
Morde nicht.
Buhle nicht.
Stiehl nicht.
Aussage nicht gegen deinen Genossen als Lügenzeuge.
Begehre nicht das Haus deines Genossen,
begehre nicht das Weib deines Genossen, seinen Knecht, seine
Magd,
seinen Ochsen, seinen Esel, noch allirgend, was deines Genossen ist.

So wird Mose als Mittler zwischen Gott und dem Volk zum Stifter der jüdischen Religion, die in der fünfteiligen *Thora*, gemeinhin »fünf Bücher Mose« (griech. *Pentateuch*) genannt, niedergelegt ist. Doch der Einzug ins »gelobte Land« Kanaan/Palästina bleibt ihm selbst verwehrt. Diesen Auftrag erfüllt sein Nachfolger Josua. Moses Bruder Aaron samt seinen Söhnen wird zum Priester bestellt (Ex. 28). Entscheidend ist, dass es am Sinai zu dem Bund

Gottes mit seinem Volk gekommen ist, ein Bund, der für jeden Israeliten[5] bzw. Juden durch die rituelle und somit religionskonforme Beschneidung, d.h. mit dem eigenen Blut, zu besiegeln ist. Diese Verpflichtung ist bereits Abraham eingegangen. Sie ist bis heute in der jüdischen Orthodoxie verbindlich. Doch wurde in liberalen Kreisen immer wieder für die Aufhebung dieses uralten Ritus plädiert.

Da das Alte Testament verschiedenen Traditionen entstammt, kommen auch unterschiedliche Gottesnamen vor. Einer, der letztlich maßgebende, sollte Jahve werden, der Beschützer und Lenker der Geschicke Israels. Es ist derselbe, der nicht nur für dieses eine Volk und seine Religion in ihrer Frühform bedeutsam werden sollte, sondern auf den sich alle drei Weltreligionen, eben auch Christentum und Islam, berufen. Die neuere Forschung charakterisiert ihn, indem sie ihm drei Spezifika beimisst: »Jahve ist der Gott, der seinen Namen, sein der Welt zugewandtes Wesen in geschichtlichen Führungen offenbart. Er ist der voranziehende und führende Gott. Jahve ist als der Herr zugleich der Richter der Völker und Menschen, der Israel und alle Völker an seinen Gemeinschaftstreue setzenden Willen bindet und daran misst. Und Jahve ist der Gott, der zu keiner Zeit von der Forderung läßt, daß er allein als der Herr und Gott anerkannt werde. So kommt es, wenn man so will, daß man ihn in den drei Weisen des Erzählens von seinen Taten an Israel und der Welt, der Kundgabe seines Willens in der Weisung und in der Ansage seines anstehenden Tuns, mit anderen Worten: durch Geschichtserzählung die schließlich nicht zufällig in sie eingebettete Thora und das Wort der Propheten vergegenwärtigt.«[6] Damit ist zum Ausdruck gebracht, dass Jahve und die von ihm über Jahrhunderte sich erstreckenden Offenbarungsprozesse, niedergelegt in der Schrift, zusammen gehören.

Aber die hebräische Bibel hat nicht nur von religiösen Großtaten oder moralischen Glanzleistungen des auserwählten Gottesvolks zu berichten. Die biblischen Zeugnisse thematisieren realistischerweise immer wieder und für jeden Geschichtsabschnitt, wie fahrlässig dieses Volk Jahve gegenüber mit diesem Bund und den daraus sich ergebenden Verpflichtungen umgegangen ist. Auch ihre großen Könige, David und Salomo, haben schwere Schuld auf sich geladen. Das wird ungeschminkt festgehalten.

Das Judentum

Die wiederholten Belege des religiösen Abfalls, der Untreue und des Verrats reichen von der Zeit Mosis bis zum Auftreten der Propheten vor und nach der Zeit des Exils, d.h. der Babylonischen Gefangenschaft. Niederlagen in den Kämpfen mit feindlichen Nachbarn und die Überfälle von Seiten der jeweiligen Großmächte (Ägypten, Assyrien, Babylon) werden daher als Strafe und als Gottesgericht gedeutet. Das verlangt Buße und Umkehr und die Versöhnung zwischen Gottheit und Menschheit. Noch im heute gültigen Festkalender und den dazu gehörigen Gottesdiensten, etwa am großen Versöhnungsfest (*Yom Kibbur*), wird die Grundsituation des Menschen gegenüber dem Ewigen deutlich.

Das von verschiedenen kanaanitischen Stämmen besiedelte Land wird im Fortgang der Geschichte von heftigen Auseinandersetzungen mit den israelitischen »Eroberern« heimgesucht. Kanaan blickt in diesem Zeitraum seinerseits bereits auf eine lange Kultur- und Religionsgeschichte zurück. Ausgrabungen deuten beispielsweise auf eine Frühbesiedlung hin, die in die ältere Steinzeit, etwa zwischen die Zeit des Neandertalers und des Homo sapiens, reicht. Es lassen sich weitere Kulturstufen unterscheiden.

Um oder vor der Wende zum 2. vorchristlichen Jahrtausend scheinen vom Süden her äyptische Einflüsse eingesetzt zu haben. Sie sollten, nicht zuletzt bedingt durch die geopolitische Lage, Jahrhunderte lang bestehen bleiben. Diese Vorgänge werden zum Teil durch ägyptische Texte bestätigt. Als ältester historischer Beleg für die Existenz Israels in Ägpten hat sich die Stele des Pharao Merneptah (um 1221 v. Chr.) erhalten. Hinzu kommen dann aus dem Norden verschiedene Einflussnahmen aus nichtsemitischen Bereichen. Um 1200 ist es zum Mittelmeer hin das Seefahrervolk der als kulturhistorische Vermittler überaus bedeutsamen Phönizier. An der südpalästinischen Mittelmeerküste siedelten die ebenfalls seefahrenden Philister. Sie sollten später für Israel immer wieder eine militärische wie religiöse Gefahr darstellen.

Man wird sich die Landnahme, das vom Süden bzw. vom Osten (Transjordanien) erfolgende Eindringen Israels, wohl als einen langwierigen, über Jahrhunderte sich erstreckenden Prozess der Selbstfindung wie der Eingliederung der einzelnen Stämme vorstellen müssen. Das ursprünglich nomadisierende Tierzüchter- und Hirtenvolk muss erst nach und nach sesshaft werden und sich mit den Eigentümlichkeiten und Gesetzmäßigkeiten einer Agrarkultur vertraut machen. Als nach den zwölf Stämmen aufgeteiltes Siedlungsgebiet stehen das westjordanische Palästina sowie Teile des Ostjordanlandes zur Verfügung.

Die Landnahme als solche hat heftige religiöse Auseinandersetzungen zur Folge. Sie drücken sich aus im spannungsvollen Gegenüber des Gottes Jahve und des kanaanitischen El, sowie des Gottes Baal und der Aschera (Astarte). Diese verkörpern die männlichen und weiblichen Fruchtbarkeitsgottheiten der Kanaaniter. Sonne und Mond werden kultisch verehrt, während der Gott Israels gemäß den Zehn Geboten jede bildliche Veranschaulichung oder Vergötzung verbietet[7] – eine Bestimmung, die einzuhalten den Israeliten offensichtlich sehr schwer fällt. Das zeigen die wiederholten Berichte über Abfall und Anbetung fremder Götterbilder samt Übernahme der damit verbundenen Gebräuche.

Zwar hat sich Jahve als Gott der aus der Wüste kommenden Stämme als siegreich erwiesen, doch üben die bodenständigen Gottheiten mit ihren das kulturelle Leben bestimmenden Besonderheiten lange Zeit hindurch eine beträchtliche Faszination auf Israel aus. Dessen religiöse Identität erscheint bedroht. Große Teile des Alten Testaments, namentlich in den Schriften der Propheten (z.B. Jeremia), berichten von den damit verbundenen innerisraelischen Problemen. Sie begleiten zunächst die Vorgänge, die zur Bildung des Staates Israel aus den zwölf Stämmen geführt haben, wobei dem Stamm Juda mehr und mehr eine Vorrangstellung zukommt. Man spricht von der an die Wirksamkeit Josuas anschließenden Epoche (etwa ab 1300 v. Chr.),[8] von der Richterzeit. Als Richter gelten charismatisch begabte Führerpersönlichkeiten, die insbesondere in Zeiten der Not und äußerer Bedrängnis aus der Mitte des Volks herausgerufen werden, um in den gerade akuten Auseinandersetzungen mit den Philistern die Verteidigung zu organisieren, das Heiligtum, die sogenannte Bundeslade mit den Gesetzestafeln, zu sichern und die über das Land verstreuten Stämme zu führen. Als Richter werden u.a. genannt: Gideon, Jephta, Samuel und die prophetisch begabte Richterin Debora.

Die Einrichtung des israelischen Königtums erfolgt im Jahre 1020, indem der Richter Samuel den Benjaminiden Saul zum ersten König salbt. Im Unterschied zu den vorderasiatischen Völkern handelt es sich in Israel jedoch nicht um ein im engeren Sinn des Wortes mit priesterlichen Vollmachten ausgestattetes Gottkönigtum, das den jeweiligen Amtsinhabern auch richtungweisende religiöse Aufgaben überträgt. Vielmehr stehen diese Könige unter Jahve. Im Grunde ist er, der »Gottherr«, der eigentliche König. Die zu ihrem Amt Gesalbten haben seinen Auftrag gehorsam zu erfüllen. Sie genießen keine kultisch motivierten Vorrechte, sondern haben sich dem Willen ihres Gottes zu beugen. Sie müssen daher »Buße tun«, wenn sie sich in irgendeiner Weise gegen die Zehn Gebote oder das Geheiß Jahves vergangen haben.

Mit dem aus Juda stammenden Hirtenjungen David (ca. 1004–964), Sohn des Betlehemiten Isai, hat das Volk Israel die erste bedeutsame Königsgestalt, die auch als Psalmendichter in die biblische Literaturgeschichte eingegangen ist. Ihm gelingt es erstmals, die Grenzen Israels nach außen zu sichern und das bislang noch von dem Stamm der Jebusiter beherrschte Jerusalem einzunehmen. Damit wird Jerusalem als die von Verheißungen herausgehobene Zionsstadt zum Mittelpunkt in politischer wie in religiöser Hinsicht.

Unter David und seinem Sohn Salomo hat Juda-Israel seine größte Entfaltung erlangt. Weil König David, der als Einzelkämpfer und Heerführer erfolgreiche Kriegsmann, mehrfach große Schuld auf sich geladen hat, bleibt es ihm versagt, für Jahve einen Tempel zu errichten. Erst unter Salomo (965–928) kommt es zum Bau des ersten Tempels in Jerusalem mit der Einrichtung eines vielgestaltigen Opferdienstes, dessen Strukturen und Formen bereits in der Thora (*Buch Leviticus*) dargelegt sind. Die Gottesdienste, die nicht durch das gesprochene Wort, sondern durch Tier-, Rauch- und Speiseopfer bestimmt sind, werden von den Mitgliedern der aaronischen Priesterkaste, unterstützt von Leviten (*Tempeldiener*), vollzogen.

Nach dem Tode Salomos zerfällt das Zwölf-Stämme-Reich (928/26). Im Süden Palästinas ist Salomos Sohn Rehabeam der König des Stammes Juda, während Jerobeam die angrenzenden nördlich gelegenen zehn Stämme unter der Bezeichnung »Israel« als König regiert. Um den Bewohnern des Zehn-Stämme-Reiches unabhängig vom Jerusalemer Tempel eigenständige Gottesdienste zu ermöglichen, stellt man in Dan und Bethel Stierbilder auf, vor denen die jeweiligen Opferhandlungen zu vollziehen sind. Das Rind stellt das wichtigste Haustier der ackerbautreibenden semitischen Völker, somit auch Israels, dar. Die Kraft des Stieres gewährleistet zum einen die Fruchtbarkeit der Herden, zum anderen verkörpert er irdisch-sichtbar die Macht Gottes, der das Lebensrecht eines kleinen Volkes sichern soll. Im Übrigen kennt die Religionsgeschichte zahlreiche weitere Beispiele, bei denen das Bild des Stiers in Erscheinung tritt, z.b. in Gestalt des Apisstieres in Ägypten als Verkörperung des Gottes Ptah. Zu einer Wiedervereinigung der beiden politischen Gebilde von Juda und Israel und der in ihnen lebenden Volksteile sollte es nie wieder kommen.

Beide mit einer gewissen Selbstständigkeit agierenden »Staaten« erweisen sich eines Tages als leichte Beute für die mittlerweile entstandenen Großmächte des Nordens und Ostens, Syrien und Assyrien bzw. Babylon. 722 ist der Untergang des Nordreiches Israel als assyrische Provinz besiegelt. Die Bewohner des nördlichen Zehn-Stämme-Volkes werden schließlich nach Assur weggeführt.

Das Königreich Juda kann in einer Art Vasallenstellung zu den assyrischen Großkönigen noch geraume Zeit als Satellitenstaat weiterbestehen. Doch kommt es zum großen Exil, zur Wegführung wichtiger Volksteile nach Babylonien. Bei den Kriegshandlungen wird der Jerusalemer Tempel zerstört. Die erste Deportation fällt ins Jahr 597, bei der vor allem die Oberschicht des Volkes vertrieben wurde, die zweite ins Jahr 586. Es entsteht in Babylon eine jüdische Diaspora, die auf ca. 100 000 Personen geschätzt wird.

Vor, während und nach der Babylonischen Gefangenschaft treten Propheten auf, die auf die bevorstehenden Schicksale als Mahnungen und Strafen Jahves hinweisen (im Südreich: Jesaja, Jeremia), den Deportierten in der Gefangenschaft beistehen (Hesekiel, Deutero-Jesaja) und danach auf die kommenden Ereignisse aufmerksam machen (Haggai, Sacharia). Zu den Inhalten der prophetischen Kündung gehört auch die Verheißung eines kommenden Messias, einer bevorstehenden messianischen Herrlichkeit, in die auch die übrigen Völker einbezogen sein sollen, sowie die Verheißung des schrecklichen Tages, an dem der

Grimm Jahves entbrennt und er sein die ganze Welt umfassendes Gericht vollzieht.

Ein Vergleich zwischen der Gefangenschaft Israels in Assyrien und der Judäer in Babylon zeigt, dass es nur den exilierten Juden gelungen ist, ihre Identität zu wahren und die Fremdherrschaft zu überleben. Im 6. vorchristlichen Jahrhundert haben sich infolge der Vormacht Persiens auch für Babylonien neue, das Schicksal Judas betreffende Konstellationen ergeben. Die große Wende setzt 538 ein, als ein Edikt des Persers Kyros die Rückkehr der Gefangenen verfügt. Im Zuge seiner Eroberung hat er Babylon unterworfen. Damit ist die erste Heimkehrerwelle für die Judäer (ca. 40 000 Personen) in Gang gesetzt. Ermöglicht wird auf diese Weise die Neuerrichtung des zuvor zerstörten Tempels (520/15) und die Wiederaufnahme der früheren Opferhandlungen samt der Neuordnung des staatlichen Regiments. Man nimmt an, dass bis zu einem Zehntel der Heimkehrenden dem einstigen Priesterstand angehörten. Als die führenden Priester bzw. Schriftgelehrten und politischen Führergestalten sind Esra und Nehemia zu nennen, die im Alten Testament durch je ein Geschichtsbuch vertreten sind.

Ein weiterer folgenschwerer Einschnitt in die Geschichte des Judentums erfolgt durch Alexander den Großen (356–323). 330 besetzen Mazedonier bzw. Griechen Palästina. Die Judäer unterwerfen sich auf Gedeih und Verderb der Besatzungsmacht. Insbesondere durch die Nachfolger des Griechenkönigs setzen tief greifende Hellenisierungsbestrebungen ein. Unter Antiochus IV. (175–164), mit dem göttliche Verehrung andeutenden Beinamen »Epiphanes«, wird der zweite Tempel entweiht, der Tempelschatz geraubt. Es kommt 164 zum Aufstand der Makkabäer. Judas Makkabäus zerstört den heidnischen Tempel und bringt auf dem neu errichteten Altar ein Brandopfer dar. Das dem christlichen Weihnachtsfest zeitlich benachbarte Chanukka-Fest, das seit dem 2. nachchristlichen Jahrhundert begangene Lichterfest, erinnert an diese Tempelweihe. Zwanzig Jahre später erlangt Juda ab 141 nochmals für kurze Zeit die staatliche Souveränität mit der Erneuerung des Königtums.

Inzwischen wirft der politisch-militärische Aufstieg Roms auch auf das palästinische Judentum seine Schatten. Mit der Eroberung Jerusalems 63 v. Chr. durch Pompeius beginnt die römische

Oberhoheit. Eine markante, jedoch dem römischen Kaiser Augustus untergeordnete Königsgestalt in Palästina ist Herodes der Große (37–4). Das Land untersteht einem römischen Statthalter. Als Jesus von Nazareth (ca. 4 v. Chr.) geboren wird, ist Cyrenius Statthalter, als er stirbt, Pontius Pilatus (26–36). Wiederholte Aufstände nationalististischer »Eiferer« (*Zeloten*) führen 66–70 zum 1. Jüdisch-Römischen Krieg; der zweite Tempel wird im Jahre 70 unter Kaiser Vespasian und seinem als Heerführer aktiven Sohn Titus zerstört; bei der Belagerung Jerusalems wird er Opfer der Flammen. Damit endet die kultische, durch Tier- und Speisebzw. Rauchopfer vollzogene Gottesverehrung im Judentum ein für allemal. Nach orthodoxem Verständnis ist erst der erwartete Messias dazu legitimiert, den Tempelkultus zu erneuern.

Im Jahre 73 fällt als letzte jüdische Bastion die Felsenfestung Massada am Westufer des Toten Meeres. Weitere Aufstände schließen sich um 115 an; dann folgt der 2. Jüdisch-Römische Krieg, auf jüdischer Seite mit dem erklärten Messias-Anwärter Simon ben Kosiba, genannt: Bar-Kochba (Sternensohn). Die totale Niederlage der Aufständischen besiegelt das Ende Juda-Israels, dessen Geschichte für nahezu 2000 Jahre in der weltweiten Diaspora ihren Fortgang findet.

Den Juden wird durch die römische Besatzungsmacht verboten, ihre heilige Stadt samt Umgebung zu betreten. Als Aelia Capitolina errichten die Römer an ihrer Stelle eine neue Stadt. Es ist die schriftliche und die durch stetige Interpretation weiterentwickelte mündliche Tradition, die den religiösen Fortbestand des Volkes sichert – ungezählten Pogromen und dem Holocaust des 20. Jahrhunderts zum Trotz.

Was die jüdische *Diaspora* (d.h. »Zerstreuung«; hebr. *gola* oder *galut*) anlangt, so hat sie eigentlich schon mit dem assyrisch-babylonischen Exil begonnen. Aber auch in Ägypten mit Alexandrien, in Kleinasien, Zypern und Rom haben sich im Laufe der Zeit Zentren jüdischen Lebens gebildet. An die Stelle des Tempelkultes ist längst die Synagoge getreten als Ort des Schriftstudiums, der Bibelauslegung und des Gebets. Und da das biblische Hebräisch bzw. Aramäisch fortan die Gelehrtensprache der Rabbinen geworden ist, während »das Volk« die Sprache seiner Väter großenteils nicht mehr versteht, hat die Übersetzung des Alten Testaments ins Griechische im 3. vorchristlichen Jahrhundert, die sogenannte *Septuaginta* (abgekürzt: LXX), große Bedeutung erlangt. Auch die erste Christenheit mit Paulus und den Apostelschülern deutet mit dem griechischen Text der »Schrift« die Christuserscheinung als Erfüllung dessen, was die prophetische Verheißung angekündigt hat.

Als religiöse Gemeinschaft hat die Judenheit den Raum ihrer weiteren Geschichte betreten:
- geleitet durch das Wort der Schrift, das ihr als die verpflichtende Weisung anvertraut worden ist,
- gestärkt durch das tägliche Gebet, das jedes Mitglied mit Gott in allen Lebenslagen verbindet,
- durch die Einhaltung der Gebote, durch die der Gottesbund mit Israel aufrecht erhalten bleibt,
- schließlich mittels der über das ganze Jahr verteilten Feste, durch die die Erinnerung an die Begleitung Gottes auf ihrem gefahrenreichen Weg seit der Errettung aus der ägyptischen Knechtschaft wach gehalten wird.

Dokumente der Glaubenserfahrung

Sowenig Juden es auch gibt im Vergleich zu Anhängern anderer Religionen, was die literarischen Dokumente ihres Glaubens, der Frömmigkeit und der theologischen Reflexion anlangt, so kann ihr qualitativer wie quantitativer Reichtum kaum hoch genug eingeschätzt werden. Da handelt es sich einerseits um die verbrieften Grundlagen der jüdischen Religion, die sie mit der Christenheit in Gestalt des Alten Testaments gemeinsam haben. Das Alte Testament ist eine Bezeichnung, die sich aus der christlichen Überlieferung ergibt, in deren Zusammenhang die hebräische Bibel als eine Art Vorspann des in griechischer Sprache abgefassten Neuen Testaments angesehen werden kann. Darin wird als »Erfüllung« angesehen, was im Alten Testament als Vorbereitung, als Prophetie und »Verheißung« erscheint. Für das Judentum ist diese Einschätzung freilich ohne Belang, weil sie für ihr heiliges Buch keine von außen kommende Deutung nötig hat. Nun hat dieses Schriftwerk im Laufe seiner langen und umstrittenen Geschichte viele und recht unterschiedliche Bewertungen erhalten. Erwähnt sei hier die Einschätzung Friedrich Nietzsches:

»Im jüdischen Alten Testament, dem Buche von der göttlichen Gerechtigkeit, gibt es Menschen, Dinge und Reden in einem so großen Stile, daß das griechische und indische Schrifttum ihm nichts zur Seite zu stellen hat. Man steht mit Schrecken und Ehrfurcht vor diesen ungeheuren Überbleibseln dessen, was der Mensch einstmals war, und wird dabei über das alte Asien und sein vorgeschobnes Halbinselchen Europa, das durchaus gegen Asien den ›Fortschritt des Menschen‹ bedeuten möchte, seine traurigen Gedanken haben. Der Geschmack am Alten Testament ist ein Prüfstein auf ›groß‹ und ›klein‹.«[9]

Andererseits schließen sich an die hebräische Bibel weitere umfangreiche religiös-theologische Literaturen an, die rechtliche, ethische oder auch mystische Themen behandeln. Ihnen wird zwar nicht der Rang einer letztlich verpflichtenden und normierenden heiligen Schrift (*norma normans*) zuerkannt, doch stellen sie für die Judenheit – je nach Gruppenzugehörigkeit der Benutzer – auch bei unterschiedlicher Einschätzung des Überlieferungsgutes ein unverzichtbares Geisteserbe dar. Die einzelnen Epochen zuzuordnenden Textbestände haben sich im Laufe der Zeit als wichtige Zeugnisse der Gotteserkenntnis und der religiösen Praxis erwiesen. Darunter befinden sich Wortlaute, etwa solche der jüdischen Mystik, die in bestimmten geschichtlichen Momenten auch für christliche Leser und für religiös suchende Menschen von großer Bedeutung geworden sind. Dazu kommt der reiche Schatz an Erzählgut, angefangen bei den Sagen der Juden bis hin zu den chassidischen Erzählungen.

Die Schrift

Anders als die Christen ordnen die Juden ihre biblischen Bücher. Auch die Zählung differiert, weil die hebräische Bibel einige Schriften unter einem gemeinsamen Titel zusammenfasst. Während die christliche Kirche 39 alttestamentliche Bücher nennt, zählt die jüdische Gemeinde nur 24 – bei gleichem Textumfang. Im Vordergrund steht als Basis und Grundbestand heiliger Schrift die Thora, im Allgemeinen als die »Fünf Bücher Mosis« (griech. *Pentateuch*) bekannt. Da in der Thora der Bund Gottes mit seinem Volk, die Gesetzgebung in Gestalt der Zehn Gebote und Mose als der maßgebliche Religionsstifter geschildert werden, kommt ihr vor allen anderen Texten richtungweisende Bedeutung zu. Es folgen dann die Bücher der Propheten und der Schriften (*Nebiim we-Kethubim*).

Die unterschiedlichen Bezeichnungen lassen sich von den differierender Betrachtungsweisen ableiten. Die Christenheit spricht von den Fünf Büchern Mosis, um zu unterstreichen, welche wichtige Rolle darin Mose spielt. Die Verfasserfrage, die zwar einst Philo und Josephus erwogen haben, ist dadurch jedoch nicht berührt. Aussagekräftiger sind die vor allem in theologischem Zusammenhang verwendeten lateinischen Bezeichnungen, weil sie auf die Inhalte dieser fünf Bücher hinweisen. So beschäftigen sich

1. das Buch Genesis (Schöpfung) zumindest in den ersten elf Kapiteln mit der Schöpfungsgeschichte samt den daran anschließenden mythischen Erzählungen über die Sintflut und den Turmbau zu Babel. Im Mittelpunkt der nachfolgenden Kapitel stehen die Patriarchen oder Erzväter Abraham, Isaak und Jakob.
2. Exodus (Auszug) rückt den Auszug der Kinder Israel aus der ägyptischen Knechtschaft samt der Sinai-Offenbarung (Exod. 20) ins Zentrum der Schilderungen.
3. Leviticus, das auf den Tempeldienst der Priester und Leviten bezogene Buch, setzt die bereits in Exodus behandelten Fragen der Ausgestaltung des Gottesdienstes, insbesondere der verschiedenen Opferhandlungen, fort und vertieft sie.
4. Numeri (Zählung) stellt eine Art Bilanz dar. Gezählt werden die Mitglieder der einzelnen Stämme Israels. Das Buch enthält aber auch weitere Anweisungen für Priesterschaft und Kultus und schildert den Fortgang der Geschichte des Volkes.
5. Deuteronomium (zweites Gesetz) meint nicht etwa eine Veränderung, sondern eine Wiederholung und Erläuterung des Sinai-Bundes (Deut. 5) samt den daraus sich ergebenden Verpflichtungen für Israel in seiner Gesamtheit. Das Buch schließt mit Mosis Segnung der zwölf Stämme und mit seinem Tod.

Für den jüdischen Gebrauch der Thora erübrigen sich die genannten Bezeichnungen der fünf Bücher der göttlichen Weisung, weil man sie, der Tradition folgend, mit den jeweils ersten Worten des hebräischen Urtextes zitiert, nämlich gemäß der Verdeutschung durch Martin Buber:

1. Bereschit – Im Anfang
2. Schemot – Er rief
3. Wajikra – Namen
4. Bemidbar – In der Wüste
5. Debarim – Reden

Den zweiten Teil bilden die prophetischen Bücher (*nebiim*). Nach den vorwiegend erzählenden Büchern (Josua, Richter, Samuel, Könige), die als »frühere Propheten« gelten, folgen die »späteren Propheten«, die auch in der christlichen Bibel nennt als solche bezeichnet sind: Jesaja, Jeremia, Hesekiel (Ezechiel) sowie das Buch der »kleinen Propheten«. Dabei handelt es sich um zwölf Schriften.

Der dritte Teil ist den »Schriftwerken« (*ketubim*) vorbehalten, wie Martin Buber diese Bücher in der gemeinsam mit Franz Rosenzweig ins Deutsche übertragenen Bibel nennt. Zu ihnen gehören u.a. die 150 Psalmen (»Buch der Preisungen«), das Buch Hiob, das Fünfrollen-Buch mit dem Hohen Lied (*Salomonis*), dem Buch Ruth und weiteren Texten.

Literaturgeschichtlich stellt das Alte Testament eine Büchersammlung dar, deren Einzelteile anfänglich in mündlicher Form weitergegeben worden sind, während ihre heute vorliegende textliche Gestalt in einem Zeitraum von mehr als einem Jahrtausend entstanden ist. Eine große Anzahl von literarischen Gattungen und Formen begegnet dem Leser: Offenbarungstexte, Gebete, gesetzliche Bestimmungen und historische bzw. als historische Schilderung geformte Texte bis hin zu Gedichten, Hymnen, Liedern, Spruchweisheiten und novellistischen Erzählungen. Die alttestamentlichen Psalmen gehören zu den umfangreichsten Gebets- und Liedsammlungen, die in den vorderorientalischen Religionen zusammengestellt worden sind. Eröffnet wird das aus 150 Teilen bestehende Psalmbuch – nach Buber »Buch der Preisungen« genannt – mit einem Gedicht, das an die jüdische Gebets- und Meditationspraxis erinnert. Bei ihr geht es darum, dass sich der Beter nicht still lesend, sondern »murmelnd«, also vernehmbar rezitierend in das Wort der Schrift vertieft:

DAS JUDENTUM

> *O Glück des Mannes,*
> *der nicht ging im Rat der Frevler,*
> *den Weg der Sünder nicht beschritt,*
> *am Sitz der Dreisten nicht saß,*
> *sondern Lust hat an SEINER Weisung,*
> *über seiner Weisung murmelt tages und nachts.*
> *Der wird sein*
> *wie ein Baum, an Wassergräben verpflanzt,*
> *der zu seiner Zeit gibt seine Frucht,*
> *und sein Laub welkt nicht,*
> *was alles er tut, es gelingt.*
> *Nicht so sind die Frevler,*
> *sondern wie Spreu, die ein Wind verweht.*
> *Darum bestehen Frevler nicht im Gericht,*
> *Sünder (nicht) in der Gemeinde Bewährter.*
> *Denn ER kennt den Weg der Bewährten,*
> *aber der Weg der Frevler verliert sich.*
>
> Psalm 1 (nach Buber)

Zu den poetischen Werken der hebräischen Bibel gehört das *Hohe Lied Salomos*, (hebr. »Lied der Lieder«), eine Sammlung von Liebesliedern, die die erotische Liebe zwischen einem Mann und einer Frau in glühenden Farben preist. Das geschieht in einer für ein biblisches Buch erstaunlichen Offenheit. Aufgenommen sind Motive altorientalischer bzw. ägyptischer Liebeslyrik. Zwar wird es dem durch die Bibel selbst als Frauenliebhaber bekannten König Salomo zugeschrieben, doch fand die Niederschrift wohl ungefähr 500 Jahre später in der Zeit nach dem babylonischen Exil statt. Unter den biblischen Büchern wurde es sehr unterschiedlich interpretiert, so wurde das Hohe Lied mit den orientalischen Festen der in Tempeln vollzogenen »Heiligen Hochzeit«,[22] also einer religiösen Erotik, in Verbindung gebracht. Andere empfahlen eine allegorische Auslegung, bei der Gott und Mensch, Jahve und Israel einander liebend zugewandt sind. Diese Auslegungsart haben später viele christliche Theologen zu Hilfe genommen. Doch enthält der Text selbst keinen einzigen Hinweis auf die Notwendigkeit einer solchen Übertragung ins Religiöse. Nicht verwundern wird, dass diese Dichtung zu den spätesten Texten gehört, die in den Kanon, die Sammlung der heiligen Schriften

Israels, aufgenommen wurde. In der Übertragung Martin Bubers lautet der Eingang:

> *Er tränke mich mit den Küssen seines Mundes!*
> *Ja, gut tut mehr als Wein deine Minne,*
> *gut tut der Duft deiner Öle,*
> *als Öl hat sich dein Name ergossen,*
> *darum lieben dich die Mädchen.*
> *Zieh mich dir nach, laufen wir!*
> *Brächte der König mich in seine Gemächer,*
> *jauchzen wollten wir und uns freuen an dir.*
> *Mehr als Wein rühmen wir deine Minne:*
> *geradeaus liebt man dich.*
> .
> *Ein Myrrhenbüschel ist mir mein Minner,*
> *es weilt mir zwischen den Brüsten,*
> *eine Zyperntraube ist mir mein Minner,*
> *in Engedis Wingertgeländ.*
>
> *Da, schön bist du, meine Freundin,*
> *da, schön bist du, deine Augen sind Tauben.*
> *Da, schön bist du, mein Minner, gar hold,*
> *Frisch gar ist unser Bett.*
> .
> *Er hat ins Haus des Weins mich gebracht,*
> *und über mir ist sein Banner, Liebe.*
> *Stärket mich mit Rosinengepreß,*
> *erquicket mich mit Äpfeln,*
> *denn ich bin krank vor Liebe.*
> *Seine Linke ist mir unterm Haupt,*
> *und seine Rechte kost mich.*

Die Sprache des Mythos kommt vornehmlich in der Thora zur Geltung, wenn dort das göttliche Sechs-Tage-Werk, die Schöpfung der Welt und das Geschick des Menschen erzählt wird, der als Adam und Eva das Paradies erlebt und die Vertreibung erleidet. Hinzu tritt der exemplarisch geschilderte Umgang zwischen Gott und Mensch, ferner die Beziehung zwischen dem Herrn (*Adonai*) als Lenker der Geschichte und seinem aus der Welt der

Völker erwählten Volk Israel. Ausdruck der Erwählung ist sodann die Führung des »wandernden Gottesvolkes« aus der Knechtschaft Ägyptens, gefolgt von der Gesetzgebung am Sinai-Gebirge durch die Vermittlung seines berufenen Führers Mose; im Anschluss daran die bereits erwähnte Landnahme Palästinas samt dem spannungsvollen Leben mit den bisherigen Bewohnern des Landes Kanaan (Palästina), das sich zwischen dem Jordan und dem Mittelmeer erstreckt.

Dass die aus zwölf Stämmen oder Familienclans bestehenden »Kinder Israel« ursprünglich nicht aus dieser Region stammen, sondern aus dem Osten eingewandert sind, deutet u.a. eine Stelle aus dem Buche Josua (Kap. 24,2) an:

»So spricht der Herr, der Gott Israels: Eure Väter, Tharah, Abrahams und Nahors Vater, wohnten vor Zeiten jenseits des (Eurphrat-)Stromes und dienten anderen Göttern.«

Das ist nicht der einzige Hinweis darauf, dass am Anfang der Religion Israels nicht der Eingottglaube (*Monotheismus*) stand, sondern die Verehrung einer Mehrzahl übergeordneter Mächte, Kräfte und Wesenheiten, die auf das Schicksal der Menschen in den mannigfachen Wechselfällen des individuell-familiären wie des kollektiven Lebens Einfluss nehmen. Dies entspricht Gottesvorstellungen, wie sie im Allgemeinen bei nichtsesshaften Völkern anzutreffen sind. Dabei kann offen bleiben, ob es sich bei den »Kindern Abrahams« bzw. Israels um Gruppierungen handelt, die als nomadisierende Stämme anzusehen sind, oder um ein gleicherweise wanderndes Hirtenvolk, das aus der Gegend um das nördliche Euphratgebiet durch Syrien nach Kanaan gelangte und dort heimisch wurde.

Die Thora

Wenn darauf hingewiesen wurde, dass die biblische Überlieferung sich über einen mehrere Jahrhunderte umspannenden Zeitraum ausdehnt, dann wird dies bereits am »Fünf-Rollen-Werk« des Pentateuch sichtbar.

Die historisch-kritische Bibelforschung hat gezeigt, dass die in heutiger Gestalt als »fünf Bücher Mose« vorliegende und geschlossen erscheinende Bibel sich aus verschiedenen »Quellenschriften« zusammensetzt, die zu verschiedenen Zeiten und an verschiedenen Orten entstanden sind, sich durch Sprachgestalt und Stil unterscheiden, insbesondere durch den unterschiedlichen Gebrauch des Gottesnamens. Dabei handelt es sich um Strukturen unterschiedlichen Alters, auf die man bereits im 18. Jahrhundert aufmerksam wurde. Die Quellentheorie als solche wurde im Laufe der Zeit präzisiert und differenziert.

Eine der auf diese Weise erschlossenen Quellen ist die des *Jahvisten* (abgekürzt: J), in der *Jahve* als Gottesname verwendet wird. Das »jahvistische Geschichtswerk« wird im Zeitraum zwischen 950 und 850 v. Chr. entstanden sein und stellt damit die älteste »Vorlage« dieser Art dar. In der biblischen Schöpfungsgeschichte liegen die Dinge beispielsweise so, dass dieser ältere der beiden Schöpfungsberichte nicht etwa mit den ersten Sätzen von Genesis 1, sondern erst mit Kapitel 2, 4 b beginnt. Die ersten Abschnitte gehen auf eine jüngere literarische Schicht zurück – die sogenannte Priesterschrift.

Elohist (E) wird die Quelle genannt, in der der eine Mehrzahl andeutende Gottesname *Elohim* gebraucht wird. Diese Erzählung setzt mit der Berufung Abrahams (Gen. 15) ein. Das »elohistische Geschichtswerk« wird etwa auf das 8. Jahrhundert v. Chr. datiert.

Das 5. Buch Mosis oder Deuteronomium geht auf eine Quelle (D) eigener Prägung zurück, wobei das Mittelstück hiervon die Rede des Mose an sein Volk bildet (Dtn. 12–26). Ein Vergleich mit älteren vorderasiatischen Traditionen zeigt, dass D in Aufbau und Durchführung jenen Darstellungen ähnelt, wie sie aus altorientalischen und hethitischen Texten bekannt ist. Gott Jahve, der sich an sein Volk wendet, erinnert an die Art und Weise, mit der ein Großkönig als unumschränkter Gebieter zu seinen Untertanen spricht. Dieser autokratische »Gottherr« ist es, der die Geschicke der Völker lenkt, auch die Israels und eines jeden Einzelnen. Die Profangeschichte wird zur Heilsgeschichte.

Als »Priesterschrift« (P) bezeichnet man Schilderungen, in denen das Interesse des oder der Autoren an priesterlichem Tun und kultischen Verrichtungen hervorsticht. Dazu gehören Fragen der Heiligung, der Herstellung oder Bewahrung kultischer Reinheit. Als Entstehungszeit von P gilt das 6. vorchristliche Jahrhundert. Das entspricht der Zeit des Exils von Juda in Babylon. Es kann in diesem Zusammenhang nicht verwundern, dass die ebenfalls in der Priesterschrift enthaltene biblische Flutsage an das wesentlich früher abgefasste Gilgamesch-Epos erinnert.

Generell ist ferner davon auszugehen, dass sich von Generation zu Generation textliche Veränderungen ergeben haben, ehe es zur endgültigen Fassung gekommen ist. Hierfür ist die Arbeit eines oder mehrerer Redakteure (R) anzunehmen. Entsprechendes gilt für die übrigen biblischen Bücher, die alle ihre eigene Prägung und Entstehungsgeschichte haben. Schließlich ist die Frage zu klären, wann die in sich abgeschlossenen Bücher in einem *Kanon* (griech.: »Richtschnur«, »Norm«), d.h. in der für die Synagogengemeinde verbindlichen Sammlung angeordnet und in der Bibel vereinigt worden sind. So gibt es fürs Alte wie später fürs Neue Testament einen eigenen, jeweils über mehrere Generationen sich erstreckenden Prozess der Kanonbildung. Die Forschung spricht von verschiedenen Stadien oder Fixpunkten beim Werdeprozess der hebräischen Bibel. Naturgemäß liegen diese Zeitpunkte wesentlich später als der Abschluss der einzelnen Schriften. Doch nimmt man an, dass der Pentateuch (Thora) schon im 4. vorchristlichen Jahrhundert eine offizielle Anerkennung erlangt hat. Um 130 v. Chr. kennt man in Ägypten die dreigegliederte Bibel, bestehend aus Thora, den prophetischen Büchern und übrigen Schriften. Doch zur endgültigen Kanonisierung kam es erst in nachchristlicher Zeit (um 100). Die Initiative dafür ging offenbar nicht von einer bestimmten religiösen Autorität aus, die einen entsprechenden Auftrag erteilt hätte. Ausschlaggebend waren vielmehr die jeweiligen Zeitumstände, das Bedrohtsein Israels, nicht zuletzt die Notwendigkeit einer Abgrenzung gegenüber dem anwachsenden Christentum. Wichtig wurde für den Kanon der hebräischen Bibel die sogenannte – historisch angefochtene – Synode von Jamnia/Jabne, deren Lehrhaus noch zur Zeit der Zerstörung des Jerusalemer Tempels (70 n. Chr.) mit Erlaubnis der Römer eingerichtet worden sein soll.

Dass der Pentateuch auch noch in einer weiteren zum Teil differierenden Fassung vorliegt, der »Pentateuch der Samaritaner«, sei hier nur beiläufig erwähnt. Die Bewohner der zwischen Judäa im Süden und Galiläa im Norden von Palästina liegenden Region Samaria erhielten zur Zeit Alexanders des Großen (4. Jh. v. Chr.) ihre religiöse Eigenständigkeit. Man spricht vom Samaritanischen Schisma. Auf dem Berg Garizim, einer alten Opferstätte, begründeten die Samaritaner eine Stätte für ihre eigenen Gottesdienste. Denn sie achteten den Jerusalemer Tempelkult als gering und wurden von den Juden als nicht gleichwertige Israeliten gemieden. Das hinderte Jesus (Luk. 17) jedoch nicht, gerade einen Samariter als Vorbild auf die Frage zu nennen, wer den Dienst der Nächstenliebe vollbracht habe.

Ein Kapitel für sich stellt der nicht zuletzt für die Bibelforschung bedeutsame Handschriftenfund von Qumran am Toten Meer dar. Er geht auf eine 1947 durch Beduinen gemachte Entdeckung einer bis dahin verborgenen, in Tonkrügen verwahrten Bibliothek zurück. Abgesehen davon, dass es sich um Dokumente handelt, die aus der Zeit zwischen der Entstehung des Alten und Neuen Testaments stammen, sind die Qumran-Texte sowohl für das Judentum wie für das Christentum von großer Wichtigkeit.[11] Auffällig ist die Vollständigkeit aller hebräischen Schriften, bis auf das Esther-Buch. Aufsehen erregte die Tatsache, dass es sich um die bei weitem ältesten Handschriften und Fragmente handelt, die vom Alten Testament erhalten geblieben sind. »Diese Bibel-Handschriften bezeugen die hervorragende handschriftliche Überlieferung des Bibeltextes über die Jahrhunderte hinweg. Zugleich weisen sie den Weg zu einer neuen Beurteilung der Textabweichungen in der griechischen Bibelübersetzung (*Septuaginta*) sowie im samaritanischen Pentateuch, die nun vielfach durch Lesarten aus Qumran gedeckt sind. Ebenso werfen die Funde von neuem die Frage des biblischen Kanons auf, der in der Gemeinde vom Toten Meer umfangreicher gewesen zu sein scheint, als dies in der masoretischen[12] Bibel der Fall ist.«[13]

Auch für die zeitgeschichtliche Forschung im Umkreis der palästinischen Urchristenheit ist der Fund samt den daran sich anschließenden Ausgrabungen von Bedeutung. Denn, obwohl Einschätzung und Zuordnung der Qumran-Gemeinde immer noch stark differieren, bekam man erstmals wichtige Einblicke in Leben und Lehre der Zeitgenossen Jesu, der gesetzestreuen Essener bzw. Essäer. Von ihrer Existenz wusste man zwar aus einigen antiken Quellen, z.B. aus den Schriften des Flavius Josephus, doch im Neuen Testament bleiben sie merkwürdigerweise ungenannt, während die Pharisäer und Sadduzäer als Gegenspieler des Nazareners im Mittelpunkt der Auseinandersetzungen stehen. Dabei handelte es sich sowohl um religiöse Strömungen als auch um festgefügte Organisationen, die das geistliche Leben ihrer Mitglieder genauestens ordneten. Bei dieser Ordnung spielte die hebräische Schrift die entscheidende Rolle.

Einheitsfunktion der Bibel

Außer Frage steht zwar die Berechtigung und Notwendigkeit einer literarhistorischen Bibelforschung, bei der man auf hypothetische Quellenschriften und deren redaktionelle »Bearbeitung« analysierend zurückgreift. Abgesehen von dieser Betrachtungsweise ist es nicht weniger bedeutsam, die aus kleinen und kleinsten miteinander verwobenen Bestandteilen zusammengefügten Elemente der Bibel als eine Ganzheit zu begreifen. Diese Notwendigkeit hat insbesondere Martin Buber betont und in seinen Bibelstudien zur Geltung gebracht. In seinen noch während der Zeit des Dritten Reiches angestellten Überlegungen für die Abhaltung von Bibelkursen hat er diesem Bedürfnis Ausdruck gegeben. Für das in seiner Existenz bedrohte deutschsprachige Judentum ging es ihm darum, in die Bibel hinein- und nicht, über den Bibelwortlaut hinwegzuführen. Sinngehalt und Zusammenhang waren sicherzustellen. Die Schrift in ihrer Gesamtheit sollte und soll für die jeweils aktuelle Situation erschlossen werden. Deshalb seine Erinnerung:

»Biblische Texte sind als Texte der Bibel zu behandeln, das heißt: einer Einheit, die, wenn auch geworden, aus vielen und vielfältigen, ganzen und fragmentarischen Elementen zusammengewachsen, doch eine echte organische Einheit und nur als solche wahrhaft zu begreifen ist. Das *bibelstiftende Bewusstsein* (Hervorhebung des Autors), das aus der Fülle eines vermutlich weit größeren Schrifttums das aufnahm, was sich in die Einheit fügte, und in den Fassungen, die dieser Genüge taten, ist nicht erst mit der eigentlichen Zusammenstellung des Kanons, sondern schon lange vorher, in allmählichem Zusammenschluß des Zusammengehörigen, wirksam gewesen.«[14]

Synagogaler Gebrauch der Schrift

Eine Zusammenstellung bibelkundlicher Tatbestände allein reicht eben noch nicht aus, um an das Wesen einer heiligen Schrift heranzuführen. Jeder Text dieser Art, so auch die Thora, verlangt eine ihm angemessene Weise des Zugangs. Zwar ist die hebräische Bibel wie jedes andere Buch heute auf dem Buchhandelsweg erhältlich, im hebräischen Urtext ebenso wie in einer Reihe von Übersetzungen. Dennoch hat sie ihren eigentlichen Platz in der Synagoge (griech. »Versammlung«; hebr. *beth haknesset*, »Haus des Volkes«), dem Haus des Gebetes und der religiösen Unterweisung (*beth ha-midrasch*). Seit mehr als zwei Jahrtausenden verwendet man Buchrollen. Die für den synagogalen Gebrauch bestimmten Bibeln dieser Art müssen – in der Regel auf Pergament – von Hand geschrieben sein. Daraus wird, abgesehen von dem hierdurch bedingten materiellen Wert, insbesondere für den heutigen Menschen zum Ausdruck gebracht, dass das, was in dem Geschriebenen enthalten ist, weder eine beliebig reproduzierbare »Drucksache« ist, noch in den Bereich der »leichtgesagten Worte« (Ina Seidel) gehört. Das ist letztlich auch der Grund, weshalb auf irgend eine Weise unbrauchbar gewordene Thorarollen nicht etwa wie Altpapier beiseite geschafft und »entsorgt« werden dürfen. Man bewahrt sie gesondert auf, in einer Geniza, dem Aufbewahrungsort von Dingen, die im Gottesdienst nicht mehr gebraucht werden.[27] Auf diese Weise ist im Übrigen sichergestellt, dass beispielsweise unlesbar gewordene oder falsch verstandene Textstellen nicht länger im Umlauf sind und die Leser und Hörer nicht irritiert werden.

Entsprechend ehrfurchtsvoll begegnet die zum Gottesdienst versammelte Gemeinde ihrer Thorarolle. Diese verkörpert etwas Wesenhaftes. Darauf deutet schon die Einkleidung des Buches hin, denn um die Rolle ist ein sorgfältig gestalteter Thoramantel gelegt. Sie ist ferner mit einem wertvollen Thoraschild versehen und mit einer Thorakrone geschmückt. Damit man bei der gottesdienstlichen Lesung nicht mit dem bloßen Finger über das Pergament fährt, benützt man seit einigen Jahrhunderten einen speziellen, in der Form einer Hand mit ausgestrecktem Zeigefinger gestalteten Stab. Ihrer zentralen Bedeutung wegen erfolgt die Aufbewahrung der Buchrolle in einer heiligen Lade (*aron ha-kodesch*), die an der Ostwand, also wie in Altarräumen christlicher Kirchen, ihren Platz hat. Ein wertvoller Vorhang verhüllt die Türe dieser Lade. Die Thorarolle tragen dafür berufene Männer in umarmender Gebärde durch die versammelte Gemeinde, damit sie von den Anwesenden ehrfurchtsvoll berührt und geküsst werden kann, wie man etwa in den orthodoxen Kirchen des Ostens einer Ikone oder dem Evangelienbuch seine Reverenz zu erweisen pflegt. Dieser Umgang drückt den wesenhaften Charakter aus, den die Schrift für den einzelnen Frommen und für die Gemeindeversammlung hat. In seiner anschaulichen Schilderung der jüdischen Glaubenswelt kommt Leo Hirsch darauf zu sprechen, indem er das aktuelle gottesdienstliche Geschehen mit der Heilsgeschichte Israels verbindet:

»Eine Braut kann nicht prächtiger und zärtlicher behandelt und geachtet werden als die Thorarollen. Bevor und während man sie ›aushebt‹, nämlich den Vorhang aufzieht, die Tür öffnet, die besonders an Festtagen geschmückte Thora heraushebt, betet und singt die Gemeinde. Wenn der Vorbeter dann sie übernimmt und feierlich in seine Arme hebt, so singt er: ›*Huldigt Gott mit mir, laßt uns zusammen seinen Namen preisen!*‹ –

Der Vorgang hat seine besondere Weihe durch die Erinnerungen, die er weckt, nämlich an die Wanderung unserer Ahnen durch die Wüste und an die Bundeslade, die ihnen voranzog, und an die Zeit und den Ort, da Gott uns die Thora, unsere Lehre, unser Gesetz, gab.«[16]

So stellt das Buch der Bücher nicht etwa nur eine Textsammlung dar, auf die sich die theologische Reflexion konzentriert. Vielmehr gehört die Thora auf eine anrührende, die Synagogengemeinde erhebende Weise in die Mitte des religiösen Lebens der Judenheit überhaupt wie auch in den religiösen Vollzug eines jeden Einzelnen. Von ihm, dem der göttlichen Weisung getreuen Mann, sagt der erste Psalm: »*Er hat Lust an SEINER (Gottes) Weisung, über seiner Weisung murmelt (er) tages und nachts.*«[17]

Talmud und Mischna

In Anlehnung an das Wort aus Psalm 1, wonach ein rechter Israelit bei Tag und bei Nacht mit Herz und Mund an der göttlichen Weisung lebendigen Anteil nimmt, könnte man sagen: Im *Talmud* (hebr. »Lehre«, von hebr. *lamad*, »lernen, lehren«) setzt sich dieses Erwägen und Reden der Rabbinen, d.h. der hebräischen Meister des Schriftstudiums, fort. In Frage und Antwort, in aktualisierender Lehre und erläuternder Unterweisung ist in einem Zeitraum von ungefähr sieben Jahrhunderten teils in vor-, teils in der nachchristlichen Zeit ein vielstimmiges Wechselgespräch der Schriftgelehrten in Gang gekommen. Zur geschriebenen Lehre (Thora) ist die mündliche Lehre (Talmud) hinzugetreten. Dieses zum Lernen anregende Lehren hat kein anderes Ziel als den an der Gottesoffenbarung orientierten Menschen immer tiefer in die Schrift einzuführen und vielfältige Aspekte dessen, was im Gotteswort enthalten ist, der Alltagspraxis zugänglich zu machen.

Auch diese anfangs mündliche Überlieferung hat in einem gewaltigen Schriftwerk ihren literarischen Niederschlag gefunden. Schon die im Grunde nur von wenigen Talmud-Gelehrten überschaubaren, in einem schwierigen Aramäisch abgefassten Stoffmengen haben dazu beigetragen, das umfängliche Opus mit einem Schleier des Geheimnisses zu umgeben. Es ist hinreichend bekannt, wie insbesondere Antisemiten über Jahrhunderte ihre Vorurteile und meist auf Unkenntnis der Quellen beruhenden Verdächtigungen auf den Talmud projiziert haben. »Denn es sind im Talmud die Diskussionen der rabbinischen Gelehrtenakademien zwischen 200 vor und 500 nach Christus niedergelegt worden. Sein Inhalt ist so bunt und so vielseitig wie das Leben selbst; es gibt nichts zwischen Himmel und Erde aus dem Gesichtskreis oder Erfahrungsbereich der damaligen Menschen, was nicht darin berührt worden wäre. In den zwölf dicken Folianten des Talmuds werden nicht abstrakte Auseinandersetzungen vorgeführt: die Menschen selbst treten auf und verfechten leidenschaftlich ihre Ansicht. Nicht zusammenhängende Reden liegen im Talmud vor, sondern scharf zugespitzte Bemerkungen, die mit wenigen Andeutungen kurz hingeworfen sind, so daß neben den sprachlichen und sachlichen Schwierigkeiten auch der Stil des Talmuds das Verständnis sehr erschwert.«[18]

Stets muss bedacht werden, dass der Talmud darauf gerichtet ist, das in der Thora niedergelegte Glaubens- und Rechtsgut mehrere Jahrhunderte nach Abfassung der biblischen Texte unter weitgehend veränderten Verhältnissen anwendbar zu machen. Das gilt zunächst für den ersten Teil, die sogenannte *Mischna* (von *schana*, »wiederholen«), in der es faktisch darum geht, durch wiederholtes Vorsagen mündlich Überliefertes zu lernen oder zu lehren.[19] Gewöhnlich betrachtet man die Mischna als einen Gesetzescodex, in dem die anonym gebotenen Entscheidungen jeweils das geltende Recht darstellen. Unwidersprochen ist diese Begriffsbestimmung freilich nicht, wenngleich der Rechtscharakter der Ausführungen nicht geleugnet werden kann. Doch wird der Eindruck erweckt, dass man einem lebendigen, noch im Fluss befindlichen Meinungsbildungs- und Deutungsprozess beiwohnt. Protokolle der Mischna-Erörterungen sind in einem zweiten Teil des Talmud, in der um 300 redigierten Gemara aufgezeichnet.

Schließlich ist darauf hinzuweisen, dass der Talmud in zweifacher Ausführung überliefert ist: in der kürzeren Fassung des palästinischen oder Jerusalemer Talmuds aus dem 5. nachchristlichen Jahrhundert und im in vielem abweichenden und ausführlicheren Babylonischen Talmud. Dieser ist als der Talmud schlechthin anzusehen und verweist auf die Tatsache, dass ein großer Teil der Judenheit und ihrer Rabbinen in nachchristlicher Zeit in Babylonien lebte. Hinsichtlich der literarischen Gattungen, denen man in diesem Werk begegnet, unterscheidet man zum einen Textbestände, in denen gesetzliche Bestimmungen diskutiert bzw. gedeutet werden; dies ist die *Halacha* (*halach*, »gehen«). Gemeint ist die Art und Weise, wie der Weg im Gehorsam gegen Gott gegangen werden soll. Während die *Haggada* (*lehaggid*, »erzählen, vortragen«) sich auf alles bezieht, was nicht gesetzlicher Natur ist. Dazu gehören Erzählungen und Sprüche. »Die talmudischen Geschichten bezeugen und atmen eine Lebensnähe, die das theologische Moment, das scheinbar in ihnen vorherrscht, unausgesprochen als sekundär erweist. Alle Charakterzüge treten hier, ebenso unabsichtlich wie die Lebensäußerungen als solche, unverhüllt zutage, und in dieser Hinsicht sind die handelnden Rabbinen jeweils Träger der verschiedenen menschlichen Eigenschaften, die wir als solche nur zu erkennen vermögen, wenn sie lebendige Gestalt angenommen haben.«[20]

Ein für das alltägliche Judesein wichtiges Buch, das auf den biblischen und talmudischen Texten gründet und für alle Lebensfragen maßgeblich ist, stellt der *Schulchan aruch* (Gedeckter Tisch) aus dem 16. Jahrhundert dar. In dieser Zeit von Reformation und Gegenreformation entstanden auch Schriften, die sich kritisch mit dem Christentum auseinandersetzten. Auf diese Weise begegneten jüdische Autoren der um Judenmission bemühten kirchlichen Theologie. An der Abfassung von antijüdischen Schmähschriften beteiligte sich selbst Martin Luther (1483–1546) gegen Ende seines Lebens.

Schließlich ist auf die relativ hohe religiös-theologische Bildung hinzuweisen, über die der jüdische Mann in jener Zeit verfügte. Während die Frauen die Grundlagen ihrer Bildung im Elternhaus empfingen, schickte man die Söhne in die sogenannte Kahal- (oder Gemeinde-)Schule, wo sie neben Hebräisch die Grundrechnungsarten lernten. An Hochschulen (*Jeschiwa*) wurden durch vertieftes Lehren und Studieren die Rabbinen ausgebildet.

Die Kabbala

Jede Religion kennt zwei Bereiche, den des Sakralen und den des Profanen (also der Bezirk »vor« dem Heiligtum). Nach außen tritt Religion in bestimmten Formen der Lehre und des Kultus in Erscheinung. Man kann Mitglied werden, die Glaubens- und Lehrinhalte übernehmen und das religiöse Brauchtum vollziehen, weil man es »so gewohnt« ist; aber auch kritisch reflektieren. Solange man sich so verhält, bewegt man sich wie die meisten »Mitglieder« aber noch an der Außenseite religiöser Wirklichkeit. Ihr steht eine *esoterische*, eine innere Seite gegenüber. Sie erstreckt sich im Bereich der religiösen Erfahrung, des emotionalen Ergriffenseins und eines darauf gestützten tieferen Erkennens. Diese esoterische Dimension wird gemeinhin als Mystik bezeichnet. Darunter ist eine Wendung nach innen zu verstehen, wobei zur traditionellen Mystik Gipfelerlebnisse (peak experiences) gehören können, das Erspüren der Gottesgegenwart (hebr. *schechina*), letztlich – vor allem im nichtjüdischen Bereich – das Einswerden mit der Gottheit (lat. *unio mystica*). Auf einem solchen Innenweg werden die äußeren Formen der traditionellen Religiosität nicht etwa gering geachtet, aber man nähert sich ihrem spirituellen Zentrum. Man wird ihrer Tiefe gewahr. Es leuchtet einem ein, was uns unbedingt angeht.

Auch das Judentum verfügt über eine reich ausgebildete Mystik, die Kabbala (Überlieferung), wenngleich die hebräische Bibel für Israel andere Arten der Gottesbegegnung kennt, nämlich die Erwählung als das Herausgerufenwerden aus der Völkerwelt (Gen. 12), das Angesprochenwerden durch Jahve, die Begegnung mit und das Geführtwerden durch Gott, der vom Menschen für sein Tun und Leben rückhaltlose Rechenschaft fordert, indem er schließlich am Tag Jahves über Mensch und Welt Gericht hält. Darüber ist nicht zu vergessen, dass auch im Alten Testament eindrückliche Innenerlebnisse bezeugt sind. Die großen Offenbarungsvisionen, wie sie von Jesaja oder von Hesekiel (Ezechiel) berichtet werden, gehören hierher. Ohne Einschränkung, ja ohne Widerspruch aus den eigenen Reihen und von prominenter Stelle geäußert, ist jüdische Mystik freilich nicht geblieben. Nicht selten stößt die Mystik auf Ablehnung mit der Begründung, die Thora enthalte bereits all das, was Gott seinem Volk mitzuteilen hatte. Die Mystik wird insbesondere dann als ein Fremdkörper im jüdischen Glaubensleben empfunden, wenn sie einem oberflächlichen modischen Trend folgt oder zu folgen scheint. Denn es geht in der Mystik, die diese Bezeichnung verdient, weder um eine egoistische Befriedigung religiöser Gefühle noch um eine Abkehr von der Welt. Jedenfalls duldet der jüdische Glaube – und nicht nur er! – keine Mystik, die man ohne tätige Verantwortlichkeit betreiben möchte.[21]

Eine Arkandisziplin, d.h. eine besondere Achtung des vor einer Profanierung zu Schützenden, kennt auch das Judentum, denn bezüglich der Mystik der rabbinischen Zeit lautet ein Gebot der Verschwiegenheit: »Man legt Inzestgesetze nicht vor dreien aus, (die Mystik) des Schöpfungswerks nicht vor zweien und (die Mystik) des Thronwagenwerks (Hes. 1) nicht einmal vor einem einzigen, es sei denn, dieser ist schon Gelehrter, der aus eigener Einsicht versteht.« Gemeint ist nicht allein eine theologische oder religionsgesetzliche Gelehrsamkeit, sondern theosophische Einsicht und spirituelle Erfahrung, die einen Menschen erfüllt und in der Tiefe seines Wesens verändert. Damit ist auf die esoterische Tradition verwiesen, wie sie – abgesehen von anderen Religionen – so auch im Judentum und Christentum besteht.[22]

Entfaltet hat sich die jüdische Mystik in einer Folge von historischen Epochen mit einer ebenfalls umfänglichen Literatur. An ihrer Spitze steht das Buch *Sohar* (*sefer ha-sohar*, »Buch des Glanzes«), vor 1300 in Spanien entstanden. Gershom Scholem, der verdiente deutsch-israelische Kabbala-Forscher, kennzeichnet die geschichtliche Stellung dieses Schriftwerks mit den Worten: »Keines der großen Literaturprodukte unseres mittelalterlichen Schrifttums, so viel heller und wohnlicher es in manchen darunter aussehen mag, hat eine auch nur annähernd gleiche Wirkung, einen ähnlichen Erfolg gehabt.«[23] Dabei ist zu bedenken, dass die Entwicklung der theosophischen bzw. mystischen Lehren bisweilen eng mit dem meist gefahrvollen Schicksal des Judentums verquickt ist, beispielsweise mit der Vertreibung aus Spanien im Jahre 1492. Zu dem Erfolg der Kabbala als Ganzes gehört nicht zuletzt die Tatsache, dass sie seit dem 15. Jahrhundert großen Einfluss auf das Christentum hatte, so dass von einer christlichen Kabbala gesprochen werden kann. Eine besondere historische Ausgestaltung fand diese jüdische Esoterik im ostjüdischen Chassidismus, der erst durch Martin Bubers Vermittlung ihre – nicht unumstrittene – Popularisierung erlangt hat.[24]

Jüdische Philosophie

Nach einem Wort des ehemals in Erlangen lehrenden jüdischen Religions- und Geistesgeschichtlers Hans Joachim Schoeps (1909–1980) nimmt die Religionsphilosophie im Judentum eine ähnliche Stellung ein wie die Dogmatik bzw. die Systematische Theologie im Christentum. Die philosophische Bemühung kann in der Regel als Antwort auf die Herausforderung bei der Begegnung mit anderen weltanschaulichen Bewegungen und Denkrichtungen verstanden werden. Ein geistiges Zentrum für die philosophische Reflexion stellte in der Antike Alexandrien dar, eine Stadt der Schulen und Bibliotheken. Später kamen andere Städte hinzu, an denen auch die Juden ihren Beitrag zu liefern hatten. Wenn man nicht so weit gehen will wie Kurt Wilhelm, für den jüdisches Philosophieren bereits mit dem ersten Satz der Bibel (»Im Anfang schuf Gott«) beginnt, dann ist es doch angemessen zu sagen: Mit dem hellenistischen Denker Philo Alexandrinus, einem älteren Zeitgenossen Jesu, setzte die jüdische Philosophie ein. Er wandte die Begrifflichkeit Platons an, den er geradezu als einen »attisch redenden Mose« betrachtete. Diese frühe Verbindung hebräischen mit griechisch-abendländischem Denken sollte sich jahrhundertelang fortsetzen, jedoch ohne dass die jüdischen Philosophen ihre speziellen Anschauungen von Gott, Welt und Mensch preisgegeben hätten. Dies befähigte sie, jeweils in einen wirkungsvollen Dialog mit anderen einzutreten, z.B. auch als der Islam vom 8. Jahrhundert an in Spanien auf das geistig-kulturelle Leben Europas einzuwirken begann.

Bei dem aus Cordoba stammenden Maimonides (Rabbi Moses ben Maimon, 1135–1204), der sich auch als Leibarzt des Sultans

Saladin einen Namen machte, erreichte die mittelalterliche Philosophie des Judentums ihren Höhepunkt. Der Rambam – so die Abkürzung in der Literatur für diese Lehrautorität – wandte aristotelisches Denken auf die Darlegung und Verteidigung seiner Religion an. Er tat dies freilich mit anderer Akzentierung als sein islamischer Landsmann und Zeitgenosse, der Philosoph Averroës (1126–1198). Bei der Behandlung der Gottesfrage ging es ihm darum, die Erkennbarkeit Gottes zu klären. Er vertrat die These: »Ich weiß nur, was Gott *nicht* ist.« Affirmativen, d.h. positiven bzw. zusichernden Aussagen über den Allheiligen widersprach er. Das ist eine Position, der sich der Dominikaner Thomas von Aquin seinerseits widersetzte, der sich jedoch dessen jüngerer Ordensbruder, der Mystiker Meister Eckhart, wieder annäherte. Für den sich anbahnenden interreligiösen Dialog ist es charakteristisch, dass Maimons Hauptwerk »Wegweiser der Ver(w)irrten« (hebr. *More Nebuchim*, 1190)« ursprünglich arabisch abgefasst war und erst später ins Hebräische und ins Lateinische übertragen wurde. Schließlich teilte er die Überzeugung anderer scholastischer Denker, wonach Glaubens- und Vernunft-Erkenntnis miteinander zu harmonisieren seien oder doch dadurch in Einklang gebracht werden könnten, dass man die hebräische Bibel einer allegorischen bzw. gleichnishaften Auslegung unterzieht, so wie etwa beim Hohen Lied.

Jehuda Halevi (1085–1145), der sich auch als »großer Dichter« (F. Rosenzweig) hervortat,[25] betonte als Denker den überintellektuellen Charakter der Sinai-Offenbarung, die deshalb einem rein rationalen Zugriff der Scholastiker entzogen sei. Es gibt für ihn eine im Herzen eines jeden Gläubigen wohnende mystische Gottesgewissheit, die sich einer so oder so gearteten Infragestellung widersetzt. In seinem ebenfalls arabisch geschriebenen Werk *Kusari* (Wesen des Judentums) lässt er einen Rabbi sagen: »Glaube nicht, daß wir etwas Totes vertreten. Vielmehr haben wir einen Zusammenhang mit jenem göttlichen Einfluß durch Gesetze, welche Gott als Bindeglied zwischen uns und ihm eingesetzt hat.«[26]

Im Zuge des Emanzipationsprozesses, dem sich das neuzeitliche Judentum ausgesetzt hat, blieben ihm Aufklärung und Kritik des traditionellen Gottesbewusstseins nicht erspart. In Baruch Spinoza (1632–1677), in Amsterstam als Nachkomme der aus

Portugal eingewanderten, vor der Inquisition geflohenen Juden geboren, erstand dem mitteleuropäischen Geistesleben ein Denker, der in der Nachfolge von Hobbes und Descartes eine intellektuelle Gottesliebe *(amor dei intellectualis)* formulierte, Gott und Natur *(deus sive natura)* pantheistisch in eins setzte und der jüdischen Tradition seiner Väter eine Absage erteilte. Martin Buber warf Spinoza vor, er habe dem zum Menschen sprechenden Gott »seine Ansprechbarkeit« dadurch genommen,[27] dass er ihn nur als reines Sein bzw. als philosophische Kategorie habe gelten lassen. Als Jude könne man aber nicht darauf verzichten, Gott in der Konkretheit allen Lebens zu begegnen. Deshalb traf Spinoza der Bannspruch. Er wurde aus der Synagoge seiner Heimat ausgeschlossen. Das war zu diesem Zeitpunkt noch eine tief greifende Bestrafung für einen Juden! Sie entsprach einer totalen Ächtung. Dennoch kann er als wichtiger Vertreter der modernen jüdischen Philosophie gelten.[28] Auf Lessing, Herder, den jungen Goethe und auf die klassische Philosophie von Hegel und Schelling übte Spinoza nachhaltige Wirkungen aus.

Trotz der von der Aufklärung erfassten jüdischen Intelligenz blieb der Einfluss des Maimonides und der mittelalterlichen Philosophie erhalten. Spürbar wird dies beispielsweise noch bei Hermann Cohen (1842–1918). Dieser Begründer der Marburger Schule des Neukantianismus wandte sich in der Spätphase seiner Entwicklung von neuem der jüdischen Tradition zu, sodass auch er als ein Philosoph des Judentums angesehen werden kann.[29] Unter den jüdischen Denkern, die im 20. Jahrhundert eine weltweite Bedeutung erlangt haben, ragen der früh verstorbene Franz Rosenzweig (1886–1929) und Martin Buber (1878–1965) hervor. Rosenzweig, der an sich selbst so etwas wie eine Bekehrung zur Überlieferung seiner Väter erlebt hat, trug insbesondere durch sein Hauptwerk »Der Stern der Erlösung«[30] zu einer geistigen Neuorientierung seines Volkes bei. Er wendet sich von Hegel und der idealistischen Philosophie ab und legt den Weg frei zur Wiederaufnahme des Dialogs zwischen Gott und Mensch, aber auch zu dem zwischen Mensch und Mitmensch. Darin wurde er insbesondere durch Martin Buber bestärkt. In »Ich und Du« (1923) liegt eine Grundschrift dialogischen Existierens vor. Die gemeinsam mit Franz Rosenzweig in Deutschland begonnene, von Martin Buber schließlich in Jerusalem vollendete »Verdeutschung der Schrift« ist in dem geistesgeschichtlichen Kontext zu sehen, in dem von neuem die »Anredbarkeit Gottes« gesichert und die Realität der Ich-Du-Beziehung erkannt bzw. wiederentdeckt worden war.[31]

Gelebte Frömmigkeit und Spiritualität

Abgesehen von der Tatsache, dass das Judentum auch nach islamischer Einschätzung als eine »Buchreligion« betrachtet werden kann, vollzieht sich das Leben eines Juden naturgemäß im rhythmischen Wechsel von Alltag und Feier, wobei der Sabbath als siebter Tag der Woche natürlich eine größere Bedeutung hat als der zeitgenössische Wunsch »Schönes Wochenende!«. Angesichts der in der Gegenwart bestehenden allgemeinen Säkularisiertheit der Religionen bei der Mehrheit ihrer Mitglieder ist insbesondere in der »christlichen« westlichen Welt – abgesehen von den jeweils Praktizierenden – der Eindruck entstanden, Religion erschöpfe sich in bedeutungslosen Leerformeln und nicht mehr ernst genommenen Konventionen: Man gibt zu statistischen Zwecken gerade noch seine von den Vorfahren überkommene Religionszugehörigkeit an, jedoch ohne von ihr ernsthaft Gebrauch zu machen. Lediglich äußerer Gewohnheit folgend, begeht man die kommerzialisierten Feste in der Öffentlichkeit wie in der Familie. Der Vollzug einer individuellen Frömmigkeit wird weitestgehend vernachlässigt. Die jeweiligen religiösen Gemeinschaften, die den staatlichen Schutz und die fiskalische Unterstützung nützen, üben die allseits bekannte Selbstkritik.

Das Leben eines Juden, soweit dieser der lebendigen Tradition Israels noch nicht völlig entfremdet ist, setzt in individueller wie gemeinschaftlicher Lebensgestaltung die alte Väterüberlieferung fort in Brauchtum, Kultus und Feier. Kaum anders verhält es sich bei traditionsbewussten Menschen. Wie für einen gläubigen Juden der Tag beginnt, schildert der Schriftsteller Shmarya Levin (1867–1935), der in einem Dorf des zaristischen Russland aufgewachsen ist:

»Am Morgen pflegte ich, froh und beglückt, die schöne Gotteswelt wiederzuschauen, aus dem Bett zu springen. Das erste Gebet, das ich – wie jedes andere jüdische Kind – hersagen lernte, war das ›Mode ani‹ (›Ich danke.‹), die Worte, welche der Jude spricht, sobald er nach dem Schlaf wieder zum Bewußtsein kommt und Wasser über seine Hände gegossen hat. Es ist das Gebet, das den Allmächtigen lobpreist, weil er die Seele in den Körper zurückkehren ließ. Während des Schlafs – so malten wir uns aus – haben wir keine Seele – nur einen Geist. Ich wiederholte mit besonderer Inbrunst die Worte, welche Gott dafür dankten, daß er meine Seele meinem Körper wiedergegeben hatte.«[32]

Das Morgengebet setzt sich noch aus weiteren Wortlauten zusammen. Unverzichtbar ist für jeden Juden das *Sch'ma*-Gebet mit den Anfangsworten »Sch'ma Jisrael.« (Höre Israel). Es sind (von wenigen Einfügungen abgesehen) Worte aus Deuteronomium 6, 4–9, in denen Jahve als der Eine angerufen wird, als der Gott, dem kein anderer an die Seite gestellt werden darf. Das entspräche dem seit alters verpönten Götzendienst bzw. der Abgötterei. Daher das Gelübde des Frommen: »*Höre, Israel, der Ewige, unser Gott, der Ewige ist einzig. Gelobt sei der Name der Herrlichkeit seines Reiches für immer und ewig. Du sollst den Ewigen, deinen Gott lieben mit deinem ganzen Herzen und deiner ganzen Seele und mit deinem ganzen Vermögen. Es seien diese Worte, die ich dir heute gebiete, in deinem Herzen. Schärfe sie deinen Kindern ein und sprich von ihnen, wenn du in deinem Hause sitzest und wenn du auf dem Wege gehst, wenn du dich niederlegst und wenn du aufstehst. Binde sie zum Zeichen an deinen Arm, und sie seien als Stirnband zwischen deinen Augen. Schreibe sie auf die Pfosten deines Hauses und an deine Tore.*«

Es geht dem Betenden somit um zweierlei: Zum einen hat er sich und den Seinen die Verbindung zu Gott unablässig einzuprägen, in Herz und Seele und unter Aktivierung aller seiner Kräfte. Dazu fühlt er sich verpflichtet. Zum anderen ist dieser innere Vorgang auch durch den äußeren rituellen, somit durch den zeichenhaften Vollzug sichtbar zu machen. Man denke an die beim Gebet anzubringenden Gebetsriemen (*Tefillin*), »an denen lederne Kapseln befestigt sind, die beim Morgengebet am linken Arm gegenüber dem Herzen und an der Stirn getragen werden. In jeder dieser Kapseln liegen auf Pergament geschriebene Pentateuchabschnitte (Exodus 13, 1–10, 11–16; Deuteronomium 6, 4–9, 11, 13–21). Herz und Verstand sollen dadurch symbolisch an dem soeben beginnenden Tag Gott geweiht sein. Die Fortsetzung des 1. Abschnittes – »und schreibe sie auf die Pfosten deines Hauses und an deine Tore« – weisen auf die Mesusa, die mit Sch'ma-Versen beschriebene Pergamentrolle, die in ein hölzernes oder metallenes Gehäuse gelegt und so an die Türpfosten der Wohnung angebracht wird. Die Inschrift mahnt den Juden beim Verlassen seines Hauses zu seiner täglichen Arbeit und bei der Rückkehr in seine Häuslichkeit daran, dass alles Materielle, um das er sich bemüht, nur Mittel zum Zweck ist – zur Erreichung einer höheren Stufe der Menschlichkeit und Vergeistigung.[33] Vervollständigt wird die rituelle Bekleidung durch einen Überwurf oder Gebetsmantel (*Tallit*). Erinnert sei etwa an die Darstellungen von Betern auf den Bildern von Marc Chagall.

Zum Gebetskanon gehören noch weitere Texte, die Ausdruck des Gotteslobes, der Bitte, der Fürbitte für andere und schließlich des Dankes sind. Dazu gehören das Kaddisch-Gebet, das in der täglichen Andacht seinen Platz hat und vor allem als Gebet der Söhne, die Kaddisch für ihre verstorbenen Eltern sprechen; ferner das sogenannte Achtzehnbitten-Gebet, das man morgens, mittags und abends verrichtet. Am Abend wiederholt man das »*Höre Israel!*«, um gewissermaßen mit dieser Selbstvergewisserung des eigenen Judeseins auf den Lippen auch in die unbewussten Regionen des Schlafes hineinzugehen. Das ist ein weiterer Hinweis darauf, wie wesentlich es für den jüdischen Gläubigen ist, sich in die lebendige Tradition seiner Väter in unverbrüchlicher Treue (*Emuna*) hineinzustellen.

Der Christ, der sich um ein Verständnis jüdischer Frömmigkeit und Spiritualität bemüht, könnte aber auch bei seiner eigenen Gebetsüberlieferung beginnen. Denn das »Vaterunser« stellt keinesfalls ein christliches Spezifikum dar, das sich von der Tradition der Judenheit substanziell unterscheidet. Vielmehr ist es Wort für Wort aus dem Gebetsschatz Israels geschöpft. Es stellt – wie sich unschwer nachweisen lässt – so etwas wie ein spirituelles Konzentrat dessen dar, aus dem der Rabbi Jesus von Nazareth gelebt hat. In seiner Antwort auf die Frage: »Das Vaterunser – ein christliches oder ein jüdisches Gebet?« hat Pinchas Lapide (1922–1999) dafür zahlreiche Belege zusammengetragen.[34]

»Auch die Gliederung des Gebetes in sieben Einzelbitten, von denen die ersten drei an Gott gerichtet sind und seine Herrschaft betreffen, während die letzten vier Fürbitten das menschliche

Wohl darstellen, ist nach biblischem Vorbild gestaltet. – Genau wie die sieben Seligpreisungen der Bergpredigt, die sieben Weherufe über die Pharisäer, die sieben Gleichnisse und die Pflicht, nicht siebenmal, sondern siebenundsiebzigmal zu vergeben, erinnern sie an die heilige Siebenzahl in den Büchern Moses, die in den sieben Wochentagen, dem Jubeljahr (nach sieben mal sieben Jahren) und im siebenarmigen Leuchter des Tempels verewigt sind, um nur die markantesten Beispiele zu nennen. Es folgen nun, wie bekannt, drei Bitten – keine Gelöbnisse oder Wünsche, wie man meinen könnte – , die fast wörtlich dem täglichen Kaddisch-Gebet der Synagoge entsprechen, das höchstwahrscheinlich aus dem ersten vorchristlichen Jahrhundert stammt. Dort heißt es, wie jeder Jude aus seiner Synagoge weiß:

›*Erhaben und geheiligt werde Sein großer Name in der Welt, die Er nach Seinem Willen geschaffen, und Er lasse herrschen Sein Königtum in eurem Leben und in euren Tagen und im Leben des ganzen Hauses Israel.*‹

In diesem ersten Satz eines der ältesten Synagogengebete finden wir geballt die drei Schlüsselbegriffe, die Gegenstand der ersten Vaterunser-Bitten sind: Gottes Name, Sein Königtum und Sein heiliger Wille. Nur wenn und wo Gottes Name in der Welt geheiligt wird, erkennt die Menschheit Sein Königtum an, und eben da kann Gott auch Seinen Willen zum Heil der Welt ausführen.«[35]

Eines der Hauptgebete des Judentums ist das »Achtzehn(bitten)-Gebet«. In einer dichterisch gestalteten Kurzfassung, die der Ordnung des hebräischen Alphabets folgt, lautet es nach einem alten, im 12. Jahrhundert in Italien verbreiteten Text:[36]

Ach Herr, hilf und beschirm uns um deinetwillen.
Dank sei Dir, Schild Abrahams.
Belebe uns mit träufendem Tau, mit mächtigem Regen.
Dank sei dir, Beleber der Toten.
Geheiligt werde in uns deine Größe.
Dank sei dir, heiliger Gott.
Dein Mund lehre uns Erkenntnis und Weisheit.
Dank sei dir, der mit Wissen begnadet.
Hehrer, bringe zu dir uns zurück.
Dank sei dir, der die Umkehr will.

Wolkengleich laß unsere Sünden zerrinnen.
Dank sei dir, gnädig und voller Vergebung.
Sehr bald führe die Zeit unserer Erlösung herbei.
Dank sei dir, Erlöser Israels.
Heile die Wunden unserer Herzen.
Dank sei dir, Arzt deiner Kranken.
Tau in Fülle und guter Regen seien ein Segen unserer Jahre.
Dank sei dir, der die Jahre segnet.
Jählings von ferne bringe unsere Zerstreuten.
Dank sei dir, der Israels Zerstreute heimführt.
Kommt dein Gericht, wäge du unser Bemühen.
Dank sei dir, König, der Güte und Recht liebt.
Lasse Bedränger und Feinde von uns weichen.
Dank sei dir, der Feinde bezwingt.
Mauer und Burg, Stütze und Zuflucht sei uns.
Dank sei dir, Zuflucht der Frommen.
Nun erfreue uns bald am Bau der Stadt unseres Fürsten.
Dank sei dir, der Jerusalem aufbaut.
Sieh wohlgefällig unser Gebet an.
Dank sei dir, der Gebete erhört.
Opfer ist es, empfange den Spruch unserer Lippen.
Dank sei dir, dem allein unser Dienen geweiht ist.
Preisend singen wir, da die Erlösung du bringest.
Dank sei dir, dein Name ist der Gute.
Zeitenfels, unserer König,
Ringsum schütze mit Frieden und Treue.
Dank sei dir, der den Frieden macht.

Die Beschneidung

Durch das mit dem ausdrücklichen Segen Gottes begleitete Gebot, »fruchtbar zu sein und sich zu vermehren und die Erde zu füllen« (Gen. 1, 28) sind nach dem hebräischen Menschenbild Mann und Frau aufeinander angewiesen. Jude wird man, wenn man eine Jüdin zur Mutter hat. Doch ist es dem Mann in besonderer Weise aufgetragen, der göttlichen Weisung zu folgen und die von Gott aufgetragenen religiösen Pflichten (*Mizwoth*; Einzahl: *Mizwah*) mit großer Achtsamkeit zu erfüllen. Denn in der patriarchalisch geprägten Gesellschaft ist es Israel bzw. der Mann, mit dem Gott seinen Bund (*Berit*) geschlossen hat. Es

handelt sich um den Bund Abrahams (*Berit Abraham*), der gemäß Genesis 17, 9 ff. durch die Beschneidung (*Berit Mila*) am achten Tag nach der Geburt eines männlichen Kindes zu vollziehen ist:
»Und Gott sprach zu Abraham: Du sollst meinen Bund bewahren, du und dein Samen nach dir für ihre Geschlechter. Das ist mein Bund, den ihr bewahren sollt, zwischen mir und dir und deinem Samen nach dir. Beschnitten werde bei euch jedes Männliche. Und ihr sollt beschnitten werden an eurem Gliede der Vorhaut, und das sei zum Zeichen des Bundes zwischen mir und euch. Und acht Tage alt soll beschnitten werden bei euch jedes Männliche für eure Geschlechter.«

Nach erfolgtem Beschneidungsritual spricht der Vater des Jungen ein Wort der Segnung (*Beracha*) aus, indem er mit der Formel beginnt: »*Gepriesen seist du, Herr unser Gott, König der Welt!*«

Bar Mizwa

Mit Erreichung des 13. Lebensjahrs wird ein durch die Beschneidung in den Gottesbund aufgenommener Junge zum *Bar Mizwa*, zum Sohn des Gesetzes bzw. der Verpflichtung. Er tritt ein in die Rechte und Pflichten eines jüdischen Mannes. Damit wird er ein volles Mitglied seiner Synagogengemeinde, obwohl er nach bürgerlicher Ordnung noch als unmündiges Kind gilt. Die religiöse Mündigkeit aber ist erreicht. Vater und Mutter geben ihren Sohn gewissermaßen frei, künftig selbstverantwortlich sein Judesein zu leben und in der Welt zu vertreten. Wer den Status des Bar Mizwa nach vorausgegangener spezieller Unterweisung und Einführung in die Überlieferung erlangt hat, kann nun zum *Minjan*, d.h. zu der Zahl der zehn männlichen Mitglieder gerechnet werden, die zu einer regulären Gottesdienstfeier erforderlich sind. Als orthodoxer Jude wird er künftig beim Gebet die *Tefillin* (Gebetsriemen) anlegen. Er wird aufgenommen in die Schar derer, die mit der Thora Umgang haben können. Er spricht den Segensspruch über die Thora. Und obwohl schon in der Mischna zu lesen ist, dass man Dreizehnjährige in die volle Gemeindemitgliedschaft aufnehmen solle, geht die Bezeichnung Bar Mizwa nur bis ins 15. Jahrhundert zurück.

Am Sabbath nach dem 13. Geburtstag findet dieser feierliche Akt der Aufnahme in den Bund Abrahams statt. Zum ersten Mal in seinem Leben wird der Name des neuen Bar Mizwa vor der

Gemeinde genannt. Er wird aufgerufen, in der Synagoge Gott als den »König der Welt« zu preisen und einen Abschnitt aus der Schrift zu lesen. Mit der Bar-Mizwa-Feier in Gemeinde und Familie ist ein weiterer wichtiger Höhepunkt im Leben eines Juden erreicht. Alle Nahestehenden nehmen daran, wie schon bei der Beschneidung, freudigen Anteil. Es hat freilich lange gedauert, bis man empfand, dass es auch für die Frau einen ähnlichen Akt der Aufnahme geben sollte. Religiös volljährig ist das Mädchen schon nach Erreichung des zwölften Lebensjahrs. Im 19. Jahrhundert führten liberale Juden den Begriff der Bat Mizwa (Tochter der Verpflichtung) ein, sodass es nahe liegt, die für Jungen und Mädchen durchgeführten Feiern mit derjenigen der Konfirmation im Protestantismus zu vergleichen.

Die Hochzeit
»Das Ziel der Frau ist die Ehe; das Ziel der Ehe sind Kinder; der Sinn der Ehe Gott. Und auf nichts anderes soll auch der Sinn der Frau gerichtet sein.«[37] Damit ist auf den Ernst der religiösen Einrichtung der Ehe hingewiesen, denn abgeleitet ist das Gebot aus dem Genesis-Buch Kapitel 28, in dem Vater Isaak seinem Sohn Jakob Anweisungen gibt, von woher und aus welcher Sippe er seine Frau nehmen solle. Daraus ergibt sich, welche Beziehung zwischen Ehemann und Ehefrau besteht: Er ist der Herr (*Baal*); sie ist im rabbinischen Sinn nach der ersten ehelichen Vereinigung Eigentum des Mannes. Dabei wird jedoch großer Wert auf die Feststellung gelegt, dass die jüdische Ehefrau als Mutter und Hausfrau trotz dieser Zuordnung eine wichtige Rolle innehabe. Ihr Jüdin-Sein bestimmt im Übrigen die religiöse Zugehörigkeit der Kinder: Jude bzw. Jüdin ist, wer eine Jüdin zur Mutter hat! Der Frau obliegt weiter ein wesentlicher Teil der Erziehung. Und sie ist es, die die Lichter bei der familiären Sabbath-Feier entzündet. Als Gattin teilt sie Freud und Leid ihres Mannes gemäß Genesis 2, 18: »*Und Gott der Herr sprach: Es ist nicht gut, daß der Mensch* (Adam) *allein sei. Ich will ihm eine Gehilfin machen, die um ihn sei.*«

Bedenkt man, in welcher kulturellen Umgebung Israel seinen Weg in die Welt angetreten hat, dann ist die hohe Einschätzung von Ehe und Familie, von Sexualität und ehelicher Fruchtbarkeit hervorzuheben: »Das Judentum kultivierte im Altertum – zwischen Astarte und Venus, zwischen Assyrien und Rom, mitten zwischen den klassischen Völkern der sexuellen Überbetonungen, Extravaganzen und Perversitäten – das maßvoll natürliche Verhältnis zwischen den Geschlechtern, das auf Gegenseitigkeit, Achtung und Fortpflanzung bedacht ist, und kultivierte das gleiche Verhältnis in den folgenden Jahrhunderten zwischen Rom und Wittenberg, zwischen spanischen Mönchen und nordischen Puritanern, den klassischen Fanatikern der sexuellen Überbetonungen. Zwischen den Maßlosigkeiten für und wider das Geschlecht, zwischen Ausschweifung und Askese hat sich die jüdische Ehe von den Tagen der Pharaonen bis zu den Ausgrabungen ihrer Mumien lebendig erhalten.« Und Leo Hirsch fügt dieser seiner Einschätzung die vorausblickende Bemerkung hinzu: »Verkommt die jüdische Ehe, dann ist das Judentum unrettbar verloren.«[38]

Koscheres Leben

Jüdische Religiosität erstreckt sich auf die Gesamtheit des menschlichen Lebens. Die Frage, ob etwas *koscher*, d.h. tauglich und passend ist oder nicht, bezieht sich nicht allein auf die Bereiche der Ernährung, wenngleich das Judentum seit den Tagen der Entstehung der Thora eine Fülle von Speisegeboten kennt, deren strikte Beachtung dem orthodoxen Juden auferlegt ist. Koscher haben auch andere Gegenstände des täglichen Gebrauchs zu sein. Gemeint ist vor allem die Unversehrtheit und Unverletzlichkeit einer Thorarolle. Sie ist dann nicht mehr koscher, wenn sie fehlerhaft, lückenhaft oder wenn sie nicht mehr vollständig lesbar ist. Koscher müssen auch alle anderen kultischen Geräte und Einrichtungen sein. Koscher haben sich die Personen bei einem nach rabbinischem Recht vollzogenen Prozess zu verhalten.

Ein besonderes Kapitel stellen die Speisevorschriften dar. Sie dulden keine Nachlässigkeit. In ihren Grundzügen sind sie bereits in der Thora festgelegt, angefangen bei der Weise, in der ein Tier für die Schlachtung auszuwählen ist, wie es zu schlachten, d.h. zu »schechten« ist, damit keine Blutreste zurückbleiben, bis hin zur Zubereitung der Speise, einschließlich der Aufbewahrung des Geschirrs. Wenn z.B. Exodus 23, 19 und an anderer Stelle geboten ist: »*Koche nicht ein Böcklein in der Milch seiner Mutter!*«, dann leitet man daraus das Verbot ab, Fleisch und Milch oder

Milchprodukte miteinander in Berührung zu bringen oder gar zu vermischen. Das macht es auch nötig, die für die eine oder die andere Mahlzeit erforderlichen Gefäße sowie das dazu benötigte Besteck zu trennen. All dem, was ein orthodoxer Jude peinlich genau zu beachten hat, womit ein liberal gesinnter jedoch sehr viel legerer umgeht, liegt letztlich eine *Mizwa* (religiöse Verpflichtung) zugrunde. Es geht um nichts Geringeres als darum, sich bis in den elementaren Vollzug des Essens hinein der Gottesgegenwart bewusst zu sein und seine Gebote zum Wohle von Leib und Seele zu befolgen. Darin kommt das Gebot einer umfassenden Heiligung des Alltags zum Ausdruck.

Tod und Sterben

Seit den Tagen der Erzväter preist Israel das Leben, seine Erhaltung und Vervielfältigung. Doch gehört auch der Tod zur Lebensganzheit hinzu. Der Mensch hat weder das Recht, sich oder andere zu töten, gemäß dem Gebot: »*Du sollst nicht töten!*«, noch ist es ihm erlaubt, auf künstliche oder fragwürdige Lebensverlängerung zu setzen. Es gilt der Grundsatz, dass Gott allein der Herr über Leben und Tod ist.

Zur Sterbebegleitung gehört die Pflicht, sei es lebend, sei es sterbend, mit dem *Schma Jisrael* (Gedenke Israel!) die Zugehörigkeit zum Gottesbund zu bezeugen. Söhne sprechen ihren verstorbenen Eltern den *Kaddisch*, worunter ein Gebet der Segnung zu verstehen ist. Der Rabbiner grüßt die Trauernden mit dem Spruch »*Der Allgegenwärtige tröste euch inmitten derer, die um Zion und Jerusalem trauern.*« Diese Worte erinnern daran, dass es sich letztlich nicht nur um ein individuelles oder familiäres Geschehen handelt. Die Trauer um Verstorbene bezieht vielmehr die Trauer um den einst durch Vertreibung und Verfolgung verlorenen Zionsberg mit ein. Wenn in alter Zeit über den Gräbern ein Steinhaufen errichtet wurde, um die Stätte zu bezeichnen und die Erinnerung an den Verstorbenen wach zu halten, so hat sich dieser Brauch bis heute fortgesetzt. Selbst auf Grabsteinen legt man einen Stein. Und im Kreis der versammelten Gemeinde spricht man ein Gebet, das als Vorläufer des christlichen Vaterunsers angesehen wird. Es gilt Lebenden wie Verstorbenen, die letztlich eine einzige Gemeinschaft darstellen:

GELEBTE FRÖMMIGKEIT UND SPIRITUALITÄT

»Gepriesen und geheiligt sei Sein großer Name in Zeit und Welt, die Er nach Seinem Willen erschuf. Möge Er Sein Reich errichten während eurer Tage und während des Lebens des ganzen Hauses Israel. Amen – So sei es.«

Der Kalender und die Feste

Zum Wesensbestand religiösen Lebens gehört die Heiligung der Zeit. Es geht darum, dass sich die Menschen der Gottesnähe versichern und dies in wiederkehrenden Ritualen darstellen. Das säkulare Jahr erhält auf diese Weise durch das »heilige Jahr« eine besondere Prägung. – Die Christenheit kennt das Kirchenjahr mit seinen Festen, in denen der Weg Christi von seiner Ankündigung, seiner Geburt, seiner Passion, bis hin zur Auferstehung, Himmelfahrt und Wiederkunft am Jüngsten Tag durch Bibellesung und Gebet, also gottesdienstlich begangen wird.

Der jüdische Festkalender (*Luach*, »die Tafel«) ist wesentlich älter als der christliche. Im Mittelpunkt steht nicht eine herausgehobene Person, kein »Messias«, sondern der Weg, den Gott mit seinem Volk gegangen ist und mit dem er – mitten in der säkularen Zeit – weiterhin unterwegs ist. Von zentraler Bedeutung ist hier der Gang Israels aus der Knechtschaft in die Freiheit. Das ist an einer Reihe wichtiger Feste abzulesen.

Man zählt die jüdischen Kalenderjahre vom Beginn der Schöpfung an, womit natürlich keine historische Aussage getroffen wird. Das jüdische Jahr, das im Herbst beginnt, ist kein Sonnen-, sondern ein Mondjahr. Es errechnet sich nach den einzelnen Mondphasen. Seit alters bedurfte es einer offiziellen Zeitbestimmung, um bei der Abhaltung der Feste die für die gesamte Judenheit gewünschte Konformität zu erzielen:

»Als Israel noch in seinem eigenen Land als selbständiges, unabhängiges Staatsvolk wohnte, pflegte das Sanhedrin, der Oberste Gerichtshof, den Beginn jedes Monats feierlich zu verkünden, sobald ihm verläßlich gemeldet wurde, dass sich die erste Neumondsichel am Himmel gezeigt habe. Das Sanhedrin sandte dann sogleich Boten in alle Gemeinden, um ihnen das genaue Datum zu geben, das zur pünktlichen Einhaltung der Feiertage unerläßlich war. Diese Boten vermochten aber nur das Land

Israel selbst so rechtzeitig zu durchqueren, dass sie noch vor den Festtagen an Ort und Stelle eintrafen. Die in der Diaspora lebenden Juden erhielten dagegen keine Bestätigung und begingen jeden Festtag an je zwei aufeinanderfolgenden Tagen, um sicher zu gehen, daß einer von ihnen der richtige sei.«[39]

Diese Praxis konnte nicht beibehalten werden, namentlich in der über die Erde ausgebreiteten jüdischen Diaspora nicht. Es war eine Neuregelung nötig. Sie erfolgte durch die Einführung eines regulären Kalenders durch den Patriarchen Hillel II. Im Jahre 344 entwarf er den konstanten Kalender, der seit dem 13. Jahrhundert praktiziert wird. Durch eine Zuordnung von Sonnen- und Mondjahren entstand eine Ordnung, nach der die einzelnen Feste jeweils in die gleiche Jahreszeit fallen.

Das Jahr beginnt am ersten Tag des Herbstmonats *Ischri* (September/Oktober) mit *Rosch ha-Schanah*, dem Neujahrstag, einem Tag des Bekenntnisses, an dem Gott als König, Richter und Erlöser gepriesen wird. Beim urtümlichen Schall des *Schofar*, eines Widderhorns, geht es symbolisch betrachtet darum, dass die Menschen aus ihrem Schlaf der Gleichgültigkeit und des Stumpfsinns zu erwecken sind, damit sie mit allem Ernst einen neuen Wandel beginnen und ihr ganzes Leben erneuert wird.

Nach zehn Tagen der Buße und der Umkehr folgt *Jom Kippur*, der Sühne-Tag, ein Tag der Einkehr und der Heiligung. Das Leitmotiv dieses höchsten Feiertags ist in den Gebetsworten zusammengefasst: »*Es möge Vergebung finden die ganze Gemeinde Jisrael! Und der Fremde unter ihnen!*«

Sukkot (von hebr. *sukka*, »Hütte«), das Laubhüttenfest, begeht man im selben Monat, in den Tagen der Weinlese, zwischen dem 15. und 22. *Tischri*. Das Laubdach, unter dem in diesen Tagen der Alltag der jüdischen Familie gelebt werden soll, erinnert an die Situation, als Israel sein einstiges »Diensthaus« Ägypten verlassen hatte, um sich nach Kanaan/Palästina auf den Weg zu machen und damit seine Heimat zu finden. In den Erzähl- und Gebetstexten ist daher von der gnädigen Bewahrung durch Jahve die Rede.

Das bereits erwähnte Lichterfest *Chanukkah* (Weihe), das in die Zeit der Wintersonnenwende bzw. der Weihnachtszeit fällt, leitet sich von dem Tag ab, da im 2. vorchristlichen Jahrhundert Judas der Makkabäer als Freischärler eine Volksbewegung gegen die hellenistische Besatzungsmacht entfachte. Der König von Syrien hatte 167 v. Chr. in Jerusalem den griechischen Götterkult als Staatsreligion eingeführt und damit den Tempel als Ort der Gegenwart Jahves entweiht. Den aufständischen Makkabäern gelang es, den Tempel zu reinigen, von neuem zu weihen und das Licht in den wiedererstandenen Jerusalemer Tempel zu tragen. In den beiden apokryphen Büchern der Makkabäer wird davon berichtet: »*Also gab Gott dem Makkabäus und seinem Haufen den Mut, daß sie den Tempel und die Stadt wieder einnahmen.*« (2. Makk. 10, 1). Der große ›Chanukka‹-Leuchter in der Synagoge vergegenwärtigt dieses Geschehen.

Zu den Hauptfesten gehört das im Frühjahr – nach dem heiteren, dem Fasching ähnlichen *Purim*-Fest – gefeierte *Pessach*, bei Luther »Passah« genannt. Es ist das Fest des glücklichen Auszugs aus Ägypten. Es wird vom 15. bis 22. im Monat *Nissan* begangen, wobei der erste und der letzte Tag feierlich begangen werden. In den Gottesdiensten erinnert man sich an die Rettung Israels. Daher die Gebete einleitende Wendung »*Im Gedenken an den Auszug aus Ägypten*«. Die Fron ist zu Ende. Die Symbolik der Pessach-Feier entspricht der Situation von Menschen, die auf dem Wege sind. Die ungesalzenen, ohne Verwendung von Sauerteig gebackenen Brote (*Mazzen*) gehören ebenso zum Pessach-Brauchtum wie der Genuss von Lammfleisch. Nach einem bestimmten Ritus wird der *Seder*, die familiäre Mahlfeier, ausgerichtet.

Als weiteres Hauptfest – etwa zur Pfingstzeit – ist *Shavuot*, das Fest der Offenbarung, anzusehen. Das ist das »Wochenfest«, weil es sieben Wochen nach Pessach gefeiert wird. Es hat den Charakter eines Abschlusses, weil an ihm die Befreiung Israels, die an Pessach begonnen hat, dadurch zu ihrem Ziel kommt, dass die Thora, die göttliche Weisung, zu den Menschen gelangt. Gelesen werden die Zehn Gebote als Inbegriff der göttlichen Weisung und das erste Kapitel des Propheten Hesekiel (Ezechiel) mit der Vision des Propheten. Dadurch kommt zum Ausdruck, dass die Gottesoffenbarung nicht nur dem Judentum gehört, sondern dass Gott die ganze Menschheit anspricht und zur Teilnahme am Werk der Heiligung aufruft. Jeder, der sich in seinen Dienst stellt, ist Gottes Mitarbeiter bei der Erlösung der Welt.

Messias-Erwartung

Judentum und Christentum sprechen beide in einer besonderen Weise vom Messias (hebr. *Maschiach*, »Gesalbter«; griech. *Christos*). Übereinstimmendes und auf eigentümliche Weise Trennendes treffen dabei aufeinander. Gesalbt wurden im alten Israel Könige, Richter und Propheten. Gleichzeitig hielt man Ausschau nach dem Friedensfürst, der am Ende der Tage – »wenn die Zeit erfüllt ist« – als ein aus dem Hause Davids stammender König im erneuerten Jerusalem Einzug halten und einen neuen Weltzustand herstellen werde. Irdische Reichserwartung und eschatologische Erfüllung, die Erlösung (Tikkun), erschienen aufs engste miteinander verflochten. Naturgemäß bekam die messianische Erwartung durch die besondere Schicksalslage der in der Diaspora (hebr. *galuth*, »Deportation und Aufenthalt in der Fremde«) befindlichen Hebräer.

Zum einen hatte Israel Anlaß, sich von denen zu distanzieren, die in dem Davidssohn Jesus von Nazareth den bereits gekommenen Messias (Christus) erblickten und die Weissagungen der alttestamentlichen Propheten auf den Nazarener anwandten und ihn im Laufe der kirchlichen Dogmenbildung als »Sohn Gottes« deklarierten. Zum anderen traten nach der »Christuserscheinung« weitere Messias-Prätendenten auf den Plan: z.B. im 2. Jahrhundert der »Sternensohn« *Bar-Kochba*; im 17. Jahrhundert der als Pseudomessias bezeichnete Sabbatai Zwi,[40] im 18. Jahrhundert Jakob Frank. Insbesondere die neuzeitlichen Messias-Gestalten stellten die Judenheit vor beträchtliche religiöse und gemeinschaftliche Probleme. Eine der Fragen ließ sich mit den Worten Johannes des Täufers (Matth. 11, 3) beantworten, die er an Jesus als den erhofften Messias gerichtet hat: »Bist du es, der da kommen soll, oder sollen wir auf einen anderen warten?« Was beispielsweise Bar-Kochba anlangt, so erblickte selbst ein so prominenter Talmud-Gelehrter wie Akiba ben Joseph (ca. 50–135) in dem Führer des großen antirömischen Aufstandes den geweissagten Maschiach; und er hielt mit dessen Auftreten den Anbruch der Heilszeit für gekommen. Und der in mehrfacher Hinsicht beeindruckende Sabbatai Zwi vermochte große Teile der jüdischen Gemeinden auf seine Seite zu bringen, obwohl eine von ihm teilweise aus der Kabbala abgeleitete Sexualmystik und die damit zusammenhängenden orgiastischen Praktiken im Widerspruch zu orthodoxen jüdischen Vorstellungen stehen.[41] Keine Ausschweifung schien tabu zu sein, weil in der messianischen Zeit alle Gebote aufgehoben und jede Sünde unmöglich geworden sei. Dazu kommt noch, dass der vermeintliche Messias zum Islam konvertierte, ohne dass sich die fanatisierten Anhänger von Sabbatai distanzierten.

Gershom Scholem, der sich wiederholt diesem delikaten Thema gewidmet hat, weist auf den großen Preis hin, den das jüdische Volk für die wiederholte Aktualisierung der messianischen Idee zu bezahlen hatte:

»Die Größe der messianischen Idee entspricht der unendlichen Schwäche der jüdischen Geschichte, die im Exil zum Einsatz auf der geschichtlichen Ebene nicht bereit war. Denn die messianische Idee ist nicht nur Trost und Hoffnung. In jedem Versuch ihres Vollzuges brechen die Abgründe auf, die jede ihrer Gestalten ad absurdum führen. In der Hoffnung leben ist etwas Großes, aber es ist auch etwas tief Unwirkliches. Es entwertet das Eigengewicht der Person, die sich nie erfüllen kann, weil das Unvollendete an ihren Unternehmungen gerade das entwertet, was ihren zentralen Wert betrifft.«[42]

So gesehen ist es für den thoratreuen Juden eine Unmöglichkeit, in dem Juden Jesus (Jehoschua ben Joseph) einen anderen als einen Propheten zu sehen, zumal die Nachfolger dieses Jesus Christus in dessen Namen zwei Jahrtausende lang schlimmste Verbrechen verübt haben. Zwar gehört Jesus zur Glaubensgeschichte des alten Gottesvolkes, aber als Messias, geschweige denn als Sohn Gottes im Sinne des Trinitätsdogmas, steht der Nazarener nicht zur Diskussion. Martin Buber, der an sich den Anspruch hatte, den Sohn der Maria als »Bruder Jesus« gleichsam »von innen her« zu verstehen, berichtet:

»Jesus habe ich von Jugend auf als meinen großen Bruder empfunden. Daß die Christenheit ihn als Gott und Erlöser angesehen hat und ansieht, ist mir immer als eine Tatsache von höchstem Ernst erschienen, die ich um seinet- und um meinetwillen zu begreifen suchen muß. Mein eigenes brüderlich aufgeschlossenes Verhältnis zu ihm ist immer stärker und reiner geworden, und ich sehe ihn heute mit stärkerem und reinerem Blick als je. Gewisser als je ist es mit, daß ihm ein großer Platz in der Glaubensgeschichte Israels zukommt.«[43]

Kann die Judenheit auch nicht in dem Rabbi Jehoshua bzw. Jeshua ben Joseph aus Nazareth den erwarteten Messias erkennen, so ist doch die messianische Hoffnung in Gebet und Meditation stets bewusstseinsnah und ein Ausblick auf den Tag der endgültigen Erlösung, so etwa in einer Betrachtung von Pnina Navé zur Sabbath-Feier:

»Ich schaue hinaus. Müssen die Leute sich so abhetzen, voller Habgier aus Angst, voller Mißtrauen aus Angst, fremd und gedankenlos aus Gewohnheit?

Laß uns tief Atem holen: die Woche ist zu Ende. Ruhetag: tröstliches Zeichen, Verheißung, dass es einst die Vollendung gibt, weil es den Anfang gab.

Herausgeführt aus den Fesseln der Knechtschaft, werden die Menschen endlich sie selbst sein.

In uns tragen wir Saat der Erlösung. Einst geht sie auf.«[44]

Zionismus

Zion, Bezeichnung für Jerusalem, den Tempelberg und den Ort der Anbetung, ist als die »Stadt Davids« (1. Kön. 8,1) zum Symbol und Zielbild des in der Zerstreuung (*Galuth*) befindlichen jüdischen Volkes geworden. In den Psalmen wird die »Tochter Zion« besungen und liturgisch vergegenwärtigt. Die Propheten, vor allem Jesaja und Jeremia, haben die heilige Stadt mit Mahnungen wie mit Verheißungen bedacht. Die Zerstörung des Jerusalemer Tempels im Jahre 70 und die Auflösung des römisch dominierten jüdischen Staates konnte die jüdische Zionssehnsucht, die Hoffnung auf Heimkehr und Wiedergewinnung des Verlorenen nicht auslöschen. Der Ausruf »Nächstes Jahr in Jerusalem!« erscholl jahrhundertelang und lange bevor eine Aussicht auf die Realisierung dieser Erwartung bestand. Assimilation, d.h. Angleichung und Aufgenommenwerden der Juden in die europäische Gesellschaft, hatte zu einem schwerwiegenden Identitätsverlust geführt. Und die immer wieder aufflackernden Pogrome steigerten das Verlangen, endlich einen Weg der Heimkehr nach Zion zu finden.

Zu Beginn der achtziger Jahre des 19. Jahrhunderts bildeten sich im zaristischen Russland erste Vereinigungen wie die ›Chibbath Zion‹ (Zionsliebende) oder die ›Chowewe Zion‹ (Zionsfreunde), die zur Selbstbefreiung (Autoemanzipation) aufriefen und die Kolonisation Palästinas propagierten, auch wenn dies zunächst nur in kleinem Maßstab möglich war. Der religiöse Sozialist und Gefährte von Karl Marx und Ferdinand Lassalle, Moses Hess (1812–1875), entwarf in seinem Buch »Rom und Jerusalem« (1862) Konturen einer völkischen Wiedergeburt als Lösungsversuch der sogenannten Judenfrage.

Es war der Wiener Jude Nathan Birnbaum (1864–1937), der den Begriff »Zionismus« prägte und an der Ausformung der zionistischen Ideologie mitwirkte. Doch erst dem Wiener Journalisten Theodor Herzl (1860–1904) war es beschieden, zum richtungweisenden Agitator der Bewegung zu werden. »Mit seiner unter dem Eindruck der Dreyfus-Affäre[45] 1895 niedergeschriebenen Broschüre ›Der Judenstaat. Versuch einer modernen Lösung der Judenfrage‹ (1896) schuf (er) das ›Kommunistische Manifest‹ der zionistischen Bewegung. Ohne die Anschauungen von Hess, Leo Pinsker und anderen zu kennen, gelangte Herzl in dieser Schrift ebenfalls zu der Überzeugung, dass eine Lösung des Judenproblems nur in der Wiedergewinnung der inneren und äußeren Freiheit für die Juden und das Judentum bestehen könne.«[46] Herzl klammerte die religiöse wie die geistig-kulturelle Komponente der Judenfrage aus, indem er sich auf einen politischen bzw. geopolitischen Lösungsversuch konzentrierte. Der von ihm und seinen frühen Anhängern 1897 nach Basel einberufene erste zionistische Kongress verabschiedete ein Arbeitsprogramm mit der Formel:

»Der Zionismus erstrebt für das jüdische Volk die Schaffung einer öffentlich-rechtlich gesicherten Heimstätte in Palästina. Wir wollen den Grundstein legen zu dem Haus, das dereinst die jüdische Nation beherbergen wird.«[47]

Wie seinem Tagebuch zu entnehmen ist, war sich Herzl bewusst, diesen Grundstein für den späteren Staat Israel gelegt zu haben. Der früh Verstorbene erlebte nicht mehr die Früchte seiner intensiven diplomatischen und planerischen Tätigkeit. Aber die Geschichte hat ihn mit der Staatsgründung im Mai 1948 bestätigt. Die Ereignisse haben – bis heute – aber auch gezeigt, wie wenig man sich der Tatsache in ihrer vollen Tragweite bewusst war, dass Palästina auch die Heimat der Palästinenser ist. Zweierlei heftig umstrittene Besitzansprüche sind nach wie vor virulent.

Nun fußt der Zionismus, von seiner biblischen Bedeutung her betrachtet, auf einem geistig-religiösen Fundament. Es wird bestimmt durch den Glauben Israels und durch die jüdische Religiosität in ihren vielfältigen Ausprägungen. Deshalb ging es Zionisten wie dem ukrainischen Juden Achad-Haam (d.h.»einer aus dem Volk«), eigentlich Ascher Ginzberg (1856–1927), und Martin Buber seit ihrer frühen zionistischen Aktivität wesentlich darum, den politischen Zionismus durch einen kulturschöpferischen, den Menschen verändernden Zionismus zu ergänzen. In seinem Kern ist im so verstandenen Judentum also nicht ein religiöser Sonderstatus das Ziel, man will sich nicht von anderem Glauben und Leben abgrenzen. Gemeint ist vielmehr ein zum Tun des Gerechten anregendes allgemein menschliches Element, dessen tragender Grund letztlich Gott ist.

Der Rabbiner Leo Baeck (1874–1956), der als letzter großer Lehrer des Judentums in Deutschland auch internationale Anerkennung gefunden hat, fasste einmal unter dem Doppelaspekt religiöser Erfahrung, im Zeichen von Geheimnis und Gebot sein Verständnis letzter Wirklichkeit zusammen, wie diese Wirklichkeit im Judentum wahrgenommen wird:

»Wenn der Mensch über den Tag hinausblickt, wenn er seinem Leben eine Richtung geben, es zu einem Ziele hinführen will, wenn er so das Bestimmende, das Deutliche seines Lebens erfaßt, so wird es immer zum Gebote, zur Aufgabe, zu dem, was er verwirklichen soll. Der Grund des Lebens ist das Lebensgeheimnis, der Weg des Lebens ist das Lebensoffenbare. Das eine ist von Gott, das andere ist für den Menschen. Diese doppelte Erfahrung kann auch als die der Demut und die der Ehrfurcht bezeichnet werden. Die Demut des Menschen ist sein Wissen darum, daß sein Leben in dem, was über alles menschliche Erkennen und Ahnen, über alles Natürliche und Daseiende hinausgeht, in der Unendlichkeit und Ewigkeit steht, daß es schlechthin abhängig ist, daß das Unwißbare und Unnennbare, das Unergründliche und Unausdenkliche in sein Dasein eintritt. Demut ist die Empfindung für das Tiefe, das Geheime, in dem der Mensch seinen Platz hat, das Gefühl also für das Sein, für das Wirkliche. Und Ehrfurcht wiederum ist die Empfindung des Menschen dafür, daß vor ihm ein Höheres aufgerichtet ist, und alles Höhere ist ein sittlich Höheres und darum ein Forderndes, ein Weisendes, etwas, was zum Menschen spricht, von ihm die Antwort, die Entscheidung verlangt, etwas, was sich im Kleinen und Schwachen ebenso wie im Erhabenen offenbaren kann.«[48]

Antijudaismus und Antisemitismus

Die Feindschaft gegen das Judentum und gegen das Alte Testament hat eine mindestens zweitausendjährige Geschichte. Sie resultiert in jeder Zeitepoche aus verschiedenen Motiven, etwa aus religiösen, rassischen, gesellschaftlich-kulturellen und wirtschaftlichen. Der seit dem 18. Jahrhundert benutzte Begriff »Antisemitismus« ist insofern unzutreffend, als er sich ausschließlich auf generelle Judenfeindschaft bezieht. Ursprünglich handelt es sich um einen Antijudaismus, der bereits im Neuen Testament (z.B. Joh. 8, 44) in krasser Weise zum Ausdruck kommt. Demnach sei nicht Abraham, sondern der Teufel (*diabolos*) der Vater der Juden. Auf diese Art wurden auch andere Aussagen interpretiert, bis hin zum Vorwurf, dass die Juden das Volk der »Christus-Mörder« seien. Und selbst wenn dieses Schimpfwort längst zurückgenommen wurde, so gibt es doch weiterhin eine Christologie, die in theologischen Nachschlagewerken und Lehrbüchern mit einer offenkundigen judenfeindlichen Note versehen ist. Selbst Übersetzungsmängel bzw. -fehler bestehen unkorrigiert fort[49] und sorgen – nolens volens – dafür, dass selbst dort antijüdische Faktoren weitertradiert werden, wo man sich erklärtermaßen um ein positives Verhältnis zu der hebräischen Überlieferung bemüht, in der der Jude Jesus von Nazareth selbst gelebt und gewirkt hat.

Kapitel 2
Das Christentum
Gottesoffenbarung in Menschengestalt

Ursprung und Wesen

Die Wurzeln des Christentums liegen im Judentum. Der Anfang des christlichen Glaubens beginnt mit dem Juden Jesus (hebr. *Jehoschua*, »Jahve ist Rettung, ist Heil«) von Nazareth. Die Bibel der Christenheit, bestehend aus Altem und Neuem Testament, setzt die hebräische Bibel mit ihren ethischen Normen und Weissagungen voraus. Die Erscheinung Christi wird von der ersten Christenheit als die Erfüllung der alttestamentlichen Prophetien gedeutet. Das wird insbesondere durch die synoptischen Evangelien (Matthäus, Markus und Lukas) überall dort zum Ausdruck gebracht, wo die Wendung wiederkehrt: Ein bestimmtes Ereignis geschah, »auf daß erfüllt würde, was geschrieben steht beim Propheten« (z.B. Matth. 2, 15; 17 und öfter). Mit einem Satz: Das Christentum ist seinem Ursprung und hinsichtlich seiner Entstehungsbedingungen ohne die Grundlagen des alten Israel und der jüdischen Tradition nicht denkbar, wenngleich im Laufe seiner europäischen Geschichte noch zwei andere konstituierende Faktoren zur Geltung gelangten, nämlich griechisches Denken bei der Formulierung dogmatischer Aussagen und römische Rechtsvorstellungen zur Durchformung von Kirche, Staat und Gesellschaft. Stattgefunden hat ein Prozess, der mit einem gewissen Recht – zumindest in großen Teilen der Christenheit – als ein Vorgang der »Hellenisierung des Christentums« (A. v. Harnack) bezeichnet werden kann.

Hinzuzunehmen sind die Einflüsse durch andere Völker mit ihren vorchristlichen (keltischen, germanischen, romanischen, slavischen) Traditionen, deren Brauchtum bis heute spürbar ist.

Diesen und ähnlichen Feststellungen religionsgeschichtlicher Art liegt eine außerordentliche spirituelle Tatsache zugrunde, die das Christentum seit je konstituiert. Es ist die Erfahrung einer für eine bestimmte Anzahl von Menschen, Frauen und Männer, eröffnete äußere wie innere Begegnung mit Jesus von Nazareth. Es muss sich um eine besondere Faszination gehandelt haben, die von ihm nicht nur auf seine unmittelbaren Zeitgenossen ausgegangen ist, die sich als seine Jüngerinnen und Jünger bzw. Apostel verstanden. Vielmehr setzte sich diese Wirkung noch nach seinem gewaltsamen Tod fort. Sie erreichte eine unerhörte Potenzierung, ausgedrückt in der begeisternden Botschaft: »Er lebt, er ist auferstanden, er ist gegenwärtig, er kommt in neuer Wirkweise demnächst und am Jüngsten Tag.« Davon wurden diese Menschen ergriffen, sie erlebten ihn. Darunter waren – und sind bis heute – Menschen, die durch Jesus eine Lebenswende erfuhren, ein neues Sein, eine »Bekehrung«, verbunden mit einer grundlegenden Persönlichkeitswandlung.

Es kann nicht verwundern, dass die Gestalt dieses Menschen als »der Mensch« (Joh. 19, 5: *idou ho ánthropos*) schlechthin angesehen werden konnte, in tiefenpsychologischer Betrachtung etwa im Sinne C.G. Jungs: »Er ist der noch lebendige Mythus unserer Kultur. Er ist unser Kultheros, der, unbeschadet seiner historischen Existenz, den Mythus des göttlichen Urmenschen, des mythischen Adam, verkörpert. Er ist in uns, und wir in ihm. Sein Reich ist die kostbare Perle, der im Acker verborgene Schatz, das kleine Senfkorn, das zum großen Baume wird, und die himmlische Stadt. Wie Christus in uns ist, so auch sein himmlisches Reich. – Diese wenigen, allgemein bekannten Andeutungen dürften genügen, um die psychologische Stellung des Christussymboles zu charakterisieren. *Christus veranschaulicht den Archetypus des Selbst.*«[1]

Paulus, dem diese innere Begegnung, dieses Ergriffensein widerfahren ist, ohne den irdischen Jesus persönlich kennen gelernt zu haben, spricht von dem »Sein in Christus« (*en Christo einai*). Angesichts solcher Erfahrungen kann offen bleiben, ob der galiläische Jude einst mit dem Anspruch eines »Religionsstifters« aufgetreten ist, wenngleich er in der Rückschau als Initiator des Christentums zu gelten hat. Es blieb zunächst seinen ersten Zeugen, den Aposteln und Evangelisten, und mehr noch der kirchlichen Theologie vorbehalten, eine aspektereiche Christologie (Lehre) auszuformen, um dem Geheimnis näher zu kommen, dem dieser Jesus entstammt. Dabei ging es darum, seine historische Persönlichkeit mit jener geheimnisvollen Wirklichkeit zu verbinden zu dem »Jesus-Christus« – eine Epiphanie oder Gottesoffenbarung in Menschengestalt.

Und was das »Sein in Christus« betrifft, so bedeutet dies nicht, jedenfalls nicht in erster Linie die Anerkennung einer religiösen Rechtgläubigkeit mit allen damit verbundenen weltanschaulichen Konnotationen. »Im Grunde ist es (für die betreffenden Menschen) vielmehr ein konkreter Lebensweg: ein Pfad ›zum Leben‹, zu Gott hin, in der Spur Jesu. Bevor sie ›Christen‹ genannt wurden, sprachen die Jünger Jesu ursprünglich einfach von ›he hodós‹: ›der Weg‹ – in den Evangelien und wiederholt in der Apostelgeschichte – und zwar von ›Wegen des Lebens‹ (Apg. 2,28): ›der Weg des Herrn‹, wie der Vorläufer Jesu, Johannes der Täufer, den Evangelisten zufolge schon sagte (Matth. 3,3). Man darf schließlich nicht vergessen, daß es Jesus um *Gott und den Menschen* ging, nicht um Jesus selbst. Sein Einsatz für Gott und den Menschen beinhaltete gerade die eigene Selbstlosigkeit.«[2]

Zweitausend Jahre kirchlicher Frömmigkeit und theologischer Reflexion haben ein Jesus-Bild entstehen lassen, das in einer weltweit verbreiteten und überaus differenzierten Institution, der Kirche, eingerahmt und nicht selten eingezwängt ist und kaum mehr den Blick auf den bemerkenswert charismatischen Juden aus Nazareth freigibt. Die europäisierte, germanisierte, romanisierte Art der Vereinnahmung ist aber jeweils nur *ein* Gesichtspunkt dieser eigentümlichen Rezeption des Christentums.

Heute, auf der Schwelle zum 3. nachchristlichen Jahrtausend, stehen Herausforderungen an, die über den auch in religiöser Hinsicht immer noch üblichen, jedoch bereits überlebten Eurozentrismus hinausweisen. Problemlösungen, die in der westlichen Welt eine zeitlang Gültigkeit beanspruchen mochten, muten daher wie provinzielle Antworten auf provinzielle Fragestellungen an. Die kirchlich strukturierte Christenheit Europas und des (nordamerikanischen) Westens gestattete sich beispielsweise eine Theologie und Missionsart, die im abendländischen Denkhorizont entstanden war und sich lange Zeit um Eigenart und geistig-seelische Struktur der zu missionierenden Menschen wenig gekümmert hat. Inzwischen haben sich aber schon vor

Jahrzehnten in Asien wie in der sogenannten Dritten Welt, etwa Afrikas und Südamerikas, »junge Kirchen« gebildet, die ihrer vermeintlichen »Jugendlichkeit« auch schon wieder entwachsen sind. Es entstand eine Christenheit, die eine ihrer Mentalität gemäße intellektuelle Selbständigkeit beansprucht.

Mit anderen Worten: Den Weltreligionen entsprechen Weltprobleme, die einer ihnen angemessenen synoptischen Schau und gemeinsamen Zusammenarbeit bedürfen. Damit ist qualitativ mehr gemeint als nur eine tolerierende Begegnung zwischen Menschen verschiedener Weltanschauungen. Die Unterschiede dürfen darüber weder eingeebnet noch in einer romantisierenden oder idealisierenden Weise verharmlost werden.

Kennzeichnend für das Christentum in seiner Gesamtheit ist zunächst die zentrale und universale Stellung, die Jesus Christus als Person in Verkündigung und Kultus einnimmt. Mit dieser Tatsache steht sie – aus heutiger Sicht betrachtet – einmalig in der Geschichte der Weltreligionen da. Kein anderer Religionsstifter ist mit der hohen Einschätzung Jesu zu vergleichen. Er ist für die überwiegende Mehrheit der Christenheit eben nicht nur ein religiöser Lehrer und Offenbarungsträger oder ein Mensch mit göttlichen Attributen, sondern als »Gottes Sohn« Gott selbst, um mit Martin Luther zu reden: »Wahrhaftiger Gott, vom Vater in Ewigkeit geboren, und auch wahrhaftiger Mensch, von der Jungfrau Maria geboren, mein Herr.«[3] Diese Anschauung ist das Resultat einer vielschichtigen Lehrbildung und Theologie, die sich über mehrere Jahrhunderte erstreckt hat. Doch hat es immer wieder Gruppierungen gegeben (z.B. einst Arianer oder heute Unitarier), die ausschließlich an der menschlichen Seite seiner Existenz, nämlich am »wahrhaftigen Menschen« festgehalten haben und ihm nur partielle übermenschliche bzw. »gottähnliche« Züge zuerkannten.

Vereinfachend ausgedrückt kann man sagen, dass das Christus-Dogma sich aus der Deutung der Rolle des Galiläers Jesus als eines mit besonderem Charisma ausgestatteten jüdischen Rabbi entwickelte, den die ersten Jesus-Anhänger als den Erfüller der hebräischen Messias-Erwartung ansahen: »*Als die Zeit erfüllt war, sandte Gott seinen Sohn*« (Gal. 4, 4). Diese Deutung reicht bis zum Anspruch, der in Jesus von Nazareth die inkarnierte Individualität des weltschöpferischen Logos erblickt (Joh. 1, 1: »*Im Urbeginn war das Wort*«). Es ist derselbe, der als Pantokrator den gesamten Kosmos beherrscht und die zweite Person der göttlichen Trinität verkörpert. Er ist der »Heiland« (griech. *sotér*), der Mensch und Welt zum Heil führt. Die Elemente zu dieser Deutung sind zwar bereits in den Schriften des Neuen Testaments zugrunde gelegt. Aus ihm erhebt die Theologie seit je ihre jeweilige Christus-Anschauung. Aber erst in einer Reihe späterer Konzile der allgemeinen Kirche (angefangen beim Konzil von Nicäa im Jahr 325) wurden die Aussagen über Christus und die Kirche entfaltet. Ziel ist schließlich die Vollendung des mit Jesus begonnenen Erlösungsprozesses, wenn Gott mit dem Kyrios Christus »alles in allem« sein wird. Diese universale Einschätzung des Jesus Christus mit seiner Teilhabe am Sein der Gottheit wie an der Menschheit unterstreicht die herausragende Einzigartigkeit, die dem Stifter dieser abrahamitischen Religion vor anderen zuteil geworden ist.

»Die besondere Bedeutung des Christentums liegt darin, daß es alle menschlichen Lebensbereiche durchdrungen und sie in allen Perioden seiner Geschichte im Blick auf das Ziel der christlichen Hoffnung, das kommende Gottesreich, umgestaltet hat. Diese schöpferische Wirkung betrifft nicht nur das religiöse Denken und die religiöse Praxis, sondern auch die Ethik im privaten und öffentlichen Leben, das soziale und politische Denken, die Kunst, die Wissenschaft und die Erziehung. Die historische Leistung des Christentums besteht darin, daß es immer neue Formen christlicher Kultur mit gestaltenden staatlichen und gesellschaftlichen Ideen hervorgebracht hat.«[4]

Die Dogmenbildung und die kirchliche Praxis haben dazu geführt, vereinheitlichend von »Jesus Christus« zu sprechen und den Würdenamen »Christus« (im Griechischen wörtlich: »der Gesalbte«) mit dem aus dem Hebräischen kommenden Personennamen »Jeschua« gleichzusetzen. Streng genommen ist aber der *historische Jesus* von dem *Christus der Verkündigung* und des Glaubens zu unterscheiden. Wo dies nicht geschieht, kommt es zu erheblichen Missverständnissen, nicht zuletzt bei Juden und Muslimen. Eine Schwierigkeit (die die historische Forschung zu klären hat) besteht darin, dass das Neue Testament als maßgebende Grundschrift des Christentums bereits den historischen Christus mit dem Christus des Glaubens als eine Einheit betrachtet bzw. zumindest diese Einheit als eine quasi reale geschichtliche Tatsache nahe legt. Das ergibt sich, wie noch zu zeigen sein wird, aus der Eigenart der Evangelien, die nicht als Jesus-Biographien oder als historische Aufzeichnungen zu betrachten sind, sondern in denen sich bereits die Deutung als ein heilsgeschichtliches Faktum eingetragen hat.

Was die Frage nach dem Wesen des *Christentums* angeht, so handelt es sich um einen im Nachhinein gebildeten Terminus. Immerhin verwendet ihn bereits Ignatius von Antiochien als einer der sogenannten Apostolischen Väter im 2. Jahrhundert. Er tut es, um zu zeigen, dass das Christentum viel mehr als eine religiöse Doktrin ist, sondern vor allem eine durch Jesus Christus geprägte Lebensart meint. Christsein hat mit der menschlichen Existenz und mit der Ganzheit des Lebens zu tun. Es geht aber auch um die Verbindlichkeit des Glaubens. Es kommt darauf an, »so gesinnt zu sein«, wie Jesus Christus auch war (Phil. 2, 5). Deshalb schreibt Ignatius in seinem den ethischen Aspekt betonenden Brief an die Magnesier (10, 3–4): »Man kann nicht von Jesus Christus sprechen und gleichzeitig jüdisch leben. Denn nicht das *Christentum* hat an das Judentum geglaubt, sondern das Judentum an das Christentum, das Menschen jeglicher Sprache, die an Gott glauben, vereint hat.«

Demnach geht es um die im frühen Christentum und bis heute hervorgehobene Einheit von Glaube und Leben. Sichtbar wird aber auch der Versuch, zwischen dem Christsein und dem Judesein eine deutliche Grenze zu ziehen. Es kam sehr bald ein Prozess in Gang, der in der Christenheit die jüdischen Glaubenswurzeln vergessen ließ, was die Gegnerschaft zwischen beiden Religionen, insbesondere von der dominierenden Kirche her beschleunigte und radikalisierte.

Wichtiger aber ist das andere, nämlich dass Christen bereits in ihrer griechisch-römischen Umwelt durch den Charakter ihrer tätigen Menschenliebe (*Agape*) als Nachfolger Jesu, eben als Christen, zu erkennen waren. Dabei fällt auf, dass es sich letztlich um gar kein anderes Ethos handelt als um das der hebräischen Bibel und um die beispielhafte Verwirklichung dessen, was Israel als »Weisung« von Gott empfangen hat. Denn eben diese Lebensart bestimmt den Nazarener, der Gleichgesinnte in seine Nachfolge einlädt. Dabei lassen sich die Zehn Gebote Israels auf das Doppelgebot zusammenfassen, nach dem es gilt, »Gott über alle Dinge« zu lieben und »den Nächsten wie sich selbst«. In der berühmten Bergpredigt Jesu (Matth. 5–7) findet sich denn auch die »Goldene Regel« der christlichen Ethik: »*Alles, was ihr von anderen erwartet, das tut auch ihnen*« (Matth. 7, 12).

Der durch die Christus-Nachfolge bestimmten Einheit von Glauben und Leben steht in der real existierenden Christenheit jedoch eine Vielheit der religiös-weltanschaulichen und sozialen Erscheinungsformen gegenüber. Sie machen es oft schwer, das Wesen des Christlichen als allgemeinverbindlich zu erkennen. Zu denken ist in erster Linie an die Großkirchen: den (römischen) Katholizismus, die östliche Orthodoxie und den Protestantismus mit seinen zahlreichen Untergliederungen. Im ökumenischen Weltrat der Kirchen, dem die römisch-katholische Kirche bislang ihre Mitgliedschaft versagt hat, gehören an die 300 Kirchengemeinschaften mit nicht selten stark differierenden Auffassungen an. Erschwerend kommt hinzu, dass Rom in seinen offiziellen Verlautbarungen wiederholt, zuletzt in der Enzyklika »Dominus Jesus« vom Jahr 2000, den Alleinvertretungsanspruch erhoben hat. Es behauptet, *die* allein selig machende Kirche Jesu Christi schlechthin zu sein, während anderen Konfessionen nur eine Reihe von Wesenszügen kirchlicher Prägung zuerkannt werden. So wird den nichtrömischen und nichtorthodoxen Gemeinschaften die apostolische Sukzession ihrer Bischöfe, Priester oder Pastoren aberkannt. Ihnen fehle die traditionelle Weihe samt Amtsvollmacht, die für die Spendung des Altarsakraments (Abendmahl, Messe) nötig sei. Unschwer lässt sich erkennen, welchen hohen Grad der Veränderung – um nicht zu sagen: der *Verfälschung* – die jeweils herrschende hierarchisch gegliederte Priester-Kirche gegenüber dem Nazarener und den Seinen, Männern wie Frauen, bis heute erreicht hat.

Nicht unerwähnt soll die kaum mehr überschaubare Vielfalt der Abspaltungen, Sekten und immer neu entstehenden Sondergemeinschaften bleiben genau so wie die zweitausend Jahre Kirchengeschichte begleitende Geschichte der Häresie. Es ist die Ketzergeschichte und die Geschichte des Abfalls bzw. der Abspaltung (*Schisma*). Wer als Ketzer zu gelten habe, wurde durch die jeweils herrschende Kirche bestimmt und meistens unter Gewaltanwendung entschieden. Dass Jesus, aus einer bestimmten Perspektive betrachtet, selbst in die Ketzergeschichte hineingehört, ist ein Thema, das im Laufe der Jahrhunderte immer wieder dann aufgerufen wurde, wenn man sich der Reformbedürftigkeit der alle Zeit reformbedürftigen Kirche *(ecclesia semper reformanda)* bewusst wurde. In seiner Geschichte vom »Großinquisitor« hat Dostojewski an dieses brisante Thema gerührt.

Ein weiterer Gesichtspunkt darf an dieser Stelle nicht vernachlässigt werden: Nicht die äußere Mitgliedschaft zu einer Kirche gibt den Ausschlag, sondern der innere, *esoterische*[5] oder mystische Aspekt von spiritueller Erkenntnis, von Glaube und Frömmigkeit. Wenn beispielsweise der Kirchenvater Augustinus (354–430) von der »wahren Religion« *(de vera religione)* spricht, dann meint er eine Spiritualität, die zwar nicht von der Gemeinschaft der in Christus Verbundenen absehen will. Doch der Schwerpunkt der Achtsamkeit liegt »innen«. Sein Rat lautet: *»Geh nicht nach draußen, kehr wieder ein bei dir selbst! Im inneren Menschen* (interior homo) *wohnt die Wahrheit. Und wenn du deine Natur noch wandelbar findest, so schreite über dich selbst hinaus! Dorthin also trachte, von wo der Lichtstrahl* (lumen rationis) *kommt, der deine Vernunft erleuchtet.«*[6]

Gemeint ist das *»wahre Licht, das alle Menschen erleuchtet, die in diese Welt kommen«* (Joh. 1,9). Dieser Aspekt der Erleuchtung ist im Christentum nicht weniger beheimatet (aber vergessen!) als in den östlich-fernöstlichen Religionen und Geisteswegen, deren Faszination in der westlichen Welt stark zugenommen hat.

Im selben Zusammenhang ist das Bestreben zu sehen, den Einzelnen nicht allein durch einen sakramentalen Akt wie die Taufe in die Gemeinschaft der Gläubigen aufzunehmen, sondern auch das »wahre Christentum« zu praktizieren. Der von dem Protestanten Johann Arndt (1555–1621) geprägte Terminus bezieht sich auf alle, die sich nicht mit der bloßen Anerkennung einer Kirchenlehre begnügen, sondern die den Prozess einer »Wiedergeburt«, einer an die Urchristenheit erinnernden »inneren Wandlung« *(metánoia)* durchlaufen wollen. Sein in zahlreichen Auflagen immer wieder gedrucktes, in ökumenischer Grundhaltung verfasstes und in zahlreichen Übersetzungen verbreitetes Erbauungsbuch[7] verweist auf die persönliche Gottes- und Christuserfahrung, die übrigens auch die Natur als Ort der Gottesgegenwart und der religiösen Erfahrung einbezieht.

Der historische Jesus
und der Christus des Glaubens

Wie hoch die Einschätzung Jesu Christi im Sinne des christlichen Dogmas im Einzelnen auch sein mag, so ist die Beantwortung der Frage nach der historischen Gestalt des »Anfängers und Vollenders des Glaubens« (Hebr. 12, 2) unerlässlich. Die historisch-kritisch arbeitende Leben-Jesu-Forschung und ihre seit einigen Jahrhunderten erarbeiteten Ergebnisse sind von großer Bedeutung. Sie resultieren aus der Anwendung der historisch-kritischen Methode auf die zur Verfügung stehenden Texte, insbesondere des Neuen Testaments, sowie der nicht in den Bibelkanon aufgenommenen Schriften. Wichtige Vertreter der protestantischen Theologie in der ersten Hälfte des 20. Jahrhunderts (z.B. Karl Barth, Rudolf Bultmann u.a.) meinten, auf die Erörterung der Frage nach dem historischen Jesus verzichten zu können. Sie taten es zum einen, weil die Quellenlage dies erschwere, wenn nicht gar unmöglich mache. Bultmann vertrat schon in seinem »Jesus«-Buch (1926) die Meinung, »daß wir vom Leben und von der Persönlichkeit Jesu so gut wie nichts mehr wissen können, da die christlichen Quellen sich dafür nicht interessiert haben, außerdem sehr fragmentarisch und von der Legende überwuchert sind, und da andere Quellen über Jesus nicht existieren.«[8]

Zum anderen widersprechen dem Versuch grundsätzliche theologische Erwägungen, etwa die, dass es nicht auf einen Menschen der Vergangenheit ankomme, sondern auf die *heute* geschehende Verkündigung, auf das Christus-Kerygma in seiner Relevanz für die Existenz des glaubenden Menschen. Strittig ist des Weiteren, ob der historische Jesus sich selbst für den Messias oder Christus gehalten hat, als der er schon von der ersten Christenheit angesehen worden ist. Wie mag sein Messias-Bewusstsein beschaffen gewesen sein? Jedenfalls war die weiterhin virulente Frage eine Zeit lang in bestimmten theologischen Kreisen uninteressant geworden. Das religionsgeschichtliche Interesse weiter Kreise war dadurch jedoch nicht zu beeinträchtigen. Jede geschichtlich gewachsene Religion muss sich über die Umstände ihres Werdens Rechenschaft ablegen – gewiss eine Binsenwahrheit. Dass die theologische, durch ein spezielles dogmatisches

Vorverständnis beeinflusste Betrachtung religiöser Tatbestände, so auch der Gestalt des Jesus von Nazareth, der historischen Einschätzung nicht gerade förderlich ist, sei an dieser Stelle nur eben angemerkt.

Wird in berechtigter Weise auf die jüdischen Wurzeln Jesu hingewiesen, so darf jedoch auch nicht verkannt werden, dass Palästina, insbesondere dessen nördliche Region Galiläa mit ihren unterschiedlich gearteten Landschaften am See Genezareth sowie im Berg- und Hügelland, seine Herkunft und Heimat ist. Entgegen den auf den jüdischen König David und dessen Überlieferung verweisenden Evangelisten Matthäus und Lukas wird Jesus stets, selbst im Johannes-Evangelium, als der Mann aus dem galiläischen Nazareth (*ho Nazarenós*), aber *niemals* als »Jesus von Bethlehem« bezeichnet! Dem ist auch historische Bedeutung zuzuerkennen. Als Zentrum seines Wirkens gilt Kapernaum am Nordufer des galiläischen Sees (Matth. 9, 1). Es ist zugleich das zur Zeit Jesu bestehende Grenzgebiet zweier Herrschaftsbereiche, nämlich der beiden »Vierfürsten« Herodes Antipas und Philippus. Grenzgebiete haben es an sich, dass ihre Bewohner – der Tempelstadt Jerusalem fern – für Andersdenkende, Anderslebende offen sein müssen.

Gravierend sind die seit den Tagen Alexanders des Großen spürbaren Nachwirkungen griechisch-hellenistischer Kultur. Nur wenige Kilometer von Nazareth entfernt liegt die Stadt Sepphoris, eine Gründung des Vierfürsten Herodes Antipas. Für die Begegnung zwischen dem traditionellen Judentum und dem Heidentum war somit gesorgt. Und es konnte an dem jungen Mann in seinen prägsamen Jahren nicht ohne Wirkung vorübergegangen sein. »Ausgrabungen zeigen, daß Sepphoris eine blühende, hellenistisch-jüdisch geprägte Stadt war. Ob das große Theater, das an die 5000 Menschen faßte, unter Antipas entstand, ist umstritten. Auf jeden Fall ist Jesus in seiner Jugend im Ausstrahlungsbereich einer hellenistischen Stadt gewachsen. Da er – wie sein Vater – ›tekton‹, Bauhandwerker, war, hat er beim Aufbau von Sepphoris möglicherweise mitgewirkt. Manche Bilder in seinen Gleichnissen und Wörtern weisen auf eine städtische Lebenswelt. Je mehr die Archäologie zeigt, welche Bedeutung Sepphoris hatte, um so beredter wird das Schweigen der Jesus-Überlieferung über diese Stadt: Jesus muß sie gekannt haben.

Aber er wirkte so wenig in ihr wie in Tiberias. Er wandte sich den Menschen auf dem Lande zu. Dort fand er Resonanz.«[9]

Darüber hinaus ist es bemerkenswert, dass sich auch außerhalb der Christenheit in Geschichte und Gegenwart Zeugnisse und Stellungnahmen zu Jesus finden. Im Grunde gibt es keine Weltreligion, in der man sich nicht zu dem Stifter des Christentums geäußert hat. Jesus ist in aller Welt eine bekannte Persönlichkeit, so unterschiedlich die Einschätzung von Fall zu Fall aussehen mag.

Nahe liegend sind zunächst die Verlautbarungen aus dem Judentum und Islam. Weil die Wurzeln des Christentums, wie erwähnt, im Judentum liegen, versteht es sich, dass das alte Israel der ersten nachchristlichen Jahrhunderte sich mit der Tatsache dieser als Häresie empfundenen Abspaltung auseinanderzusetzen hatte. Belege dafür finden sich schon im Neuen Testament selbst, nachdem beispielsweise das Johannes-Evangelium in abfälliger Weise vom »Vater der Juden« spricht, der aufgrund ihrer Einstellung zu Jesus nicht Abraham sein könne, sondern »der Teufel« sein müsse (Joh. 8, 39 ff)! In den auf die Judenchristen reagierenden rabbinischen Schriften (Talmud) taucht der Name Jesus relativ spät auf. In der Forschung gehen die Meinungen hinsichtlich der Bedeutsamkeit talmudischer Erwähnungen auseinander. Das aufkommende Christentum sei entgegen mancher Annahme aus jüdischer Sicht kein zentrales Problem gewesen, »sondern nur eine von vielen Gefährdungen der jüdischen Einheit, soweit es sich um Judenchristen handelte, bzw. eine anfänglich recht kleine Gruppe innerhalb des allgemeinen Heidentums. Die jüdische Reaktion auf die Christen war daher anfangs auch nicht so stark, wie man es vielleicht aus christlicher Perspektive erwarten würde. Die jüdische Gemeinschaft hatte in den ersten Jahrzehnten nach 70 größere und dringendere Probleme.«[10] Man denke nur an den katastrophalen Ausgang des Jüdischen Krieges (66–70), an die Vertreibungen vieler Juden und an die Zerstörung des Jerusalemer Tempels.

Die wichtigsten moslemischen Äußerungen über Jesus stehen im Koran, wo Jesus als »Isa, Sohn der Maria« nach Abraham und Moses als ein großer Gottgesandter gerühmt wird. Die koranischen Äußerungen über Jesus erinnern im Übrigen an apokryphe Jesus-Aussagen. Dagegen wird der Gedanke, dass Jesus der Gottessohn ist, prinzipiell und kompromisslos im Islam wie schon im Judentum ausgeschlossen. Gott (Allah) hat keinen Sohn. Wichtig ist für Muslime ferner das Jesus-Bild, das im Barnabas-Brief niedergelegt ist, einer um 130 abgefassten christlichen Lehrschrift, in der sich manche aus den drei synoptischen Evangelien (Matthäus, Markus und Lukas) bekannten Formulierungen spiegeln.

– Dass Hindus und Buddhisten erst in der Neuzeit von Jesus sprechen, indem sie etwa mit Mahatma Gandhi den Heiland der Bergpredigt rühmen, ergibt sich als Reaktion auf die kirchliche Missionierung Asiens.

Solche zeitlich sehr späten Äußerungen stellen naturgemäß keinen Beitrag zur Erhellung der historischen Jesus-Frage dar. Außer Frage steht ferner der Irrtum über den durch keine Quelle zu belegenden angeblichen Aufenthalt Jesu in Indien bzw. Kashmir sowie dessen Begräbnis in Srinagar, wobei vor dreisten Fälschungen oder plumpen Erfindungen nicht zurückgeschreckt wird[11].

Die wichtigsten und allein maßgeblichen Quellen liegen somit im Neuen Testament, namentlich in den vier Evangelien, sowie in einigen nichtkanonischen (*apokryphen*) Schriften, etwa dem Thomas-Evangelium. Diese werden wiederum durch außerbiblische Texte bzw. durch Erwähnungen in der römischen Geschichtsschreibung, z.B. bei dem jüdischen Geschichtsschreiber Josephus (37/38 – ca. 100), bei Plinius d. J. (gest. ca. 120), Tacitus (gest. ca. 120), Sueton (gest. ca. 130) und anderen gestützt. Gerd Theissen formuliert das Resümee:»Gegner wie neutrale oder sympathisierende Beobachter des Christentums setzen die Geschichtlichkeit Jesu voraus und lassen nicht die Spur eines Zweifels daran erkennen. Darüber hinaus erlauben die nicht-christlichen Notizen die Kontrolle einzelner Daten und Fakten der urchristlichen Jesus-Überlieferung.«[12]

Doch letzlich kann die Frage nach dem historischen Jesus nur von den Evangelien und den genannten Kontexten her beantwortet werden, obwohl diese keine nach heutigem Verständnis zu begreifende Jesus-Biographie enthalten. Aus doppeltem Grund müssen wir darauf verzichten: An historischer Berichterstattung waren die ersten Zeugen – sei es der mündlichen, sei es der schriftlichen – Überlieferung nicht interessiert. Der Einwand Bultmanns wurde bereits genannt. Zum anderen ging es den

DAS CHRISTENTUM

Evangelisten, die etwa zwei Generationen nach den Jesus-Ereignissen schrieben, um die in eine Predigt gekleidete Bezeugung, dass in Jesus von Nazareth der Messias erschienen sei und die Prophetie des ersten Bundes ihre wunderbare Erfüllung gefunden habe. Es ging also nicht um eine bloße in Raum und Zeit aufweisbare Tatsachenkette. Es ging – und geht bis heute – um den Glauben an Jesus Christus als den *Kyrios*, wobei darunter eine vertrauensvolle Zuwendung zu ihm als dem Heiland gemeint war.

Erkennt man diese im Laufe der neutestamentlichen Forschung erlangten Resultate an, dann wundert es nicht, dass das Evangelium – und zwar nur das von Lukas, in Abwandlung auch das von Matthäus – in mythisch-legentärer Erzählweise von der Geburt und Jugend Jesu berichtet: von der Ankündigung durch den Engel Gabriel, von der wundersamen Empfängnis einer »Jungfrau« in der »Weihnachtsgeschichte« (Luk. 2), von der Erscheinung der Engel über Bethlehem sowie von dem außerordentlichen Besuch der Magier aus dem Osten, die die Legende als die Geschichte von den »heiligen drei Königen« ausgeschmückt weitererzählt. Dagegen kennt das älteste Evangelium nach Markus dies nicht. Weder der Evangelist, noch der früher, in der Mitte des 1. Jahrhunderts schreibende Apostel Paulus wissen etwas von der anrührenden Geburtsgeschichte. In keiner von Paulus' Episteln stößt man auf eine Erwähnung dieser Art. Markus und auch der Evangelist Johannes beginnen ihre Niederschriften mit dem Auftreten Jesu und mit der Darlegung seiner Botschaft und schließen mit der Beschreibung seines Todes und seiner Auferstehung. Diese Punkte stehen im Zeichen der Erfüllung alter Weissagung, während ihnen die geschehene Geschichte geradezu gleichgültig ist:

So beginnt die Botschaft vom Heil durch Jesus Christus den Gottessohn: Wie geschrieben steht bei Jesaias dem Propheten:
Eine Stimme ertönt in der Wüste:
bereitet den Weg des Herrn
und ebnet seinen Pfad.
So trat Johannes der Täufer auf in der Wüste und kündete eine Taufe der Buße zur Vergebung der Sünden. Und er predigte also: Nach mir kommt der, der stärker ist als ich, und ich bin nicht würdig, mich zu

bücken und zu lösen den Riemen seiner Schuhe.
Ich habe euch mit Wasser getauft.
Er wird euch taufen mit heiligem Geist.
Als aber Johannes gefangen gesetzt war, da trat Jesus in Galiläa auf und kündete die Botschaft Gottes:
Erfüllt ist die Zeit,
Gottes Reich ist nah,
tut Buße und glaubt an die Botschaft vom Heil.
Markus 1 (nach M. Dibelius)

So liegt das erstaunliche Faktum vor, dass wir erst ab diesem Zeitpunkt und durch die Erfüllung seines Auftrags etwas von Jesus wissen können. Die prägenden ersten drei Jahrzehnte seines Lebens bleiben ausgeblendet. Bei den Erwähnungen aus der frühen Lebenszeit Jesu handelt es sich um Schilderungen, deren Bildhaftigkeit dadurch zustande kommt, dass der bzw. die Autoren prophetische Worte des Alten Testaments zur Erhebung von scheinbaren geschichtlichen Begebenheiten verwenden. Und weil es sich stets um die »Botschaft vom Heil« handelt, die eine Botschaft von der Nähe und dem Anbruch des »Reiches Gottes« ist, deshalb ist den Evangelisten für ihre Darstellung all das recht, was sie an prophetischen Hinweisen kennen, um daraus ihr Predigtwerk zu schaffen. So gesehen ist ihnen die Weiterverkündigung von Jesu »Botschaft vom Heil« wichtiger als Jesu etwaige Biographie. Es ist der Lebensgang eines früh vollendeten jungen Mannes von kaum mehr als dreißig Jahren, denn aufgrund der von den Evangelisten unterschiedlich wiedergegebenen Chronologie schwankt die berichtete öffentliche Wirksamkeit Jesu zwischen einem und drei Jahren.

So wird laut Matthäus und Lukas beispielsweise der Nazarener in der Davidsstadt Bethlehem geboren, während der Evangelist Johannes (Kap. 1, 45) diesbezüglich Skepsis äußert: »Was kann von Nazareth Gutes kommen?« Auch kennt derselbe Evangelist keine »Jungfrauengeburt« wie etwa Lukas, sondern nur den »Sohn Josephs« (Joh. 6, 42). Und was Matthäus anlangt, so spricht dieser (Kap. 1, 23) unter Berufung auf den Propheten Jesaja 7, 14 zwar von der gebärenden »Jungfrau« (*parthénos*), doch das geschieht unter Heranziehung der griechischen Septuaginta, die diesen im hellenistischen Kulturkreis geläufigen Begriff als Übersetzung verwendet. Der hebräische Prophetentext spricht aber lediglich von einer »jungen Frau«. Weitere Belege erübrigen sich an dieser Stelle.[13]

Um die Geschichte Jesu abzurunden, schildern die Evangelisten im Weiteren die Wirksamkeit Jesu, seine Predigt, den Einsatz seines heilenden Charismas, das die Menschen an sich verspüren und das sie als »Zeichen« (griech. *semeion*) für die Nähe des Reiches Gottes (*basileia tou theou*) begreifen. Der Begriff »Reich Gottes« ist trotz unterschiedlicher Akzentuierung des »Königtum Gottes« (hebr. *malkut*) sowohl in Israel als auch in der übrigen Religionsgeschichte von großer Bedeutung. Vor allem ist es den vier Evangelisten wichtig, schließlich Jesu Hingang zum Kreuz von Golgatha, das vor den Toren von Jerusalem errichtet wurde, zu schildern. Jesu Bereitschaft, den gewaltsamen Tod zu erleiden, und zwar herbeigeführt durch die Hände der heidnischen Besatzungsmacht unter dem römischen Statthalter Pontius Pilatus, stellt die letzte Konsequenz dar, die der Prediger als Herold (*keryx*) seiner Botschaft (*kérygma*) in totaler Selbsthingabe sowie als Kritiker einer problematisch gewordenen Frömmigkeit zu ziehen hat. Die Verkündigung des Reiches, wie es Jesus ausrief (*keryssein*) und ankündigte, kennen wir aus seinen Gleichnissen, deren Metaphern der Alltagswirklichkeit arbeitender und sorgender Menschen entnommen sind. Bezeichnenderweise stehen auch Frauen im Mittelpunkt solcher Erzählungen. Es sind unter anderem Schilderungen von Begebenheiten, bei denen Verlorenes – sei es ein Groschen, ein Schaf oder der Sohn – gesucht und wieder gefunden wird (vgl. Luk. 15). Die Zielrichtung dieser drei Gleichnisse ist klar, sie ist auf den Tenor der Freude über Menschen, die die entscheidende Wende in ihrem Leben vollzogen und – ähnlich dem verlorenen Sohn – heimgefunden haben: »*Also auch, sage ich euch, wird Freude sein vor den Engeln Gottes über einen Sünder, der Buße tut.*« (Luk. 15, 10)

Die Erzählungen über die Taten Jesu spielen sich vornehmlich in der Sphäre von Menschen ab, die Hilfe nötig haben. Es sind die Lebensbereiche, wo Kranke gesund werden, schuldig Gewordenen, selbst gesellschaftlich Geächteten (der betrügerische Zöllner, die in flagranti ertappte Ehebrecherin) wird verziehen und ihnen die Last abgenommen. Die gesetzlich gebotene Erfüllung religiöser Normen tritt für den »Heiland« in den Hintergrund.

Daher ist es für Jesus wichtiger, dass die Menschen in ihrer speziellen Bedürftigkeit Hilfe erfahren, als dass beispielsweise das jüdische Sabbathgebot eingehalten und die kultische Reinheit hergestellt wird. Dies stellt wiederum eine Kette von Provokationen für die Frommen seiner Zeit dar, für die Priester, Pharisäer und Schriftgelehrten, sodass er in deren Augen als ein Übertreter des Gesetzes gilt und mit der Todesstrafe bedroht wird. Deren Vollzug bleibt aber dem römischen Statthalter vorbehalten. Daher lautet das apostolische Glaubensbekenntnis: »*Gelitten unter Pontius Pilatus / gekreuzigt, gestorben und begraben.*«

Die Tat der Nächstenliebe des von den Jerusalemer Priestern missachteten Samariters erlangt Anerkennung, während die tatenlosen Kultusdiener – Priester und Levit – infolge ihres Versagens angeprangert werden (Luk. 10). Alles in allem: Dieser Jesus nimmt »die Sünder« an, und er macht die Sache der Entrechteten, die auf keine frommen, von den zeitgenössischen Kultushütern anerkannten Leistungen pochen können, zu seiner eigenen Sache. Andererseits prangert er jene »Schriftgelehrten und Pharisäer« an, die sich ihrer religiösen Leistungen rühmen. Die von den »Frommen« als minderwertig abgeschriebenen Frauen wie durch Mängel gezeichnete Männer ermutigt er, sofern sie die Umkehr (metánoia) vollziehen. Das in Gleichnissen beschriebene, bereits nahe herbeigekommene Gottesreich kommt nach einem Jesus-Wort ohnehin nicht mit spektakulären äußerlichen Begleiterscheinungen, sondern *in* den Menschen und *unter* den Menschen (Luk. 17, 21), also in ihrer Mitte gewinnt es Gestalt. In dem zentralen Gebet Jesu, dem »Vaterunser« (Matth. 4; Luk. 11) lautet die zweite der sieben Bitten:

Dein Reich komme!

Wörtlich lautet das Herrengebet, wie es Jesus seinen Jüngern in der Bergpredigt (Matth. 6, 9–13) niedergelegt hat:

Unser Vater in den Himmeln!
Geheiligt werde dein Name.
Es komme dein Reich.
Es geschehe dein Wille,
wie im Himmel so auch auf Erden.

> *Unser Brot für morgen gib uns heute,*
> *und vergib uns unsere Schulden,*
> *wie wir vergeben unseren Schuldnern,*
> *und lass uns nicht in Versuchung geraten,*
> *sondern erlöse uns von dem Bösen!*

Der spätere Zusatz der frühchristlichen Gemeinde nimmt das Thema vom Gottes- oder Himmelreich wiederholend und abschließend auf:

> *Denn dein ist das Reich*
> *und die Kraft und die Herrlichkeit*
> *in Ewigkeit!*

Und Jesus, von dem wir eben nicht wissen können, ob er sich selbst als den kommenden bzw. gekommenen Gesalbten verstanden hat, gibt sich, prophetisch in die Zukunft blickend, zuversichtlich, wenn er aus allen vier Weltgegenden schon jene kommen sieht, die im Bild eines großen Festmahls als die Angehörigen jenes Reiches vereinigt sind, das sich letztlich über die ganze Menschheit erstreckt (Luk. 13, 29):

> *Und es werden kommen vom Morgen und vom Abend,*
> *von Mitternacht und vom Mittage*
> *die zu Tische sitzen werden im Reich Gottes.*

Die Botschaft als solche ist nicht neu, nicht spezifisch »jesuanisch«. Vielmehr nimmt Jesus die Reichserwartung der Propheten Israels auf und aktualisiert sie, etwa wenn es beim Propheten Zephania (3 f.) heißt: »*Dann werde ich die Lippen der Völker verwandeln in reine Lippen, damit alle den Namen des Herrn anrufen und ihm einmütig dienen.*« Und im Buch, das den Namen des Propheten Jesaja trägt bzw. ihm angehängt worden ist (51, 4): »*Horcht her, ihr Völker, hört auf mich, ihr Nationen, denn von mir kommt die Weisung, und mein Recht wird zum Licht der Völker.*«

Das Kommen des Messias ist demnach eine Zeit des Festes, eine Hoch-Zeit in des Wortes voller Bedeutung. Auch diese Metapher kehrt mehrfach in den Gleichnissen Jesu wieder. Zur »Hochzeit des (messianischen) Königs« sind letztlich *alle* geladen. Es kommt freilich darauf an, dass man sich hierfür vorbereitet, um dem Bräutigam entgegengehen zu können und Einlass zur Hochzeitsgemeinschaft zu erlangen. Der Evangelist Johannes rückt eine galiläische Hochzeit als Christus-Zeichen (semeion) an den Anfang von Jesu Wirksamkeit (Joh. 2). Und die Johannes-Apokalypse (Offb. 19, 7) verkündet schließlich die Erfüllung als die Hochzeit des Lammes, das die Schuld der Menschheit trägt.

Verkündigung und Anbruch des Gottesreiches

Es sind insbesondere die drei synoptischen Evangelien, die wiederholt vom Reich Gottes sprechen, indem sie die genannten Gleichnisreden und die Christus-Taten in den Zusammenhang mit dem in seinem Gesamtumfang noch nicht erfüllten »neuen Sein« (Tillich) rücken, dessen Nähe jedoch angekündigt wird. Dabei blickt der Prediger auf den schon im vorchristlichen Spätjudentum, etwa im Daniel-Buch, in den Blick gefassten »Menschensohn« als auf eine eschatologische, d.h. endzeitliche Gestalt. Die im Neuen Testament enthaltenen Reden sind freilich nicht als wort- und formgetreue Protokolle anzusehen. Zugrunde liegen in der Regel einzeln tradierte Worte (*Logien*), wie wir ihnen z.b. im nichtkanonischen Thomas-Evangelium begegnen.

Von der Erwartung des Kommenden erhält die Predigt Jesu ihre besondere Brisanz und Dringlichkeit, ein Zug, der sich in der Hoffnung der ersten Christengemeinde als (nicht erfüllte) »Naherwartung« (*parousía*) ausdrückt. Das alte Gottesvolk rechnete seinerseits mit der Aufrichtung der Gottesherrschaft als einem eschatologischen, auf die Endzeit ausgerichteten Geschehen. So sind auch Zukunft und Gegenwart dieses neuen Weltzustandes in den Reden und Gleichnissen Jesu eng miteinander verknüpft. Die Zeitgenossen und Zeugen seiner irdischen Erscheinung wurden an jenen geweissagten Menschensohn erinnert und an die Wende, die durch ihn ausgelöst werde. Dies erleichterte und beförderte es offensichtlich, den Nazarener mit dem messianischen Menschensohn zu identifizieren, dessen Zeichen, von kosmischen Erschütterungen begleitet (Matth. 24, 29 f), in Kürze erscheinen werde. Der historische Jesus wurde transparent als

Das Christentum

Menschensohn und Messias. Auf diese »Entdeckung« (*apokálypsis*), die eine froh machende Botschaft (*euangélion*) zum Inhalt hat, geht der missionarische Auftrag der ersten Jüngerschaft zurück.

Wurde Jesus selbst gefragt, worin sich das Gottesreich ausdrückte, von dem er vor seinen Richtern (Pontius Pilatus) sagte, dass es »nicht von dieser Welt« sei, so antwortete er etwa seinem unsicher gewordenen, im Gefängnis eingekerkerten Vorläufer Johannes dem Täufer unverblümt und lapidar, welche Wirkungen von ihm ausgehen: »*Die Blinden sehen, die Lahmen gehen, die Aussätzigen werden rein, und die Tauben hören, die Toten stehen auf, und den Armen wird das Evangelium gepredigt.*« (Matth. 11, 5). Mit diesen Worten korrespondiert die eindrückliche Rede über den Menschensohn, der kommen und die Menschen nach ihren Taten der Nächstenliebe, d.h. nach dem beurteilen werde, was sie den jeweils Notleidenden getan oder wo sie versagt haben. Es sind Worte des Menschensohns, der am Ende der Tage alle Völker versammelt, um die große Scheidung zwischen Guten und Bösen, zwischen Barmherzigen und Unbarmherzigen zu vollziehen:

»*Da wird dann der König sagen zu denen zu seiner Rechten: Kommt her, ihr Gesegneten meines Vaters, ererbt das Reich, das euch bereitet ist von Anbeginn der Welt! Denn*
    Ich bin hungrig gewesen, und ihr habt mich gespeist.
    Ich bin durstig gewesen, und ihr habt mich getränkt.
    Ich bin ein Gast gewesen, und ihr habt mich beherbergt.
    Ich bin nackt gewesen, und ihr habt mich bekleidet.
    Ich bin krank gewesen, und ihr habt mich besucht.
    Ich bin gefangen gewesen, und ihr seid zu mir gekommen.
Und der König wird sagen: Wahrlich ich sage euch: Was ihr getan habt einem von diesen meinen geringsten Brüdern, das habt ihr mir getan. Was ihr nicht getan habt einem unter diesen Geringsten, habt ihr mir auch nicht getan.« (Matth. 25, 34–36, 40 und 45)

Diese Bilanz der Taten christlicher Barmherzigkeit, der auch eine Negativbilanz und deren Folgen gegenübergestellt sind, drückt zugleich aus, wie sich das Reich Gottes bzw. das Himmelreich schon jetzt und hier ereignet, wo die Taten der Nächstenliebe getan werden.

Als einer, der mit Weisung und Prophetie seiner hebräischen Tradition vertraut ist, kann Jesus auf die warnenden Bilder des Gerichts am »Tag Jahves« nicht verzichten. Einer Auflösung oder Verharmlosung der einst ergangenen Gebote widerspricht er in der Bergpredigt (Matth. 5–7): *»Zu den Alten ist gesagt, ich aber sage euch!«* Ein neuer Moses scheint darin das Wort zu ergreifen. Damit ist jedoch kein ethischer Rigorismus zu einer etwaigen neuen Leistungsnorm erhoben. Das kommende Reich und der vorzubereitende Weltzustand, den er seinen Anhängerinnen und Anhängern ans Herz legt, ist ein *Reich der Gottes- und der Menschenliebe.* Und die schließt eine die Schöpfung bejahende Daseinsfreude und Selbstbejahung voll ein, denn der Nächste ist mit der Intensität zu lieben »wie du dich (natürlicherweise) selbst« liebst. – Nun sind auch deutliche Grenzen zu jenen zu ziehen, die ursprünglich als die pharisäischen Frommen vor dem Volk in hohem Ansehen standen,[14] deren Unaufrichtigkeit und fragwürdige Ethik Jesus mit einer Folge von Wehe-Rufen anprangert, weil sie nicht mit dem Leben im Reich Gottes zu vereinbaren sind:

»Wehe über euch Pharisäer! Schwere Lasten schnürt ihr und legt sie den Menschen auf; doch ihr selber macht keinen Finger krumm, sie von der Stelle zu schaffen!
Wehe über euch Pharisäer! Im Lehrhaus wollt ihr von allen gehört sein, auf der Straße wollt ihr von allen geehrt sein!
Wehe über euch Pharisäer! Ihr fordert den Zehnten von Minze und Dill und Kümmel und schweigt vom Gericht, vom Geben, vom Glauben!
Wehe über euch Pharisäer! Ihr reinigt Becher und Schüssel und füllt sie mit gestohlenem und erschlichenem Gut!
Wehe über euch Pharisäer! Ihr seid wie getünchte Gräber. Von außen gut anzusehen und von innen voll Totengebein!
Weh über euch Pharisäer! Ihr baut ein Grabmal für jeden Propheten und denkt dabei: Hätten wir in den Tagen der Väter gelebt, wir trügen nicht die Schuld am Blut der Propheten. So sprecht ihr euch selbst das Urteil: Die Prophetenmörder habt ihr beerbt und werdet das Maß ihrer Schuld erfüllen!« (Matth. 23; Luk. 11)

Wenn die bisherigen Normen in aller Welt Herren und Knechte unterschieden, so ist »der Herr« Jesus mit Blick auf das verkündigte Reich ein *Kyrios* neuer Ordnung, für den nach einem Wort des Paulus die »Liebe des Gesetzes Erfüllung« (Röm. 13, 10) darstellt, nicht aber ein religiös verbrämter Formalismus, auf dessen Beachtung korrupte oder fundamentalistische Kultuspfleger Wert legen. Bemerkenswert und ebenfalls Ausdruck der im Gottesreich gültigen Lebensform ist die *Freundschaft* (*philia*) zwischen den Menschen, auch zwischen Mann und Frau, denkt man daran, dass Frauen den Wanderprediger aus Nazareth begleiten, beim gemeinsamen Gang durch seine Heimatregion Galiläa (Luk. 8, 1–3) und schließlich nach Judäa, wo ihm der gewaltsame Tod droht. Noch dem am Kreuz gestorbenen Freund sind sie nahe, während die männliche Jüngerschaft – Johannes ausgenommen – ihren Meister im Stich gelassen hat. Natürlich zählt Jesus Frauen zu den Seinen. Insofern sie den Willen Gottes tun, Gottesliebe und Menschenliebe als eine unauflösliche Einheit begreifen, sind sie für ihn seine Schwestern, ja, seine Mutter (Mark. 3,35). Eine Frau, Maria aus Magdala, ist es, die ihm als Erste als dem Auferstandenen begegnet, weil sie ihn in seiner neuen (leibfreien) Existenzweise wahrzunehmen vermag. Das erhebt sie gegenüber der übrigen Jüngerschaft, selbst gegenüber seiner Mutter. Dass das Gegenüber von Männern und Frauen im Umkreis Jesu nicht ganz ohne Spannungen und Eifersüchteleien gewesen sein wird, legen uns außerkanonische gnostische Texte nahe.[15]

Wohl wissen wir kaum etwas von erotischen Beziehungen Jesu zu Frauen. Als einen »enthaltsam« oder asketisch lebenden Mann haben wir ihn uns jedenfalls ebenso wenig vorzustellen wie seine Jünger und Jüngerinnen. Das streng zu achtende Gebot, »fruchtbar« zu sein und sich »zu mehren«, also Kinder zu zeugen, oblag gerade einem Rabbi. Warum sollte der Nazarener davon ausgenommen gewesen sein, zumal seine leiblichen Brüder, unter ihnen der spätere Jerusalemer Apostel Jakobus, ehelich lebten. Dass Menschen, die der jüdischen Tradition entstammen, den historischen Jesus für einen Mann halten, der mit einer Frau freundschaftlich / ehelich verbunden ist, kann nicht verwundern. Das Gegenteil wäre der Fall und böte seinen Jüngern wie seiner Umwelt eher Anlass zu kritischer Rückfrage.[16] Doch keiner der Gegner Jesu wirft ihm ein asketisches und damit unhebräisches Verhalten vor. Schließlich ist er auch genussfähig und spricht dem Wein zu (Matth. 11, 19). Des Weiteren kann nur erstaunen, dass das Thema von Erotik und Ehe sowie der Nachkommenschaft Jesu in der exegetischen Literatur und in der traditionellen Verkündigung so gut wie keine Rolle gespielt hat. Ein Verdrängungsvorgang großen Stils muss erfolgt sein und Jahrhunderte lang geherrscht haben! In der Frage, warum wohl die Jünger des Täufers ebenso wie der Pharisäer so viel fasten, nicht aber die Nachfolger Jesu, beantwortet dieser mit der Rückfrage: »Wie können die Hochzeitsleute Leid tragen, solange der Bräutigam bei ihnen ist?« (Matth. 9, 15). Die Jesus-Anhängerschaft – eine hochzeitlich gestimmte Schar, eine Gemeinschaft Liebender.

Entsprechend unbefangen ist sein Umgang mit den Frauen. Die Schwiegermutter des Petrus heilt er. Die sogenannte Ehebrecherin nimmt er gegen jene allzu fromme Männerhorde, die Jesu Gesetzestreue auf die Probe stellen will, in Schutz. Die Salbung durch eine öffentliche »Sünderin«, eine Prostituierte (Luk. 7, 36 ff), auch die Salbung durch eine ihn verehrende Frau (Mark. 14) angesichts seines bevorstehenden Todes lässt er an sich geschehen, obwohl sein frommer Gastgeber im ersten Fall daran Anstoß nimmt und deshalb seinen Prophetenstatus in Zweifel zieht (Luk. 7, 39). Zum Liebesdienst jener Frau kontrastiert die Ablehnung der allzu Frommen! Die einen schützen eine spezielle Moral vor, die anderen heben auf Sparsamkeit ab. – Beispiele wie diese weisen in der Zusammenschau auf ein Leben im Reich Gottes hin, das sich freilich von einem eng gefassten orthodox-fundamentalistischen Ethos abhebt, sei es das der gesetzestreuen Pharisäer oder der in Qumran lebenden Endzeitgemeinde der Essäer. Von beiden unterscheidet sich Jesus in einer charakteristischen Weise. Entsprechendes trifft auch auf das Reich Gottes zu, für das er mit den Seinen lebt.

Ungeachtet der Frage, welche Historizität dem Jesus-Bild im Johannes-Evangelium zuerkannt werden kann, ist es das große Thema der Freundschaft, das darin mehrfach zur Sprache kommt: Der Täufer Johannes gilt als »Freund des Bräutigams«; Lazarus, dem die Erweckung bevorsteht, ist Jesu Freund; ist er etwa auch »der Jünger, den Jesus lieb hatte«?;[17] die Bereitschaft, notfalls das Leben einzusetzen, wird zum Zeichen tiefer Freundschaft. Das Schlüsselwort Jesu (Joh. 15, 15), das auf die Gottesfreundschaft verweist, lautet: »Euch habe ich gesagt, daß ihr Freunde (*philoi*) seid!« Schließlich steht – im Nachtragskapitel der vierten Evangelienschrift – die dreifache an Petrus gerichtete Frage des Auferstandenen nach der innigen Philia: »Hast du mich lieb?« Es ist die Frage, der diejenigen standzuhalten haben, die dem Anbruch des Gottesreiches entgegensehen. Die zwischenmenschliche Philia und die selbstlose Agape – bzw. Eros und Agape – müssen nicht länger einander ausschließen. Und nochmals auf den Nazarener Jesus bezogen:

»Wenn der Urkirche die moderne Fragestellung nach dem historischen Jesus auch fern lag, so ist es doch legitim, diese Frage an die Evangelien heranzutragen; erfährt sie doch von hier die Beantwortung: die Urkirche glaubte nicht nur an den Christus, sondern an den historischen Jesus als den Christus.«[18]

Paulus, der anscheinend ehelos gelebt hat, beruft sich (1. Kor. 9, 5) so wie der unmittelbare Jesus-Jünger Simon Petrus (Kephas) ausdrücklich auf das Recht eines Apostels, mit einer Frau zusammenzuleben und mit ihr sein missionarisches Wirken zu teilen. Das schließt nicht aus, dass für die auf das Gottesreich wartende Schar eine Zeit der Entscheidung angebrochen ist. Deshalb der Ruf zur Umkehr, die innen zu beginnen hat (metánoia). Das kann nur eine solche Wandlung sein, die mit dem Wesen des Gottesreiches konform geht. Wohl weiß auch das Judentum, in dem Jesus steht, von der Umkehr. Das zeigen viele Sprüche der Rabbinen. Da ist von Buße »in Sack und Asche« die Rede, Trauer und Fasten begleiten jene Umkehr. »Und doch hat Jesu Ruf zur Umkehr einen völlig neuen Horizont. Er erklingt im Angesicht der anbrechenden Herrschaft Gottes. Dies gibt ihm seinen Grund und seine letzte Dringlichkeit. Umkehr heißt jetzt: das schon gegenwärtige Heil ergreifen und dafür alles daran geben.«[19] Damit ist nochmals der neue Welthorizont eröffnet, vor dem sich Jesu Handeln entfaltet. Das Gottesreich steht im Licht der Gnade und der Vergebung. Die im Reich Gottes Lebenden sind Beschenkte. Und gerade als Beschenkte sind diese Menschen zu einem neuen Leben in Tat und Hingabe befähigt. Ihnen ist das Wort zugesprochen, das mit der heilenden Art des Wirkens Jesu zusammenklingt, ein Wirken, dem keine Grenzen sozialer, gesellschaftlicher oder auch nationaler Prägung gesetzt sind:

»Kommt her zu mir alle, die ihr mühselig und beladen seid, ich will euch erquicken. Nehmt auf euch mein Joch und lernt von mir, denn ich

bin sanftmütig und von Herzen demütig. So werdet ihr Ruhe finden für eure Seelen.« (Matth. 11, 28)

Das ist der Heilandsruf Jesu, und in ihm ist der Grundcharakter seiner Persönlichkeit deutlich zu erkennen. Diese trostreiche Wesensseite Jesu würde aber falsch gesehen, wenn nicht zugleich der ungeheure und leidenschaftliche Radikalismus und der rücksichtslose Kampfeswille, der ihn erfüllte um des Neuen und Heiligen willen, dem er innerlich verpflichtet war, beachtet würde. Der Sinn der Religion Jesu war demgemäß, eine schenkende Religion zu sein: »Wie sollte er uns mit ihm nicht alles *schenken?*« (Röm. 8, 32).

Seine Auferstehung – »Er ist erweckt worden!«

Wenn von der Spannung gesprochen wird, die zwischen dem »schlichten Mann aus Nazareth« und dem Christus des Glaubens entsteht, dann stellt das Dogma von der *Auferstehung* einen unverzichtbaren Baustein in der Christologie dar. Psalm 118 spricht geradezu vom »Eckstein« und von der Tat des Herrn, d.h. Gottes. Nicht anders bezeichnet die erste Christenheit jenes Geschehen, das jedoch nicht als ein objektivierbares Ereignis missgedeutet werden darf, was jedoch in fundamentalistischen Kreisen geschieht. Und doch handelt es sich um »das *Ur-Kerygma*« des Christentums schlechthin, von Paulus in lapidarer Kürze im 1. Brief an die Korinther gefasst. Das Wort lautet nicht etwa: »Er ist auferstanden«, sondern:

Er ist erweckt worden.

Also ein passivischer Ausdruck und im Sinn des erwähnten Psalms: »*Das ist vom Herrn geschehen und ist ein Wunder vor unseren Augen.*« (Ps. 118, 23). Der Akteur ist Gott, nicht der erweckte bzw. der zu erweckende Mensch. Die Aktion ist nicht mit einem Mirakel zu verwechseln, auch nicht mit einem sogenannten Psi-Phänomen. Ein Teil der theologischen Diskussion hat sich mit der Frage nach dem »leeren Grab« beschäftigt, als ob die hier gemeinte Erweckung durch das Fehlen eines Leichnams legitimiert würde!

Und wenn sich Paulus (1. Kor 15, 3–5) darauf beruft, dass er die Nachricht von der Erweckung Christi »übermittelt« bekommen habe und dass das Geschehen als solches »gemäß den Schriften« erfolgt sei, dann macht die heutige Exegese darauf aufmerksam, dass es sich um ein »vorpaulinisches Traditionsstück« handle.[20] Der Apostel, der selbst den historischen Jesus nicht gekannt haben wird, bedient sich als gelehrter Pharisäer-Schüler der Terminologie der jüdischen Traditionssprache. Das deutet auf ein hohes Alter der Auferweckungsgeschichte hin. Es ist freilich hinzuzufügen, dass dieses Ur-Kerygma seinem Wesen nach nicht lediglich Bekenntnis des Osterglaubens der Gemeinde ist, »sondern Bezeugung seines Grundes. Es war selbstverständlich nicht Bericht über historische Ereignisse, sondern deren Glaubenszeugnis von einer Glauben begründenden Offenbarung. Diese Offenbarung widerfuhr in grundlegender geschichtlicher Einmaligkeit den berufenen Zeugen der Erdentage; weiterhin bezeugte sich der Auferstandene grundsätzlich nur durch ihr Zeugnis als der Lebendige (Joh. 15, 25 f.).«[21] Ein widerspruchsfreies Faktum liefert die Geschichte, die sich auf folgenden einfachen Nenner bringen lässt: »Die Sache Jesu geht weiter« (W. Marxen). Das ist nach dem Schandtod eines Mannes ohne genealogische Reputation ein bemerkenswertes Phänomen!

Das Wie dieser Offenbarung ist jeweils ins Gewand der mythischen Rede bzw. der Legende gekleidet. Die spirituelle Faktizität des Berichteten ist für die Christenheit jedoch damals wie heute eine »Tatsache«, die sich als das Christus-Ereignis bezeichnen lässt, aber keiner historischen Beglaubigung bedarf. Der Versuch einer Historisierung – etwa unter Hinweis auf das seit der Erweckung (möglicherweise) bestehende »leere Grab« – bedeutete eine Eingrenzung und Verkürzung dessen, was der Bericht ausdrücken will.

Als eine bekenntnishafte Zusammenfassung, die die in der Apostelzeit sich anbahnende Bekenntnisbildung andeutet, kann ein Abschnitt aus der Apostelgeschichte (Kap. 10, 37–43; nach M. Dibelius) betrachtet werden. Der Text geht auf eine Predigt des Petrus zurück, der seinerseits alter Überlieferung entstammt:[22]

»Ihr wißt von dem, was im jüdischen Land geschah; wie es nach der Taufe, die Johannes verkündet hatte, anhob in Galiläa mit Jesus von Nazareth. Ihn salbte Gott mit heiligem Geist und mit Kraft. Und er zog durch das Land und tat viel Gutes, und er heilte alle, die in des Teufels Gewalt waren, denn Gott war mit ihm. Und sie hängten ihn ans Holz und töteten ihn.

Ihn hat Gott erweckt am dritten Tag und hat ihm verliehen, sichtbarlich zu erscheinen, nicht vor dem Volk, sondern vor den Zeugen, die Gott sich zuvor erwählte. Und uns gebot er zu predigen dem Volk und zu verkünden: er ist es, den Gott hat eingesetzt, zu richten die Lebendigen und die Toten. Von ihm bezeugen alle Propheten, daß jeder, der an ihn glaube, durch seinen Namen empfange Vergebung der Sünden.«

Die Erscheinungen des Erweckten bzw. des Auferstandenen erfolgten demnach nicht im physischen Wahrnehmungsraum des Volkes oder vor den Augen der Allgemeinheit. Das Erlebnis dieser Erscheinungen war vielmehr nur den »Zeugen« vorbehalten, also besonders qualifizierten beziehungsfähigen Menschen. Der Autor der Apostelgeschichte, dem wir auch das Lukas-Evangelium verdanken, charakterisiert solche Menschen (Luk. 1, 2) als »Augenzeugen«, wörtlich »Selbstseher« (griech. *autoptes*). Sie wiederum sind als Teilhabende an der Offenbarung des Christus dann auch ermächtigt und beauftragt, die Botschaft in die Welt zu tragen. Paulus hat sich als ein solcher, von den Augenzeugen des historischen Jesus unabhängiger Selbstseher bekannt. Wir wissen von seiner missionarischen Tätigkeit, die ihn durch die Landschaften Kleinasiens geführt hat und weiter nach Europa, schließlich in die Metropole des Römischen Reiches, wo er in Rom sein Leben als Märtyrer beschließen sollte.

Der Apostel Paulus

Umstritten ist die Frage, ob eigentlich Jesus der »Religionsstifter« des heutigen Christentums ist oder ob diese Bezeichnung nicht eher einem ganz anderen zuerkannt werden sollte, der selbst überaus umstritten ist, nämlich Paulus (hebr. *Saul*), ein aus dem kleinasiatischen Tarsus in Kilikien stammender Jude, ein im Geist der pharisäischen Frömmigkeit und Schriftgelehrsamkeit gebildeter Theologe. Denn gerade weil der historische Jesus in der christlichen Theologie zweier Jahrtausende oft bis zur Unkenntlichkeit »übermalt« worden ist, liegt es nahe, sich dem Verfasser zuzuwenden, dem wir die ältesten Bestandteile des Neuen Testaments verdanken und von dem wir ungleich mehr wissen können als von jedem anderen »Autor« der ersten christlichen Überlieferung. Als Verfasser mehrerer Episteln ist er an Wirksamkeit von keinem anderen Theologen seiner Epoche und bis heute eingeholt worden. Es ist auch kaum zu bezweifeln, dass die paulinische Christus-Botschaft anders akzentuiert ist als Jesu Verkündigung des Reiches der Himmel bzw. Gottes.

Was das Umstrittensein eben dieses Apostels anlangt, so steht er, anders als Johannes der Täufer, auf der Schwelle zwischen Judentum und Christentum. Bald sind die einen, bald die anderen durch ihn irritiert. Denn einerseits ist er stolz auf seine jüdische Herkunft und Frömmigkeit, zumindest könnte er es sein, wenn er sich nicht als einen von Christus Ergriffenen verstehen würde, wodurch sein Leben eine tief greifende Veränderung erfahren hätte, »der ich am achten Tag beschnitten bin, einer aus dem Volk von Israel, des Geschlechts Benjamin, ein Hebräer von Hebräern und nach dem Gesetz ein Pharisäer« (Phil. 3, 5). Doch gerade diese Herkunft stellt für ihn keinen Selbstwert dar, seitdem er ein »Sklave des Christus« ist.

Seine religiöse Überzeugung hat den eifernden jungen Mann zum Verfolger der sich gerade formenden Jesus-Gemeinschaft in Palästina werden lassen. Er konnte offensichtlich nicht anerkennen, dass diese »Sektierer« einen außerhalb der genealogischen Tradition stehenden Nazarener als ihren Meister verehrten, ja als den erhofften Messias betrachteten, der doch als ein zum Verbrecher degradierter Mensch den Tod am Kreuz gestorben ist. Widersprach eine solche Messias-Vita nicht total der prophetischen Überlieferung Israels?

Andererseits setzte er (Paulus) seine ganze Energie ein, um die Grenze zwischen dem Alten und dem Neuen Bund, zwischen dem Leben »unter dem (letztlich nicht erfüllbaren) Gesetz« und dem Leben »allein aus Gnaden« mit aller Deutlichkeit zu ziehen. Daher waren ihm jene »Judaisten« verpönt, die beispielsweise die entstehenden heidenchristlichen Gemeinden Galatiens verunsicherten, indem sie die konsequente Gesetzeserfüllung auch von den auf Jesu Namen Getauften weiterhin verlangten. Paulus kam es indessen darauf an, hier und im Gegenüber zu den in Jerusalem lebenden Aposteln zu zeigen, dass das von ihm immer wieder bezeugte »Sein in Christus« eine Befolgung der jüdischen Gesetzlichkeit überflüssig gemacht habe: Christus ist für ihn »des Gesetzes Ende«! Das war ihm Grund genug, sich beim Jerusalemer Streit (Apg. 15) um die Verbindlichkeit der hebräischen Gesetzestradition mit Entschiedenheit auf die Seite derer zu stellen, die die These vertraten: »Man muß nicht erst Jude werden, wenn man Christ werden will.«

Fragen konnte man sich dennoch zum einen: Hat dieser Paulus eigentlich Jesus und seine Predigt vom Reich Gottes richtig verstanden? Konnte er ihn überhaupt verstehen, nachdem er ihm in seiner menschlichen Erscheinung nicht begegnet ist wie etwa Petrus, mit dem er manche Auseinandersetzung auszufechten hatte? Er lehnte es geradezu ab, den irdischen Christus gekannt zu haben, und missbilligte jene, die einer solchen Kenntnis »nach dem Fleisch« Bedeutung beimessen; denn »wenn wir früher Christus nach dem Fleisch gekannt (d.h. nach menschlichen Maßstäben beurteilt) haben, so kennen wir ihn nun nicht mehr!« (2. Kor. 5, 16). Noch bei Martin Buber erfährt man von der Anschauung, dass es sich um »zwei Glaubensweisen« handle, wie sie im Gegenüber von Juden und den in der Weise des Paulus glaubenden Christen einst wie heute zutage trete.[23] Ein prinzipieller Widerspruch? Auch der ruft zu kritischer Rückfrage auf!

Und doch versteht sich der Jude Saul als exemplarischen Christus-Zeugen, da er »in sich« (Gal. 1, 16: *en emoi*) die Christusoffenbarung empfing, nachdem er, vom Glaubenseifer jüdischer Frömmigkeit entflammt, die Jesus-Leute Palästinas einst verfolgt hatte, dann aber in eben diesem Tun die radikale Wende seines Lebens vollzog (Apg. 9). Bei ihm, dem späteren »Völkerapostel«, dem wir die ältesten, auch umfangreichsten Teile des Neuen Testaments verdanken, tritt in der Tat Jesus – bis auf wenige Erwähnungen – in den Hintergrund. Wesentlich ist ihm, dass der Christus-Geist in ihm, seinem berufenen Apostel, wohnt, weil er von ihm ergriffen (Phil. 3, 12) und in Dienst genommen worden ist.

Wirksam geworden ist an ihm die rettende »Kraft Gottes« (*dynamis theou*), die sich jedem Glaubenden mitteilt, und zwar unabhängig von seiner Herkunft oder Eigenart (Röm. 1, 16). In der Einsicht, dass der Glaubende schon jetzt und nicht erst in der jenseitigen Welt an dem neuen Sein teilnimmt, das er »Gerechtigkeit« (*dikaiosyne*) oder Unversehrtheit nennt, besteht denn auch das zentrale Thema der paulinischen Theologie. Mit dieser Einsicht, die die Reformatoren die »Rechtfertigung des Gottlosen« genannt haben, vermochte Paulus über Augustinus und Luther bis in die Gegenwart hinein Glauben und Denken mit Blick auf die »Freiheit des Christenmenschen« zu beeinflussen.

Seit der Lebenswende, die für den einstigen Christenverfolger lebensbestimmend wurde, empfing seine Wesensmitte einen neuen Inhalt. Sein Ich war von da an durch ihn, den Kyrios, erfüllt; der Christus-Geist lebte in ihm (Gal. 2, 20). Spätestens hier kommt die »Mystik des Apostels Paulus« (A. Schweitzer) ins Spiel. Bei Paulus und dann bei Johannes liegen die Anfänge der christlichen Mystik![24] Seine Sicht sieht er durch einen urchristlichen, wahrscheinlich vorpaulinischen Christus-Hymnus ausgedrückt. Dieser schildert das Christus-Ereignis im Rahmen gnostischer Vorstellungen als ein Herniedersteigen aus dem Bereich Gottes und der oberen Welten zur irdischen Verkörperung des Jesus, der am Kreuz in radikaler Demut sein Leben beendet. Es ist derselbe Jesus Christus, den Gott erhöht, ja, den er zum Kyrios und Pantokrator gemacht hat. So Paulus im Philipperbrief 2, 6–11 (nach M. Dibelius):

Er lebte ein göttliches Dasein,
aber nicht auf Hoheit bedacht
noch auf Würde göttlichen Wesens
gab er Würde und Hoheit preis,
ein armes Dasein zu tauschen,
ward menschengleich an Gebärde.
Er wählte Entsagung
zum Tode am Kreuz.
Darum erhob ihn Gott zu höchster Würde
und verlieh ihm den Namen über alle Namen.
Nun falle im Namen Jesu
aufs Knie, was lebet und webet
in Himmel und Erde und Unterwelt,
und jegliche Zunge bezeuge,
daß Jesus Christus der Herr sei –
zur Ehre Gottes des Vaters.

Mit Recht wird darauf hingewiesen, in welch nachhaltiger Weise bleibende Impulse von diesem gleichsam »außerhalb der Ordnung« der Jesus-Jünger arbeitenden Apostel ausgegangen sind.[25] Dabei dachte Paulus trotz vielfältiger spiritueller Erfahrung (2. Kor. 12) gering von sich. Und mit dem, wonach er strebte, hielt er den Empfängern seiner Briefe gegenüber nicht zurück. Das Bild von Wettkämpfern einer griechischen Sportarena vor Augen, gesteht er seiner Gemeinde in der makedonischen Stadt Philippi (Phil. 3, 12 ff.) freimütig, inwiefern es auch in seinem Tun und Leben um einen Wettkampf geht. Es ist ein Kampf, der in ihm und mit sich, mit seiner von der Jesus-Gegnerschaft stigmatisierten Vergangenheit und mit seiner auf die Christus-Vollendung hin ausgerichteten Zukunft zu tun hat:

»*Nicht daß ich es schon erreicht hätte oder daß ich schon vollendet wäre. Aber ich strebe danach, es* (das Kleinod, den Siegespreis) *zu ergreifen, weil auch ich von Christus Jesus ergriffen bin. Brüder, ich bilde mir nicht ein, daß ich es schon ergriffen hätte. Eines aber tue ich: Ich vergesse, was hinter mir liegt, und strecke mich nach dem aus, was vor mir ist. Das Ziel vor Augen, jage ich nach dem* Siegespreis: *der himmlischen Berufung, die Gott uns in Christus Jesus schenkt.*«

Abgesehen von dem inneren Weg, den der Apostel zu gehen hat, macht auch die Christenheit äußere Fortschritte. Es kommt zu einer ersten geographisch-kulturellen Verlagerung des Christentums. Denn etwa ein Jahrzehnt nach dem Tod des Paulus, der in Rom zur Zeit Kaiser Neros, ungefähr für das Jahr 60, anzunehmen ist, verlagert sich das Christentum von Palästina ins westliche Kleinasien mit Ephesus als Zentrum. Das ist der Ort, wo zwar Paulus selbst einst gewirkt hat, wo sich aber dann der Kreis um den ephesischen Johannes sammelt und die johanneischen Schriften (Evangelium, Briefe und Offenbarung), das sogenannte »Corpus Johanneum«, entstehen. Damit erhält die urchristliche Verkündigung einen weiteren wichtigen Akzent, unverzichtbar für die Komposition der neutestamentlichen Urkunden, sowohl der Evangelien als auch der Briefe.

Das Neue Testament
und die Apostolischen Väter

Ein wesentliches Problem der abendländischen Christenheit ergibt sich aus der Frage nach den Quellen der Offenbarung, mithin nach dem Verhältnis von Schrift und Tradition. Es handelt sich sowohl um das schriftlich Aufgezeichnete, um das, was als »heilige Schrift« in Gestalt der Bibel, des »Buches der Bücher« als göttliche Weisung, als »frohe Botschaft« (griech. *euangelion*) auf uns gekommen ist – als auch um die anfangs mündliche Weitergabe und spätere Weiterentwicklung zum selben Thema. Sieht man einmal davon ab, dass insbesondere in der Zeit der lutherischen Reformation (ab 1517) zwischen der römisch-katholischen Kirche und dem Protestantismus prinzipielle Unterschiede entstanden – »allein die Schrift« bei Luther, dagegen »Schrift und Tradition« im Katholizismus –, so steht eine ursprüngliche mündliche Überlieferung am Anfang der christlichen Lehrbildung. Jahrzehnte bevor die ersten (synoptischen) Evangelien als in sich abgerundete Texte niedergeschrieben werden konnten, tradierte man einzelne Jesus-Worte (Logien). Damit verband man Situationen der Jesus-Geschichte und gab sie in Erzählung und Predigt weiter. Auch die uns heute bekannten Verknüpfungen zwischen Jesus-Worten sowie Jesus-Ereignissen waren erst im Nachhinein festzulegen. Sowenig eine Jesus-Biographie entstanden ist, so wenig ist den einzelnen Textabschnitten ein chronologisch exaktes Nacheinander zu entnehmen. Dergleichen lag nicht im Interesse der ersten Berichterstatter. Das historische Denken setzte in Europa bekanntlich erst auf der Schwelle zur Neuzeit ein, als man in der Renaissance des 15. Jahrhunderts damit begann, die überkommenen Dokumente in Staat und Kirche einer kritischen Überprüfung zu unterziehen. Die Botschaft als solche erhielt ursprünglich Vorrang vor der historischen Anordnung. Dabei hat die uns vorliegende Komposition und Struktur der Evangelien ihren eigenen Aussagewert, der sich erst in der Meditation erschließt.[26] Entstanden ist ein gefügtes Ganzes, das qualitativ mehr ist als die Summe der durch die Forschung aufgewiesenen Einzelteile. Eines ist jedoch nicht zu verkennen: Zwischen den in den Evangelien berichteten und zu einer quasi-

chronologischen Einheit zusammengefassten Ereignissen liegt immerhin der Zeitraum eines vollen Menschenalters, von mehr als dreißig Jahren. (Die exakte zeitliche Datierung ist nach wie vor Gegenstand wissenschaftlicher Diskussion).[27]
Naturgemäß wirft ein beinahe zwei Jahrtausende alter Text mancherlei Probleme auf. Originalhandschriften aus dem Neuen Testament besitzen wir nicht. Das trifft übrigens auch für anderes Schriftgut jener Jahrhunderte zu. Der zeitliche Abstand, zwischen der ersten nach mündlicher Tradition erfolgten Niederschrift der Evangelienwortlaute sowie der paulinischen Episteln und den ältesten vollständigen Handschriften erstreckt sich über etwa zwei Jahrhunderte. Vor das vierte Jahrhundert reicht keine von ihnen zurück.[28] Sehr viel älter sind die in unzähligen Fragmenten erhaltenen Textpartikel. Ein Vergleich mit anderen Dokumenten der Antike, deren Historizität gleichwohl unbezweifelbar ist, weist noch größere Zeitunterschiede auf. Bei den Schriften des griechischen Dichters Aischylos (5./6. Jahrh. v. Chr.) handelt es sich beispielsweise um einen Abstand von weit über eintausend Jahren. Ähnlich verhält es sich mit Texten der großen Philosophen, Poeten und Geschichtsschreiber des griechischen Altertums. Doch ist zu beachten, dass die Abschreiber des Neuen Testaments mit der gleichen Sorgfalt kopierten, mit der beispielsweise die Thora-Rollen von Generation zu Generation vervielfältigt wurden. Das positive Ergebnis wird durch Textvergleiche bestätigt.

Das in der griechischen Umgangssprache (*Koiné*) – der seit Alexander dem Großen üblichen Weltsprache – abgefasste Neue Testament liegt auf Papyrus und Pergament in zahlreichen Abschriften vor. Im Gegensatz zu dem produktiven Apostel Paulus hat Jesus selbst kein Schriftstück hinterlassen. Das gilt auch für seine unmittelbare Jüngerschaft. In dieser vorliterarischen Zeit genügten das gesprochene Wort und die mündlich bezeugte Tatsache vollauf. Erst als die Zahl der Augenzeugen der historischen Begebenheiten sich verringerte, entstand das Bedürfnis der schriftlichen Fixierung. Dabei war es jedoch allgemein üblich, wichtige Schriften gegebenenfalls unter dem Namen eines angesehenen Mannes, hier etwa eines Apostels wie Petrus oder Johannes, an die Öffentlichkeit zu bringen.

Die ältesten Bestandteile des aus 27 Einzelschriften bestehenden Neuen Testaments sind nicht die vier Evangelien, sondern

Das Christentum

die Epistelr. des Apostel Paulus an Philemon, an die Thessalonicher, Römer, Korinther, Galater und Philipper. Darunter nimmt die Stelle des frühesten Dokuments der Christenheit der wahrscheinlich erste Brief an die Gemeinde in Thessaloniki (Saloniki) ein. Hinzu kommen noch jene, die zwar unter seinem Namen weitergegeben wurden, jedoch offensichtlich nicht seiner persönlichen Feder entstammen, sondern etwa der von »Paulus-Schülern«. Es sind dies die Briefe an die Epheser, Kolosser, an Timotheus und Titus sowie der Hebräer-Brief, der lange Zeit dem Apostel Paulus zugeschrieben wurde. Dieser ist an eine Leserschaft gerichtet, die mit dem Tempelkult Israels vertraut ist. Deshalb wird Christus die Rolle eines Hohenpriesters neuer Ordnung zuerkannt, der sich selbst als Sühnopfer dargebracht hat. Das ist ein Beispiel mehr dafür, dass das Neue Testament zum Teil recht unterschiedlich getönte Christus-Bilder bietet: Schon die drei synoptischen Evangelisten setzen verschiedene Akzente, mehr noch das Johannes-Evangelium, dann Paulus und alle anderen Schriften samt der Johannes-Offenbarung. Sie sind Belege für die immer wieder anderen Ausprägungen spiritueller Erfahrung mit Jesus Christus.

Jedenfalls ist ein Großteil des heutigen Neuen Testaments von Paulus bzw. von Menschen verfasst, die in seinem Geist und gemäß seinem Christus-Verständnis geschrieben haben. Dies macht verständlich, weshalb gerade dieser Apostel und die von ihm geleistete Interpretation des Jesus Christus eine so überaus nachhaltige Wirkung auf die Entwicklung des Christentums ausgeübt haben. Das Thema des Jesus von Nazareth »*Das Reich Gottes ist nahe herbeigekommen!*« tritt, wie erwähnt, bei Paulus in den Hintergrund. Angenommen wird, dass man zuerst damit begann, die paulinischen Briefe zu sammeln und sie in Kopien an die Gemeinden des Mittelmeerraums zu versenden. Dabei war die »heilige Schrift« bzw. »die Schrift« – zumindest für Judenchristen – das Alte Testament, auch wenn man es noch nicht so bezeichnete. So wie zwischen den zunächst mündlich überlieferten Inhalten und den 27 Schriften der ersten Christenheit ein langjähriger Prozess (der mündlichen Tradition) liegt, so bedurfte es von der ersten Textfassung bis zur allgemeinen Anerkennung solcher Dokumente als einer verbindlichen Sammlung eines weiteren, über einige Jahrhunderte sich erstreckenden Vorgangs.

DAS NEUE TESTAMENT UND DIE APOSTOLISCHEN VÄTER

Die oft geographisch weit auseinanderliegenden Einzelgemeinden im Mittelmeerraum und Kleinasien mussten der Auswahl zustimmen, zumal es so etwas wie eine zentrale Kirchenleitung in den ersten Jahrhunderten nicht gab, die eine entsprechende Empfehlung geben oder eine allgemein verpflichtende Normierung hätte anordnen können. Das Neue Testament setzt sich aus folgenden Büchern zusammen:

> Die Evangelien nach Matthäus, Markus, Lukas und Johannes;
> die unter dem Namen von Paulus verfassten Briefe
> an die Römer, die Korinther (2 Briefe), Galater, Epheser, Philipper,
> Kolosser, Thessalonicher (2 Briefe), an Timotheus,
> Titus und Philemon.
> Zwei Briefe unter dem Namen von Petrus, drei nach Johannes,
> der Brief an die Hebräer, der Brief des Jakobus und des Judas.
> Als abschließendes prophetisches Buch
> die (geheime) Offenbarung des Johannes.

Dass nicht alle unter dem Verfassernamen des Paulus genannten Episteln von diesem Apostel stammen, wurde bereits gesagt. Auch die beiden Petrus-Briefe sind wesentlich jüngeren Datums und können nicht von Petrus geschrieben worden sein. Zwischen dem um das Jahr 50 abgefassten 1. Thessalonicher-Brief des Paulus und dem zuletzt entstandenen 2. Petrus-Brief (um 140/145) liegt nahezu ein Jahrhundert. Dennoch fand der letztgenannte Brief relativ frühzeitig Aufnahme in der Sammlung die neutestamentlichen Schriften.

Angesichts der Vielzahl erhaltener historisch wertvoller Gesamthandschriften und fragmentarischer Einzeldokumente ist den wissenschaftlichen Textausgaben des Neuen Testaments (z.B. der Ausgabe von Nestle/Aland; vgl. Bibliographie) ein Anmerkungsteil (Textapparat) beigefügt. Ihm kann man den griechischen Urtext Vers für Vers entnehmen, wo bzw. in welcher der verfügbaren Textvorlagen gegebenenfalls andere Lesarten vorliegen. Generell brachte die gesamtbiblische, d.h. die moderne alt- und neutestamentliche Textforschung lange vor allen anderen heiligen Schriften der Religionen zuerst die wissenschaftliche Textkritik zur Anwendung. Auf diese Weise ist im Laufe der Zeit ein besonders hohes Maß an Zuverlässigkeit erzielt worden.

Wichtig wurden die nach und nach bekannt gewordenen Bibeltexte älteren Datums, wodurch eine zunehmende Authentizität gewonnen werden konnte. Durch bedeutende Schriftenfunde wie jene von Qumran am Toten Meer oder die gnostisches Traditionsgut betreffenden Schriften vom oberägyptischen Nag-Hammadi, die beide in der Mitte des 20. Jahrhunderts gemacht werden konnten, wurde (abgesehen von früheren Funden, auch von alttestamentlichen Prophetentexten) die Kenntnis des Neuen Testaments und der damaligen Welt, d.h. der ersten Christenheit in Palästina/Israel, wesentlich bereichert.

Ein nicht geringer Eigenwert ist Bibelzitaten, verstreuten Jesus-Worten und sonstigen Informationen, die sich in nichtbiblischen Texten finden,[29] zuzusprechen. Mosaiksteinartig tragen sie dazu bei, das Bild des Urchristentums zu vervollständigen.

Ähnlich wie für das Alte Testament, so gibt es auch für die Thematik des Neuen Testaments weitere Schriften, sogenannte Apokryphen, die den jeweils heiligen Schriften nicht gleichgestellt sind, folglich bei der Lehrbildung als »Schriftbeweis« nicht herangezogen werden konnten. Es handelt sich um Texte, die im Zuge der Festlegung der kanonischen, d.h. offiziellen und allgemeinkirchlich anerkannten Schriftensammlung ausgesondert wurden. Der zu Grunde liegende Prozess, der für das Christentum als solches überaus bedeutsam wurde, ist der Prozess der neutestamentlichen *Kanon-Bildung*. Weil, wie erwähnt, die heilige Schrift für Jesus wie auch für die Urchristenheit ausschließlich die hebräische Bibel war und somit als »die Schrift« schlechthin galt, gab es für die erste Christenheit nichts Gleichwertiges. Nicht einmal die mündlich kursierenden Jesus-Worte wurden als »Wort Gottes« betrachtet oder der Bibel als ebenbürtig zugerechnet. Die Autoren des Neuen Testaments kannten das Wort Gottes noch nicht. Als »die Schrift« wird nur die hebräische Bibel von den vier Evangelisten als auch von Paulus und den anderen Autoren laufend zitiert. Die zitierten Schriftstellen hatten dazu zu dienen, die Ereignisse um Jesus zu legitimieren und zu deuten.

Im Laufe des 2. Jahrhunderts und infolge der deutlichen Emanzipation bzw. Abgrenzung der Christen vom Judentum, hielt man zwar weiterhin an den hebräischen Schriften fest. Das geschah naturgemäß bei den und durch die Judenchristen, die aus ihrer hebräischen Vergangenheit mit der »Schrift« vertraut waren und die Jesus-Ereignisse als Erfüllung der alttestamentlichen Prophetien anzuerkennen vermochten. Gleichzeitig wuchs aber auch die Wertschätzung bestimmter Evangelien- und Epistelliteratur, die in großer Anzahl verfasst wurde. Diese war infolge einer fortgesetzten Abschreibetätigkeit zunächst in Einzelexemplaren in vielen Gemeinden, etwa in den christlichen Zentren im syrischen Antiochien, in Alexandrien, dem kleinasiatischen Ephesus, in Korinth und später in Rom sowie an zahlreichen weiteren Orten verfügbar. Je nach Aussagegehalt und Wertschätzung setzte eine Sammlung und Auswahl aus einer Vielzahl von Texten ein. Keinem der Texte wurde bei der Niederschrift und ersten Verbreitung der Charakter einer »heiligen Schrift« zuerkannt. Der musste erst nach und nach gefunden und auf dem Weg einer übergemeindlichen Abstimmung bei der theologischen Einschätzung der betreffenden Schriftstücke festgelegt werden.

Da bürgerte sich in der Mitte des 2. Jahrhunderts die Gepflogenheit ein, auch Jesus-Worte als Bestandteile der heiligen Schrift anzusehen. So geschehen in den beiden um 140/150 verfassten Briefen des Barnabas und im 2. Clemens-Brief. In Umlauf kam ungefähr gleichzeitig der Begriff »Evangelium«, um den Buchcharakter der späteren, jedoch seit der zweiten Hälfte des ersten Jahrhunderts vorliegenden Evangelien kenntlich zu machen. Die heutigen vier Evangelien erhielten in diesem Zusammenhang ihren normativen Rang. Um 180 liegt der Hauptteil in Gestalt des sogenannten »Kanon Muratori«[30] fest. Ihm kam ein Theologe namens Markion (Marcion)[31] zuvor, dem, verursacht durch seine judenkritische Einstellung und seine eigentümliche Christus-Anschauung, die Anerkennung als katholischer Christ versagt wurde. Die römische Gemeinde exkommunizierte ihn als einen Häretiker. So gesehen griff sie normierend in den Vorgang der Kanonbildung ein. Dabei war es Markion, der um 150 bereits einen Kanon neutestamentlicher Schriften, bestehend aus dem Lukas-Evangelium und aus zehn Paulus-Briefen, aufstellte. Unter Hinweis darauf, dass Gott mit seinem Volk nicht nur durch Moses am Sinai einen Bund geschlossen habe, sondern auch einen »neuen Bund« (lat. *novum testamentum*; griech. *kainé diatheke*) durch Jesus Christus, ergab sich für Markion und diejenigen, die seiner Argumentation folgen wollten, die Konsequenz, künftig vom »Neuen Testament« in deutlicher Unterscheidung vom »Alten Testament« zu sprechen. Die Unterscheidung ergab sich für den an Paulus orientierten Markion auf Grund seiner Gottesanschauung. Er sah nämlich zum einen den von ihm bevorzugten »unbekannten« bzw. den als »Vater Jesu Christi« ausgewiesenen »guten Gott« und zum anderen den gestrengen Gott und Weltschöpfer (*Demiurg*) des Alten Testaments.

Der Prozess der Kanonbildung zog sich hin. Zwar stand relativ früh fest, welche der heute bekannten Evangelien aus der Vielzahl anderer ausgewählt werden sollten und dass die Paulus-Briefe künftig unverzichtbar wären. Doch nur allmählich gelangten noch andere Schriften zu kanonischer und damit zu offizieller Anerkennung, nämlich die Apostelgeschichte nach Lukas, die allgemeinen (katholischen) Briefe und die Offenbarung nach Johannes. »Im großen Ganzen hat der Kanon des Neuen Testaments seine Gestalt nicht, wie man vermuten könnte, auf dem Wege eines Zusammenwachsens gewonnen, sondern auf dem Wege einer Beschränkung. Noch am Anfang des zweiten Jahrhunderts wurden nicht nur apokryphe Evangelien und Apostelgeschichten, sondern auch eine große Anzahl anderer christlicher Schriften verfaßt, die, wenn sie auch nicht behaupten konnten, auf die Ursprünge zurückzugehen, doch grundsätzlich keine geringere Autorität besaßen als diejenigen, die heute zum Neuen Testament gehören. Die Ausarbeitung des neutestamentlichen Kanons war demnach die Frucht eines Vorgangs, der sich bis zur endgültigen Fixierung über mehrere Jahrhunderte hin erstreckte.«[32]

Damit ist etwas von dieser Problematik angedeutet, weil ein nicht geringer Teil wertvoller Dokumente der ersten Christenheit als nichtkanonisch ausgegrenzt und damit bei den regulären gottesdienstlichen Lesungen vernachlässigt wurde. Solche Texte gingen dem allgemeinen Bewusstsein verloren, weil sie vor der Allgemeinheit selten oder nicht mehr zu Gehör gebracht wurden. Der Gewinn bestand andererseits gewiss darin, dass man um der angestrebten Geschlossenheit willen einen literarischen Wildwuchs bei der Einschätzung eines Textes als »heilige Schrift« abwehrte. Von daher rührt wiederum das andere Problem, dass man letztlich durch Mehrheitsentscheidung festlegte, was »apostolisch« sei, somit als »Gotteswort« zu gelten habe und was andererseits lediglich als Träger menschlicher Meinungsbildung gelten solle. Zweifellos stellte die Kanonbildung gleichzeitig eine wichtige Weichenstellung für die Weiterentwicklung der Christenheit dar. Praktisch ist der Bibelkanon trotz mancher möglicher Einwände nach wie vor unverzichtbar.

Ein bedeutsames Problem liegt in der faktischen Grenzziehung, die der Kanon für den Fortgang der religiösen Erfahrung in Christus-Begegnung und Geisteswirkung bedeutet. Es wird nicht nur der Eindruck erweckt, sondern durch die kirchenamtliche Festlegung sanktioniert, dass mit dem letzten Kapitel des Neuen Testaments (nach einem Wort C.G. Jungs) »Gott aufgehört habe zu publizieren« und die (Christus-)Offenbarung ein für allemal zu ihrem Abschluss gekommen sei. Problematisch wirkt diese Annahme schon, wenn man sieht, unter welchen Bedingungen durch Interessen sowie durch zeitweilige kirchenpolitische Machtkonstellationen beeinflusst, die Kanonbildung in den ersten Jahrhunderten erfolgt ist. Sollte die Inspiration des Heiligen Geistes von mehr oder weniger zufälligen Auswahlkriterien und konziliären Mehrheitsverhältnissen abhängig sein, die vor eineinhalb Jahrtausenden und für alle Zeiten Gültigkeit haben müssen? Sollte die Dynamik des Geistes Gottes sich selbst die Stagnation verordnet haben?

Ausgegrenzt und als nichtkanonisch wurden die sogenannten neutestamentlichen Apokryphen,[33] darunter Evangelien, Episteln, Apokalypsen u.ä. erklärt. Dem Neuen Testament stehen im Übrigen jene Autoren nahe, die als »Apostolische Väter«[34], in die frühchristliche Literaturgeschichte eingegangen sind. Unterschiedlich in Form und Inhalt stehen sie gewissermaßen auf der Schwelle zwischen dem Neuen Testament und der Alten Kirche, womit die ersten Jahrhunderte gemeint sind. Zu ihnen gehört die *Didache* oder »Lehre der zwölf Apostel«, eine Schrift, die Einblicke in das Leben der ersten Gemeinden gewährt. – Der »1. Clemensbrief«, um 96/97 von Rom aus nach Korinth geschrieben, stellt den Versuch dar, das dortige Gemeindeleben zugunsten einer konservativen Richtung zu beeinflussen. – Der »2. Clemensbrief«, der Text eines unbekannten Autors, macht in der Mitte des 2. Jahrhunderts christologische Aussagen. – Der »Barnabasbrief« (um 130–150), der einige Jahrzehnte hindurch als apostolisch angesehen wurde, dient u.a. der Abgrenzung gegen das Judentum. – Die von Ignatius, dem Bischof von Antiochien, gegen 115 verfassten sieben Briefe stellen die Heilsbedeutung Christi heraus und betonen das hierarchische Bischofsamt. – Apokalyptische Elemente stehen beim »Hirt des Hermas«, einem gegen 150 abgefassten Text, im Vordergrund.

Klärung verlangt für jede heilige Schrift die Frage, wie der betreffende Text zu verstehen (*Hermeneutik*) und auszulegen (*Exegese*) sei. So gesehen ist die Geschichte der Christenheit zugleich eine Geschichte der sich differenzierenden, dem jeweiligen Bewusstsein entsprechenden Bibelauslegung. Unter dem Einfluss der antiken Auslegungspraktiken unterschied man verschiedene Arten, das jeweilige Bibelwort zu verstehen, Geist und Buchstabe als eine Einheit zu behandeln. Die einfachste Unterscheidung liegt darin, dass man sich beispielsweise fragt: Ist der betreffende Text wörtlich zu verstehen, handelt es sich dabei um ein geschichtliches Ereignis, das sich in Raum und Zeit begeben hat, oder ist die betreffende Aussage in einem übertragenen Sinn gemeint, sodass man von einer allegorischen oder spirituellen Bedeutung zu sprechen hat. Man wandte demnach auf das Neue Testament den »mehrfachen Schriftsinn« an, dessen Methodik im Laufe der Theologiegeschichte seine differenzierte Ausprägung und Anwendung gefunden hat[35]. Letztlich ging und geht es darum, sowohl die ursprüngliche Intention des Autors zu ermitteln, mit der er sich an ein bestimmtes Publikum wendet, als auch die Erhebung der Tiefendimension eines biblischen Wortlautes zu vollziehen.

Der historisch-kritischen Beleuchtung des Alten und Neuen Testaments kam in der Neuzeit eine wichtige Bedeutung zu. Energischer Widerstand regte und regt sich von der Seite konservativ-fundamentalistischer Kreise, die die Bibel mit »Gottes Wort« gleichsetzen und in Sorge um das »Wort in den Wörtern« (K. Barth) der wissenschaftlichen Textkritik eine prinzipielle Absage erteilen. Es zeigte sich, dass die spirituelle und trans-personale Aspekte einbeziehende Tiefenpsychologie, insbesondere die C.G. Jungs, einen wertvollen Beitrag zum Bibelverständnis zu liefern vermag,[36] insofern es bei der Exegese um sehr viel mehr geht als um die Erhebung des Historisch-Einmaligen. Dadurch wird der Blick in die Vergangenheit gerichtet, die Gegenwartsbedeutung eines Textes jedoch vernachlässigt. Während der Katholizismus und die ostkirchliche Orthodoxie durch Kultus und Symbolik mit der reichen Welt des archetypisch Unbewussten in Verbindung geblieben ist, hat nach C.G. Jung der protestantische Standpunkt offenbar »die Fühlung mit den gewaltigen archetypischen Entwicklungen der Seele des Einzelnen wie der Masse und mit jenen Symbolen verloren. Er scheint einem rationalistischen Historizismus verfallen zu sein und das Verständnis für den Heiligen Geist, der im Verborgenen der Seele wirkt, eingebüßt zu haben. Er kann daher eine weitere Offenbarung des göttlichen Dramas weder begreifen noch zugeben.«[37]

Von daher ist der Blick auf die Institution zu richten, der die Aufgabe der Wahrung und Vermittlung der biblischen Botschaft als »die lebendig lebendige Stimme des Evangeliums« (*viva vox Evangelii*) anvertraut ist: die Kirche.

Die Kirche in Geschichte und Gegenwart

Die Weltreligion »Christentum« stellt sich als »Kirche« des Jesus Christus dar, die als ein Impulse setzender spiritueller Lebenszusammenhang zu verstehen ist. Er gilt als der besondere Wirkungsbereich des Geistes Gottes. Soziologisch gesehen ist diese *eine* Kirche unter dem *einen* Kyrios – oft bis zur Unkenntlichkeit – auf eine Vielzahl von Kirchen mit sehr unterschiedlichen Darstellungsweisen verteilt und in sich zerteilt. Es sind Teile, die sich bald mehr, bald weniger voneinander unterscheiden, die gegeneinander auftreten, Alleinvertretungsansprüche hinsichtlich des Christlichen erheben und sich Andersgläubigen gegenüber mehrheitlich als den einzig rechten Weg zum Heil verstehen. Der Begriff »Kirche« leitet sich vom griechischen *kyriaké*, dem Herrn, d.h. Christus gehörig, ab. Das Neue Testament verwendet im Übrigen das Wort *ekklesía*, herausgerufene Versammlung, um die dem Ruf Jesu folgende Gemeinde zu benennen. Das geschieht mit dem vor allem vom römischen Katholizismus in Anspruch genommenen, an Petrus gerichteten Wort (Matth. 16, 18): *»Du bist Petrus, und auf diesen Felsen werde ich meine Gemeinde* (ekklesia) *begründen.«*

Dieses Jesus-Wort enthebt die Christenheit jedoch nicht der Frage, ob der historische, »vorösterliche« Jesus überhaupt eine Kirche gewollt hat,[38] sofern darunter eine das Reich Gottes repräsentierende, es objektivierende Institution zu verstehen ist. Aufgeworfen und erwogen wurde diese Frage seit langem. Der protestantische Theologe Richard Rothe (1799–1867) war der Meinung, dass das Christentum an die Kirche als »sein einzig brauchbares Instrument« gebunden sei. Ihm folgte Ernst Troeltsch (1865–1923), der 1916 empfahl, man möge die »mit allen Härten, Gebrechen und Geistlosigkeiten einer amtlichen Institution« behaftete Kirche relativieren und ins Licht eines größeren Christentums stellen. Die römisch-katholische Kirche formulierte im II. Vatikankonzil (1962–65), frühere Lehraussagen aufnehmend bzw. weiterführend, dass sie selbst und der »mystische Leib Christi« miteinander identisch seien.

Und was außerhalb der Institution an Gaben der dogmatischen Wahrheit sowie der ethischen Heiligung bei anderen Christen vorhanden ist, das strebe auf die endgültige Vereinigung mit Rom zu.

Dieses die Vormachtstellung ausdrückende Selbstverständnis entspricht dem schon in der Antike vertretenen Exklusivismus, wonach außerhalb der Kirche kein Heil (*extra ecclesiam nulla salus*) sei. Dieser Anspruch meint nichts Geringeres als die Behauptung, dass die real existierende Kirche mit dem römischen Bischof als dem mit außerordentlichen geistlichen Vollmachten ausgestatteten Papst das Christentum als solches weltweit repräsentiere. Dass diese römische Position hinsichtlich des religiösen Absolutheitsanspruchs von einem nicht geringen Teil protestantischer Theologen und Kirchenführer geteilt wird, zeigen einschlägige Verlautbarungen. Ihnen wird jedoch von denen widersprochen, die in den Religionen der Menschheit vielfältige, durchaus unterschiedliche, aber legitime und hinsichtlich der je existenziellen Bedeutsamkeit gleichwertige Suchwege zum Absoluten bzw. zum Heil anerkennen.

Für das Selbstverständnis der Christenheit und in Abgrenzung gegenüber Andersgläubigen wurden Bekenntnisformeln wichtig, die den Grundbestand des Dogmas in Gestalt von *Glaubensbekenntnissen* festhalten. Am Anfang stehen Formulierungen, mit denen in den ersten Jahrhunderten erwachsene Taufbewerber verpflichtend bekannt gemacht wurden. Aus den dogmenbildenden Arbeiten der Konzile von Nicäa (325), von Konstantinopel (381) und von späteren Beschlüssen gingen vor allem zwei Bekenntnisse hervor: das Apostolische und das als Zusammenfassung anzusehende Nicänokonstantinopolitanische Glaubensbekenntnis. Das erstere, aus dem Lateinischen übersetzt, lautet nach mehreren Änderungen in der derzeitigen Fassung:

*Ich glaube an Gott, den Allmächtigen,
den Schöpfer des Himmels und der Erde.*

*Und an Jesus Christus,
seinen eingeborenen Sohn, unsern Herrn,
empfangen durch den Heiligen Geist,
geboren von der Jungfrau Maria,
gelitten unter Pontius Pilatus,
gekreuzigt, gestorben und begraben,
hinabgestiegen in das Reich des Todes,
am dritten Tage auferstanden von den Toten,
aufgefahren in den Himmel;
er sitzt zur Rechten Gottes, des allmächtigen Vaters;
von dort wird er kommen,
zu richten die Lebenden und die Toten.*

*Ich glaube an den Heiligen Geist,
die heilige christliche[39] Kirche
Gemeinschaft der Heiligen,
Vergebung der Sünden,
Auferstehung der Toten
und das ewige Leben.
Amen.*

Das eigentlich ökumenische Glaubensbekenntnis ist das Nicänokonstantinopolitanische, weil es im Unterschied zum Apostolischen Bekenntnis der christlichen Kirche des Abendlandes auch in der Ostkirche im Gebrauch ist. Katholiken und Protestanten benutzen es im Gottesdienst ebenfalls bei besonderen Anlässen.

Weil es in der Reformationszeit darauf ankam, einerseits die Katholizität und damit das Überkonfessionelle des »neuen Glaubens« zu bekunden, andererseits den reformatorischen Akzent zu setzen, entstanden im Protestantismus eine Reihe von Be-

kenntnissen, die in sogenannten »Bekenntnisschriften« niedergelegt sind, angefangen von den beiden Katechismen Martin Luthers (1529), über die Confessio Augustana von Philipp Melanchthon (1530) bis hin zu der »Theologischen Erklärung« von Barmen (1934), bei der es in der Kirchenkampfsituation am Anfang des Dritten Reiches darauf ankam, eine Abgrenzung gegen die nationalsozialistische Weltanschauung zu vollziehen. Die Barmer Erklärung[40] lautet gemäß Artikel eins:
»Jesus Christus, wie er in der Heiligen Schrift bezeugt wird, ist das eine Wort Gottes, das wir zu hören, dem wir im Leben und im Sterben zu vertrauen und zu gehorchen haben.

Wir verwerfen die falsche Lehre, als könne und müsse die Kirche als Quelle ihrer Verkündigung außer und neben diesem einen Worte Gottes auch noch andere Ereignisse und Mächte, Gestalten und Wahrheiten als Gottes Offenbarung anerkennen.«

Bestimmt wird das geistlich-religiöse Leben der Kirche durch *Wort und Sakrament*, wobei das Wort durch die kanonischen Schriften des Alten wie des Neuen Testaments bestimmt ist. Und was das Sakrament betrifft, so hat sich – ausgewählt aus einer Vielzahl von Segenshandlungen – in der vorreformatorischen Kirche die Siebenzahl ausgebildet, bestehend aus dem Sakrament der Taufe, des Abendmahls bzw. der Messe, der Buße, der Firmung, der Ehe, der Priesterweihe oder Ordination und der letzten Ölung als Sterbesakrament. Während die Taufe (von Ausnahmen abgesehen) in der Regel von allen Kirchen anerkannt wird, behält sich die römische Kirche das Recht der Priesterweihe vor. Denn allein ein durch einen katholischen Bischof geweihter Priester steht nach ihrer Meinung in der apostolischen Sukzession (*successio apostolica*), unter der die (angeblich) lückenlose Weitergabe des priesterlichen Segens seit Aposteltagen zu verstehen ist. Folglich gilt nach diesem Verständnis nur jene Mess- oder Abendmahlsfeier als wirkliches Sakrament der Kommunion mit Christus, in der ein römischer Priester die Segnung von Brot und Wein vollzieht. Diese Einschätzung des Priesters wird überhöht durch das »Petrusamt« des Papstes: Er ist oberster Lehrer hinsichtlich der Bibelauslegung; wenn er kraft seines Amts, *ex cathetra*, (gegebenenfalls selbst ohne Mitwirkung von Bischöfen oder eines Konzils) ein Dogma verkündet, ist er (seit dem I. Vatikankonzil 1870) »unfehlbar«. Er ist oberster Priester (*Pontifex maxi-*

mus), der alle Gnadenmittel der Kirche verwaltet, der Bischöfe und Kardinäle einsetzt; letztere wählen aus ihrer Mitte den neuen Papst. Und er ist oberster Richter in der letzten Entscheidung über alle wichtigen kirchenrechtlichen Fragen. In der Erfüllung aller dieser Aufgaben wird der Papst durch die Kurie, die vom Vatikan aus tätige päpstliche Administration der Weltkirche, unterstützt.

Eine wichtige Rolle spielten in der römischen wie in der orthodoxen Kirche die monastische Frömmigkeit mit den zahlreichen weltweit verbreiteten Männer- und Frauenorden. Sie unterliegen wie jeder römisch-katholische Priester dem Zölibat. Die Kirchen des Ostens legen zwar den in der Regel aus dem Ordensstand kommenden Bischöfen ebenfalls die Ehelosigkeit auf. Dagegen sind orthodoxe Gemeindepfarrer mit Blick auf ihre praktische Seelsorgetätigkeit und um der hierfür wichtigen Volksnähe willen verheiratet.

Während der betont männlich dominierten römischen wie orthodoxen Kirche des Ostens der Frau traditionellerweise die kultische Gleichberechtigung zur Ausübung priesterlicher Funktionen entzogen ist, nimmt Maria als jungfräuliche »Mutter Gottes« (*Theotokos* seit 431 in der Ostkirche) im Katholizismus neben bzw. in Gemeinschaft mit Christus eine zentrale Stellung ein. Zum Ausdruck kam dies durch die Mariendogmen der letzten Jahrhunderte: die Lehre von der »unbefleckten Empfängnis« (*immaculata conceptio*) von 1854, wonach Maria wegen ihres Erwähltseins von ihrer Empfängnis an von der Erbsünde frei sei; das Mariendogma, das Pius XII. 1950 verkündete, hat die leibliche Aufnahme Mariens in den Himmel zum Inhalt. Damit sind Tendenzen aufgezeigt, die auf eine miterlösende Tätigkeit hinweisen können. Die tief im kirchlichen Brauchtum, vor allem der romanischen Länder, verwurzelte Marienfrömmigkeit basiert auf der Auffassung, wonach Maria als »die erste Glaubende« gegenüber allen anderen Heiligen der Christenheit eine vorrangige Verehrung (*Hyperdoulie*) verdiene. Die reformatorischen Kirchen haben sich an die biblisch begründbare Einschätzung Marias gehalten und sich von jeder hypertrophen Verehrung distanziert.

Die Geschichte des Christentums im weiteren, der Kirche im engeren Sinn weist sowohl Stadien der Ausbreitung als auch Umbrüche und reformatorische Einschnitte auf, die sich jeweils in der Dogmenbildung etwa der Konzile und der theologischen Reflexion folgenschwer ausgewirkt haben. Entsprechend nachhaltig erwiesen sich die Kirchenspaltungen zwischen Rom und der Ostkirche im Jahre 1054, sowie zwischen Rom und den reformatorischen Kirchen seit 1517, einschließlich der Anglikanischen Kirche. Diesem Zustand der Spaltung, der von allen Beteiligten als ein Skandal der Christenheit empfunden wird, sucht man seit Jahrzehnten durch allerlei ökumenische Bemühungen zu begegnen. Besondere Aktivitäten hat der von Protestanten und Orthodoxen getragene Weltrat der Kirchen entwickelt. Weitergehende Einigungsbestrebungen scheitern in der Regel und in der Hauptsache am Amtsverständnis der römischen Kirche, die protestantischen Pastoren generell die apostolische Sukzession abspricht und ihren eigenen Gläubigen die Abendmahlsgemeinschaft mit Nichtkatholiken untersagt.

Beträchtlichen Einfluss hatte, wie kaum eine andere Entwicklung bzw. Revolution, die im 3. Jahrhundert eingetretene Wende, als sich das Verbreitungsgebiet der Christenheit großenteils innerhalb des römischen Weltreichs erstreckte. Beinahe drei Jahrhunderte lang war das Christentum im Rahmen der religiösen Vielfalt der Gesellschaft eine ›religio illicita‹, eine rechtlich nicht gestattete Religion. Es gab zeitenweise Christenverfolgungen unterschiedlichen Ausmaßes, die sich teils in Willkürakten (z. Zt. Kaiser Neros), späteren Christenprozessen, schließlich in regional ausgedehnten Verfolgungen manifestierten, die bis zum Beginn des 4. Jahrhunderts dauerten. Dann kam, durch Staatsraison bedingt, im Jahre 313 die »Konstantinische Wende«. Kaiser Konstantin stellte die Kirche den übrigen Religionen seines Reiches gleich. Er räumte ihr und ihren Amtsträgern, den Bischöfen, allerlei Privilegien ein, ehe unter Konstantins Nachfolgern die Kirche zur römischen Staatskirche avancierte. Das urchristliche Prinzip der Liebe (Agape) wurde durch das cäsarische Prinzip der Macht verfälscht. Den vielfältigen Formen der Inquisition und Unterdrückung bis hin zur Gewaltanwendung (durch den »weltlichen Arm der Kirche«) gilt seit Jahrhunderten der Widerstand Ungezählter – mit begrenztem Erfolg.

Nun hat es neben dem *exoterisch* nach außen gewandten und neben dem konfessionell-kirchlichen Christentum immer auch ein vielgestaltiges *esoterisches* Christentum der Gnosis und der

Mystik, d.h. der Innerlichkeit gegeben.[41] Die Grenzen zwischen diesem Innen und Außen sind fließend, weil man als esoterisch bzw. mystisch orientierter Christ sehr wohl Mitglied der verfassten Kirche sein kann. Umgekehrt fühlen sich solche Menschen der einen Kirche Jesu Christi und dem mystischen Leib Christi zugehörig, die zu äußeren Institutionen eine gewisse Distanz bewahren. Dienen die Glaubensbekenntnisse vorwiegend dazu, aufgrund einer Selbstvergewisserung und theologisch-rationalen Klärung anderen seinen Glauben mitzuteilen, so gehört es zum Wesen von Mystik und Esoterik, diesen Gottesbezug und die religiöse Erfahrung als solche zu vertiefen und auf Wegen geistlicher Übung (z.B. der Meditation) zu intensivieren. Es gibt in diesem Zusammenhang unterschiedliche Grade spiritueller Erkenntnis und innerer Reife. Jesus selbst unterschied z.B. bei seinen Gleichnisreden zwischen denen, die *drinnen* (eso), und denen, die *draußen* (exo) sind. Er praktizierte die Verkündigung vor dem »Volk«, bei der er auf die begrenzten Möglichkeiten der Auffassung Rücksicht zu nehmen und einfach zu sprechen hatte. Er wandte sich aber auch mit internen Unterweisungen (z.B. Bergpredigt) an seine Jünger. Und selbst von diesen gab er einigen (Petrus, Johannes, Jakobus) den Vorzug, etwa als er die Verklärung auf dem Berg erfuhr. Nicht jeder war bzw. ist bereit und in der Lage, das Geheimnis des Reiches Gottes (*mysterion tes basileias tou theou*) aufzunehmen (Mark. 4, 11): »*Euch ist es gegeben, das Mysterium des Reiches Gottes zu verstehen, aber denen, die draußen (exo) sind, geschieht es in Gleichnissen (en parabolaís).*« Die Anfänge dieser esoterisch-mystischen Weise der Gottes- und Christus-Begegnung liegen bereits im Neuen Testament selbst, in den paulinischen Schriften und im Johannes-Evangelium vornehmlich. Diese Strömung setzt sich bis heute fort, innerhalb der christlichen Kirche, jedoch auch unabhängig von der Institution. Mystik, die als eine auf Erfahrung gegründete Erkenntnis Gottes (*cognitio dei experimentalis*) verstanden werden kann, kennt viele Weisen und Formen der Verwirklichung. Orthodoxie, römischer Katholizismus und auch der Protestantismus hat markante Vertreter(innen). Schließlich ist es gerade die mystische Erfahrung, die ein inneres Verstehen auch fremder Religiosität zu eröffnen vermag,[42] weil es hier nicht so sehr auf die Eigenheiten und auf das Trennende ankommt, sondern darauf, dass man jeweils die

Tiefendimension seines eigenen Glaubens erfährt und die Spiritualität anderer erspürt und respektiert.

Zur Wesensäußerung des Christentums gehört die Heiligung der Zeit, verbunden mit dem Erleben eines rhythmischen Vorgangs, wie er im Jahreslauf vorgegeben ist. Die Christenheit denkt und lebt nicht vom »Wochenende« her mit dem Saturntag als Sabbath wie im Judentum, sondern vom Sonntag, dem Tag der Auferstehung und des Lichtes her. Das ganze Jahr ist als »Kirchenjahr« eine Abfolge von Festen, die auf den Weg des Christus ausgerichtet sind, beginnend mit Advent, der vierwöchigen Vorbereitungszeit für das Fest der Geburt Jesu und der Christus-Erscheinung (Weihnachten und Epiphanias). Ein anderer Zeitabschnitt der Vorbereitung stellt (parallel zum jüdischen Pessach) die Passionszeit dar, in der Jesu Leiden und Hingang ans Kreuz (Karfreitag) bedacht wird. Mit dem Wiedererwachen der Natur korrespondiert das zentrale Fest der Christenheit, die Auferstehung (Ostern), gefolgt vierzig Tage später vom Himmelfahrtsfest. Mit dem Pfingstfest beginnt die Zeit der Christus-Wirkung in der Kraft des Geistes in seiner Kirche. Diese Wirkung wird im Zeichen eines geistlichen Wachstums und der Bewährung in den nachfolgenden Sonntagen bedacht, ehe am ersten Advent der Zyklus eines neuen Kirchenjahrs beginnt.

Die liturgischen Farben der Altar- und Kanzelbekleidung drücken dies aus: Die Zeiten der Vorbereitung werden durch *Violett* gekennzeichnet. Die Entstehung dieser Farbe als Verbindung von Rot und Blau symbolisiert den Vorgang der Sammlung, auch der Besinnung, gegebenenfalls des Fastens. – *Weiß* zeigt die Herrenfeste an: Weihnachten, Epiphanias und Ostern. – *Rot* als Farbe des Feuers, des Blutes, der Liebe wird immer dann als liturgische Farbe gewählt, wenn Feste der Kirche begangen werden, beispielsweise Pfingsten, Kirchenweihe u.ä. Die Pflege des liturgischen Lebens, in dem Bilder und Symbole zur Andeutung und Vermittlung des Mysteriums Verwendung finden, sind durch den jeweiligen theologischen Ansatz von Kirche zu Kirche verschieden. Wo, wie in Orthodoxie und Katholizismus, das sakramentale Leben im Mittelpunkt des Gottesdienstes steht, ist die Pflege der Symbolik reicher entwickelt als in bestimmten Kirchen der Reformation, die analog zum jüdischen Bilderverbot selbst auf religiöse Bilder verzichten. Anglikanische Kirche und Luthertum nehmen eine mittlere Position ein, d.h. das biblische Wort wird durch Sakrament und Kultus ergänzt. Religiöse bzw. liturgische Erneuerungsbewegungen haben in der Neuzeit zur Wiederentdeckung dieses spirituellen Reichtums beigetragen. Die Pflege des meditativen Lebens ist in diesem Zusammenhang zu sehen.

Was das im interreligiösen Dialog ausgedrückte Selbstverständnis der Christenheit anlangt, so haben sich in der Diskussion gegen Ende des 20. Jahrhunderts – hauptsächlich außerhalb der katholischen Kirche – drei idealtypische Positionen kirchlicher Selbstdeutung auskristallisiert, die sich mit Paul F. Knitter als »Exklusivismus«, als »Inklusivismus« und als »Pluralismus« definieren lassen:

»Die Vertreter des Exklusivismus halten daran fest, daß es *nur eine* Religion gibt, die zum Heil führt – die Religion nämlich, die auf Christus gegründet ist. Die Vertreter des Inklusivismus gehen demgegenüber davon aus, daß es *mehrere wahre* Religionen gibt; sie bestehen aber darauf, daß Christus die *endgültige, vollendete* Norm für diese Religionen bildet (entweder konstitutiv, indem er als Quellgrund der rettenden Wahrheit Gottes angesehen wird, oder repräsentativ, indem in ihm die klarste und vollkommenste Verkörperung der Wahrheit und Gnade Gottes sieht). Die Vertreter der pluralistischen Position schließlich räumen die Möglichkeit (einige die Wahrscheinlichkeit oder sogar die tatsächliche Gegebenheit) *mehrerer wahrer* Religionen ein, die alle eine wohl verschiedene, aber doch vollgültige Rolle im göttlichen Heilsplan spielen.«[43]

Diese dritte, auf alle Alleinvertretungsansprüche verzichtende pluralistische Ausgangslage ließe sich ebenfalls von der Tiefenpsychologie C.G.Jungs und seiner Archetypenlehre her bestätigen. So wie das Christentum die dem jeweiligen Kirchentum übergeordnete Größe darstellt oder der Christus(geist) den irdischen Jesus erfüllt, so repräsentiert der Christus für den westlichen, der Buddha oder das Tao für den östlichen Menschen das geistig-religiöse »Selbst«, das dem individuellen empirischen Ich übergeordnet ist und die Wesensmitte (*imago dei*) des Menschen ausmacht. Es mag kultur- oder bewusstseinsbedingte Abstufungen im spirituellen Erfahrungsfeld der Menschen geben. Doch alle haben sie – unter verschiedenen Namen sowie verschiedenen Ausprägungen – an dem jeweils Einen teil, das für jeden Einzelnen Mitte, Sinn und Ziel seines Lebens ist. Dieses Selbst darf nicht mit individualistischer Selbstsucht verwechselt werden. Vielmehr gehört zur Lebensganzheit immer das konkrete Du und das die Menschen verbindende Wir dazu.

Das Leben des Einzelnen ist somit ins universale Ganze der Gesellschaft, der Menschheit und der Erde einbezogen. Von daher, nicht zuletzt von der Glaubenstatsache ausgesehen, dass Jesus Christus diesen Planeten Erde betreten hat, sich als Mensch inkarnierte (lat. *incarnatum est*; griech. *sarx egéneto*) ist er für die Christenheit zu dem Phänomen einer *Epiphanie in Menschengestalt* geworden. Von diesem Inkarnationsereignis her begründet sich das christliche Ethos. Es steht auf der Basis der jüdisch-christlichen Anschauung von der guten Schöpfung Gottes und einer umfassenden Lebensbejahung. Sie äußert sich als Verantwortung für Mensch und Erde; für die Erde als eines alle Stufen des Seins und Werdens umfassenden Organismus. Diese Verantwortung ergibt sich sowohl aus dem Reich-Gottes-Denken des Jesus von Nazareth, als auch aus der Anschauung vom kosmischen Christus, der als der weltschöpferische Logos im Johannes-Evangelium (Kap. 1, 1) und in den universalistischen Christus-Aussagen der deuteropaulinischen Briefe, etwa im Kolosser- und Epheserbrief, sowie in der Johannes-Offenbarung vorgestellt wird.

Konkret ist jede Form einer das Leben schützenden, den Frieden unter den Menschen bereitenden Mitarbeit als unabdingbare Verpflichtung anzusehen. Auf der Schwelle vom zweiten zum dritten nachchristlichen Jahrtausend hat die urchristliche Caritas der Nächstenliebe eine bis dahin nicht geahnte Ausweitung und Intensivierung erlangt. Gemeint ist ein Einsatz im Rahmen der pluralen Weltgesellschaft, also eine Diakonie neuer Ordnung. Denn: »christlicher Glaube, der nur eine jenseitsbezogene Frömmigkeit pflegen wollte, wäre, wie jeder werklose Glaube, ein toter Glaube. Ein Glaube, der nicht politisch, d.h. sozialethisch (nicht weniger: ökologisch) weltgestaltend zu werden wagt, besorgt unkritisch das Geschäft der herrschenden Schichten. Er wäre weit davon entfernt, im Sinne des Reiches Gottes ›Salz der Erde‹ zu sein«.[44] Gerade mit diesem Auftrag Jesu (Matth. 5, 13), »Salz der Erde« und »Licht der Welt« zu sein, hat die Christenheit ihren Weg in die Welt angetreten. Oder mit Novalis' Worten (1772–1801): »Wir sind auf einer Mission, zur Bildung der Erde sind wir berufen.«

Kapitel 3

Der Islam

Allah als autoritärer Allerbarmer

Verständnisprobleme

Ähnlich wie das Christentum im Judentum wurzelt und an seiner Offenbarung sowie an wesentlichen Elementen seines Ethos teilhat, so verhält es sich auch im Islam. Für seine Gläubigen stellen Judentum und Christentum die beiden Religionen dar, mit denen die Frömmigkeit gewachsen ist, die Hingabe an den einen und einzigartigen Gott (Allah) erfolgt, dem sie ihr Sein verdanken und dessen Auftrag sie gehorsam zu erfüllen haben. Ihr Prophet, der Gesandte Allahs, Muhammad (Mohammed) gehört in die Schar der Propheten, die Adam zum gemeinsamen Stammvater haben. Sie blicken auf Abraham und auf Moses und Jesus als auf die großen Vorläufer Muhammads. Von daher rührt der große Respekt, mit dem im Koran von diesen Männern gesprochen wird. So kann es nicht verwundern, dass vielfältige israelische bzw. jüdische und christliche Elemente im Islam auftauchen. In dieser abrahamitischen Religion ist Abraham selbst das Vorbild gläubiger Hingabe, ein Gottesfreund. Moses, der mit den Zehn Geboten die gesetzgebende Weisung für sein Volk empfangen hat, ist Gottes Gesprächspartner. Und Jesus wird als »der Gesalbte« (*al-Masih*) anerkannt. Es ist freilich hervorzuheben, dass er für gläubige Muslims zwar als ›Messias‹ im jüdischen Sinn, nicht aber als der mit göttlichen Wesenszügen ausgestattete »Christus« oder gar als »Sohn Gottes« und Glied der göttlichen Trinität angesehen werden kann. Doch, wie noch zu zeigen sein wird, taucht Jesus nochmals auf, wenn der Muslim nach dem am Ende der Tage kommenden *Mahdi*, als dem »recht Geleiteten« Gottes, Ausschau hält. Grundsätzlich muss man festhalten, dass der Islam seiner spirituellen Abstammung nach zwar den beiden älteren Religionen in mehrfacher Hinsicht nahe steht, jedoch eigene Originalität

beansprucht. Oder um es mit einem Wort des jüdischen Wissenschaftlers Zwi Werblowsky auszudrücken:
»Wer wußte im Jahr 602, daß innerhalb der nächsten hundert Jahre der Islam entstehen und die Welt verändern würde? Die Geschichte ist voll epochaler, unvorhergesehener Innovationen – und dazu gehören auch die großen geistigen und religiösen Bewegungen – die hebräische Bibel, Christentum und Islam.«[1]
Als äußere Fakten sind folgende vorweg zu nennen: Mehr als eine Milliarde der Weltbevölkerung bekennt sich zum Islam. Es handelt sich um Angehörige unterschiedlichster Kulturen und Ethnien vornehmlich in Asien, Afrika und Europa. Aber nicht nur dort – unter Arabern, Türken, Indern, Persern, Malaysen, Berbern, Afrikanern und Europäern, auch Amerikanern – hat sich dieser Glaube verbreitet. Der Islam hat sich im Auf und Ab der geschichtlichen Enwicklungen länger als ein Jahrtausend hindurch vor allem als eine kulturschöpferische, kulturvermittelnde und impulsgebende Wirklichkeit erwiesen. Zu den hervorstechenden Beispielen gehört, dass die griechische Philosophie zu einem nicht geringen Teil durch Muslime in den Westen getragen wurde. Aristoteles eroberte in seinem arabischen Gewand Europas Hochschulen. Entsprechendes gilt für Al-Andalus (Andalusien), das Zentrum einer Weltkultur des 13. und 14. Jahrhunderts, unter friedlicher Zusammenarbeit mit Juden und Christen. Die über Jahrhunderte im omajadisch geführten Spanien zur Geltung gebrachte geistige Dominanz lag auf der Seite der Islam-Gläubigen. Christen saßen mehrere Generationen hindurch als Schüler zu Füßen muslimischer Wissenschaftler.[2] In Ländern, in denen der Islam Staatsreligion ist, ist das gesamte gesellschaftliche, politisch-rechtliche wie das kulturelle Leben vollständig durch den Islam geprägt. Dieser Ansatz hat für die gesamte Lebenspraxis große Bedeutung.

Die Tatsache aber, dass der Islam durch einige Kriegszüge, bald vom Südwesten, bald vom Südosten her nach Europa gekommen war, hat in der westlichen Welt auf Jahrhunderte hinaus einen starken Schock ausgeübt, der – sieht man von islamistischen Ausschreitungen der neueren Zeit ab – in Gestalt von Missverständnissen, von Vorurteilen und Unkenntnis bis heute nachwirkt:

Djihad, »heiliger Krieg«, ist ein seit mehreren Jahrhunderten allerlei Befürchtungen erregender Terminus. Er kam in dieser

VERSTÄNDNISPROBLEME

Wortbedeutung in Umlauf, als die islamischen Initiativen zur Durchführung einer Welteroberung ihren Anfang nahmen. Im Koran meint Djihad wörtlich zunächst soviel wie »Anstrengung«, worunter jedenfalls nicht prinzipiell eine Gewaltanwendung oder eine Kriegshandlung gemeint sein muss. Die »christlichen« Kreuzzüge hatten wesentlich zum Stimmungswechsel zwischen den beiden Religionen beigetragen. Aggressive Islamisten der Gegenwart verstehen unter Djihad daher »die Kriegsführung gegen Ungläubige«; und Ungläubige sind alle diejenigen, die sich Allah noch nicht rückhaltlos unterworfen haben oder gar im Gegensatz zu den gottergebenen Muslimen stehen oder ihre Lebensart durch westliche Modernismen in Frage stellen. Dabei ist der Aufruf zum Islam nach dem Selbstverständnis seiner Gläubigen ein Aufruf, ins »Haus des Friedens« (*Dar al-salam*) einzutreten, also die Bekehrung zum Islam zu vollziehen. Diese war bereits in den Tagen Muhammads ganz ohne Gewaltanwendung jedoch nicht zu verwirklichen. Dafür gibt es geschichtliche Beispiele.

Bassam Tibi, der 1944 in Damaskus geborene Soziologe und Historiker, unterscheidet eine Reihe islamischer Djihad-Expansionen, die sich von ihrem arabischen Ursprung aus wellenartig ausgebreitet haben. Diese waren schon in vollem Gang, als zu Beginn des 8. Jahrhunderts in einer dritten Welle die Kriegerdynastie der Omaijaden unter dem legendären Berber Tariq Ibn Siad (gest. 720) im Jahre 711 in Südspanien erstmals europäischen Boden betrat. Von Andalusien aus durchmaßen die Eroberer ganz Spanien. Sie überschritten die Pyrenäen und erreichten bereits 732 Mittelfrankreich. Jetzt erst gelang es Karl Martell (gest. 741), den spektakulären Siegeszug der Araber bei Tours und Poitiers aufzuhalten und ein weiteres Vordringen nach Mitteleuropa zu unterbinden. Immerhin war für längere Zeit eine Teilislamisierung in Westeuropa gelungen. Die positiven kulturellen Auswirkungen sind nicht zu unterschätzen.

Auch in Südosteuropa erfolgte ein Angriff mit Zielrichtung auf Europas Mitte. Nachdem die erste Belagerung Konstantinopels (717/18) gescheitert war, dauerte es bis 1453, als der Türke Sultan Mehmed II. Konstantinopel einzunehmen vermochte. Suleiman, dem »Prächtigen«, war es im Reformationszeitalter vorbehalten, sich in Ungarn festzusetzen und seine Truppen 1529 bis vor Wien zu führen. Die Furcht vor den Türken beherrschte das ganze Jahrhundert. Martin Luther sah sich veranlasst, seine »Heerpredigt wider den Türken« abzufassen und den Koran als ein gefährliches antichristliches Buch zu verurteilen. Manche meinten in den stürmenden Türken eine Strafe Gottes über die »tote Christenheit« zu erblicken. Immerhin gab es auch reformatorische Christen wie den mystisch entflammten und sozialrevolutionär aktiven Luther-Kontrahenten Thomas Müntzer oder den auf seine Weise freisinnigen Publizisten Sebastian Franck, die gottesfürchtige Türken, d.h. Muslime achteten.[3]

Aufs Ganze gesehen war jedoch die militante Aktivität der Muslime kaum geeignet, ein ausreichendes Verständnis für die aufkommende Weltreligion zu erwecken, denn zunächst interpretierten kirchliche Theologen, die mit dem Islam in Berührung gekommen waren, selbigen als eine christliche Häresie, so etwa Johannes von Damaskus (Damaszenus; gest. um 750). Am Hofe eines Kalifen erhielt er erste Einblicke ins Wesen dieser Religion und erkannte deren Bedeutung für die Christenheit. Ernsthafte Studien kamen von kirchlicher Seite erst in der Mitte des 12. Jahrhunderts in Gang, unter Petrus Venerabilis (1142), dem Abt des Klosters Cluny. Der Katalane Ramon Lull und Nikolaus von Kues (Cusanus) erwogen ihrerseits Möglichkeiten eines Dialogs zwischen den Angehörigen der drei monotheistischen Religionen.

Dennoch blieb die Auseinandersetzung mit dem Islam vorwiegend polemisch, was nicht verwunderlich ist, wenn man bedenkt, dass die Christenheit das Auftreten einer eigenständigen Religion mit der Christus-Erscheinung und mit der Hoffnung auf Christi Wiederkehr nicht zu vereinbaren vermochte. Die ersten niederschmetternden Erfahrungen der Christen mit dem Islam, die im Laufe der mittelalterlichen Kreuzzüge gemacht worden waren, bewirkten ein Übriges. Was teils durch Information, teils durch Fehlinformation, teils durch polemische Agitation zustande kam, sorgte für die Langlebigkeit des verzerrten Islambildes. Aus christlicher Sicht war der Islam
1. eine Irrlehre sowie eine absichtliche Verdrehung der in der Bibel niedergelegten Wahrheit; ein unverkennbarer Widerspruch zu Christus, der sich im Johannes-Evangelium selbst als »Weg, Wahrheit und Leben« bezeichnet hat;

2. wurde der Islam als eine Religion des Schwertes, des Krieges und der Zerstörung empfunden. Dass die Ausbreitung des Christentums im germanischen Bereich ebenfalls durch »Schwertmission« erfolgt ist, dass Ungläubige, nicht zuletzt Juden, sowie Häretiker ebenfalls mit Feuer und Schwert zu Tode gebracht wurden, schien nicht ins Gewicht zu fallen;
3. warf man den Muslimen vor, dass sie einer Religion der Genusssucht und der sexuellen Ausschweifung huldigen. Dazu rechnete man natürlich die »Vielweiberei«, das Recht eines Mannes, vier Frauen zu besitzen. Auch die Paradiesvorstellungen wurden als skandalös empfunden;
4. vertrat man die Meinung, dass nicht Gott, jedenfalls nicht der »Vater Jesu Christi«, den Propheten Muhammad geleitet habe, sondern der Teufel und der Antichrist in Person.

Alles in allem erweckte der Islam den Eindruck, dass er von allen Weltreligionen durch die abendländische Menschheit am wenigsten verstanden worden sei. So dauerte es lange, bis realitätsbezogene Darstellungen einen Gesinnungswandel unter Theologen, Philosophen und Historikern einleiteten. Die historisch-kritische Periode setzte international in der ersten Hälfte des 19. Jahrhunderts ein und legte die Grundlagen für eine moderne Islamkunde, schließlich für den interreligiösen Dialog, der, was den Islam betrifft, immer noch in den Anfängen steht.[4]

Für die zögerliche Aufnahme gibt es mehrere Gründe. Sie liegen großenteils daran, dass auf Grund von Unwissen, nicht selten auch wider besseres Wissen alte Klischees immer wieder neu aufgelegt wurden, die bei den Betroffenen die religiösen Gefühle verletzten und ihrerseits die erforderliche Vertrauensbasis für jedes echte Gespräch belasteten. Ganz zu schweigen von der enormen Ignoranz und Ahnungslosigkeit, die insbesondere hinsichtlich des Schiismus und seiner Esoterik in der westlichen Welt selbst unter Islamologen besteht und die beispielsweise als einer der wenigen »Eingeweihten« Henry Corbin (1907–1978) durch seine speziellen Studien offenbar gemacht hat.[5] Ein weiterer Gesichtspunkt, der hier nur anzudeuten ist, ist der einer u.a. von Seyyed Hossein Nasr angezeigten »Laisierung« bzw. Säkularisierung des Heiligen, durch die die spirituelle Dimension jeder Religion über der kritischen Analyse religiöser Phänomene, eben auch die der islamischen Mystik und Esoterik sträflich vernachlässigt wird.[6]

Noch am Anfang des 20. Jahrhunderts gab ein als Islamkenner ausgewiesener belgischer Jesuit über den Propheten Muhammad respektlos zu Protokoll:

»Gerade er, der berühmte Faulpelz, wagte zu behaupten, daß er oft einen großen Teil der Nacht im Gebet verbrachte! Diesen Begriff des nächtlichen Gebets hat er in der Tat von den christlichen Asketen gestohlen, dann hat er ihn in den Koran geschmuggelt, aber nie hat er sich darum gekümmert, so etwas in die Praxis umzusetzen. Mohammed, jener Bourgeois, verwöhnt und nach Bequemlichkeit trachtend, feige und gewalttätig, Kaufmann, der zu jedem Lug und Trug bereit war, der Meuchelmörder organisierte.«[7]

Bedenkt man, welche außerordentlich hohe Verehrung Muhammad im Islam seit je genießt, dann mussten derartige Verunglimpfungen die Muslime tief kränken. Analoges bewirkten Ende des 20. Jahrhunderts die berüchtigten »Satanischen Verse« von Salman Rushdie – ein Roman, der in der gesamten islamischen Welt als eine unverzeihliche Blasphemie empfunden wurde.[8] Nicht nur seinem Autor drohte die von Ayatollah Khomeini (1900–1989) verhängte Todesstrafe (*fatwa*),[9] sondern es kam auch bei empörten Demonstrationen zu einer Reihe von Todesfällen. Neben Bekenntnissen zur Pressefreiheit gab es jedoch in der nichtislamischen Welt, bei Christen und Juden, nicht zuletzt bei angesehenen Islam-Wissenschaftlern wie Annemarie Schimmel Bekundungen des Verständnisses für die rigide islamische Reaktion.[10]

Dem Verständnisproblem der Nichtmuslime steht das Selbstverständnis der Muslime gegenüber. Danach betrachtet sich der Islam als die endgültige und vollständige Offenbarung Gottes. Nach Seyyed Hossein Nasr geht der Islam davon aus, »daß es nach ihm und bis zum Ende der Menschheitsgeschichte und der eschatologischen Ereignisse, die so eindrucksvoll in den letzten Kapiteln des Koran, der im Islam im wörtlichen Sinn als »Wort Gottes« verstanden wird, beschrieben sind, keine Offenbarung mehr geben wird. Das ist der Grund, weshalb der Prophet des Islam »das Siegel der Propheten« (*khatam alanbiya*) genannt wird. Der Islam versteht sich als das Schlußglied in der langen Kette des Prophetentums, welche bis auf Adam zurückreicht. Es gibt im Grunde nur eine einzige Religion: die der göttlichen Einheit (*altawhid*). Sie stellt das Herzstück aller himmlischen Botschaften dar und wird vom Islam in ihrer endgültigen Form dargelegt.[11]

Muhammad und die Anfänge

Die Wiege des Islam, der Religion der völligen Hingabe an Allah, stand auf der arabischen Halbinsel. Geschichtlich gesehen gingen die großen Ereignisse der Weltgeschichte, soweit sie die antiken Großreiche, etwa das alte Ägypten, Assyrien, Babylonien oder Persien, auch den Siegeszug Alexanders des Großen betrafen, an Arabien vorüber, ohne nennenswerten Einfluss auszuüben. Allenfalls drangen zunächst jüdische Kaufleute zu den Oasen des Wüsten- und Steppenlandes vor. In einer dieser Oasen, dem alten Jathrib, später Medina genannt, machten die Juden etwa ein Drittel der Bevölkerung aus. Sie fanden mit Mekka ein religiöses Milieu vor. Die in einem unfruchtbaren Tal gelegene Stadt galt als Handelszentrum und als Pilgerstätte, die durch Karawanenwege mit dem syrischen Norden sowie mit dem Zweistromland und dem kultivierten Süden, dem sagenhaften Königreich Saba, in Verbindung stand. Damit war ein reger wirtschaftlicher wie kulturell-religiöser Austausch verbunden. Von daher gab es entsprechende Impulse.

Mekka galt seit alters als ein zentraler Kultort, an dem man heilige Steine verehrte, vor allem die Ka'aba als Ort der Gegenwart Allahs, hier zunächst als Name des altarabischen, also vorislamischen Gottes verstanden. Die Legende spricht davon, dass kein Geringerer als der Stammvater Abraham zusammen mit seinem Sohn Ismael die Ka'aba errichtet habe.

Außer Juden gelangten aus Syrien auch christliche Mönche in die arabische Wüste. So war dafür gesorgt, dass der Begründer des Islam, Muhammad (Mohammed), eine Reihe religiöser Eindrücke empfangen konnte, ehe er der Gottesbegegnung seines Lebens teilhaftig wurde, aus der er als »der Prophet« hervorging. Polytheistisches Gedankengut bildete in Arabien so etwas wie einen atavistischen Untergrund. Den galt es zu überwinden. Für die Durchsetzung der monotheistischen Gottesanschauung hat-

DER ISLAM

ten Juden und Christen, mit ihnen schließlich Muhammad, als Angehörige der gemeinsamen Abrahamitischen Religion zu sorgen.

Während die Geschichte großer Teile Arabiens infolge seiner geopolitischen Randlage vielfach in Dunkel gehüllt ist, sind wir über die südlichen Teile der Halbinsel, mit »Saba« als einem der ältesten Reiche Arabiens, besser informiert. Auch hier fanden Judentum und Christentum Eingang, wodurch die Übernahme des Ein-Gott-Glaubens verstärkt wurde, der für Muhammad und seine Gottesverehrung von ausschlaggebender Bedeutung werden sollte. Sabäische Inschriften legen davon Zeugnis ab. Sie enthalten anstatt der altertümlichen Götter- und Göttinnennamen beispielsweise Formulierungen wie »der Gott, Herr des Himmels« oder »Herr des Himmels und der Erde« oder »der Barmherzige, Herr des Himmels und der Erde«, auch »der Barmherzige, der im Himmel ist«. All dies sind Anklänge an biblische bzw. koranische Wortprägungen. Eine sabäische Inschrift des 6. Jahrhunderts wird noch deutlicher. Sie beginnt mit den Worten:

»Gesegnet und gelobt sei der Name des Barmherzigen, der im Himmel ist, und Israels und ihres Gottes, des Herrn von Juda.«[12]

Das Jahr 570 wird als Geburtsjahr Muhammads – wörtlich übersetzt: »der Hochgelobte« – mit einer gewissen Wahrscheinlichkeit angenommen. Eine exakte Datierung ist bislang unmöglich, doch soll es »das Jahr des Elefanten« gewesen sein, das Jahr, als der Herrscher im jemenitischen Süden Arabiens einen Feldzug gegen Mekka geführt und mindestens einen Elefanten mitgebracht habe. Mekka ist Muhammads Geburtsort. Als seine Eltern gelten der angesehene, jedoch nicht besonders begüterte Kaufmann Abdallah, der noch vor Muhammads Geburt auf einer Reise verstarb, und seine Mutter Amina. Auch sie verlor der erst sechsjährige Junge, sodass Verwandte, sein Großvater und ein Onkel, sich um seine Erziehung kümmerten. Zu den spärlich bekannten Daten seiner Jugend gehört die Heirat mit der 15 Jahre älteren reichen Witwe Chadidscha – auch sie eine Kauffrau, deren Geschäfte er auf Reisen bis zu ihrem Tod im Jahre 629 mit gutem wirtschaftlichen Erfolg betrieb.

Chadidscha wird als eine mütterliche Frau beschrieben, die dem jungen Mann eine wichtige menschliche Stütze und Beraterin war, besonders als er um die Mitte seines Lebens religiöse Erlebnisse durchzumachen und zu verarbeiten hatte. Diese Erlebnisse sollten sein weiteres Leben und Schaffen bestimmen. Die zu ihren Lebzeiten monogam geführte Ehe wird als glücklich geschildert. Mit Chadidscha hatte er einige Kinder, doch die Söhne verstarben schon im Kindesalter, sodass ihm die für eine in patriarchalischen Zusammenhängen wichtige männliche Nachfolge nicht beschieden war, auch nicht durch seine nachfolgenden Ehen, die er nach Chadidschas Tod schloss. Die einzige seiner vier Töchter, Fatima, schenkte ihm Enkelkinder. Sie war die Frau Alis, des 4. muslimischen Kalifen (656–661), der bei den Schiiten den ersten Imam verkörpert, also bis heute dort in hohem Ansehen steht.

Es kann mit guten Gründen angenommen werden, dass Muhammad bei seinen auswärtigen geschäftlichen Unternehmungen mit christlichen Einflüssen verschiedener Art in Berührung kam. Dabei handelt es sich jedoch nicht um den im fernen Rom dominierenden Katholizismus, sondern um monophysitische bzw. nestorianische Christen, die wegen ihres Festhaltens an der Lehre von der »einen (der göttlichen und der menschlichen) Natur« (gr. *monos*; *physis*) Christi als häretisch abgelehnt wurden. Berichtet wird in einer Legende von einem Mönch namens Bahira, der an Muhammad die Zeichen des bevorstehenden Prophetentums wahrgenommen habe. Im Übrigen waren es Christen, die auch später positiv zu ihm standen. Muhammad selbst hatte offenbar zeitlebens keine gründliche Kenntnis vom Wesen des Christentums.

Mehr als dreihundert Jahre vor Muhammad hatte noch ein anderer nachchristlicher Religionsgründer, der Mesopotamier Mani (gest. 276/277), der sich als »Apostel Jesu Christi« verstand und als besonderer Gesandter des Geistes von sich reden gemacht hat.[13] Es gibt Hinweise, wonach auch manichäisches Geistesgut vom Zweistromland Einfluss auf Muhammad ausgeübt habe. Doch nicht die bloße Summe solcher Beobachtungen und Eindrücke erklärt Muhammads Religiosität, sondern Allah – hier verstanden als das oberste göttliche Prinzip, der Schöpfer aller Dinge, ja als Gott in Person – berief ihn.

So wenig wir über seine inneren Erfahrungen wissen, so kennen wir doch die Resultate seiner Gotteserfahrung. Als Quellen für das Werden des Propheten Allahs stehen uns als das heilige

Buch der Koran und die Aufzeichnungen der Tradition (Hadith) zur Verfügung. Sie ergänzen sich wechselseitig. Doch es liegt im Wesen solcher Literaturen, dass historisch Wahrscheinliches und legendäre Zutat miteinander vermengt sind. Auch hier ist das historisch Verifizierbare nicht von Belang. Entscheidend ist vielmehr, dass Allahs Kunde verbreitet wird und die Menschheit dem Wort des Propheten gehorcht. Die Legende will im Grunde auch nicht die historische Berichterstattung ersetzen, sondern sie deuten und bewerten.

Wann immer ein gelehrter Muslim es unternimmt, den hoch Gelobten zu charakterisieren, dann hebt er – wie etwa der aus Persien stammende Religionswissenschaftler Seyyed Hossein Nasr – hervor, wie wichtig es ist, als Glaubender eine innere Beziehung zu ihm herzustellen, denn:

»Der Prophet als der Begründer des Islam und der Überbringer von Gottes Offenbarung an die Menschheit ist der Interpret *par excellence* des Buches Gottes, und seine Hadith und Sunna, seine Worte und Handlungen sind nach dem Koran die wichtigsten Quellen der islamischen Tradition. Um die Bedeutung des Propheten verstehen zu können, genügt es nicht, von außen historische Texte über sein Leben zu studieren. Man muß ihn auch aus islamischer Sicht sehen und die Stellung zu verstehen suchen, die er im religiösen Bewußtsein der Muslime einnimmt.«[14]

Am Anfang stehen Berufungserlebnisse, in deren Verlauf Muhammad seinen eigentlichen Lebensauftrag erhält. Die Tradition[15] berichtet von einer Reihe spiritueller Wahrnehmungen, von Visionen und Traumgeschichten Muhammads. Sie rufen ihn in die Einsamkeit, wo er sich auf das Bevorstehende vorzubereiten hat. Er sucht eine Höhle des Berges Hira auf. Dorthin zieht er sich für eine gewisse Zeit zurück und versenkt sich in Andacht, ehe er sich wieder bei seiner Familie einfindet, um sein alltägliches Leben als Kaufmann fortzusetzen. Was ihm auf dem Berg Hira begegnet ist, das ist »die Wahrheit« in Person, die zu ihm spricht: »O Muhammad, du bist der Gesandte Gottes!« Und der so Angesprochene muss im Innersten getroffen gestehen: »Ich hatte gestanden, doch ich sank auf meine Knie. Dann kroch ich davon, und meine Schultern zitterten. Dann betrat ich (meiner Frau) Chadidschas Zimmer und sagte: ›Hüllet mich ein, hüllet mich ein, bis die Angst von mir gelassen hat.‹« So sind es große

Erschütterungen, die mit seinen Berufungserlebnissen verbunden sind. Chadidscha erweist sich als die geistige Gefährtin, der er sich in seiner seelischen Not anvertrauen kann. Denn, Muhammad gesteht, an die Grenzen seiner Existenz geführt worden und bereit zu sein, sein Leben hinzugeben. Er ist zum Letzten entschlossen:
»Ich hatte daran gedacht, mich von einer Felsenklippe herabzustürzen, aber während ich so dachte, erschien er mir und sagte: ›O Muhammad, ich bin Gabriel, und du bist der Gesandte Gottes.‹ Dann sagte er: ›Trag vor!‹ Ich sagte: ›Was soll ich vortragen?‹ Dann nahm er mich und preßte mich dreimal heftig, bis Erschöpfung mich befiel. Dann sagte er: ›Trag vor im Namen deines Herrn, der erschaffen hat!‹ Und ich trug vor.«

Muhammad geht zu Chadidscha und gesteht, welch große Angst ihn befallen habe. Ihr vertraut er sein Erlebnis an. Ihre Antwort ist voll Ermutigung, denn sie sagt:»Freue dich! Bei Gott, niemals wird Gott dich in Schande stürzen. Du tust den Deinen Gutes; du sprichst die Wahrheit. Du gibst zurück, was man dir anvertraut hat. Du erduldest Mühen; du bewirtest den Gast; du hilfst den Helfern der Wahrheit.«

So steht eine Begegnung mit dem Engel Gabriel am Anfang seines künftigen religiösen Lebens und seiner Beauftragung. Es ist derselbe, von dem das Lukas-Evangelium spricht, Gabriel sei es gewesen, der Maria die Kunde von der Geburt ihres Sohnes Jesus überbracht habe. Eines Tages ist er, der reisende Kaufmann, so weit, das Empfangene weiterzugeben und von seinem Status als Gesandter Allahs Gebrauch zu machen. Als etwa Vierzigjähriger tritt er in Mekka vor die Öffentlichkeit. Es sind die – gleich ihm – geschäftlich Erfolgreichen, aber auch die Selbstsicheren, Selbstgenügsamen, die nicht über den Tag hinaus zu denken scheinen, sondern ganz in ihrer Alltäglichkeit aufgehen. Ihn drängt es, gemäß dem göttlichen Geheiß zu verkünden, dass der Mensch nicht sich selbst genüge. »*Im Namen des barmherzigen und gnädigen Gottes*« – so die Überschrift eines jeden Koranabschnitts (*Sure*) – sagt er seinen Zeitgenossen, was sein Auftraggeber verlauten lässt und was dem Menschen als solchen einzuschärfen ist. Im Koran, dem heiligen Buch der Muslime, ist die Botschaft niedergelegt, die Muhammad in den Jahren nach seinem Berufungserlebnis empfangen hat. Daher gelten die darin enthaltenen Wortlaute als *das Wort Gottes* schlechthin. Ob der Empfänger selbst des Schreibens und Lesens mächtig war und die einzelnen Koran-Texte zunächst auf dem Weg der mündlichen Überlieferung weitergetragen wurden, ist für die Gläubigen letztlich ohne Belang.

In Sure 96, die dem ältesten Traditionsbestand des Koran zugerechnet wird, heißt es:

> *Trag vor im Namen deines Herrn, der erschaffen hat,*
> *den Menschen aus einem Embryo erschaffen hat,*
> *Er, der den Gebrauch des Schreibrohrs gelehrt hat!*
> *Trag vor, der Herr ist edelmütig wie niemand auf der Welt,*
> *den Menschen gelehrt hat, was er zuvor nicht wußte.*
> *Nein! Der Mensch ist wirklich aufsässig,*
> *darum, daß er sich für selbstherrlich hält.*
> *Doch zu deinem Herrn kehrt dereinst alles zurück.*

Und ähnlich wie die Propheten Israels auf den »schrecklichen Tag Jahves«, auf den Gerichtstag am Ende der Zeiten hinzuweisen haben, an dem jeder Einzelne Rechenschaft ablegen muss von seinem Tun und Leben, so enthält auch Muhammads Rede eine für die Angesprochenen unliebsame Warnung. Denn angebrochen sei der Menschheitsaugenblick, wenn die Sonne zusammengefaltet ihren Schein verliert. So kündet Sure 81 mit der Überschrift »Das Zusammenfalten«, inwiefern menschliches Geschick mit dem kosmisch-überkosmischen Geschehen des Jüngsten Tages zusammenhängt – eine Anspielung auf die Johannes-Offenbarung 6, 12 ff. drängt sich dem Leser auf:

> *Die Stunde des Gerichts naht heran,*
> *und schon spaltet sich der Mond.*
> *Wenn die Sonne sich zusammenfaltet*
> *und die Sterne herabfallen,*
> *und die Berge sich fortbewegen.*
> *Wenn die Hölle lichterloh brennt*
> *und das Paradies nahe gebracht wird,*
> *dann wird jede Seele wissen, was sie getan hat.*

Diese und andere Predigtinhalte sind seinen Zuhörern Anlass genug, zu dem ungebetenen Warner auf Distanz zu gehen, ihm zu widersprechen. Denn wer lässt sich schon (mit *Sure* 74, 43 ff.) vorhalten, warum er ins Höllenfeuer getrieben werden würde, nämlich mit einem Geständnis – hier eine Erinnerung an die Mahnworte Jesu aus Matth. 25:

Wir waren nicht unter den Betenden,
und wir speisten nicht die Armen
und wir erklärten als Lüge (die Rede vom) Tag des Gerichts.

Muhammad, dem die einschlägige Evangelienperikope nicht unbekannt zu sein scheint, wagt es nicht, die Unterlassungen seiner Mitmenschen auf sich selbst zu beziehen und etwa mit Jesus zu sagen: »Was ihr einem unter meinen geringsten Brüdern nicht getan habt, das habt ihr auch mir nicht getan.« Doch die Botschaft kommt an. Die einen, es ist die bei weitem kleinere Schar, nehmen das Gerichtswort auf und gehen in sich. Unter diesen positiv gestimmten Menschen befindet sich Abu-Bakr, der spätere erste nachfolgende Stellvertreter (Kalif) des Propheten. Er ist der Vater von Muhammads Lieblingsfrau Aischa.

Anfangs scheint Muhammad auf die ortsübliche religiöse Praxis eine gewisse Rücksicht genommen zu haben, indem er die Verehrung der traditionellen Idole nicht als solche in Frage stellte. Immerhin behauptete er, diese »Götter und Göttinnen« seien dem Menschen zu nichts nütze. Nicht um sie gehe es, sondern allein um den einen Gott, wie er in dem muslimischen Glaubensbekennnis (Shahada) zum Ausdruck gebracht ist:

Es gibt keine Gottheit außer Gott
la ilaha illa illallah

Den in Mekka ansässigen Juden, die die Rede Muhammads gehört haben, fallen allerlei Anklänge an ihre eigene Überlieferung auf. Sie schließen mit Muhammad einen Vertrag, der ihn vor seinen feindlich gesinnten arabischen Stammesangehörigen schützen soll. Andere sind aus Medina gekommen und haben seinem Wort Gehör geschenkt. Er lässt sich bitten, zu ihnen zu kommen und für das Werk der Ausbreitung des Islam tätig zu sein. Dieser

Schritt erweist sich als bedeutsam, denn Muhammad trennt sich von seiner Verwandtschaft, er zerreißt die traditionellen Blutsbande, verlässt Mekka und übersiedelt mit seinen Getreuen in das von vielen jüdischen Gläubigen bewohnte Medina, in die von vielen Dattelpalmen bestandene Oase. Abgesehen davon, dass schon Abraham aufgetragen war, seinen Clan zu verlassen, um dorthin zu ziehen, wohin ihn Gott führt, wird eine weitere christliche Parallele sichtbar. Denn weder Jesus noch Paulus setzen auf die traditionellen Abhängigkeiten von Verwandtschaft oder Geschlecht und gesellschaftlichem Status. Entscheidend ist, dass da wie dort der Wille Gottes erfüllt wird.

Als *Hedschra* (wörtlich »Auswanderung«; oft auch »Flucht« genannt) ist dieser Ortswechsel in die Geschichte eingegangen, und zwar so geschehen im Jahr 622. Es ist das Jahr, mit dem die muslimische Zeitrechnung – unter Anwendung des Mondkalenders – beginnt. Drei Jahre zuvor war Chadidscha gestorben. Nach der Überlieferung (Hadith) soll man vom Propheten gehört haben: »*Die beste Frau der Welt war Maria; die beste Frau dieses Volkes war Chadidscha.*«

Muhammad fühlt sich nun frei, noch eine Reihe anderer Frauen nebeneinander zu heiraten, unter ihnen die schon erwähnte Aischa. Auch darin meint er dem göttlichen Willen gehorsam zu sein, weil Spiritualität und Sexualität – in strikter Ablehnung aller mönchisch-asketischen Ideale – einander nicht widersprechen. Vielmehr gilt es, das Leben in seiner Fülle rückhaltlos in den Islam, die Gotteshingabe, einzubringen. Und wenn der neue Prophet auch von jüdischer Seite Zuspruch erfährt, so grenzt er sich nun mehr und mehr ihr gegenüber ab. Er muss ihr sagen, dass sie die Botschaft Gottes bisher nur in unzulänglicher Weise erfüllte. Sie besitzt zwar die von ihm hochgeschätzte Schrift und verfügt über die Thora, doch die eigentliche Offenbarung, die einst dem gemeinsamen religiösen Stammvater Abraham in Mekka verkündet worden sei, habe allein er, Muhammad. Er habe sie in *letztgültiger* Gestalt empfangen. Das unterscheide Judentum und Islam voneinander. Das sei auch das Neue, das bislang noch nicht Dagewesene. Dennoch knüpft er an manches Überkommene an, nämlich an das uralte Steinheiligtum, die »Ka'aba« zu Mekka. Er bestimmt den Ort von neuem zum maßgeblichen Wallfahrtsziel derer, die Allah Gehorsam leisten wollen.

Er selbst zieht nach achtjährigem Exil im Jahr 630 mit größerer Anhängerschaft wieder als Sieger in Mekka ein. Er hat die Zeit genutzt, um immer mehr Menschen für den Islam zu gewinnen, sowohl seine Feinde wie auch unter sich Zerstrittene mit diplomatischem Geschick zu vereinen und einen nicht geringen Teil des übrigen Arabien auf die Seite der neuen Religion zu ziehen. Nicht selten ist Gewaltanwendung im Spiel. Die islamische Missionierung geht nicht ohne kriegerische Auseinandersetzungen ab. Noch Ende 630, weniger als zwei Jahre vor seinem Tod, führt er persönlich einen Kriegszug mit etwa 30 000 Mann an, der zur Ausbreitung des muslimischen Staates dient. Manche »Expedition«, manche »Strafaktion« war nötig geworden, um die Sache Allahs durchzusetzen. Die Opfer, die zu bringen waren, bedurften einer religiösen Verklärung, etwa mit Sure 3, 163: »*Wähnet nicht die in Allahs Weg Gefallenen für tot; nein, lebend bei ihrem Herrn werden sie versorgt.*« Diese Versorgung erfolgt in dem farbig geschilderten, mit allen nur denkbaren Genüssen und Bequemlichkeiten ausgestatteten Paradies. In dieses Paradies geht ein, wer zu einem Märtyrer seines Gottes wird. Von daher wird manche als Opfer aufgefasste Selbsttötung verständlich.

Entscheidend war und ist, dass jeder Mensch seinen Teil dazu beiträgt, dass der Wille Gottes verwirklicht werde. Auf eine knappe Formel gebracht, lautete die Weisung des Propheten (Sure 61, 14):

»*Ihr Gläubigen, ihr sollt die Helfer Gottes sein.* (Diese Aufforderung geht jetzt an euch,) *so, wie (seinerzeit) Jesus, der Sohn der Maria, zu den Jüngern gesagt hat:* ›*Wer sind meine Helfer auf dem Weg zu Gott?*‹ *Die Jünger sagten:* ›*Wir sind die Helfer Gottes.*‹«

Als solche Helfer oder Mitarbeiter hat man sich in seinem gesamten Tun und Leben nach den göttlichen Anordnungen zu richten. Mekka wird schließlich zur zentralen Stätte der Gottesanbetung. Wer außerhalb wohnt, soll beim Gebet künftig sein Antlitz gen Mekka richten, um auch durch die Körperhaltung seine Verbundenheit mit dem Ort der wahren Gottesgegenwart zu bekunden. Doch den Faktor der Toleranz gibt es – in einem gewissen, aber relativ eng begrenzten Rahmen – auch im Islam, denn, so heißt es einmal: Wenn es Allah gewollt hätte, gäbe es nur einen Glauben. Doch es soll die Möglichkeit der Prüfung geben. Daher werde er am Jüngsten Tag die Seinen (Muslime) zusammen mit den Juden, Christen, Sabäern, ja selbst mit den Magiern und Götzenanbetern, Gerechtigkeit übend prüfen; »*denn Allah ist aller Dinge Zeuge.*«

Von Medina aus, wo Muhammad den Rest seines Lebens verbringt, zieht es ihn im Frühsommer 632 ein letztes Mal zur »Abschiedswallfahrt« nach Mekka. Von dort zurückgekehrt, erkrankt er. Er klagt über Schmerzen und fiebert. Die Leitung der Geschäfte muss er seinem Freund Abu-Bakr anvertrauen. Am 8. Juni des Jahres 632 verstirbt er, nachdem er sein Haupt in den Schoß seiner Lieblingsfrau Aischa gebettet hatte. Und weil keiner seiner Söhne den Vater überlebt, kommt man überein, dass Abu-Bakr »Kalif«, sein erster Stellvertreter und Nachfolger in der Führung der muslimischen Gemeinschaft wird. Ihm folgen Umar, Uthman und als vierter Kalif Ali, der Neffe und Schwiegersohn Muhammads. Beim Streit um die unmittelbare Nachfolge war er Abu-Bakr zunächst unterlegen.

Unumstritten war der Prophet selbst zu seinen Lebzeiten nicht. Insbesondere seine christlichen Kritiker, die ihre eigenen, von asketischen Idealen geprägten Moralvorstellungen von einem »heiligmäßigen« Leben bei der Beurteilung dieses »Irrlehrers« zugrunde legten, nahmen Anstoß an Muhammads zahlreichen Ehen. Nach allgemeiner Auffassung soll er nicht weniger als 14 Ehefrauen bzw. Konkubinen gehabt haben. Dabei ist zu bedenken, dass sein Heiratsverhalten nicht zuletzt im Dienst seiner politisch-gesellschaftlichen Aufgaben stand. »In der Liste der Vierzehn gibt es ein paar Abweichungen, und es gibt auch zusätzliche Listen von Frauen, wegen deren Verheiratung mit Muhammad verhandelt worden war. Muhammads eigene Ehen und die seiner Töchter und engsten Gefährten dienten alle seinen weiteren politischen Zwecken. Damit wollte er seine Hauptstellvertreter enger an sich binden oder die Freundschaft der Familie oder des Stammes der Frau gewinnen. Die soeben erwähnten zusätzlichen Listen weisen wahrscheinlich darauf hin, daß verschiedene Stämme behaupteten, Heiratsallianzen mit Mohammed hergestellt zu haben.«[16]

Über die rechtliche wie die emotionale Beziehung zwischen Mann und Frau hat Muhammad wiederholt Aussagen gemacht. Noch in der Predigt, die er während seiner letzten Mekka-Wallfahrt gehalten hat, versäumt er nicht, eine grundsätzliche Bestimmung ergehen zu lassen. Die Frau ist wohl das Eigentum des Mannes, Mann und Frau sind aber auch wechselseitig aneinander gewiesen, wobei die männliche Dominanz angesichts der schon in der vorislamischen Zeit herrschenden patriarchalischen Grundordnung uneingeschränkt erscheint. Aber sein Rat lautet: *»Behandelt die Frauen freundlich, denn sie sind eure Helfer und können nicht für sich selbst einstehen. Fürchtet Gott hinsichtlich der Frauen, denn ihr habt sie genommen im Schutz Gottes und habt durch Gottes Wort legalen Verkehr mit ihnen.«*[17]

Wieder auf einem anderen Blatt steht, wie seine eigene Religiosität einzuschätzen ist und wie es um den Wahrheitsgehalt seiner visionären Erlebnisse steht. Zweifel konnten am ehesten dann aufkommen, wenn christliche Theologen auf der Meinung bestanden, dass die Offenbarung mit Jesus Christus ihren Abschluss gefunden haben müsse und Muhammads Prophetie folglich auf bewußter oder unbewusster Täuschung seiner Gläubigen beruhe. Dem lässt sich entgegnen: »Hätte im Mittelpunkt seiner Aktivität vorsätzlicher Betrug gestanden, so hätte er das nicht über zwanzig Jahre lang seinen nahen Gefährten verheimlichen können. Es wäre ihm auch nicht gelungen, die innige Ergebenheit aufrechter Männer zu gewinnen, wie sie sich unter seinen Anhängern befanden. Und die Annahme, eine große Weltreligion könne auf Lügen gegründet sein, würde alles *ad absurdum* führen, was wir über die menschliche Natur wissen, und alles, was über Gottes Umgang mit den Menschen geglaubt wird. – Die Vorwürfe der Treulosigkeit und Doppelzüngigkeit hingegen sind im Hinblick auf verschiedene Ereignisse gerechtfertigt, von denen einige authentisch sind, andere, zumindest teilweise, von Kritikern erfunden wurden.«[18]

Was immer an begründbaren und unbegründbaren Einwänden im Lauf der Geschichte gegen Muhammad vorgebracht werden kann, wichtig ist der »Umma«, der muslimischen Gemeinde, dass ihr Prophet von Allah gerufen, eine Reise in den Himmel – sei es eine Reise der Seele oder eine in seinem physischen Leib – machte und dadurch seine bevorzugte Stellung vor allen Menschen erhielt. Eine wundersame Stute namens »Boraq« soll ihn emporgetragen haben. Angedeutet ist die Begebenheit am Eingang zur 17. Sure, wo es heißt: *»Gelobt sei, der da reiste mit seinem Diener bis zur fernsten Moschee.«* – nämlich von Mekka bis Jerusalem mit der seit langem zwischen Juden und Muslimen umstrittenen Al-Aksa-Moschee.

Eine Schilderung Muhammads aus der legendären Tradition, die zum Ausdruck bringen soll, dass der Prophet mit den Gestalten der oberen Welt per Du war, nimmt dieses Motiv auf: »*Als ich Jerusalem das Nötige ausgeführt hatte, wurde mir eine Leiter gebracht, wie ich nie eine schönere gesehen habe. Es war die, auf welche die Toten bei der Auferstehung ihre Blicke richten. Mein Freund ließ mich aufsteigen, bis wir zu einem der Himmelstore kamen, welches das Tor der Wache heißt. Zwölftausend Engel hielten dort Wache.*«[19]

Generell gilt aus muslimischer Sicht der Prophet als Inbegriff und Symbol der Vervollkommnung des einzelnen Menschen und als Repräsentant der menschlichen Gesellschaft. Wie hoch und wie ausschließlich die Wertschätzung ist, geht aus den Darlegungen von S.H. Nasr hervor, die die menschlich allzu menschlichen Züge an ihm vergessen machen und jede kritische Betrachtung ausschließen sollen. Für einen historisch-kritisch denkenden Westler, der zwischen dem historischen Jesus und dem Christus des Glaubens zu unterscheiden sich bemüht, ist dies eine schwer akzeptable Angelegenheit. Muhammad ist demzufolge der Prototyp des Menschentums.»Als solchen zeichnen ihn in den Augen traditioneller Muslime bestimmte Wesensmerkmale aus, die nur dadurch festzustellen sind, daß man die überlieferten Berichte über ihn studiert. Die vielen westlichen Arbeiten über den Propheten sind – mit sehr wenigen Ausnahmen – diesbezüglich wertlos, gleichgültig, wie viele historische Daten sie dem Leser anbieten. Die tieferen Wesensmerkmale des Propheten, die die islamische Gemeinde über die Jahrhunderte geführt und im Bewußtsein des Muslims eine unauslöschliche Spur hinterlassen haben, können nur in den traditionellen Quellen und im Hadith sowie natürlich im Koran selbst entdeckt werden, der den Duft der Seele desjenigen trägt, der ihn offenbarte.«[20] Statt die Notwendigkeit historischer Kritik zu fordern und diese durch eine spirituelle Auslegung zu vertiefen, wird die Kenntnis des historischen Muhammad geradezu gering geachtet, wenn nicht gar ausgeschlossen.

Koran und Hadith

Muhammad wurde von seinen Anhängern als der einzigartige Mittler zwischen Gott und den Menschen angesehen. In dieser Eigenschaft gilt er auch als der Empfänger des letztgültigen Gotteswortes, das Rechtsnorm, religiöse Deutung und Gesetzgebung in einem ist. Dieses Wort Allahs ist im heiligen Buch *Koran* (arab. *qara'a*, »lesen, vortragen«) in arabischer Sprache, der »Lingua franca« des damaligen Arabien, niedergelegt. Auch Dokumente der altarabischen Poesie liegen in dieser »Hochsprache« vor: *»Und siehe, er (der Koran) ist eine Offenbarung des Herrn der Welten. Hinab kam mit ihm der getreue Geist auf dein Herz, damit du einer der Warner seiest in offenkundiger arabischer Zunge.«* (Sure 26, 192 ff.)

Muhammad war von der Überzeugung erfüllt, dass »seine« Schrift diejenige der Juden (Thora) und die der Christen (Neues Testament) qualitativ überbiete, sie gleichsam deren Abschluss und Krönung darstelle. Andererseits greift die im Koran niedergelegte Prophetie auf die Abrahams und sogar auf die Adams, des Urmenschen, zurück. So gesehen konnte Muhammad sagen, er habe letztlich nichts Neues verkündet, sondern bloß die Wahrheit als solche vergegenwärtigt. Die Universalität der islamischen Kundgabe werde demzufolge durch Ursprünglichkeit und Endgültigkeit dokumentiert. »Dieses Charakteristikum war es auch, was den Islam in die Lage versetzte, etwas von der Atmosphäre der abrahamischen Welt zu bewahren – in dem, was als traditionelles islamisches Leben überdauert hat. Das geht so weit, daß selbst in unseren Tagen noch der Besucher aus dem Abendland auf seiner Reise in traditionell muslimische Gebiete an die Welt der hebräischen Propheten und an Jesus selbst erinnert wird«, meint der moslemische Gelehrte S.H. Nasr.[21]

Nach muslimischem Verständnis ist trotz der hohen Verehrung ihrer heiligen Schrift diese nur eine Teilwiedergabe und ein Fragment dessen, was als »Mutter des Buches« (*umm al-kitab*) als ein unveräußerlicher spiritueller Schatz noch im Himmel verwahrt bleibt, weil dieser Ur-Koran dem menschlichen Verständnis gar nicht zugemutet werden könne. Es muss genügen zu wissen, dass dieses »Buch« bei Allah existiert. Was in der uns zugänglichen Form Muhammad und damit der Menschheit anvertraut wurde, ist bereits außerordentlich und heilig genug – so geschehen in der 27. Nacht des Fastenmonats Ramadan, der »Nacht der Bestimmung« (*leylat al-qadr*), in der die erste Koran-Offenbarung erfolgte. Diese Nacht ist eine besonderere Nacht; die in dieser Nacht an Allah gerichteten Bitten gehen – so oder so – in Erfüllung.

R. Paret ging der Frage nach, ob Muhammad während seiner von einem Inspirationsfluss geleiteten prophetischen Tätigkeit fremden Vorbildern folgte oder ob nicht auch er sich als Wahrsager seiner Zeit erlebte: »Einerseits ist zu bedenken, dass Muhammad zu Beginn seines öffentlichen Auftretens noch nichts von Prophetie wußte. Mit den alttestamentlichen Propheten ist er erst spät und zudem äußerst mangelhaft bekannt geworden. Sie konnten ihm deshalb nicht schon bei seinem Berufungserlebnis als Leitbild dienen. Auch muß es eine gute Weile gedauert haben, bis er sich zu der Gewißheit durchgerungen hatte, ein ›Gesandter Gottes‹ zu sein. Jedenfalls lag der Gedanke, daß irgend ein Mensch mit einer göttlichen Botschaft an sein Volk betraut sein könnte, seinen arabischen Zeitgenossen fern. Dagegen wußte man von Männern, die, von einem Geistwesen erleuchtet oder gar besessen, über ein höheres Wissen verfügten und dieses im Interesse von Individuen, Sippen oder ganzen Stämmen in der halb geheimnisvollen, halb verständlichen Form gereimter Wahrsprüche zum besten gaben. Unter diesen Umständen war es nur natürlich, wenn Muhammad in dem bewußten oder unbewußten Drang, eine neu gewonnene Glaubenseinsicht an seine Umwelt weiterzugeben, zuerst einmal daran gedacht oder wenigstens mit dem Gedanken gespielt hat, er könnte vielleicht eine Art ›Kahin‹ (Wahrsager) sein.«[22] In einem ähnlichen Sinn lässt sich eine Überlieferung deuten, nach der er seiner Frau Chadidscha seine Befürchtung anvertraute, er könne in der Tat ein solcher ›Kahin‹ sein, weil er im Zustand der Inspiration ein Licht sehe und eine Stimme vernehme – parapsychische Phänomene, wie sie von Wahrsagern bekannt sind.

Charakteristisch ist der in Reimprosa abgefasste Koran-Text, bei dem einige Verszeilen mit einem bestimmten Reim enden, jedoch ohne dass eine bestimmte Metrik zur Geltung kommt. Vorgetragen wird das heilige Buch in einer betont rhythmisierten Sprache. »Der Zwang, jeden Vers mit einem Endreim abzuschließen, hat im Satzbau und in der Wortwahl zu einigen Abweichungen von der Norm geführt, die nicht immer eindeutig geklärt werden können.«[23] Es liegt auf der Hand, dass beim Versuch, die Spracheigentümlichkeit eines fremdsprachigen, zugleich fremdartigen Textes in der deutschen Übertragung nachzuahmen, gewisse textliche Akzentverschiebungen in Kauf genommen werden müssen. Sichtbar wird dies, wenn man etwa die 53. Sure in der Übersetzung von Max Henning mit der Reimprosa-Übertragung Friedrich Rückerts vergleicht:

»*Bei dem Stern, der da sinkt! – Euer Gefährte* (Mohammed) *irrt nicht und ist nicht getäuscht, noch spricht er aus Gelüst. Er ist nichts als eine geoffenbarte Offenbarung, die ihn gelehrt hat der Starke an Kraft, der Herr der Einsicht. Und aufrecht stand er da im höchsten Horizont; alsdann nahte er sich und näherte sich und war zwei Bögen entfernt oder näher und offenbarte seinem Diener, was er offenbarte. Nicht erlog das Herz, was er sah. Wollt ihr ihm denn bestreiten, was er sah? Und wahrlich, er sah ihn ein andermal herabsteigen bei dem Lotosbaum, über den kein Weg, neben dem der Garten der Wohnung. Da den Lotosbaum bedeckte, was da bedeckte, nicht wich der Blick ab und ging drüber hinaus; wahrlich, er sah von den Zeichen seines Herrn die größten.*«

In der Nachdichtung Friedrich Rückerts lautet dieser Abschnitt:

Beim Stern, der flirrt!
Nicht euer Genosse tört noch irrt,
spricht nicht aus eigner Begierd',
es ist, was offenbar ihm wird.
Ihn lehrte ein hochstrebender
gewaltiger, stetsschwebender,
am Himmel hoch sich hebender,
dann nahet er sich und kam hernieder,
und war zwei Ellen weit und minder,
und offenbarte seinem Knecht, was er ihm offenbarte;
nicht log das Herz, was das Auge gewahrte.
Wolltet ihr abstreiten ihm, was er gewahrte?
Dann sah er ihn das andremal
beim Sidrabaum am Grenzepfahl,
wo der Wohngarten sich erstreckt;
da hat den Sidrabaum bedeckt, was ihn bedeckt.

> *Es wankte nicht und irrte nicht sein Blick erschreckt.*
> *Von Zeichen seines Herrn sah er das große.*

Ähnlich wie Thora oder Neues Testament entstammen die einzelnen Teile der in 114 Suren gegliederten Wortlaute, bedingt durch die phasenweise erfolgte Inspiration Muhammads, verschiedenen Zeiten. Doch liegen die Koran-Abschnitte nicht etwa in chronologischer Anordnung vor, wie man sie aufgrund der einzelnen Mekka-Aufenthalte des Propheten vermuten könnte. Es fällt auf, dass die einzelnen Suren ungleich lang sind. Eine Überschrift stellt einen Bezug zu dem folgenden Inhalt her und dient als Schlagwort, nach dem heute eine Sure zitiert wird. Am Anfang des Korans steht »Die Eröffnende« (*al-fatiha*); es ist ein Gebet, das Muhammad in Mekka offenbart worden sein soll. Eingeleitet wird es mit den auch in anderen Suren wiederkehrenden Worten der feierlichen Erhebung zu Gott:

> *Im Namen Allahs,*
> *des Erbarmers, des Barmherzigen!*

Daran schließt sich der Gebetstext an, der hinsichtlich seiner Bedeutung bisweilen mit dem christlichen Vaterunser verglichen wird:

> *Lob sei Allah, dem Weltenherrn,*
> *dem Erbarmer, dem Barmherzigen,*
> *dem König am Tag des Gerichts!*
> *Dir dienen wir und zu dir rufen um Hilfe wir.*
> *Leite uns den rechten Pfad,*
> *den Pfad derer, denen du gnädig bist,*
> *nicht derer, denen du zürnst, und nicht den Irrenden.*

Es folgt die zweite und längste Sure mit der Überschrift »Die Kuh«, dem im Text auftauchenden Schlagwort.

Behandelt sind darin grundlegende Bestimmungen des Islam. Nach einer Anzahl weiterer Suren mit einem großen Textumfang schließen sich kürzere an. Da diese Gerichtsworte mit Blick auf den Willen Allahs Warnungen enthalten, werden solche Texte der ersten Zeit seines Mekka-Aufenthalts zugerechnet. Man unterscheidet drei mekkanische Phasen und eine medinensische Phase, diese gehört wohl in die Zeit zwischen 622 und Muhammads

Tod 632. Beachtenswert sind diese Zeitabschnitte deshalb, weil die einzelnen Koranverse bzw. Bestandteile der Suren in der Regel aus einer bestimmten historischen Situation heraus entstanden sind. Die Berücksichtigung des Kontextes ist bei der Exegese somit von großer Wichtigkeit. Dass die Summe der Aussagen in der Regel durch unterschiedliche Tendenzen geprägt ist, bleibt dem Leser nicht verborgen. So gibt es beispielsweise Koran-Abschnitte, die die Vorherbestimmung Gottes betonen, während andere dem menschlichen Gestaltungswillen einen gewissen Freiheitsraum zubilligen. Letzteres wird nur dann verwundern, wenn man außer Acht lässt, dass das längst sprichwörtlich gewordene *Kismet* für ein vorherbestimmtes Schicksal nicht einen spezifisch theologischen Begriff darstellt, sondern im Volksglauben verbreitet ist. Im Übrigen wird im Gegensatz zu manchem westlichen Vorurteil behauptet, dass die totale Hingabe an die absolute Autorität Allahs den Menschen nicht etwa knechte und in seinem Handlungsspielraum einenge, sondern vor allen anderen äußeren wie inneren Beeinträchtigungen schütze.

Die Gesamtkomposition, der eine kanonische Bedeutung zuzusprechen ist, kam erst nach Muhammads Tod durch Initiative der ersten Kalifen zustande. Abu-Bakr begann damit. Er forderte Muhammads Schreiber Zayd ibn Thabit auf, eine verbindliche Fassung der Offenbarungsworte zu erstellen. Weitere »Redakteure« vollendeten das heilige Buch. In diesem Zusammenhang ging es darum, kursierende Textvarianten zu verarbeiten und gegenüber nichtkanonischen Versionen abzugrenzen. Es bildeten sich im Laufe der Jahre Zentren der Koran-Wissenschaft heraus. In Arabien waren es verständlicherweise die Städte Mekka und Medina, in Syrien Damaskus, im Irak Basra und vor allem Kufa. Der Prozess der Texterstellung erstreckte sich über Jahrhunderte. Das erinnert an die Kanonisierungsvorgänge des Alten und Neuen Testaments, wenngleich dort andere Faktoren zur Geltung gekommen sind. »Heute herrscht aufgrund der Praktikabilität die Version und die Tradition von Asim (Kufa) nach der Überlieferung von Hafs. Sie ist die Grundlage der geläufigen Standardausgabe des Korans, die 1923 in Ägypten veröffentlicht wurde und seitdem fast überall in Gebrauch ist. Nur die qualifizierten Rezitatoren machen neben dieser Version und Tradition noch von anderen legitimen Traditionen Gebrauch.«[24]

Im Laufe der Koran-Rezeption hat sich eine entsprechende Theologie bzw. Koran-Wissenschaft (*Kalam*) entwickelt. Nötig war dies zum einen, um den Koran Sure für Sure auszulegen und um den Islam in seinem Gesamtzusammenhang gedanklich zu durchdringen. Zum anderen ging es darum, Andersgläubigen (Juden, Christen, Persern usw.) die Einzigartigkeit der Religion Muhammads zu verdeutlichen. Es handelte sich demgemäß um eine Verteidigung und missionarische Ausbreitung des Glaubens (*Apologie*). Für die innermuslimische Diskussion gibt es darüber hinaus eine Fülle von exegetischen Ansätzen und divergierenden Deutungsmöglichkeiten, beispielsweise der orthodox gerichteten Mehrheit der Sunniten gegenüber den Schiiten, die an der für das Kalifenamt (*Kalifat*) angeblich erforderlichen blutsmäßigen Verwandtschaft mit dem Propheten festhalten. Weitere Sekten, die sich in Dogma und Ritus von den genannten hauptsächlichen Richtungen unterscheiden, kommen noch hinzu.

Zu unterscheiden ist die an die Allgemeinheit gerichtete exoterische Koran-Auslegung von einer esoterischen Interpretation, wie sie insbesondere im spirituellen Schiitismus und in der islamischen Mystik zu Tage tritt und von der noch gesondert zu sprechen sein wird. So kennt man sieben esoterische Bedeutungen des Korans,[25] die zugleich Stationen eines mystischen Weges sind sowie bestimmten Graden der spirituellen Reife des muslimischen Mystikers entsprechen.

Sowohl für die Beleuchtung des Lebens von Muhammad als auch für die nähere Bestimmung religiöser wie rechtlicher Zusammenhänge, die im Koran nicht oder nicht ausführlich genug behandelt werden, zog bzw. zieht man zusätzliches Überlieferungsgut heran, das mit allerlei anekdotischen Elementen und Erzählungen durchsetzt ist, den *Hadith*. Es gibt eine Reihe von Hadith-Sammlungen, deren Gültigkeit von der Glaubwürdigkeit der ersten Überlieferer abhängt. Einen Hadith hielt man als echt und wahrheitsgemäß, wenn dem bzw. den Überlieferern die erforderliche Zuverlässigkeit zugesprochen werden konnte. Faktisch hat man es mit einer langen Traditionskette zu tun, wie sie sich auf dem Weg mündlicher Weitergabe von Worten oder von Begebenheiten aus dem Leben Muhammads ergibt: Da erzählt einer, was ihm selbst erzählt worden ist, was zuvor dieser von einem anderen gehört hat und was – ganz am Anfang des Überlieferungsstranges – der Prophet so oder so gesagt haben soll. Der mitgestaltenden Phantasie der jeweiligen Überlieferer sind somit kaum Grenzen gesetzt. Mögliches, Wahrscheinliches und im hohen Maße Legendär-Unwahrscheinliches wird daher im Hadith bunt gemischt. Das ist zumindest der Eindruck, den der historisch-kritisch denkende Nichtmuslim erhält. Berichtet werden beispielsweise zahlreiche Wahrspruchworte, Worte der Weisheit und der Weisung,[26] wonach Muhammad gesagt haben soll:

»*Der wahre Muslim ist derjenige, von dem kein Muslim weder die Zunge noch die Hand fürchten muß. Der wahre Emigrant ist derjenige, der flieht, was Gott ihm verboten hat.*

Hungerleidenden zu essen geben, das Heil denen bringen, die man kennt und auch denen, die man nicht kennt, (ist das Beste im Islam).

Keiner von euch wird wirklich den Glauben haben, wenn er für seinen Nächsten nicht das wünscht, was er für sich selber wünscht.«

Auch Muhammads Himmelsreise ist wiederholt Gegenstand der legendären Überlieferung im Hadith geworden. In persischen Miniaturen ist er, auf seinem Pferd Borak sitzend, gelegentlich abgebildet. Ein Berichterstatter samt seinen vorausgegangenen Gewährsleuten weiß zu erzählen, was ihm der Prophet einmal anvertraut haben soll, damit er es weitergebe:

»*Während ich in Mekka war, öffnete sich die Decke meines Hauses um einen Spalt, und Gabriel stieg hernieder. Er öffnete mir die Brust, wusch sie mit Wasser aus Zemzem; dann brachte er einen goldenen Eimer voll Glaube und Weisheit und füllte mir damit die Brust. Dann schloß er sie und nahm mich bei der Hand und entführte mich zu dem uns am nächsten gelegenen Himmel. Als ich im nächstgelegenen Himmel angekommen war, sagte Gabriel dem Himmelspförtner: Schließe auf. – Wer ist da? fragte jener. – Gabriel, erwiderte der Engel. – Ist jemand mit dir? fragte der Pförtner. – Ja, antwortete Gabriel, es ist Muhammad. – Wurde er herbefohlen? fragte nun der Pförtner. – Ja, sagte der Engel.*«

Dass die in Form zahlreicher Sammlungen entstandene Hadith-Tradition in den seltensten Fällen historischer Kritik, wie sie seit einigen Jahrhunderten auch auf das Alte und Neue Testament der Bibel angwandt wird, standhält, bedarf keiner besonderen Begründung. Aus der islamischen Gesamtüberlieferung sind diese Texte vor allem der ebenfalls enthaltenen moralischen Normen und rechtlichen Bestimmungen wegen nicht wegzudenken.

»Insgesamt ist der Hadith eine umfangreiche Zusammenstellung von Aussprüchen, die sich sowohl auf die äußeren als auch auf die inneren Dimensionen des Daseins beziehen, auf die Ebene des Handelns und auf die der Kontemplation, auf das ganze Menschenleben und auf jeden Aspekt des Denkens – in dem Maße, wie sie zum islamischen Universum gehören. Der Hadith enthüllt nicht nur den Seelenadel des Propheten, sondern zeigt auch seine Funktion als höchster Interpret von Gottes Wort und als wichtigstes Vorbild für jeden Muslim.«[27]

Die fünf Säulen des Glaubens

Es gehört zur Charakteristik der drei Abrahamitischen Religionen, dass sie bei aller Verschiedenheit eine Reihe vergleichbarer Elemente des Glaubens und der Frömmigkeit enthalten. Grundlegend sind im Alten Testament neben dem Einheitsbekenntnis des Sch'ma Jisrael die Zehn Gebote, die das Verhältnis des Menschen zu dem einen Gott, neben dem es keine »anderen Götter« geben darf, beschreiben. Es sind dieselben Gebote, die auch die Beziehungen zu den Mitmenschen regeln. Im Neuen Testament spiegeln sich diese Gebote in Jesu Doppelgebot, nämlich der Gottes- und der Menschenliebe – es gilt »*Gott über allen Dingen, den Nächsten wie sich selbst*« zu lieben. Im Islam erscheint Allah als ein gestrenger, strafender und allzeit zu fürchtender Gott. Er erhebt totalitäre Ansprüche, wenngleich er auch als der Barmherzige angesprochen wird. Das macht ihn zum autoritären Allerbarmer.

Dagegen tritt die vom Christentum her bekannte »Liebe Gottes zu den Menschen« stark zurück, obwohl sie nicht ausgeschlossen ist. So betrachtet steht Allah dem zürnenden Jahve am Tag des Gerichts näher als dem Gott, der als »der Vater Jesu Christi« im Neuen Testament der Welt (kosmos) seine Liebe zuwendet, und zwar so sehr, »*daß er seinen eingeborenen Sohn dahingibt*«, um allen, die an ihn glauben, das ewige Leben zu schenken (Joh. 3, 16). Der Glaube ist immer das Fundament – im Judentum, Christentum und Islam. Unglaube als eine Art Misstrauen oder Ungehorsam gegenüber den göttlichen Weisungen ist nach dem Koran die Sünde schlechthin, die streng bestraft werden muss, denn: »*Wie sollte Gott Leute recht leiten, die ungläubig geworden sind, nachdem sie gläubig waren und bezeugt haben, daß der Gesandte wahrhaftig ist.*« (Sure 3,86 ff). Apostasie, der Abfall vom Glauben, wird nach der »Scharia«, dem islamischen Recht, als ein todeswürdiges Verbrechen geahndet. Einmal Moslem, immer Moslem! Es gibt also keine Möglichkeit, den einmal gewählten Glauben zu wechseln. Und dieser Glaube ist kein bloßes Für-wahr-Halten von dogmatischen Aussagen. Vielmehr bedeutet Glauben und Tun, die Hingabe an Gott und die Verwirklichung dieser Hingabe im gelebten Leben als eine religiöse Pflicht aufzufassen. Diese Hingabe findet ihren Ausdruck in den fünf Grundpfeilern des Islam:

1. Das Glaubensbekenntnis (*schahada*): »*Es gibt keinen Gott außer Allah, und Muhammad ist sein Prophet*« – wobei unter Prophet »der Gesandte Allahs« verstanden wird, dessen Botschaft eine widerspruchsfreie Verbindlichkeit erhebt. Diese knappe, kaum mehr zu vereinfachende Formel unterstreicht den monotheistischen Charakter, den der Islam mit dem Judentum (Sch'ma Jisrael) gemein hat. Muslim ist, wer diese Formel nicht nur rezitiert, sondern als sein bedingungsloses Glaubensbekenntnis ansieht. »Mit dem Inhalt der Schahada akzeptiert der Muslim auch die Lehren des Propheten Muhammad und das von ihm vermittelte Normensystem. Dieses weist jedoch ein hohes Maß an Flexibilität und Interpretierbarkeit auf. Daher ist die Schahada eines der wichtigsten, alle Muslime verbindenden Momente. Das Glaubensbekenntnis wird nicht nur im Rahmen des Gebetsrufes und des täglichen Pflichtgebetes (*salat*) von den Gläubigen immer wieder abgelegt; es stellt auch einen unverzichtbaren Teil aller wichtigen Riten in der islamischen Welt dar und wird in Lebenskrisen oder zur Bekräftigung einer Aussage ausgesprochen.«[28] Das Glaubensbekenntnis hat somit seinen Sitz im Leben eines jeden Mulimen, einer jeden Muslima.

2. Der zweite Grundpfeiler ist das tägliche Gebet (salat), das der Gläubige siebenmal am Tag als gottesdienstlichen Akt vollzieht, verbunden mit vorausgehender ritueller Waschung, durch die die kultische Reinheit des Betenden hergestellt wird. Darunter ist nicht eine gewöhnliche hygienische Handlung zu verstehen. Der Fromme soll dabei vielmehr innewerden, dass er vor seinem Gott »unrein« ist, wenn er sich nicht der vorge-

schriebenen Geste der Reinigung unterzieht. Dieses Gebet ist Ausdruck der Unterwerfung (islam) unter die unumschränkte Souveränität Allahs, der den alleinigen Schöpfer der Welt, den Herrn und Richter über alles Sein verkörpert. In gebückter bzw. kniender und verbeugender Körperhaltung und nach Mekka gewandt, folgt der Muslim dem Ruf des Muezzin, der zum Gebet auffordert:

> *Gott ist größer,*
> *Gott ist größer,*
> *Gott ist größer,*
> *Gott ist größer.*
> *Ich bezeuge, es gibt keinen Gott außer Gott.*
> *Ich bezeuge, es gibt keinen Gott außer Gott.*
> *Ich bezeuge, Muhammad ist der Gesandte Gottes.*
> *Ich bezeuge, Muhammad ist der Gesandte Gottes.*
> *Auf zum Gebet, auf zum Gebet!*
> *Auf zum Wohlergehen, auf zum Wohlergehen!*
> *Gott ist größer, Gott ist größer,*
> *Es gibt keinen Gott außer Gott.*

Einen besonderen die Verbundenheit mit der Gemeinschaft der Muslime ausdrückenden Charakter hat das Freitagsgebet, an dem jeder erwachsene muslimische Mann, geleitet von dem Vorbeter (*Imam*), in der Moschee teilzunehmen hat. Krankheit, Reisen oder andere besondere Situationen befreien davon. Schon der Koran erhebt das Freitagsgebet zur Pflicht, wobei der Freitag nicht als Feiertag begangen wird, wie dies in strenger Form am Samstag bei den Juden, am Sonntag bei den Christen Brauch ist.[29] Der Koran (62, 9 f) ordnet hierfür an: »*Ihr Gläubigen, wenn am Freitag zum Gebet gerufen wird, dann wendet euch mit Eifer dem Gedenken Gottes zu und laßt das Kaufgeschäft so lange ruhen! Doch wenn das Gebet zu Ende ist, dann geht eure Wege und strebt danach, daß Gott euch Gunst erweist!*«

3. Zur Gebetspflicht tritt die ebenfalls obligatorische Pflicht des Almosengebens (*zakat*) hinzu. Sie ist eine religiöse Handlung, die dem Heil des Betreffenden dient. Das zusammenkommende Geld soll in erster Linie für die Bedürftigen in der Gemein-

schaft verwendet werden. Wer Almosen gibt, soll nicht meinen, dass er von sich aus ein Opfer darbringt. Vielmehr wird es als eine Art Darlehen aufgefasst, das Gott empfängt, damit er das Gegebene mit hundertfältigem Lohn vergilt.

4. Aus dem bisher Gesagten geht hervor, dass der Islam keine asketische, von mönchischer Diszplin geprägte Religion ist. Aber im Monat Ramadan, dem neunten Monat des Mondkalenders, in dem man der Herabkunft der göttlichen Offenbarung in Gestalt des Koran gedenkt, ist das rituelle Fasten (*saum*) durchzuführen. Es ist eine gnadenvolle Zeit, deshalb lässt man schon möglichst bald Kinder und junge Menschen an dieser Praxis teilhaben. Konkret heißt das, dass es diesen einen Monat lang am Tag nicht erlaubt ist zu essen, zu rauchen oder Geschlechtsverkehr zu haben. Sobald aber der Abend angebrochen ist, d.h. wenn man einen schwarzen von einem weißen Faden nicht mehr unterscheiden kann, wird das normale Leben wieder aufgenommen. Man speist sogar ausgiebig, lädt Freunde und Gäste ein, zeigt sich großzügig und pflegt das gesellige Zusammensein. Ausgenommen vom Fastengebot sind u.a. Kranke, Schwangere und Menstruierende.

5. Das religiöse Lebensziel eines Muslim ist es, zumindest einmal im Leben die heilige Stadt Mekka aufzusuchen und die Kaaba siebenmal betend zu umschreiten. Diese Pilgerfahrt (*Hadsch*) ist der fünfte Grundpfeiler des Islam. Sie wird jedoch nur denen zugemutet, die gesund genug sind, um die für viele Wallfahrer langen mit der Wüstenreise verbundenen Strapazen zu verkraften, und die auch finanziell dazu in der Lage sind. Von daher gesehen, hält sich die Zahl der alljährlichen Mekka-Pilger in Grenzen. Hervorzuheben ist bei dieser besonderen Wallfahrt der gemeinschaftliche Charakter. Angetan mit dem rituellen weißen Gewand, ist man allen Muslimen aller Länder und aller gesellschaftlichen Stände gleich. Jeder ist ein gleichberechtigter, gleichgeachteter Untertan des einen Gottes, der in der Gefolgschaft seines Gesandten Muhammad steht.

Ähnlich wie der Koran, der neben seiner wörtlichen Bedeutung auch eine mystische oder esoterische Interpretation kennt, so ist auch das Ziel der Mekka-Wallfahrt, die Ka'aba, symbolträchtig. Im Mittelpunkt der Betrachtung steht die kubische Form dieses Steins; denn das Ziel der symbolischen Hermeneutik ist bei den esoterisch orientierten Schiiten die alle geistigen und materiellen Wirklichkeiten miteinander verbindende kubische Form als die einzigartige Emanation des höchsten Prinzips zu verstehen. Denn dieser Kubus ist in ihren Augen der Stellvertreter Gottes, der Erfüller seines Willens.

Zu den fünf Säulen des islamischen Glaubens kommen noch eine Reihe religiös-ethischer Vorschriften hinzu, die das alltägliche Leben regeln, u.a. das Verbot berauschender Getränke und das Verbot des Genusses von Schweinefleisch. Verboten und streng geahndet wird darüber hinaus die ungerechtfertigte Bereicherung durch hohe Zinsforderung und Wucher, ferner Mord, Totschlag und Diebstahl. Das islamische Recht, die *Scharia* – eigentlich: »Weg zur Tränke« als Inbegriff dessen, was das Wort Gottes und seines Gesandten für ein rechtes Leben gebietet –, regelt den weiteren zwischenmenschlichen Umgang miteinander. Durch diese in einer jahrhundertelangen Rechtstradition ermittelten Bestimmungen wird deutlich, dass Religion und Recht, Frömmigkeit und staatliche Gewalt im Islam die bereits erwähnte unauflösliche Einheit darstellen. Wer daher in einem islamischen Staat in irgendeiner Weise die bestehende Ordnung verletzt, handelt fahrlässig gegen Allah. Er begeht ein religiöses Verbrechen; von daher die oft rigorosen Strafen, die nach einer genau zu beachtenden Kasuistik verhängt werden. Die Staats- und Rechtsauffassungen differieren aber je nach der am Ort dominierenden Glaubensrichtung, sei es die der Sunniten, der Schiiten oder anderer Gemeinschaften mit eigener Interpretation der Scharia. Primäres Recht ist im Koran niedergelegt. Weitere Normierungen ergeben sich aus Sunna und Hadith. Einflussreiche Rechtsschulen haben im Laufe der Jahrhunderte für die Auslegung der nicht immer eindeutigen koranischen und hadithischen Aussagen gesorgt. So streng oft die Richtlinien gezogen sind, beteuert der Koran doch andererseits, dass Allah keine Bedrängnis erzeugen wolle, denn »*Gott fordert von niemandem mehr, als er vermag*« (2, 286).

Generell besteht – in Übereinstimmung mit den anderen abrahamitischen Religionen – das Gebot, Gutes zu tun (*Al-amr bi al-*

maruf): »Das Gesetz befiehlt dem Menschen, Gutes zu tun und alles zurückzuweisen, was tadelnswert ist. Außerdem ist der Muslim verpflichtet, seinen Nächsten richtiges Betragen einzuschärfen und sie von schlechten Handlungen abzuhalten. Dieser Aspekt der islamischen Ethik (*hisba*) erklärt, daß in der islamischen Lebensform jeder der Hüter seines Bruders ist, und zwar in einem Maße, das in einer anderen Gesellschaftsordnung vermutlich als übertrieben empfunden worden wäre.«[30] Damit ist ein allgemein verbindliches Richtmaß für die muslimische Ethik angegeben, die mit den Geboten des alttestamentlichen Dekalogs oder der Lebensform Jesu verglichen werden kann,[31] auch wenn die Ethiken nicht in allen Punkten deckungsgleich sind. Beispielsweise geht die Nächstenliebe im Islam nicht so weit, wie es Paulus (Gal. 6, 2) ausdrückt, wenn er rät, dass »einer des anderen Last« trage, um das Gesetz Christi zu erfüllen. Denn in Sure 6,164 heißt es ausdrücklich: »*Jede Seele schaffe nur für sich, und eine belastete Seele soll nicht einer andern Last tragen.*« Einzelne Koran-Stellen sind freilich immer auch im Kontext der Gesamtüberlieferung zu interpretieren.

Sunniten und Schiiten

Als Weltreligion hat der Islam in sehr unterschiedlichen Kulturen mit jeweils bestimmten alteingesessenen Überlieferungen Wurzeln geschlagen. Von daher ergeben sich besondere Ausprägungen in Interpretation und Anwendung des Koran, in Brauchtum und religiöser Verwirklichung. Durch Spaltung und durch religiöse oder gesellschaftliche Sonderwege kamen neue Formen islamischen Glaubens zustande. Von Anfang an gab es zwei jeweils als orthodox verstandene Glaubensrichtungen, *Sunna* und *Schia*. Wie berichtet, lebte bei Muhammads Tod keiner seiner männlichen Nachkommen. Es war umstritten, wer berufen und würdig sei, die Nachfolge des Gesandten Allahs anzutreten, und zwar Generation für Generation. Die Auseinandersetzung ging nicht ohne interne Machtkämpfe ab.

Abu-Bakr setzte sich als der erste Kalif gegen Ali durch. Weitere folgten. Ein rechtmäßig berufener Kalif sollte zumindest aus dem Stamm des Propheten kommen, um die Gemeinde nach

Recht und Gerechtigkeit zu führen. Das ging aber nicht ohne Gewaltanwendung – einschließlich Mord – vonstatten. Immer wieder kam es zum Djihad, dem »heiligen Krieg«, um nach Muhammads Tod vom Glauben abgefallene Stämme auf der arabischen Halbinsel durch Kriegszüge und »Strafexpeditionen« zurückzuzwingen. Abfall vom Glauben gilt im Islam seit alters ohnehin als todeswürdiges Verbrechen, das keine Vergebung gestattet.

Traditionalistische Gruppierungen (*Hanbaliten*) setzten auf die alleinige Orientierung an Koran und Hadith und deren strikte Befolgung, während andere (*Mu'taziliten*) sich der Vernunft zur theologischen Beweisführung bedienten. Für die überwiegende Mehrheit der Muslime wurde neben dem Koran die ›Sunna‹ als die verpflichtende Wegweisung entscheidend, die der Prophet einst für das Leben und Tun gegeben hatte. Sunniten waren demnach »die Leute der Sunna und der Gemeinschaft« (*ahl al-sunna wa l-djama'a*).

Als mit Ali, dem Vetter Muhammads und Ehemann seiner Tochter Fatima, der vierte Kalif (656–661) endlich die Führung erlangte, stieß er auf eine erbitterte Gegnerschaft, die schon seit dem Kalifat Abu-Bakrs schwelte. Sein Kontrahent war Mu'awiya, der das Amt des Kalifen zu einer erblichen Monarchie seiner eigenen Familie erklärte. Ali forderte indes, dass der Kalif mit Muhammad blutsverwandt sein müsse. Aufgrund seiner Heirat mit der Tochter des Propheten, war er der Vater der beiden einzigen Enkel Muhammads, nämlich von Hasan und Husain geworden. Die Schiiten (*schija*, »Partei«) standen zu Alis Forderung der blutsmäßigen Abstammung und verbanden darüber hinaus das politische Leitungsamt mit einer besonderen religiösen Funktion, mit der des durch Muhammad eingeweihten Imam. Im Schiismus stellt der Imam bis heute den einzig legitimen religiösen Führer dar. Er ist nicht nur mit politischer Macht ausgestattet, sondern gilt als eine die ganze Gemeinschaft überragende, unfehlbare und geradezu »sündlose« Autorität. Da Ali durch seine muslimischen Gegner ermordet wurde, erhielt er einen zusätzlichen spirituellen Nimbus. Es gibt kleine Sondergemeinschaften, die diesem Märtyrer ihres Glaubens einen speziellen Kult widmen und ihm göttliche Ehren erweisen. Letzteres trifft für die in Syrien und in kleinen Gruppen über den Vorderen Orient verstreut lebenden Nusayriten oder Alawiten zu, die Ali sogar für die letzte

Verkörperung der Gottheit halten, die Muhammad überlegen ist.[32] Innerhalb der schiitischen Bewegung stellen diese eine verschwindende, dazu ketzerische Minderheit dar.

Prinzipiell gehören Sunna und Schia, somit die Vertreter dieser beiden muslimischen Hauptrichtungen, zum Gesamtorganismus des Islam. Auch wenn jede an ihrer besonderen Prägung festhält, besinnen sie sich – und zwar nicht nur Nichtmuslimen gegenüber – auf die Einheit ihrer Glaubensgrundlagen. Vor allem kann man nicht sagen, dass die Schia eine ketzerische Strömung des Islam sei, mögen sich Sunniten mit Schiiten auch im geistigen wie politischen Leben streiten, und mögen auch die Schiiten jahrhundertelang schweren Verfolgungen durch ihre Glaubensbrüder ausgesetzt gewesen sein. »Die Einheit einer Tradition wird nicht durch unterschiedliche Anwendungen dieser Tradtion zerstört, sondern durch die Verletzung ihrer Grundsätze und Formen wie ihrer Kontinuität. Als die ›Religion der Einheit‹ weist der Islam in der Tat mehr Homogenität und weniger religiöse Unterschiede auf als andere Weltreligionen. Sunna und Schia sind Dimensionen innerhalb des Islam, die nicht deshalb in ihn gelegt wurden, um seine Einheit zu zerstören, sondern um es einer größeren Zahl von Menschen und unterschiedlichen spirituellen Typen zu ermöglichen, sich ihm anzuschließen. Sunna wie Schia sind die Bekräftigung der Schahada, wie sie in unterschiedlichen Klimata und mit einem etwas anderen spirituellen Duft ausgedrückt werden.«[33]

Was der islamische, dem traditionalen Denken verpflichtete Gelehrte Seyyed Hosein Nasr auf diese Weise darlegt, das hat der christliche Hermeneutiker Valentin Tomberg (1900–1973) unter Berufung auf den wichtigsten Interpreten schiitischer Gnosis und Theosophie im Westen, Henry Corbin, in der Weise miteinander verglichen, dass sich der sunnitische Islam zur Schia wie der Leib zur Seele verhalte: »Denn der Sunnismus ist wesentlich legalistisch, während der Schiismus wesentlich Weg der Verinnerlichung ist. Diese Verinnerlichung äußert sich namentlich in dem Aufstieg vom äußeren Zyklus der Propheten zum inneren Zyklus der Imame. Propheten sind die Verkünder der Scharia, des Gesetzes der positiven Religion, für ein bestimmtes Zeitalter, während die Imame Initiatoren sind, die in die ›Haqiqat‹, in die Gottesweisheit (*Theosophie*), einweihen. Der Prophet (*nabi*) verkündigt und belehrt, während der Imam erleuchtet und belebt. Die Imame weihen die Menschen in das innere Geheimnis des Verkündigten ein. Die Propheten bringen die Offenbarung aus der ›Sphäre der ewigen Prophetie‹ zu den Menschen herab; die Imame erheben die Seelen der Menschen zu dem inneren Sinn dieser Offenbarung, den sie in der Sphäre der ewigen Prophetie selbst hat.«[34]

Von den Mitgliedern der beiden großen Religionsparteien wird seit den Tagen des Propheten der *Mahdi* (wörtlich »der durch Allah recht Geleitete«) als jener kommende Gesandte erwartet, der am Ende der Tage – in der Gestalt des mit dem Antichrist kämpfenden Jesus – den Islam zu seiner Urgestalt zurückführen werde. Mit diesem Ur-Islam verbinden sich Heilsvorstellungen, denen auch eine allgemeine religionsgeschichtliche Bedeutsamkeit zugesprochen werden kann. Sie besteht zum einen darin, dass sich im Mahdi jüdisch-christliche Messias-Vorstellungen wiederfinden, zum anderen aber auch solche, die auf hinduistisch-buddhistische Zukunftsbilder (z.B. auf Java in der Gestalt von »Ratu Adil«) Bezug nehmen. Was die Person Jesu anlangt, so ist er nicht nur ein Vorläufer-Prophet Muhammads, sondern auch der Vollender all dessen, was Allah begonnen hat. Dabei muss bedacht werden, dass der Nazarener nach Überzeugung der Muslime nicht am Kreuz gestorben, sondern von Gott erhöht worden ist, um am Ende der Zeit mit der allgemeinen Auferstehung und dem Endgericht die Vollendung aller Dinge einzuleiten.

Besondere Bedeutung hat der Mahdi im Schiismus erlangt, wo man schon immer darunter litt, dass die auf die blutsmäßige setzende Imamschaft, das Imamat, keine Anerkennung fand, ja, dass an den Schiiten immer wieder Mord und Verfolgung durch die sunnitischen »Brüder« verübt wurde. Doch bei den Schiiten, die ihrerseits wieder eigengeprägte Gruppierungen (z.B. Imamiten, Ismailiten, Alawiten oder Nusayri) aufweisen, geht es in ihren spezifischen Ausprägungen um sehr viel mehr als um die bloße Behauptung bestimmter verwandtschaftlicher Beziehungen zur Familie des Propheten und davon abgeleitete Nachfolgerechte. Diese stehen bestenfalls im Vordergrund und sind Objekte der vergleichenden Religionsgeschichte. Letztlich geht es bei den spirituell geschulten Schiiten gerade nicht um derartige Aspekte. Ein solcher äußerer Gesichtspunkt ist beispielsweise mit der Tatsache verknüpft, dass in der heutigen Verfassung des modernen Iran, dem Hauptverbreitungsgebiet des Schiismus, eine Erklärung enthalten ist, wonach das iranische Grundgesetz als aufgehoben zu betrachten sei, wenn der Mahdi erscheint!

Was nun die hintergründige esoterische bzw. spirituelle Bedeutung des Mahdi anlangt, so sehen die Schiiten in ihm den geheimnisvollen »Zwölften Imam«, der auf rätselhafte Weise einst im 9. Jahrhundert entrückt worden sein soll und dessen Wiederkehr man Tag für Tag, Augenblick für Augenblick erwartet. In der Nacht vom 14. zum 15. ›Scha'ban‹ (gemäß dem im schiitischen Iran üblichen Mondkalender) gedenkt man festlich dieses mysteriösen Imam. Doch im Grunde geht es auch nicht um die historische Identität des Entschwundenen und in der Zukunft Erwarteten, sondern um die *jetzt und hier* in jedem einzelnen Gläubigen zu erweckende spirituelle Wirklichkeit und Reife. Was die »Ankunft des Imam« betrifft, so gibt es schiitisch-ismaelische Texte, die besagen, dass er eigentlich nie in diese Welt gekommen sei, auch niemals hier ankommen werde, »doch was seine *Verbindung* mit auserwählten Seelen betrifft, so hatte er in der Folge der Zeiten seine Epiphanien in dieser Welt und wird sie auch ferner haben. Auf diese Weise ist er zugleich Vater und Sohn, bald Kind, bald Jüngling, bald Greis. Jede Seele, der er sich offenbart, *ist* die Ankunft des Imam in dieser Welt. Da wir den Boden der materiellen Ereignisse uns entzogen fühlen, werden wir uns vielleicht fragen: Was bürgt mir denn für die Wahrheit dieser Erscheinung in Beziehung auf mich. Der ismaelische Schiismus hat seine Antwort bei der Hand: die Wahrheit des Imam ist es, die das Geschaute wahrmacht; es verhält sich nicht umgekehrt so, daß ein äußeres Kriterium die Vision des Imam wahr machte. Besser: Das einzige Kriterium formuliert der Imam mit den Worten: *Mich erkennt, der mich in der Vor-Ewigkeit erkannt hat.* Ihn erkennen heißt den Imam seiner eigenen Zeit erkennen, das ist die heilverspechende Bedingung, die jedem Gläubigen, jedem Bekenner gestellt wird.«[35]

So gesehen wird die Seelentiefe, der Wesenskern eines jeden Glaubenden zum Imam. (Man fühlt sich an den Seelenfunken – fünkelin – und an die »Gottesgeburt im Seelengrund« bei Meister Eckhart erinnert!) Ein berühmter Vertreter der schiitischen Philosophie des Iran, Mulla Sadra von Schiras (17. Jahrhundert) bringt das Gemeinte auf den Punkt: »*Es gibt im Menschenwesen ein himmlisch Wirkendes, das ihm durchaus angehört – und das ist das Imamat.*« Die eigentliche Lebensaufgabe eines Menschen besteht demnach darin, diesem *Wirkenden* in der eigenen Lebensmitte auf die Spur zu kommen, mehr noch: mit ihm zu kommunizieren. So kann der Fall wieder und wieder eintreten, dass der verborgene Imam sich einem gläubigen Menschen zeigt, sei es im Traum, in der spirituellen Schau oder gar bei einer alltäglichen Verrichtung, bei der man am wenigsten dergleichen erwartet. Wesentlich ist wie in jeder spirituellen Disziplin das bewusste »Da-Sein«, die aufmerksame Achtsamkeit bei der Erfüllung der Schahada, des Glaubensbekenntnisses. Damit ist der Bereich der mystischen Erfahrung betreten, die im Islam auf vielfältige Weise zur Erscheinung gekommen ist.

Aus christlicher Perspektive betrachtet, hat sich vor dem legalistischen Hintergrund der Sunna in der Schia eine eigentümliche Geistesströmung entwickelt, »die in ihrem Bewußtsein ganz gewiß nicht christlich, sondern islamisch sein will, die aber in ihrem esoterischen Streben in die Nähe der christlichen Mysterien geraten ist. Daß eine solche Entwicklung überhaupt möglich werden konnte, ist ein Beweis für den entscheidenden Mangel, welcher dem Islam Muhammads eigen ist; das verständnislose Vorbeigehen an dem Mysterium des Sohnes und seiner Menschwerdung. Aus einem Mangelgefühl heraus ist die Schia auf ihren seltsamen Weg geführt worden, über eine Ali-Verehrung hinaus zu dem verborgenen Imam hinzustreben.«[36]

Aus islamischer Perspektive ergibt sich verständlicherweise eine ganz andere Sicht der Dinge, die den angekündigten zwölften Imam mit dem vom Johannes-Evangelium verheißenen ›Parakleten‹ (Luther übersetzte: »Tröster«), den Beistand des Heiligen Geistes, vergleicht. Von einem »Mangelgefühl« (nach Frieling) kann, so gesehen, schwerlich die Rede sein. Dazu kommen das von Joachim von Fiore (gest. 1202), einem christlichen Zeitgenossen der großen schiitischen Sufis, angezeigte »ewige Evangelium« und die Ankunft des göttlichen Geistes, der ein adäquates Bewusstsein (*intellectus spiritualis*) und den Anbruch einer Geisteskirche (*ecclesia spiritualis*) als nahe bevorstehend verkündet hat.[37] Henry Corbin kann daher unter Hinweis auf Nikolai Berdjajew mit guten Gründen fragen, ob eine der offiziellen christlichen Theologien unserer Zeit überhaupt in der Lage ist, die Anfrage und Herausforderung kreativ aufzunehmen, die die islamische Imamologie seit Jahrhunderten darstellt.[38]

Die Mystik der Sufis

Die muslimische Hingabe (Islam) an Gott als eine über allem stehende Autorität hat erstaunliche Formen mystischer Innigkeit erreicht, die – von außen betrachtet – Verwunderung erregen mögen. Denn Unterwerfung unter eine totalitäre Übermacht kann normalerweise auch ganz andere Gefühle mobilisieren als solche der Liebe und des Verlangens nach Selbstaufgabe, um der letzten und innigsten Vereinigung willen. Wohl waren mystische Elemente beispielsweise aus dem Christentum, dem Judentum oder dem Neuplatonismus, selbst aus Hinduismus und Buddhismus Muhammad und seinen ersten Anhängern bekannt. Doch die Ansätze zur islamischen Mystik werden schon im Koran angedeutet, wo von der Suche und der Sehnsucht nach dem Antlitz Allahs gesprochen wird, denn: »*Allah ist der Westen und der Osten, und wohin ihr euch daher wendet, dort ist Allahs Angesicht*« (2, 109 bzw. 115). »*Alle Dinge vergehen, außer seinem Angesicht*« (28, 88). Starke Impulse für die Entfaltung der mystischen Spiritualität müssen darüber hinaus von christlichen Asketen und Mönchen ausgegangen sein. Der Koran (24, 36 ff) deutet gelegentlich darauf hin, indem er von »Häusern« spricht, mit denen christliche Gotteshäuser oder Klöster, Stätten der geistlichen Sammlung, gemeint sein werden, deren mystische Spiritualität auch den Muslimen bedeutsam sein können. Christen und Muslime lebten in der Anfangszeit ohnehin lange friedlich neben- und miteinander, ging es doch darum, die Tiefendimension der überkommenen Offenbarung besser zu verstehen. Die Muslime lernten von dem geistlichen Leben, das in ihren »Häusern« geschah: »*In (diesen) Häusern, in denen Allah erlaubt hat, daß er erhöht und sein Name verkündet werde, preisen ihn des Morgens und Abends Männer, die weder Ware noch Handel abhält von dem Gedanken an Allah und der Verrichtung des Gebets und dem Entrichten der Armenspende.*«

Diese und ähnliche Hinweise beziehen sich auf die esoterische oder innere Dimension des Islam. Es handelt sich um den spirituellen Pfad (*tariqa*), der auf derselben Lehrgrundlage des exoterischen, von der Allgemeinheit der Gläubigen praktizierten Islam basiert. Der Unterschied besteht aber in einer Intensität der Hingabe und einer Vertiefung in die Theosophie oder Gottesweisheit (*hichma*; hebr. *chochma*). Es ist wichtig hervorzuheben, dass die

Mystik im Islam stark verwurzelt ist, weil in modernen westlichen Darstellungen und durch eine großsprecherische Pseudo-Esoterik-Propaganda »neureligiöser« Bewegungen bisweilen der Eindruck entsteht, als könne man eine religiöse Mystik, so auch die islamische, gleichsam »leibfrei« und ohne Verbindung mit der Religion praktizieren, auf deren Mutterboden die Mystik gewachsen ist. In einem ähnlichen Sinn sind Esoterik und Exoterik aufeinander bezogen. Jede Esoterik, die diese Bezeichnung verdient, bezeichnet die in der Regel verborgene Innenseite einer Wirklichkeit; für sich selbst genommen, stellt sie eine Abstraktion dar. Es gibt weder ein Innen noch ein Außen an sich, sondern immer nur die Innen- bzw. Außenseite einer bestimmten Wirklichkeit. Mit anderen Worten:

»Als das Herz der islamischen Botschaft ist sie wie das physische Herz den äußeren Blicken entzogen, und doch ist sie, wiederum wie das Herz, die innere Quelle des Lebens und das Zentrum, das im Inneren den ganzen religiösen Organismus des Islams koordiniert. Die Tariqa ist der subtilste und am schwierigsten zu verstehende Aspekt des Islams, doch ist zugleich seine äußere Wirkung in vielen Manifestationen der islamischen Gesellschaft und Kultur feststellbar.«[39]

H.S. Nasr spricht hier vom Sufismus (abgeleitet von *suf*, »Wolle«). Sufis sind demnach die in grobe Wollgewänder Gekleideten. Doch das ist ein formaler und äußerer Aspekt dieser Asketen, deren Leben dem Gebet, der Armut und dem Unterwegssein gewidmet ist. Es ist ein Unterwegssein in der und zu der kompromisslosen Gottesliebe. Deshalb geht es ihnen auch nicht um das Äußere, sondern um die Reinheit (*saf*) des Herzens. Deshalb leitet man den inneren Aspekt der Sufis hiervon ab, analog zu dem Jesus-Wort aus der Bergpredigt (Matth. 5): »*Selig sind, die reinen Herzens sind, denn sie werden Gott schauen.*« Demnach ziehen Sufis einerseits Gott allem anderen vor, andererseits wissen sie: »Wer durch Liebe gereinigt ist, ist rein (safi); wer aber durch den Geliebten gereinigt ist, ist ein Sufi.«[40] Er ist ein Mensch, der nicht nur die äußeren Vollzüge beachtet, wie sie in Gestalt der fünf Säulen des Islam geboten sind; er begnügt sich auch nicht mit dem Kenntniserwerb theologischer Koran-Interpretation, wie sie der Allgemeinheit der Muslime gewidmet ist, sondern er führt ein inneres Leben – und zwar durchaus im Sinne des Koran, auch im Sinne der strikten Einhaltung der ›Scharia‹. Daher heißt es, die Schwelle der Scharia zu küssen sei die erste und niemals zu vernachlässigende Pflicht eines jeden, der den mystischen Pfad betreten will.[41] Dieser Pfad leitet sich, bildlich gesprochen, von der breiten Heerstraße her, auf dem sich der Großteil der frommen Muslime bewegt, um dem Willen Allahs zu entsprechen. Aber es gibt – analog zum Jesus-Wort in der Bergpredigt des Matthäus-Evangeliums (Kap. 7, 14) – den »schmalen Weg«, der den Menschen Anteil haben lässt am ewigen Leben

Annemarie Schimmel, die die Grundlagen dieses Innenwegs und den Menschen im Werdeprozess der spirituellen Reifung eingehend beschrieben hat, bemerkt hierzu: »Wie kein Pfad ohne eine Hauptstraße existieren kann, aus der er abzweigt, so kann auch keine mystische Erfahrung echt sein, wenn die Gebote der Scharia nicht getreu befolgt werden. Der Pfad ›tariqa‹ ist jedoch eng und schwierig zu begehen; er wird den Adepten, ›salik‹ oder ›Wanderer‹ in seinem ›suluk‹, seiner Wanderung durch verschiedene Stationen führen, bis er am Ende vielleicht nach mehr oder minder langer Zeit sein letztes Ziel, vollkommenes ›tauhid‹, erreicht, d. h. das wesenhafte Bekenntnis, daß Gott Einer ist.«[42]

Was nun die kompromisslose Gottesliebe betrifft, so war es in der Frühzeit des Sufismus eine Frau, die als »zweite reine Maria« gerühmte Rabia (gest. 801), die diesen Pfad als eine der ersten beschritten hat. Sie hat die Liebe allein um der Liebe und nicht etwa um eines Lohnes willen zu leben versucht, während das Gros der Gläubigen sich zwar in gehorsamer Unterwerfung übte, jedoch immer den Blick auf die verlockenden Zusagen gerichtet, mit denen ihnen allerlei Freuden des Paradieses in Aussicht gestellt wurden. In einem Gebet, in dem die Mentalität einer völlig absichtslosen Gottesliebe zur Geltung gebracht wird, heißt es:

»*Gott, wenn ich dich aus Furcht vor der Hölle anbete,*
so verbrenne mich in der Hölle.
Wenn ich dich in Hoffnung auf das Paradies anbete,
so gib es mir nicht.
Doch wenn ich dich um deiner selbst willen anbete,
so verberge vor mir deine ewige Schönheit nicht.«

Gottesliebe will geübt werden, wie man sich übt, einen spirituellen Weg zu begehen und die einzelnen Stationen der Prüfung, der Reinigung bis hin zur Erleuchtung und der Einung, dem Hochziel jeder Mystik, zu durchschreiten. Das ist ein inneres Geschehen, bei dem es zu einem »Entwerden« (*fana*), zu einer Preisgabe des Selbst kommt, ehe von der Seite Gottes ein Akt der Gnade erwartet werden darf. Auch dieses Entwerden geschieht bereits »in Gott«. Gott selbst ist der Geliebte, der seine Gegenwart dem gewährt, der sich seiner Majestät im Gebet und im Gedenken (*dhikr*) an ihn hingebungsbereit und mit ganzer Person zuwendet. Das mystische Beten kann ekstatische Formen annehmen, bei denen der Mensch sein noch von Mängeln und Unzulänglichkeiten belastetes Selbstsein vergisst. Ein Mystiker drückt die Intimität des Vor-Gott-Stehens so aus, wie auch ein Jude oder ein Christ sein innigstes Gebet verrichten könnte:

»Wenn du ins Gebet eintrittst, sollst du in die Gegenwart Gottes kommen, wie du am Tage der Auferstehung kommen würdest, wenn du vor ihm stehst ohne Vermittler; denn er bewillkommnet dich, und du sprichst vertraulich mit ihm, und du weißt, in wessen Gegenwart du stehst; denn er ist der König der Könige. Wenn du deine Hände erhoben hast und sagst ›Gott ist größer‹, dann laß nichts in deinem Herzen bleiben als Verherrlichung, und laß zur Zeit der Verherrlichung nichts in deinem Sinn sein außer der Glorie Gottes des Hocherhabenen, so daß du diese und die nächste Welt vergißt, während du ihn preist.«[43]

Die muslimische Dichtung hat in einer großen Fülle poetischer Beschreibungen und Rühmungen den Zustand der Ehrfurcht und der Gottesliebe besungen. Es ist das immerwährende Gebet, von dem auch die ostkirchliche Christenheit – etwa in Gestalt des »Herzensgebetes« – weiß und das das Wesen des Menschen nach Leib, Seele und Geist durchdringt. Neben dem Ritualgebet und dem freien Gebet praktiziert der Sufi den dhikr, das Gottgedenken, zugleich die Anrufung des Namens Gottes,[44] das als Bestandteil des spirituellen Wegs nach muslimischer Überzeugung »ein starker Pfeiler auf dem Wege zu Gott, nein, vielmehr als der wichtigste Pfeiler« anzusehen ist. Dieses Gedenken kann entweder schweigend oder laut vollzogen werden, etwa gemäß dem Koran: »*Und gedenket Gottes oft*« (33, 40), denn: »*Wahrlich, das Gottesgedenken läßt das Herz stille werden.*« (13, 28). Dass es sich dabei nicht um eine konventionelle oder beliebige Tat, sondern um eine regelrechte spirituelle Übung handelt, geht daraus hervor, dass dhikr entweder von einem lebenden Meister (*shaihk*) oder von *Khidr*, dem aus dem Geistbereich heraus inspirierenden Führer der Mystiker, erlernt werden muss. Dies liegt entscheidend daran, dass die hingebungsvoll Betenden wie die im Sinne von dhikr Gedenkenden sich in gesammelter Geisteshaltung von der Gottesgegenwart erfüllen lassen. Die Formen und die ritualisierten Weisen der Durchführung können von Sufi-Gemeinschaft zu Sufi-Gemeinschaft differieren. Doch ähnlich wie im indischen Yoga oder im buddhistischen Zen ist die dabei einzunehmende, die geistige Sammlung stützende Körperhaltung wichtig. Hierzu gibt es eine Reihe von praktischen Anweisungen:

»Obgleich das allgemeine Gottgedenken überall und jederzeit gestattet ist, soll der offizielle ›dhikr‹ erst nach einigen vorbereitenden Handlungen beginnen. Wie Simnani (gest. 1336) sagt, soll der Mystiker im Schneidersitz sitzen, die rechte Hand über der linken; die linke Hand soll das rechte, über das linke Bein gelegte Bein halten. Selbst wenn der Stil des Sitzens von Orden zu Orden verschieden sein mochte, war die korrekte Haltung doch äußerst wichtig, und die Handbücher erklären die entsprechenden Regeln sehr genau. Der Adept soll sich aber nicht nur innerlich und äußerlich reinigen, bevor er die Zelle betritt, um seinen ›dhikr‹ zu vollführen, sondern soll auch das Bild seines Shaikhs vor Augen haben und dadurch während des ›dhikr‹ seelisch unterstützt werden. Diese Praxis stammt offenbar nicht aus sehr früher Zeit, wurde aber von den Orden ausgearbeitet.«[45]

Unstrittig ist, dass dhikr nur mit dem ganzen Wesen vollzogen werden kann und darf, denn immer geschieht es im Angesicht und in der Gegenwart Gottes. Es verlangt höchsten Respekt.

Dieses hohe Maß an ganzheitlicher Achtsamkeit bezieht sich selbstredend auch auf alle anderen Akte mystischen Erlebens und Erleidens, so auch auf Zustände der Ekstase, in die die meditative Betätigung einmünden kann. Streng genommen entspricht dieser Bewusstseinszustand einer ›Enstase‹, weil der Sufi nicht aus sich heraustritt oder in ferne Welten geistig »weggetragen« werden soll, sondern weil er in die Tiefe seines wahren Selbst eintaucht und dort die Unmittelbarkeit der Gottesbegegnung erfährt. Das Erleben in dieser geistig-seelischen Verfassung wird gelegentlich mit einer Flamme verglichen, die im inneren Herzen aufspringt und in glühender Sehnsucht aufleuchtet. Ihren besonderen Ausdruck bekommt dieses Ausgerichtetsein auf Gott im Tanz der Derwische im Mevlevi-Orden. Einbezogen ist die ganze Schöpfung, nicht weil ihr außerhalb der Gottheit und damit außerhalb der Einheit – also entgegen dem muslimischen Glaubensbekenntnis – ein Selbstwert zuzusprechen wäre, sondern weil sich in Steinen und Blumen, in Tieren, Gewässern oder Bergen die Spuren der einen Gottesoffenbarung des einen Allah in gleicher Weise manifestieren wie in den Versen des Koran. Da wie dort hat ihr der Allgegenwärtige eine Stimme verliehen. Sie lässt sich vernehmen.

Die hohe Zeit der islamischen Mystik erstreckte sich vom 9. bis zum 13. Jahrhundert, ausgehend vom strengen Asketentum im östlichen Persien und in Afghanistan, über Ägypten, Irak, Iran (Persien) und die Türkei, sowohl in sunnitischen wie schiitischen Verbreitungsgebieten. Die bereits erwähnte »mariagleiche« Rabia, eine von der Gottesliebe entzündete irakische Mystikerin, steht am Anfang der sufischen Bewegung. Ihr werden die Verse zugeschrieben:

> *Auf zweifache Weise liebte ich dich (Allah):*
> *In selbstloser Weise und weil du es wert bist.*
> *Selbstlose Hingabe heißt:*
> *Ich gehe auf im Gedenken an dich,*
> *fern von allem außer dir.*
> *Liebe aber, die deiner wert ist, heißt:*
> *du hebst den Schleier, so daß ich dich schaue.*
> *Beides ist nicht mein Verdienst.*
> *Für beides seist du gepriesen.*

Der Mystik verschriebene Frauen spielen auch später in der Geschichte des Sufismus eine nicht geringe Rolle. Angesichts der betont patriarchalisch ausgerichteten Frömmigkeit ist eine bedeutsame Hochschätzung der Frau in der Mystik! Ihren ersten Höhepunkt erlangte die mystische Bewegung in der verzehrenden Gottessehnsucht von al-Halladsch,[46] der sein unverwechselbares Einssein mit Gott dadurch bekundete, dass er folgendes Selbstzeugnis wagte, das an die Ich-bin-Worte des johanneischen Christus erinnert: »*Ich bin die absolute Wahrheit*« (*'ana'l-haqq*). Weil er als Dichter und religiöser Denker sein Erleben in kühnsten Formulierungen an die Öffentlichkeit trug, wurde er, von seinen eigenen Glaubensgenossen gepeinigt, zum Märtyrer der leidenschaftlichen Gottesliebe. Man kerkerte ihn jahrelang ein und richtete ihn – durch Kreuzigung oder durch Erhängen, es ist nicht gesichert – im März 922 in grausamer Weise hin. Annemarie Schimmel interpretiert sein Martyrium »als das eines liebenden Freiheitshelden, der vom Establishment getötet wird. (Er) ist noch immer ein Modell für solche, die für ihre Ideale alle Qualen auf sich nehmen und Erfüllung im Opfertod finden. Er hat an der Transzendenz Gottes festgehalten, doch erfahren, daß der ungeschaffene göttliche Geist in Momenten der Ekstase sich dem geschaffenen menschlichen Geiste vereinen kann und dann durch ihn spricht.«[47] Der Orientalist Hans Heinrich Schaeder pflegte zu sagen, wer islamische Mystik verstehen wolle, der müsse die Werke von al-Halladsch studieren. Fariduddin 'Attar (gest. um 1220), selbst ein bedeutender mystischer Lyriker, der sich als »Stimme der Sehnsucht« verstand, hat die Biographie von al-Halladsch geschrieben.

Viele zehntausende Verse hat der persische Dichter Dschelaleddin verfasst, nach seinem anatolischen Aufenthaltsort Rum, kurz ›Rumi‹ genannt. Seine Dichtungen sind das Ergebnis spontaner spiritueller Erfahrung. Seine Schüler nannten ihn *Maulana* (türkisch *Mevlana*) – ›unser Herr‹. Gestorben ist er am 17. Dezember 1273 in Konya, dem alten kleinasiatischen Ikonion, das von den Reisen des Apostels Paulus bekannt ist. In der Tradition Rumis stehen die bekannten tanzenden Derwische. Als Rumi am Abend jenes Tages im Dezember 1273 die Erde verließ, eilten – so wird berichtet – seine Anhänger aus der ganzen Provinz nach Konya. Und alle Religionsgemeinschaften nahmen an seiner Beisetzung teil, jede ihren eigenen Riten gemäß, etwa mit dem Ruf: »Er war unser Jesus, er war unser Mose.« Eine erstaunliche Ökumene entstand. Der ekstatische Tanz habe Stunde um Stunde gedauert, gemäß dem Text, der auf seinem Sarge steht:

> *Wenn aus meinem Staube Weizen sprießt –*
> *Bäckst du Brot draus, wächst die Trunkenheit!*
> *Teig und Bäcker werden ganz besessen,*

> *Und der Ofen singt berauschte Verse.*
> *Kommst du, meine Grabstatt zu besuchen,*
> *Scheint vor dir der Dachfirst selbst zu tanzen.*
> *Komm zu meinem Grab nicht ohne Trommel,*
> *Denn bei Gottes Fest ziemt sich kein Kummer.*
> *Ich bin Rausch, der Liebeswein mein Ursprung –*
> *Sag, was außer Rausch kann von mir kommen?*[48]

Zu den krönenden Werken der muslimischen All-Einheitsmystik gehören die Texte des in Murcia (Spanien) geborenen Ibn'Arabi (1240 in Damaskus gestorben). Er hat die verschiedenen sufischen Strömungen in einer theosophischen Zusammenschau interpretiert und systematisiert.

Als der größte mittelalterliche spirituell ausgerichtete Theologe gilt der schon in jungen Jahren in Bagdad lehrende al-Ghazzali (gest. 1111), der sich um die »Wiederbelebung der Wissenschaft von der Religion« in einem gleichnamigen Werk bemühte. Ihn durchdrang die Überzeugung, dass Gott denen, die mit einem inneren Schauen und geistigen Hören begabt sind, alle Dinge, den Lobpreis der Macht und die Größe Gottes verkündigt. »So wisse: Jedes Atom im Himmel und auf Erden führt mit den Geistigen geheime Zwiesprache. Dies hat keine Grenzen und kein Ende. Sie reden miteinander von den Geheimnissen der Welt des Körperlichen und des Übersinnlichen. Etwas Geheimes bekannt zu geben ist jedoch schändlich.«[49] Demnach ist aufgrund der darin zum Ausdruck kommenden Esoterik Arkandisziplin zu üben, weil die Mysterien nicht beliebig ausgeplaudert werden dürfen. Letztlich lassen sie sich auch nicht »veröffentlichen«, weil sich das jeweils zugrunde liegende Geheimnis nicht in Worte fassen lässt. Nur der Wissende versteht, nur der von der Gottesminne bereits Entzündete wird ergriffen!

Ein besonderer Rang ist unter den theosophisch Strebenden schließlich dem aus dem nordwestlichen Iran stammenden, früh vollendeten Schihabaddin Yahya as-Suhrawardi (1153–1193) einzuräumen. Er gilt als Meister der Erleuchtung (*Shaik al-ischraq*), auch er ein Opfer einer verblendeten muslimischen Orthodoxie. Für ihn ist Gott Licht, das über die Vermittlung von Engelwesen zum Menschen dringt. Was metaphysisch als Existenz (*wujud*) begriffen wird, entspricht letztlich einer Urerfahrung, die im Sein

Allahs gründet. Oder um Suhrawardis Lichttheologie mit S.H. Nasr zu umschreiben: »Die Essenz des ersten absoluten Lichts, Gott, schenkt fortwährende Erleuchtung, wodurch sie immer deutlicher manifestiert wird, und bringt alle Dinge ins Sein, indem sie es durch ihre Strahlen mit Leben begabt. Alles in der Welt ist von dem Licht seiner Essenz abgeleitet, und alle Schönheit und Vollkommenheit sind die Gaben seiner Güte; diese Erleuchtung vollkommen zu erreichen, ist das Heil.«[50]

Die überaus reiche Sufi-Literatur konzentriert sich schließlich auf zwei Hauptthemen, nämlich auf das immer wieder rezitierte Einheitsbekenntnis ›tauhid‹ und zum andern auf die unverbrüchliche Gottesliebe. »›Tauhid‹ bedeutet viel mehr, als nur das Einheitsbekenntnis auszusprechen oder Tausende von Malen zu wiederholen; es bedeutet, ganz in der göttlichen Einheit zu ›entwerden‹, denn niemand hat das Recht ›Ich‹ zu sagen, als Gott allein. Der Sufi erkennt in allem Geschaffenen diese Einheit. In den gegensätzlichen Erscheinungsformen dieser Welt zeigen sich Gottes ›jalal‹ und ›jamal‹, seine Majestät und seine Schönheit oder – um Rudolf Ottos moderne Formulierung zu verwenden, das ›mysterium tremendum‹ und das ›mysterium fascinans‹. Sie sind wie ein zweifarbiger Strick, der zunächst die Einheit Gottes zu verdecken scheint; doch wer die Färbung Gottes (Sura 2, 132) erreicht, der weiß, daß alle Gegensätze im göttlichen Wesen zusammenfallen (*coincidentia oppositorum*) und daß dort auch Glaube und Unglaube nicht mehr bestehen, denn sie sind geschaffen, und ›*alles ist vergänglich außer seinem Angesicht*‹ (Sura 28, 88). Die Liebe aber ist das eigentliche Wesen Gottes, und die meisten späteren Dichter, vor allem in der persischen Tradition, haben beschrieben, wie sie sich immer und überall manifestiert und das Liebesspiel im Grunde nur mit sich selbst spielt. Rosen und Nachtigallen, Flamme und Falter, die koranischen Propheten und die Gestalten der persischen epischen Überlieferung dienen als Symbole für die Liebe der Seele zu Gott, für den Weg des Suchers zur ewigen Heimat, für die Verwandlung der rohen Substanz in ›gekochte‹, reife Menschlichkeit.«[51]

Muslime und islamische Gelehrte, die sich nicht – etwa nach fundamentalistischer Art – mit der buchstäblichen Erfüllung und Durchsetzung von Koran und Scharia begnügen, gesellen sich zu denen, die es auch nicht mit der Erfüllung der »Menschlichkeit«

bewenden lassen. Sie haben sich denen zugesellt, die die Verantwortung für die Erde und für alles Leben auf diesem Planeten ernst nehmen. Im Hinblick darauf will der Islam als drittes Glied der abrahamitischen Familie der drei monotheistischen Religionen anerkennen, »daß alle Naturphänomene Zeichen (ayat) Gottes sind, daß auch die Natur an der Offenbarung des Korans teilhat und daß die Menschen als Statthalter (Khalifah) auf Erden nicht nur für sich selbst vor Gott verantwortlich sind, sondern auch für alle Geschöpfe, mit denen sie in Kontakt kommen.«[52] Ein sehnsuchtsvolles Gebet Maulanas, das die Herabkunft des Allerhöchsten erhofft, lautet:

> *Komm in unser Haus, Geliebter, kurze Zeit!*
> *Und belebe unsre Seele kurze Zeit!*
> *Daß der Himmel sehen möge mitternachts*
> *Eine klare Sonne strahlen kurze Zeit,*
> *Daß von Konya aus erstrahle Liebes-Licht*
> *Bis Samarkand und Buchara – kurze Zeit.* [53]

TEIL 2
Die indischen Religionen

Kapitel 4
Der Hinduismus
Seine vielgestaltige Religionswelt

Zur Begriffsbestimmung und Eigenart

Wenn von »dem« Hinduismus die Rede ist, wird bei flüchtigem Hinsehen der Eindruck erweckt, als handle es sich um eine deutlich begrenzbare Weltreligion oder gar um eine Selbstbezeichnung der Hindus. Das ist aber nicht der Fall. Bis ins 19. Jahrhundert, in dem es in mancherlei Hinsicht in Indien zur Selbstbesinnung und religiösen Erneuerung kam, kannte man dort keine Bezeichnung für die religiöse Vielfalt, die die westliche Religionswissenschaft mit dem Begriff ›Hinduismus‹ zusammenzufassen versuchte. Der Name *Hindu* ist freilich mindestens zweieinhalb tausend Jahre alt, er taucht schon in vorchristlicher Zeit in Inschriften des persischen Reiches unter Dareios I. (517 v. Chr.) auf. So betrachtet, ist der Name ein persisches Wort, das früh zur Bezeichnung der Inder benutzt wurde. Noch älter sind Belege, die im Avesta und in altpersischen Keilinschriften vorkommen.

Üblich wurde auch die religionsgeschichtliche Bezeichnung ›Brahmanismus‹, abgeleitet von der Priesterkaste der Brahmanen (*brahmanas*), den »Religionsgelehrten«, denen es obliegt, die alte Tradition mit ihren religiösen Riten, Hymnen und heiligen Schriften zu pflegen. Es waren die einst im zweiten vorchristlichen Jahrtausend nach Indien eindringenden (Indo-)Arier, die die bis heute nachwirkende, durch vier Hauptkasten strukturierte Gesellschaftsordnung (*varna*) eingeführt haben. Dieses Brahmanentum ist zu unterscheiden von der Verehrung Brahmas, des hinduistischen Schöpfergottes, der zusammen mit Vishnu und Shiva in der nachfolgenden Religionsentwicklung im sogenannten ›Trimurti‹ als hinduistische Götterdreiheit angerufen wird.

Ein Kenner von der religionswissenschaftlichen Kompetenz eines Sarvapalli Radhakrishnan (1888–1975), einst Präsident der Indischen Union und Friedenspreisträger des deutschen Buchhandels von 1961, räumt ein, dass ›Hinduismus‹ nicht ohne Schwierigkeiten zu definieren sei. Vielen erscheine der Name ohne spezifischen Inhalt. Man vermute dahinter ein überaus materialreiches Museum von Glaubensvorstellungen und Riten, die in ihren konkreten Vollzügen der westlichen Welt eher befremdlich erscheinen. Dabei sei der Hinduismus nicht etwa kurzlebig gewesen. Er habe schon vor Jahrtausenden eine erstaunliche kulturelle Höhe erreicht, »die ihren ungebrochenen, wenn auch manchmal langsamen und fast anhaltenden Verlauf bis zum heutigen Tage bewahrt hat. Sie hat das Gewicht und die Spannung von vier oder fünf Jahrtausenden geistigen Forschens und geistiger Erfahrung überdauert. Obwohl Völker verschiedener Rasse und verschiedener Kultur seit jeher nach Indien strömten, behauptete der Hinduismus seine Vorherrschaft, und selbst die sich ausbreitenden Glaubensrichtungen, die von politischer Macht gestützt wurden, vermochten die große Mehrheit der Inder nicht zu ihrer Anschauung zu bekehren. Die Hindukultur verfügt über eine solche Lebenskraft, wie sie manchen anderen kräftigeren Strömungen versagt ist.«[1]

Wir haben offensichtlich eine Sammelbezeichnung vor uns, die sich auf die Religionen und Kulturen bezieht, die seit alters am Indus, dem Sindhu-Fluss (griech. *Indós*), wohnen und die sich – etwa vom zweiten vorchristlichen Jahrtausend an – vom Pandschab, dem Fünfstromland aus in das Tal des Ganges ausgebreitet haben. Hier stießen sie auf ältere präarische Kulturen, z.B. jene von Mohenjo-Daro in Pakistan oder Harrappa im Pandschab, mit deren archäologischer Erschließung man 1924 begann.

Von einer Mehrzahl von Kulturen muss schon deshalb gesprochen werden, weil es sich um eine Abfolge verschiedener kultureller Entwicklungen handelt, die ihrerseits unterschiedliche religiöse Gestaltungen hervorgebracht haben. Streng genommen handelt es sich jedoch nicht um ein Nacheinander, in dem spätere Strukturen religiöser Wirklichkeit frühere ablösen. Eher muss von einem Neben- und Miteinander gesprochen werden, wenn man bedenkt, dass es heute praktizierte religiöse Riten gibt, die auf die vorarische Epoche zurückweisen. Auf diese Weise ist ältestes Glaubensgut präsent.

Eine Einschränkung des Hinduismus-Begriffs ergab sich, als der Islam zu Beginn des 8. Jahrhunderts in den Regionen entlang des Indus Fuß fasste und damit eine eigenständige, semitisch geprägte, streng monotheistisch ausgerichtete Religion entstand. Eine synkretistische Neubildung aus Hinduismus und Islam entstand in Nordindien (Pandschab) gegen Ende des 15. Jahrhunderts in Gestalt der Sikh-Religion. Diese geht zurück auf Nanak (1469–1538), der als erster *Guru* dieser Art seine Anhänger *Sikhs* (d.i. »Schüler, Jünger«) nannte.[2] Indische Tradition und islamische Frömmigkeit mit sufischem Einschlag gingen im Sikhismus eine Verbindung ein.

Die Kolonialisierung und christliche Missionierung schufen weitere neue Fakten. Erst in diesem Zusammenhang wurde deutlich, um was für eine Vielfalt an ethnisch-gesellschaftlichen und kulturell-religiösen Ausformungen es sich handelt, wenn man sich der Bezeichnung »Hinduismus« bedient. Je mehr man über die Gesellschaften des indischen Subkontinents erfuhr, umso klarer wurde, dass man mit dem im Westen üblichen »Häresie- oder Sekten«-Begriff nicht operieren konnte, schließlich handelt es sich neben den Jainas oder Sikhs um weitere relativ eigenständige religiöse Gemeinschaften.

Eine Dogmenentwicklung oder eine differenzierte Bekenntnisbildung, wie sie etwa in den verschiedenen Kirchen des Christentums vorherrschten, gibt es im Hinduismus ebenso wenig wie eine höchste religiöse Leitungsinstanz. Ganz gleich, in welchem gesellschaftlichen Zusammenhang man aufwächst oder welche häuslich-familiären oder gemeinschaftlichen Riten man vollzieht, man kann sich doch als »rechtgläubiger« Hindu verstehen.

Eine Reihe von Gesichtspunkten unterstreicht die große Komplexität der Phänomene und die Vielfalt und den tiefen geistigen Horizont der Hindu-Religionen:

1. Bedingt durch das hohe Alter und den Jahrtausende langen Entfaltungsprozess der in den indischen Regionen entstandenen Kulturen, haben sich trotz vieler Gemeinsamkeiten auch sehr unterschiedliche kultische Praktiken entwickelt. Sie reichen von Vorstellungen einer Allbeseelung (*Animismus*), verbunden mit einem rituellen Opferdienst, bis zu einer mystischen und philosophisch aufgeklärten Spiritualität, die mit der Spiritualität anderer Weltreligionen korrespondiert.

2. Groß ist die Vielfalt an Gottesbildern. Es gibt Formen eines Ein-Gott-Glaubens (*Monotheismus*), ein Götter-Pantheon (*Polytheismus*) sowie mystisch gefasste unpersönliche Gottesvorstellungen. Atheistische Motive sind nicht völlig auszuschließen.
3. Im Zusammenhang damit stehen religiöse Systeme, die teils monistisch teils dualistisch geprägt sind. Im ersten Fall (skr. *advaita*, »Nichtzweiheit«) stellen Gott bzw. das Absolute und der Mensch nicht eine Zweiheit dar. Alle Vielheit ist ein Trug. Es existiert nur das All-Eine, Brahman, der absolute Geist. *Dvaita* (Zweiheit) bezeichnet hingegen den dualistischen Zustand, in dem der Mensch von seinem Schöpfergott getrennt ist. Dieser als Unheil empfundene Zustand soll überwunden werden.
4. Überaus reich ist die Literatur der heiligen Schriften entwickelt, in denen sich die mehr als dreitausend Jahre alte religiöse Praxis widerspiegelt: so etwa der Opferdienst und die Verehrung des Feuers in den Hymnen der Veden, die mystische Frömmigkeit in den Upanischaden, in großen epischen Werken wie dem Mahabharata, in dem das literarische Herzstück hinduistischer Frömmigkeit und religiöser Philosophie, die Bhagavadgita, enthalten ist – eine heilige Schrift, der seit langem weltweit ein hoher Rang eingeräumt ist.
5. Zahlreich sind ferner die Ansätze für religiöse Aufbruchs- und Erneuerungsbewegungen im sogenannten Neuhinduismus seit dem 18. Jahrhundert, der auch in den Westen hinein eine große Ausstrahlungskraft ausgeübt hat. Das trifft in hohem Maße auf die ebenfalls bis in die Frühzeit des Hinduismus zurückzuführenden spirituellen Übungswege wie den Yoga in seinen verschiedenen methodischen Ausformungen zu.

Weitere Unterschiede ergeben sich aus der Tatsache, dass sich in den Hindu-Religionen sowohl die personal vorgestellte Götterverehrung wie auch Formen der unpersönlichen Gottesverehrung entwickelt haben. Einerseits lässt sich eine Reihe von Gemeinsamkeiten in den geistigen Grundlagen (*dharma*, von skr. *dhr*, »tragen«) feststellen, andererseits gibt es die spirituellen Niveau-Unterschiede bei den praktizierenden Hindus. Sie reichen von den erwähnten Vorstellungen einer primitiven Allbeseelung

(*Animismus*) bis zu einer geistig hochstehenden Religionsphilosophie und Mystik. All dies zusammengenommen macht Radhakrishnans Schwierigkeiten bei der Definition des Hinduismus verständlich. Der indische Religionswissenschaftler Arvin Sharma stimmt seinem berühmten Landsmann mit der Feststellung zu: »Es ist also nicht möglich, das Wesentliche des Hinduismus zu definieren. Aber es kann beschrieben werden. Grundsätzlich ist ein Hindu jemand, der nicht leugnet, einer zu sein. Die Gesamtheit der Vorstellungen und Praktiken aller derer, die die Bezeichnung ›Hindu‹ akzeptieren, macht den Hinduismus aus.«[3]

Es ist des Weiteren deswegen so schwierig, die Geschichte des Hinduismus auf einen einfachen Nenner zu bringen, weil man es mit einem seit Jahrtausenden ablaufenden Assimilationsprozess zu tun hat, wobei immer neue Traditionen Aufnahme und Integration gefunden haben: »Zur Zeit der ersten Einwanderungen der Arier nach Indien – ungefähr zur gleichen Zeit, als die Israeliten nach Kanaan/Palästina eindrangen – mißbilligten sie verschiedene religiöse Praktiken als unarisch. Innerhalb weniger Jahrhunderte jedoch wurden diese Praktiken zum Bestandteil des Hinduismus. Ungefähr im sechsten Jahrhundert vor Christus gab es in Indien, besonders in Nordindien, einen gewaltigen religiösen Gärungsprozeß, aus dem heraus sich der Buddhismus und der Jainismus (Jinismus), eine indische Erlösungsreligion, entwickelten. Aber schon einige Jahrhunderte später war der Buddhismus (und vieles vom Jainismus) in Indien im Hinduismus aufgegangen. Buddha wurde zu einer Inkarnation des hinduistischen Gottes Vishnu. Im Falle des Islam und des Christentums konnte der Hinduismus bislang keine spektakuläre Assimilation vornehmen. Allerdings wurde er zutiefst von diesen beiden Traditionen beeinflußt.«[4]

Indien ist im Übrigen seit Generationen das Land der westlichen Heilssucher. Bedingt durch den spirituellen Niedergang des kirchlichen Christentums, das seit einigen Jahrhunderten seine Missionare nach Asien geschickt hat, pilgern Jahr um Jahr Tausende von Europäern und Nordamerikanern nach Indien. Zum einen üben die östlichen Heilswege eine erstaunliche Faszinationskraft aus. Andererseits sind wesentliche Elemente hinduistischen Gedankenguts sowie die verschiedenen Yoga-Wege dem westlichen Denken vertraut worden. Indien hat – verstärkt seit der Mitte des 20. Jahrhunderts – seinerseits das Abendland zu missionieren begonnen.[5] Begriffe wie Karma und Reinkarnation und die damit verbundenen religiösen Ideen werden im Rahmen der abrahamitischen Religionen ernsthaft diskutiert und mit Blick auf ihre Vereinbarkeit mit dem christlichen Auferstehungsglauben geprüft.[6] Sympathie und Skepsis bzw. kritische Ablehnung halten sich die Waage.

Geistiger Hintergrund und religiöse Praxis

Das spezifisch indische Phänomen besteht darin, dass in der von Widersprüchlichkeiten erfüllten Religionswelt sehr verschiedenartige, oft paradox anmutende Vorstellungen und Praktiken nebeneinanderstehen, die jedem Indien-Reisenden ins Auge fallen. »Denn in ihm (dem Hinduismus) steht Erhabenes und Abstoßendes, Primitives und Sublimiertes oft so unvermittelt nebeneinander wie nirgends sonst. In einem herrlichen, künstlerisch vollendeten Tempel des Südens wird Shiva mit dem ganzen Prunk eines altehrwürdigen Rituals gefeiert; ein Asket aber steht abseits und murmelt, indem er seinen Rosenkranz aus Rudraksha-Beeren durch die Finger gleiten läßt, die heilige Formel: ›Shivo 'ham, Shivo 'ham‹ (Ich bin Shiva) und gibt dadurch seinem Glauben Ausdruck, daß der Herr der Welt, den die Priester verehren, in Wahrheit der Urgrund ist, in dem jedes Einzelwesen ruht. Unmittelbar neben dem Heiligtum steht ein kleiner Tempel mit dem rohen, grell bemalten Idol einer Göttin, vor das abgehärmte Frauen Puppen hinstellen, um Kindersegen zu erflehen. In Benares, dem indischen Rom, wo Shankara seinen Kommentar zu den Brahmana-Sutren schrieb und noch heute die weisesten und gelehrtesten Brahmanen zu finden sind, entfaltet sich tagaus, tagein an den großen Badetreppen ein Bild abstoßenden Geschäftsgebarens, wenn Priester, Fakire und Handelsleute der verschiedensten Art darin wetteifern, den frommen Pilgern ihr Geld abzunehmen. Seite an Seite mit kleinen Versammlungen, in denen ein Sadhu die Weisheit der Upanishaden oder der Gita vorträgt oder die alten Legenden von Krishna oder Rama erzählt, befindet sich ein Brunnen, in welchem eine heilige Kobra durch Opfergaben verehrt wird oder die rohe Steinskulptur des elefantenköpfigen, hängebäuchigen Ganesha. Am Kalighat bei Kalkutta werden der Kali blutige Ziegenopfer dargebracht, unweit derselben Stadt ist das Kloster des Ramakrishna, des letzten großen Hinduheiligen (gest. 1886), der in stiller Meditation sich in das über alle Vielheit erhobene all-eine Brahma versenkte und dessen Schüler Vivekananda der westlichen Welt einen vergeistigten Hinduismus als die allen Erfordernissen moderner Wissenschaft gerecht werdende Religion darzustellen bemüht war.«[7]

Selbst die Frage, was dieses Universum der Kontraste im Innersten zusammenhält, lässt sich – je nach der Perspektive des Fragenden – nicht immer eindeutig beantworten. Ein immer wiederkehrendes Leitmotiv gibt es freilich: Es ist die Sehnsucht, Heil und Befreiung (*mukti*) aus dem leidvoll erfahrenen Weltkreislauf zu erlangen. Doch zunächst ist die jeweilige Existenz als gottgegeben hinzunehmen. Dazu gehört die Aufspaltung der Gesellschaft in Kasten mit unterschiedlicher Wertschätzung als das anscheinend unveränderbare soziale Ordnungsgefüge. – Die andere, damit verbundene Tatsache ist die von Reinkarnation und Karma. Sie basiert auf der Überzeugung, dass das gegenwärtige Schicksal eines Menschen durch das Tun und Lassen (*karma*) vorbestimmt bzw. verursacht ist. In vergangenen irdischen Verkörperungen hat der betreffende Mensch selbst sein Schicksal vorbestimmt. Nach vorne blickend, muss sich der Betreffende sagen: Mein heutiges Tun und Leben ist ebenfalls folgenreich für die nachfolgenden Wiederverkörperungen (die nach Hindu-Meinung auch in Tiergestalt erfolgen kann). Das Rad der Wiedergeburten (*samsara*) gilt es zum Stehen zu bringen bzw. einen Ausweg aus dem karmisch bedingten Kreislauf zu finden. Der im Hinduismus, Buddhismus und Jainismus sowie in der Sikh-Religion zentrale Begriff des Karma ist besonders umfassend und ausdrucksvoll. Raimondo Panikkar bemerkt hierzu:

»Der Hauptgedanke von Karma bezieht sich auf die kosmische Zusammengehörigkeit der ganzen Schöpfung, auf die Unwiederholbarkeit und den einzigartigen Wert einer jeden Handlung, die niemals ins Leere fällt oder unfruchtbar und wirkungslos bleibt. Kein Wesen kann dem Gesetz des Karma, das heißt der Wechselbeziehung mit dem gesamten Kosmos und der Verantwortlichkeit ihm gegenüber, entfliehen. Karma ist das Verbindungsglied zur Wirklichkeit und stellt unser Gefühl der Einheit mit dem ganzen

Universum wieder her. Denn alle Wesen sind ohne Ausnahme von dem gleichen kosmischen Gesetz beherrscht. Dieses ist nicht eine bloße kausale Kette. Alles ist Karma. Die Entdeckung, wie Karma in Aktion tritt, ist Höhepunkt der Weisheit, ist Verwirklichung.«[8]
Der *Yoga* (wörtlich »Joch, Anjochung«) im Sinne einer Vereinigung mit dem höchsten Gotteswesen, Brahman, bzw. die Mehrzahl yogischer Übungs- und Erkenntniswege, sie bieten Mittel zur Selbstbefreiung an. Dem Guru wird als dem spirituellen Führer hohe Reverenz erwiesen. Umstritten ist, ob ein geistig strebender Mensch einen solchen Führer für das innere Geleit nötig hat. Sein Vorbild hat er zunächst in den Eltern, die ihren Kindern gegenüber die erste Guru-Funktion zu erfüllen haben. Auf höchster Ebene steht der transzendente Guru, der sowohl von den geistigen Welten her inspirierend wirksam ist als auch als innerer Guru in Gestalt des wahren Selbst. – Sieht man einmal von der Fülle der den einzelnen Göttergestalten und Göttinnen zugedachten Opferungen und Gebete ab, dann ist es wesentlich, dass die Unwissenheit in Bezug auf die Heils- und Erlösungsmöglichkeit überwunden und Heilserkenntnis (*jnana*) erlangt wird. Das Ziel ist Brahma(n), die Heimkehr in den Ursprung, ins Absolute. Das all-eine Brahma ist über jede räumlich-zeitliche Beschränkung erhaben. Die Kausalität, die durch die Karma verursachende Tat wieder und wieder erzeugt wird, kommt zu ihrem Ende. Das ist der Heilszustand schlechthin.

Solange der Mensch aber in die vorgegebene Existenz eingebunden ist, gibt es für ihn Dharma, Inbegriff der allem Sein zugrunde liegenden Ordnung und Gesetzmäßigkeit, letztlich der Wahrheit. Nur ein Leben im Sinne des Dharma gibt die Gewähr, dass dieses Leben sinnerfüllt geführt werden kann. Insofern ist Dharma mit Karma verbunden, weil es da wie dort um ein im Einklang mit der Weltordnung zu führendes moralisch wertvolles Leben geht. *Sanatana Dharma* (unvergängliches, ewiges Dharma) ist schließlich die Selbstbezeichnung für die Religiosität der Hindus. Durch göttliche Offenbarung ist sie in Ur-Zeiten den inspirierten Sehern (*Rishis*) anvertraut worden. Diese haben das Wort der Götter von Generation zu Generation weitergetragen. In den heiligen Schriften, in die sich das Ur-Wissen (*Veda*) der Götter eingeschrieben hat, ist den Hindus die verbindliche, ihre Unterschiedlichkeit überwindende Weisung gegeben.

Zu dieser Verbindlichkeit hat sich beispielsweise Mohandas Karamchand Gandhi (1921) bekannt und ihr so Ausdruck gegeben: »Meiner Meinung nach ist jeder ein Hindu, der in einer hinduistischen Familie in Indien geboren wurde, der die Veden, die Upanishads und die Puranas als heilige Bücher akzeptiert; der an die fünf Gebote der Wahrheit, Gewaltlosigkeit usw. glaubt; der an ein Selbst und ein höchstes Selbst glaubt und außerdem glaubt, daß das Selbst (die Seele) nie geboren wird und nie stirbt, sondern durch eine Folge von Inkarnationen in einem Körper von Leben zu Leben wandert und Befreiung erlangen kann; der an die Gesellschaftsordnung von Kasten und Lebensstadien (varnasrama) glaubt und an den Schutz der Kuh.«[9]

Heilige Schriften

Während das Gotteswort in den drei abrahamitischen Religionen auf Grund der jeweiligen Kanonisierung einen relativ leicht überschaubaren Textbestand an allgemein verbindlichen Schriften darstellt, hat der Hinduismus in den verschiedenen Epochen seiner Entwicklung umfangreiche Büchersammlungen[10] entstehen lassen, die bestimmten Traditionen von Göttern bzw. Götterpaaren zugeordnet werden können. Da ist beispielsweise *Vishnu* (skr. *vish*, »wirken«), einer der Hauptgötter des Hinduismus, der sich in verschiedenen Erscheinungsweisen oder »Herabkünften« (skr. *avatara*) manifestiert hat und zusammen mit Brahma, dem Erhalter, und Shiva, dem Zerstörer, die Götter-Dreiheit des ›Trimurti‹ bildet. Krishna und Rama stellen solche Herabkünfte Vishnus dar. – Die universale göttliche Energie Shakti, Shivas Gattin, wird in Indien bis heute in immer neuen Namen (Durga, Kali, Amba) verehrt. Sie verkörpert zugleich die Ur-Energie Brahmas. Der Hindu bedarf der mütterlichen Gnade der Shakti. – *Shiva* (der Freundliche, Gütige) selbst ist ebenfalls eine segensreiche Gottheit und bewirkt die Auflösung des Nichterkennens (*avidya*). Das lässt ihn zu einer heilbringenden Gestalt werden.

Jede dieser Göttertraditionen – Vishnuismus, Shivaismus und Shaktismus – verfügt über heilige Schriften mit besonderem Gepräge. Maßgebliche Kultussprache ist das Sanskrit (wörtl. »vollkommen, endgültig gemacht«). Die von Nordwesten im 2. vorchristlichen Jahrhundert nach Indien eingedrungenen Arier haben diese indo-europäische Sprache mitgebracht. In der »heiligen Sprache« der Hindus sind die ältesten Texte in einer speziellen Schrift abgefasst, der *Devanagari* (etwa: »Götterschrift«). Schwierige in dieser Schrift fixierte Lautverbindungen sind bisweilen nur mit großen Schwierigkeiten ins lateinische Alphabet zu übertragen.

Die Veden und die Brahmana-Texte

Zeitlich am Anfang stehen die Veden (von skr. *veda*,»Wissen, heilige Lehre«). Sie sind der Inbegriff des Götterwissens und der Götterweisung. Sie gehören zu den ältesten Sakraltexten der Menschheit überhaupt. Sie dienten mit ihren Hymnen und Gebeten den Priestern beim Vollzug der rituellen Darbringungen. Die zunächst in mündlicher Überlieferung weitergegebenen Wortlaute reichen mit ihren frühesten Teilen ins 2. vorchristliche Jahrtausend zurück. Die für die Entstehung erschlossenen Zeitangaben variieren immer noch. Sie werden von Fall zu Fall durch archäologische Resultate präzisiert bzw. korrigiert.

Der Umfang der Veden umfasst ein Vielfaches der jüdischchristlichen Bibel. Der gewaltige Schriftkomplex lässt sich in vier Sammlungen unterteilen:
- den *Rig-Veda*, Veda der Verse oder das in Versen niedergelegte heilige Wissen
- den *Sama-Veda*, Veda der Lieder
- den *Yajur-Veda*, Veda der Sprüche, die bei den Opfern rezitiert werden
- den *Atharva-Veda*, Veda der Zaubersprüche und priesterlicher Spekulationen

Was den *Rishis* als den göttlich inspirierten Sehern und Weisen der Ur-Zeit aus geistigen Welten offenbart wurde, das ist in dichterischer Gestaltung wiederum den Göttern gewidmet. Das Weltschöpfungslied des Rig-Veda beginnt so:

> *Damals war nicht das Nichtsein, noch das Sein,*
> *Kein Luftraum war, kein Himmel drüber her. –*
> *Wer hielt in Hut die Welt, wer schloß sie ein?*
> *Wo war der tiefe Abgrund, wo das Meer?*
>
> *Nicht Tod war damals, noch Unsterblichkeit,*
> *Nicht war die Nacht, der Tag nicht offenbar. –*
> *Es hauchte windlos in Ursprünglichkeit*
> *Das Eine, außer dem kein Andres war.*
>
> *Von Dunkel war die ganze Welt bedeckt,*
> *Ein Ozean lichtlos, in Nacht verloren.*
> *Da ward, was in der Schale war versteckt,*
> *Das Eine durch der Glutpein Kraft geboren.*
>
> *Aus diesem ging hervor, zuerst entstanden*
> *Als der Erkenntnis Samenkorn die Liebe.*
> *Des Daseins Wurzelung im Nichtsein fanden*
> *Die Weisen, forschend in des Herzens Tiefe.*[11]

In den einzelnen Akten des Opfergeschehens, das bis in die Mitte des 1. nachchristlichen Jahrtausends eine bedeutende Rolle gespielt hat und selbst heute noch nachwirkt, sind die Menschen mit der Gottheit in der Weise verbunden, dass sie mit ihr zusammenwirken. An den heiligen Handlungen sind somit die jeweils angerufenen Götter selbst beteiligt. »Die ›Opfer‹ der Götter sind kosmische Geschehnisse und Schöpfungsakte, und die Opfer der Menschen sind der fromme Nachvollzug göttlichen Tuns, wodurch sich die Menschen in Einklang setzen mit dem göttlichen Geschehen, indem zum Beispiel in dem Augenblick, da das himmlische Feuer, die Sonne, sich erhebt, an der Opferstätte das heilige Feuer aufflammen muß, und der beim Opfer bereitete Trank Symbol ist des göttlichen Lebenssaftes, der alle Welt durchströmt.«[12]

Weil die einzelnen Gaben für die Götter der verwandelnden Kraft des Feuers übergeben wurden, spielen die Anrufungen des Feuergottes Agni im Veda eine zentrale Rolle:

> *Agni, den Gott, der Opfer bringt,*
> *Des Hauses Priester preise ich,*
> *Den Rufer, der uns Schätze schenkt.*
>
> *Agni, den Seher alter Zeit*
> *Und neuer Zeit verherrlichen,*
> *Die Götter führe er uns zu.*
>
> *Durch Agni sei uns Gut beschert*
> *Und Wohlergehen Tag für Tag,*
> *An Glanz und Heldensöhnen reich.*
>
> *Agni, die Opfergabe, die*
> *Von allen Seiten du umhüllst*
> *Steig zu der Götter Sitz empor.*
>
> *Agni, der Rufer, geistesstark,*
> *Wahrhaft und reich an Ruhmesglanz,*
> *Mit Göttern, komme er, der Gott.*[13]

Indra, der Gott des Firmaments, zugleich die personifizierte Atmosphäre, wird in den Veden als der höchste in der Götterschar angesehen, als Beherrscher von Wind und Wetter, Regenspender und Blitze zündender Gott. Er soll den Gefahr bringenden Drachen in michaelischer Geste töten und den Menschen beim Kampf mit den Unholden ermutigen:

> *Ein Herrscher bist du, gewaltig und hehr,*
> *Ein Vertilger der Feinde, dem niemand gleicht,*
> *Besiegt und erschlagen wird nimmermehr,*
> *Wem du in Gnaden dich zugeneigt.*
>
> *Ein Stammesfürst, der das Heil uns schafft,*
> *Der den Drachen tötet, den Feind bezwingt,*
> *Geh uns, Indra, voran, ein Stier an Kraft,*
> *Der die Furcht verscheucht und den Soma trinkt.*[14]

Soma ist die vom Himmel auf die Erde herniedersteigende Feuchte, die zum berauschenden Saft einer Pflanze wird, heilsam für Götter und Menschen. Er verleiht übernatürliche Kräfte. Assoziiert wird die Vorstellung von Soma mit dem Samen des Himmelsstieres. »Beim Opfer-Ritual wird der aus der Soma-Pflanze erkelterte Saft mit Milch gemischt. Dieser Opfervorgang ist eine Gewähr künftigen Viehreichtums. Die Gewässer aber, immer in Mehrzahl und weiblich benannt, sind die Frauen der Götter. Soma vereinigt sich mit den göttlichen Frauen, himmlisches und rituell kultisches Vorbild der Liebesvereinigung. Wenn das Leben hienieden erlischt, dann steigt es wieder empor, und wie Agni als Leichenfeuer den Verstorbenen in Flamme und Rauch nach oben trägt, so erhebt sich die lebensvolle Feuchte vom Grund nach oben.«[15]

Die Hindus verehrten den ›Soma‹-Trank wie einen Gott, weil er göttliche Seligkeit (*ananda*) und schließlich Unsterblichkeit verleiht. – Als das »schönste Licht der Lichter« wird *Ushas*, die Morgenröte, poetisch begrüßt; auch sie eine Gottheit, die Wegbereiterin der Sonne (*surya*). Der Rig-Veda enthält einen Hymnus an sie:

> *In Majestät aufstrahlt die Morgenröte,*
> *Weißglänzend wie der Wasser Silberwogen.*
> *Sie macht die Pfade schön und leicht zu wandeln*
> *Und ist so mild und gut und reich an Gaben.*
>
> *Ja, du bist gut, du leuchtest weit, zum Himmel*
> *Sind deines Lichtes Strahlen aufgeflogen.*
> *Du schmückest dich und prangst mit deinen Brüsten*
> *Und strahlst voll Hoheit, Göttin Morgenröte.*[16]

Weitere Lobpreisungen werden intoniert. Sie wenden sich an Surya, an den »allumfassenden« Varuna, an den Windgott Vata sowie an die Götter in ihrer Gesamtheit, ferner an die Kräfte in der Natur, denen ebenfalls göttliche Verehrung zuteil wird.

Während in den Veden das poetisch-hymnische und das magisch beschwörende Element dominierten, sind die sich anschließenden ›Brahmanas‹ vorwiegend theologische »Erläuterungen über das Brahman« und die einzelnen Opferhandlungen. Auch diese Texte gelten einschließlich der darin enthaltenen Mythen und Legenden als Kundgaben der göttlichen Offenbarung (*shruti*). Deutlich wird, wie wichtig es ist, dass der Priester dem traditionellen Ritus gemäß sein Tun ausrichtet. Die beim Ritual rezitierten, gesungenen oder gemurmelten Wortlaute werden in den Brahmanas Wort für Wort oder phrasenweise erläutert. Auch die Entwicklung des Reinkarnations- und Karma-Gedankens wird weitergeführt. Nicht nur, was man auf dieser Erde seinen Mitmenschen angetan hat, sondern auch wie man mit Tieren und Pflanzen Umgang gehabt hat, das wird einem in künftigen Inkarnationen in analoger Weise widerfahren. In Erscheinung tritt ferner der Totengott ›Yama‹, der mit einer Waage in der Hand die guten und bösen Taten der Verstorbenen wägt und ihnen dann das ihnen gemäße Schicksal anzeigt.[17]

Obwohl die Brahmana-Texte bis in die Zeit um 1000 v. Chr. zurückreichen, lässt sich in ihnen eine Veränderung der religiösen Situation bemerken, nämlich eine Aufwertung der priesterlichen Handlung, mit der der Mensch in den göttlichen Bereich hinein wirksam werden könne: »War in den Veda-Liedern das Opfer noch das Mittel, um einen Gott zu veranlassen, dem Verehrer eine Gnade zu gewähren, so wird hier das Opfer Selbstzweck, der Gott ist gewissermaßen nur der Funktionär, der das Gewünschte herbeiführt. Diese neue Auffassung hatte naturgemäß eine außerordentliche Steigerung des Ansehens des Priestertums zur Folge: die Brahmanen sind ›Götter in Menschengestalt‹, die die himmlischen Götter theurgisch zur Erfüllung aller Wünsche zwingen können.«[18] Von daher ergab sich der noch heute wahrnehmbare Vorrang der Brahmanen gegenüber den Angehörigen der übrigen indischen Kasten.

Upanishaden-Mystik

Eine Schriftgattung, die *Aranyakas* (skr. *aranya*, »Wald«), wird so genannt, weil ihre Inhalte wahrscheinlich einer gewissen Geheimhaltung (*Arkandisziplin*) wegen nicht in der Öffentlichkeit der dörflichen Umgebung vorgetragen und erörtert wurden, sondern im Wald. Wenn die mystischen Texte speziell für Waldeinsiedler und deren geistliche Schüler gedacht waren, dann stellen die Aranyakas einen Übergang dar von den Brahmanas zu den ebenfalls sehr umfangreichen, im Laufe von Jahrhunderten entwickelten Textkompendien der Upanishaden. Die älteren Upanishaden wurden noch vor dem Auftreten Buddhas, also etwa vor

500 v. Chr. verfasst, die jüngeren sind nach Buddha entstanden. Innerhalb der heiligen Schriften bezeichnen Abfassung und Sammlung der upanishadischen Texte eine Zäsur zwischen dem durch allerlei Opfer bestimmten Gottesdienst und einer philosophischen Durchdringung alles dessen, was ist, und ferner, wem Sein (*sat*) zuzuschreiben sei. Die Lektüre zeigt, dass man es nicht mit einem geschlossenen Lehrsystem zu tun hat, weil ausgesprochen heterogene Materialien nebeneinander gestellt sind. Und wenn man auch sagen kann, dass die Hindu-Frömmigkeit durch die Upanishaden einen neuen Akzent erfährt, so sind doch die Thematik der Veden und selbst Reflexionen über den Opferdienst weiterhin präsent. Doch der mit den Upanishaden einsetzende Wechsel entspricht, religionsphilosophisch betrachtet, einem »Ende der Veden«, dem *Vedanta* als der großen auch im Westen wirksam gewordenen Geistesbewegung. Denker verschiedener Anschauungen und Lehrsysteme haben dazu ihre Beiträge geliefert. In diesem Zusammenhang ist die bedeutsame Frage zu klären, wie sich die Wesenheit des Menschen (atman) zur alles beherrschenden Gottheit (brahman) verhält. Diesem Denken, das sich vom rituellen äußeren Tun nach innen, nämlich in die Meditation und in die philosophische Betrachtung, bewegt, liegt eine mystische Erfahrung zugrunde.

Das aus dem Sanskrit *upa-ni-sad* abgeleitete Wort meint: »sich nahe bei jemandem niederlassen« und besagt, dass der geistig strebende Schüler sich bei seinem Meister (guru) niederlässt, um einen Innenweg der Meditation und der Beachtung des Santana Dharma zu beschreiten. Dieser esoterische Charakter der Upanishaden hat dazu geführt, von ihnen als von der »Geheimlehre des Hinduismus« zu sprechen. Sie können durchaus als esoterisch gelten, weil es sich hier nicht um Mythologie oder um die theologische Interpretation von vedischen Texten handelt, sondern um den Gewinn von Erfahrungen, die durch den bloßen Vollzug von rituellen Handlungen nicht zu erlangen sind. Mit anderen Worten:

»Die indische Tradition versteht ›Upanishad‹ auch im Sinn von ›Geheimnis, Mysterium‹ (rahasya). Ein Synonym, ›upasana‹ wird (meist als Verb) ebenfalls für Meditation, Verehrung verwendet. Die im Präfix ›upa-‹ enthaltene Implikation der Nähe ist bedeutungsvoll, weil man sich in der Nähe eines geliebten Menschen

HEILIGE SCHRIFTEN

aufhalten will und auch weil Brahman, die alldurchdringende göttliche Kraft, das Allernächste ist. Meditation bedeutet, sich in seine Nähe zu begeben. Ganz gleich, in welchem religiösen Bereich, ob in dem der Erkenntnis (jnana) oder der Gottesliebe (bhakti), der Hindu ist nie damit zufrieden, das Göttliche nur von außen und aus der Distanz anzubeten. Jede Meditation, jeder Akt der liebenden Verehrung mündet letztlich in der mystischen Vereinigung. So münden auch alle kosmisch-menschlichen Beziehungen zuletzt in der Entdeckung der mystischen Einheit von Atman und Brahman, des tiefsten Grundes im Menschen und der göttlichen Allgegenwart. – ›Upanishad‹ bedeutet daher sowohl die Methode, das Mittel der Meditation und des Lernens von einem Meister, als auch das Ziel, die Vereinigung oder Erleuchtung.«[19]

In der Chandogya-Upanishad (3,14) wird eines der zentralen, den Menschen in seiner Beziehung zum Ewigen betreffenden Themen durch den Weisen Shandilya wie folgt vorgetragen:

»Dieses ganze All ist das Brahma; in ihm aufgehend soll man es als ein zur Ruhe Gekommener verehren. Der Mensch ist, wie seine Gesinnung ist: wie seine Gesinnung in dieser Welt ist, so wird der Mensch, wenn er von hier im Tode geschieden ist. Darum betätige man die rechte Gesinnung.

Denken ist sein Wesen, der Lebenshauch sein Leib, Licht seine Gestalt, Wahrheit sein Entschluß, der unendliche Raum sein Selbst. Allwirkend, allwünschend, allriechend, allschmeckend, dieses All umfaßt er, ohne Wort und unbekümmert um alles andere.

Dieses mein Selbst im innersten Herzen ist kleiner als ein Reiskorn oder ein Gerstenkorn oder ein Senfkorn oder ein Hirsekorn oder eines Hirsekorns Kern.

Dieses mein Selbst im innersten Herzen ist größer als die Erde, größer als der Luftraum, größer als der Himmel, größer als diese Welten.

Allwirkend, allwünschend, allriechend, allschmeckend, allumfassend, ohne Worte und unbekümmert: so ist mein Selbst im innersten Herzen. Dies ist das Brahma. Wenn ich von hier geschieden bin, werde ich in es eingehen. Wem dies zur Gewißheit wurde, bei dem besteht kein Zweifel mehr.«[20]

Aus solchen Einsichten sind jene großen und zentralen Worte der Hindu-Weisheit gewonnen wie »*Tat twam asi.*« (Das bist du!). Und an anderer Stelle: »*Aham brahm'asmi*« (Ich bin das göttliche

Brahma!) Damit ist zugleich zum Ausdruck gebracht, worin das Mysterium dieser Esoterik besteht, nämlich in der Einsicht, dass diese irdische Realität nicht mit der ewigen Wesenheit von Mensch und Weltengrund identisch ist. Der Vielheit der irdischen und vergänglichen Erscheinungen liegt das ewige Eine, eben Brahman, zugrunde. Dieses Brahman ist das menschliche ›Atman‹, von dem der Nichtwissende (*avidya*) keine Ahnung hat. Doch wer von seinem Wesenskern (Atman) über das rechte Wissen (*vidya*) verfügt, der hat als Sterblicher bereits Anteil an dem Ewigen. Deshalb die innerste Gewissheit: »*Aham brahm'asmi.*«

In der Brihad-Aranyaka-Upanishad, einem der ältesten dieser Texte, wird von Yajnavalkya berichtet, der zu den Großen unter den namentlich bekannten Hindu-Weisen dieser Epoche gehört. Man erfährt, wie er seiner Frau Maitreyi das Wesen des wahren Selbst erläutert, nachdem sie ihn nach der individuellen Unsterblichkeit gefragt hat:

»*Da sprach Maitreyi:* ›*Wenn mir nun, o Ehrwürdiger, die ganze Erde voller Schätze wäre, würde ich dadurch unsterblich sein oder nicht?*‹

›*Nein*‹*, sagte Yajnavalkya.* ›*Wie das Leben reicher Leute, so würde dein Leben sein; aber Hoffnung auf Unsterblichkeit geben Schätze nicht.*‹

Da sagte Maitreyi: ›*Was soll ich mit etwas anfangen, wodurch ich nicht unsterblich werde. Sage mir, Erhabener, was du weißt.*‹

›*Du bist mir lieb und hast mir Liebes erwiesen. Wohlan, höre, ich will es dir sagen, ich will es dir erklären. Du aber denke über das Wort nach, was ich dir sage.*‹

›*Rede, Ehrwürdiger.*‹

Da sprach Yajnavalkya: ›*Nicht ist um des Gatten willen der Gatte lieb, sondern um des Selbst willen ist der Gatte lieb. Nicht ist um der Gattin willen die Gattin lieb, sondern um des Selbst willen ist die Gattin lieb. Nicht sind um der Söhne willen die Söhne lieb, sondern um des Selbst willen sind die Söhne lieb. Nicht ist um des Reichtums willen der Reichtum lieb, sondern um des Selbst willen ist der Reichtum lieb. Nicht ist um des Brahmanenstandes willen der Brahmanenstand lieb, sondern um des Selbst willen ist der Brahmanenstand lieb. Nicht um der Götter willen sind die Götter lieb, sondern um des Atman willen sind die Götter lieb. Nicht um der Veden willen sind die Veden lieb, sondern um des Atman willen sind die Veden lieb. Nicht um der Opfer willen sind die Opfer lieb, sondern um des Atman willen sind die Opfer lieb. Nicht um der Wesen willen sind die Wesen lieb, sondern um des Atman willen sind die Wesen lieb. Nicht um des Alls willen ist das All lieb, sondern um des Atman willen ist das All lieb. – Den Atman, fürwahr muß man sehen, hören, bedenken, zu erkennen suchen, Maitreyi. Hat man den Atman gesehen, gehört, bedacht, erkannt, so ist alles erkannt‹.«*[21]

Es war Arthur Schopenhauer, der die auch im Westen geäußerte hohe Einschätzung der Upanishaden so formuliert hat: »In der ganzen Welt gibt es kein Studium, das so zuträglich und erhebend wäre wie das der Upanishaden. Sie sind der Trost meines Lebens gewesen und werden der meines Sterbens sein.«[22]

Die Bhagavadgita

Was Schopenhauer von den Upanishaden schreibt, das könnten ungezählte Menschen in Ost und West von der *Bhagavadgita* sagen. Es ist der Gesang des Erhabenen (skr. *bhagavan*, »der Erhabene – bald Anrede Gottes, bald die eines Hochgeehrten«). Es handelt sich um eine spirituelle Heldendichtung, von Wilhelm von Humboldt als »das schönste philosophische Gedicht aller Zeiten« gerühmt. Es enthält Schilderung und Belehrung, wie ein spiritueller Erkenntnisweg mit einer daran orientierten Lebenspraxis in Einklang gebracht werden kann. Als relativ kleiner Bestandteil des großen indischen Epos ›Mahabharata‹ aus dem 3./4. vorchristlichen Jahrhundert mit seinen an die 100 000 Doppelversen ist diese aus nur rund 700 Versen bestehende Dichtung wohl im 2. vorchristlichen Jahrhundert dem Gesamtwerk eingefügt worden. Sie wird zwar dem Weisen Vjasa zugeschrieben, doch dürfte es sich nicht um eine historisch verlässliche Angabe handeln. Offensichtlich laufen in diesem Text verschiedene Gedankenlinien zusammen, die sich nicht immer widerspruchsfrei miteinander verbinden. Diese schon im 19. Jahrhundert von westlichen Forschern getroffene Feststellung, die auf »polare Spannungen« hinweist, dürfte die geistige Fruchtbarkeit des Buches mitbewirkt haben. Für die weltweite Anerkennung als »das« – im übertragenen Sinne – »hinduistische Evangelium«, das man gelegentlich mit dem Johannes-Evangelium verglichen hat, spricht die Tatsache, dass bis heute ungefähr 2000 Übersetzungen in über 75 Sprachen vorliegen. Das rückt die Bhagavadgita hinsichtlich ihrer großen Verbreitung in die Nähe der christlichen Bibel. Zur Charakteristik bemerkt Michael von Brück als einer ihrer jüngsten Übersetzer aus dem Sanskrit ins Deutsche:

»Die Gita ist einer der wenigen Texte des Hinduismus, die nicht an eine spezifische kultische Tradition, eine bestimmte Kaste oder eine besondere Philosophie gebunden sind. Somit konnte die Gita den gesamten Hinduismus erfassen und durchdringen. Sie wird von den frommen Hindus täglich rezitiert, viele kennen den Text auswendig. Ob Shivaiten, Vishnuiten, Menschen aus hohen oder niedrigen Kasten – für alle ist die Gita Quelle der Inspiration. Sie ist eine Synthese so unterschiedlicher Ideale wie der des kultischen Opfers, der monastischen Entsagung und der mutigen Tat. Einzelne Verse (vor allem Kapitel VIII, 5) werden den Sterbenden ins Ohr gesprochen. So hat die Gita in Indien eine Wirkungsgeschichte entfalten können, die beispiellos und unvergleichlich ist.«[23] Dabei gehört das Buch nicht im engeren Sinn des Wortes zu den offenbarten, von den Göttern stammenden heiligen Schriften (*sruti*), sondern zu den Werken der geistig-religiösen Überlieferung (*smriti*), die man menschlichen Autoren zuschreibt.

Das beherrschende Thema des großen indischen Epos ist, wie schon sein Name ausdrückt, der Kampf. *Mahabharata*, der große Kampf der Nachkommen des Bharata, der seinerseits das Volk der Bharata, nämlich Indiens verkörpert. In der Bhagavadgita erhält die kämpferische Auseinandersetzung ihr besonderes Gepräge dadurch, dass man erfährt, wie dieser Kampf geführt werden solle. Auch Arjuna, der Held des Liedes, ist ein Nachkomme und zugleich Repräsentant des Bharata. Gute und Böse stehen einander gegenüber. Die Kontrahenten sind ebenfalls Angehörige des Bharata-Volkes, und das ist für den Helden ein großes existenzielles Problem, mit dem er allein nicht zurechtkommt. Er bedarf eines Beistands, eines Wagenlenkers, und der ist übermenschlicher Natur. Es ist Krishna, eine Verkörperung des Gottes Vishnu. Das macht ihn zum Garanten für eine geistgemäße Deutung des Götterwillens (dharma), und zwar gerade in einer für den Betroffenen ausweglos scheinenden Situation.

Die Ausgangslage ist die, dass Arjuna zwar kampfentschlossen auf seine Gegner zugehen will. Doch da erblickt er in deren Reihen Blutsverwandte und Freunde. Ihm kommen ernste Bedenken: Soll er, darf er mit dem Willen, die ihm Gegenüberstehenden zu töten, in den Kampf ziehen? Als er schon im Begriff ist, mit Rücksicht auf seine Verwandten und Freunde, denen er Schutz und Beistand schuldet, zurückzuweichen, da tritt ihm Krishna lehrend und ermutigend zur Seite. Er schärft ihm ein, welches größere Dharma er zu erfüllen habe, nämlich ohne familiäre Rücksichten doch den Kampf anzutreten und damit seinem Auftrag als Glied seines Volkes dessen Interessen zu verteidigen. Die Begründung hierfür ergibt sich für Krishna aus der Unterscheidung von Körper und Geist, von Vergänglichem und Ewigem, an dem jeder Mensch teilhat. Die menschliche Sterblichkeit sei im Zusammenhang der ethischen Problematik nur Ausdruck *eines* Aspekts. Wesentlich ist, dass der Mensch sich und sein Tun unter den Gesichtspunkt des Ewigen (*sub specie aeternitatis*) stellt und sein ganzes Handeln (karma) danach ausrichtet. Die individuelle Ethik hat übergeordneten Aspekten zu weichen. Der Erhabene verweist u.a. auf die Chance der wiederholten Erdenleben und darauf, dass dieses Leben nicht das höchste der Güter sei. Der Blick soll auf die unsterbliche Existenz gerichtet werden:

> *Nie war die Zeit, da ich nicht war und du und diese Fürsten all,*
> *Noch werden jemals wir nicht sein, wir alle, in zukünftger Zeit!*
> *Denn wie der Mensch in diesem Leib Kindheit, Jugend und Alter hat,*
> *So kommt er auch zu neuem Leib, – der Weise wird da nicht verwirrt.*
> *Der Leid und Lust gleichmütig trägt, der reift für die Unsterblichkeit.*
> *Es gibt kein Werden aus dem Nichts, noch wird zu Nichts*
> *das Seiende!*
> *Die Grenze beider ist erschaut von denen, die die Wahrheit schaun.*
> *Doch wisse, unvergänglich ist die Macht, durch die das All*
> *gewirkt.*
> *Des Ewigen Vernichtung kann bewirken niemand, wers auch sei.*
> *Vergänglich sind die Leiber nur – in ihnen weilt der ewge Geist,*
> *Der unvergänglich, unbegrenzt –, drum kämpfe nur, du Bharata!*
> *Wer denkt, es töte je der Geist oder werde getötet je,*
> *Der denkt nicht recht. Er tötet nicht, noch wird jemals getötet er.*[24]

Über 18 Kapitel hinweg entfaltet sich der Dialog zwischen dem göttlichen Wagenlenker, der auch »Herr des Yoga« genannt wird, und dem zu dessen Einsicht und Ermutigung zu gewinnenden

Krieger Arjuna. Dabei lernt er die verschiedenen Yoga-Wege als Arten der Gottesbegegnung und der Weltbewältigung, schließlich der Selbst-Verwirklichung kennen. Zunächst ist es der Yoga der nach innen gerichteten Erkenntnis (jnana; buddhi), der sich dem Theoretiker anbietet, und dem mehr nach außen orientierten Praktiker der nahe liegende Yoga des Handelns. Später, in den Kapiteln VII bis XII, kommt als dritter Weg der der Gottesliebe (*bhakti*) hinzu. Wie die Erkenntnis (jnana) von Sinn und Ziel für das Handeln unerlässlich ist, so setzt auch der Bhakti-Yoga ein tiefes Wissen um das Wesen der Gottheit voraus. Den Kommentatoren dieser Texte obliegt es, den komplementären Charakter der einzelnen Disziplinen darzulegen, etwa in der Art Radhakrishnans, der die Unterscheidung der beiden erstgenannten Einstellungen für vorläufig erklärt:

»Für die Gita ist als Erlösungsmittel der Weg der Werke genau so wirksam wie der der Erkenntnis. Die beiden Wege sind für zwei Klassen von Menschen bestimmt. Sie schließen einander nicht aus, sondern ergänzen sich. Der Weg ist ein einziger, er begreift aber mehrere Phasen in sich. Der Lehrer weist darauf hin, daß ›jnana‹, Wissen, mit ›karman‹, Handeln, nicht unvereinbar ist. Auch Shankara gibt zu, daß die Werke mit der Erleuchtung vereinbar sind. Durch die Werke soll nicht Weisheit gewonnen, sondern dem gewöhnlichen Volke ein Beispiel gegeben werden. In den Werken der Erleuchteten gibt es, wie in jenen des Lehrers der Gita, weder Selbstgefühl noch Hoffnung auf Lohn.«[25]

Außer Frage steht, welcher Einstellung Krishna den Vorzug gibt. Das zeigen die folgenden Verse (III, 4 ff).:

Nicht durch Vermeidung jeder Tat wird wahrhaft man vom
Tun befreit,
Noch durch Entsagung von der Welt gelanget zur Vollendung
man.
Nie kann man frei von allem Tun auch einen Augenblick nur sein,
Die in uns wohnende Natur zwingt jeden, irgend was zu tun.
Vollbringe die notwendige Tat, denn Tun ist besser als Nichttun;
Des Körpers Unterhaltung schon verbietet es dir, nichts zu tun.

Drum, ohne dran zu hängen je, führ aus die Tat, die deine Pflicht!
Wer ohne Hang zur Welt, der Mensch erreicht das höchste Ziel.

Zugrunde ging' die ganze Welt, wenn ich die Tat nicht würde tun,
Ein Chaos brächt' ich dann hervor und mordete die Wesen all.
Die Toten hängen an der Tat, die sie vollführen, Bharata,
Der Weise tu sie ohne Hang, sich mühend um der Menschheit Wohl.
Nicht mache irr die Toren er, die an den Taten hängen fest,
Gern tu der Weise jede Tat, andächtig stets sie führend aus.

Dass die Bhagavadgita mehr ist als eine Sammlung ethischer Maßregeln, zeigt der Fortgang der Dichtung, indem sich Krishna als eine Verkörperung des Gottes Vishnu zu erkennen gibt und als einer, der »des höchsten Geistes Siegel« trägt. Von Kapitel IV an wird diese Selbstdarstellung des göttlichen Wagenlenkers deutlich. In Kapitel VIII legt er gleichsam seine irdische Verkleidung ab und offenbart seine wahre Wesenheit. Dadurch wird die Welt in ihrer Gesamtheit einsichtig, so vielgestaltig sie, von außen betrachtet, auch sein mag. Freilich, auch darauf weist Krishna hin: Es bedarf eines »göttlichen Auges«, das den Sinnenschein in seiner Vorläufigkeit zu durchdringen vermag. Es gilt, die Transparenz der irdischen Erscheinung kennen zu lernen (XI, 7 f).

In Einem schau die ganze Welt, was sich bewegt und nicht bewegt,
In meinem Leibe sieh das hier, und was du sonst noch sehen magst.
Doch wirst du mich nicht können sehn mit diesem deinem
eignen Aug.
Ein himmlisch Auge geb ich dir – schau, mein, des Herren,
Wundermacht!

Der englische Benediktiner Bede Griffiths (1906–1993), der viele Jahre als christlicher Sanyasi in Indien gelebt hat, weist in seinem Bhagavadgita-Kommentar auf die Parallelität wie auf die Unterschiedlichkeit hin, die zwischen dem kosmischen Krishna und dem kosmischen Christus bzw. dem mystischen Leib Christi besteht: »Alles ist ein organisches Ganzes. Christus ist der Herr, der menschliche Form annimmt und die menschliche Form mit sich selbst verbindet. Indem er die menschliche Form in sich aufnimmt, vereint er die ganze kosmische Ordnung in sich selbst. Er wird zum Herrn, zum Zentrum des Ganzen. Dies entspricht in großem Maße der Vorstellung, die hier die Bhagavadgita entfaltet: Alles ist eins im Herrn. Das wahre Wesen Gottes ist in allem gegenwärtig, und auf diese Weise wird das ganze Universum aktiviert.«[26]

Über die Gotteserkenntnis in ihrer Bedeutung für die Gottesliebe (bhakti) formuliert Krishna – analog zu den Ich-bin-Worten des johanneischen Christus – eine Reihe von Selbstzeugnissen, die ihrerseits Grundlage für das menschliche Handeln sein wollen:

> Von den erfolgreich Strebenden kennt wahrhaft mich kaum
> einer noch.
> Erde, Wasser, Feuer, Äther, Sinn, Geist, Selbstbewußtsein auch -
> Dies alles ist meine Natur.
> Ich bin für diese ganze Welt der Urquell und der Untergang.
> Es gibt nichts Höheres als mich, kein andres Ding, was es auch sei.
> Auf mich ist dieses All gereiht wie Perlenreihen an der Schnur.
> Ich bin des Wassers Feuchtigkeit, ich bin das Licht in Sonn
> und Mond.
> Das heilge OM der Veden all, der Ton im Äther, Kraft im Mann.
> VII, 3 ff.

OM ist die heilige Silbe, deren Intonation den ganzen Leib des Meditierenden durchbebt, ihn ausfüllt und erhebt. Was Krishna über sich sagt, das kann auch von diesem Ursprungswort her gedacht werden, etwa wie der göttliche Logos im Johannes-Evangelium: »Im Urbeginn war das Wort, und das Wort war bei Gott, und Gott war das Wort.« (Joh. 1). Im Vertrauen – das ist Glaube im Vollsinn des Wortes – auf dieses Wort Krishnas kann der Gottliebende in die Todesstunde eintreten:

> Wer in der Todesstunde mein gedenkend scheidet aus dem Leib,
> Der gehet in mein Wesen ein, darüber kann kein Zweifel sein.
> An wessen Wesen immer er gedenkt, wenn er den Leib verläßt,
> In dessen Wesen geht er ein und paßt sich dessen Wesen an.
> Zu allen Zeiten denke drum an mich allein und kämpfe frisch!
> In mich versenk Sinn und Verstand, dann gehst du sicher ein in mich.
> VIII, 5 ff.

Das Resultat des dichterischen Dialogs zwischen Krishna und Arjuna wird schließlich deutlich: Der zum vollen Einsatz seines

Lebens Geforderte gewinnt schließlich Einsicht und vermag Zweifel und Furcht zu überwinden. Er ist in der Lage, das unmöglich Scheinende mit Zuversicht zu bewältigen. Von der Bhagavadgita kann daher eine Kraft auf alle diejenigen ausgehen, die den Text nicht nur wissensmäßig zur Kenntnis nehmen, sondern sich dem inspirierten Wort aussetzen: durch vergegenwärtigende Betrachtung, durch wiederholtes Erinnern, durch Meditation auf das, was als Erkenntnis tragender, zur Tat motivierender Yoga empfohlen wird. Das Werk schließt mit den Worten des Berichterstatters Samjaya (XVIII, 74–78):

> *So hörte ich dieses Zwiegespräch*
> *zwischen Vasudeva (Krishna) und dem Pritha-Sohn (Arjuna),*
> *dem Großen Selbst,*
> *ganz wunderbar und erregend.*
> *Durch Vyasas Gnade hörte ich*
> *dieses höchste Geheimnis, den Yoga,*
> *von Krishna selbst, dem Herrn des Yoga,*
> *vor meinen Augen vorgetragen.*
> *O König, immer wieder erinnere ich mich*
> *an dieses wunderbare, heilsame Zwiegespräch*
> *zwischen dem Langhaarigen und Arjuna,*
> *und immer wieder freue ich mich.*
> *Und immer wieder erinnere ich mich auch*
> *an die über alle Maßen wunderbare Gestalt Haris -*
> *mein Staunen ist groß, o König,*
> *und immer wieder freue ich mich.*
> *Dort, wo Krishna, der Herr des Yoga, ist,*
> *und der Pritha-Sohn, der Bogenträger,*
> *dort sind gewißlich Glück, Sieg, Wohlfahrt,*
> *und Gerechtigkeit, so meine ich.*[27]

So kommt es darauf an, dass die menschliche Seele, die Wesensganzheit erleuchtet und auf höchster Stufe des spirituellen Reifungsprozesses schließlich mit dem Göttlichen vereint wird. Diese Vereinigung ist nicht erst nach dem Tod möglich, sondern kann im konkreten Lebensalltag vollzogen werden. S. Radhakrishnan resümiert daher: »Wir werden aufgefordert, Vision (yoga) und Kraft (dhanus) zu vereinen und es nicht zuzulassen, daß die ers-

tere in Tollheit, die letzere in Brutalität ausarte. Die geistige Vision und der Dienst an der Gemeinschaft sollen zusammengehen. Hier wird auf das doppelte Ziel des menschlichen Lebens hingewiesen: die persönliche Vollendung und das soziale Wirken.«[28]
Aufs Ganze gesehen, kann man mit Anand Nayak feststellen, dass die *Gita* (das Lied), wie sie von frommen Hindus liebevoll genannt wird, nicht nur in den spirituellen und religiösen Bereichen in hohem Ansehen steht, sondern auch bei Politikern wie einem Mahatma Gandhi (1869–1948). Mitten im Kampf um die Befreiung seines Landes schrieb er 1925 in seiner Zeitung »Young India«:
»In der Bhagavadgita finde ich einen Trost, den ich selbst in der Bergpredigt (Matth. 5–7) vermisse. Wenn mir manchmal die Enttäuschung ins Antlitz starrt, wenn ich, verlassen, keinen Lichtstrahl erblicke, greife ich zur Bhagavadgita. Dann finde ich hier und dort eine Strophe und beginne alsbald zu lächeln inmitten aller niederschmetternden Tragödien – und mein Leben ist voll von äußeren Tragödien gewesen. Wenn sie alle keine sichtbare, keine untilgbare Wunde auf mir hinterlassen haben, verdanke ich dies den Lehren der Bhagavadgita.«[29]

Die Tantras

Die *Tantras* (skr. *tantra*, »Gewebe, Zusammenhang«) sind Schriften, die zusammen mit den Veden, den Upanishaden, der Bhagavadgita und anderen Texten zwar ebenfalls zur Grundliteratur der Hindu-Religion (santana-dharma) gehören, jedoch den genannten Schriften weder als geoffenbart (shruti) gleichgestellt sind noch die gleich weite Verbreitung gefunden haben. Das hängt damit zusammen, dass sie bei bestimmten Gemeinschaften (Sekten) eine wichtige Rolle spielen, bei denen nämlich die einem Gott wie Shiva beigegebene weibliche Kraft (shakti) – seine Gemahlin Durga – eine große Bedeutung erlangt hat und entsprechende Verehrung erfährt. Das ist im Shaktismus bzw. Tantrismus der Fall. Von daher gesehen, gelten die Tantras als nicht allgemein verbindlich, sondern eher exklusiv, ja im vollen Sinn des Wortes *esoterisch,* weil sie eine spezielle Initiation verlangen, das Durchlaufen eines Prozesses, der einer strengen Disziplinierung unterworfen ist. Die Einbeziehung rituell gesteuerter sexueller Praktiken, die der letzten Einheitserfahrung des Göttlichen dienen sollen, hat in der westlichen Welt, wo der Tantrismus seit Beginn des 20. Jahrhunderts erforscht wird, zu erheblichen Mißverständnissen geführt.[30] Dabei handelt es sich im Hinduismus – wie auch im Mahayana-Buddhismus – offensichtlich nicht um Dekadenzerscheinungen, wie vermutet wurde, weil die Anfänge des Shakti-Kultes bis in die Zeit des Rig-Veda zurückreichen. »Bald wurde sie (Shivas Shakti), die mit dem Brahman eins ist, verehrt als das Absolute, dessen Wesen Sat (ewig-unwandelbares Sein), Cit (Bewusstsein) und Ananda (Gottseligkeit) ist und das als männlich, weiblich oder eigenschaftslos gedacht werden mag. Allmählich verdrängte der Kult der Shakti als der Weltenmutter das vedische Ritual. Dank des Einsatzes von Sir John Woodroffe sind die wichtigsten Tantren jetzt gesammelt und veröffentlicht.«[31]

Literaturgeschichtlich, d.h. bei äußerer, formaler Betrachtung, bei der es weniger auf die spirituelle Bedeutsamkeit ankommt, wird den Tantra-Texten kein hoher Rang eingeräumt: »Die Sprache der Tantras ist ein oft sehr vernachlässigtes Sanskrit, und nur wenige Werke dieser Art sind ästhetisch von einigem Wert. Ihr Inhalt gilt als zu abstrus, weshalb sie ähnlich wie auch die Brahmanas – ganz zu Unrecht – von der Forschung vernachlässigt wurden. Denn auch die Tantras sind von großem geistesgeschichtlichem Einfluß gewesen, der bis heute nachwirkt, und ohne sie zu studieren, kann man auch den Hinduismus nicht wirklich verstehen. Im Gegensatz zum Veda waren die Tantras auch für Frauen und Shudras (d.h. für Angehörige der niedrigsten Kasten) bestimmt, also einer breiten Öffentlichkeit zugänglich. Andererseits wurden sie zur Basis für Geheimkulte verschiedener Art.«[32]

Wer sich hingegen um den Vollzug des tantrischen Weges bemüht, der lässt sich nicht von denen täuschen, die in fragwürdiger Absicht einer »betrügerischen Esoterik« frönen und Angebote für einen kaum verhüllten sexuellen Lustgewinn zu Markte tragen.[33] Der aus den tantrischen Schriften zu erhebende, als spirituelle Erkenntnisbemühung und Lebenspraxis geborene Tantrismus hebt sich sowohl von einem veräußerlichten Ritualismus als auch von einer einseitigen asketischen Haltung in markanter Weise ab. Im Hinduismus spielt das duale Prinzip des Zusammenwirkens von Gott und Göttin eine wichtige Rolle. Man denke nur an mittelalterliche, von erotischen Bildwerken übersäte Fassaden oder an die Tempel von Khajuraho oder Konarak, die den Göttern Shiva und Vishnu sowie diversen Göttinnen geweiht sind. Im Tantrismus ist die polaritätsbezogene Anschauungsweise zum Prinzip erhoben. Unter diesem Aspekt dient er zur Lösung philosophischer, religiöser und psychologisch-psychagogischer Fragen, letztlich dem Streben nach Befreiung. »Wir können den Tantrismus auch als eine Art realer Lebensphilosophie bezeichnen, wobei von tantrischer Sicht aus alle Bereiche der praktischen und theoretischen Religion sowie die Ritualistik integriert werden. Mit seiner dynamischen Denkweise einer auf polarem Symbolismus begründeten praktischen Philosophie gelang es dem Tantrismus nicht nur, den sich ausschließenden und zum Teil statischen Dualismus mancher indischen Systeme zu überwinden, sondern auch neue Kräfte zu erschließen, an denen die Kulturen des indischen Raumes einen so reichen Vorrat haben.«[34]

Die in den Tantra-Schriften empfohlenen Riten beziehen sich zum Teil auf den Tempelkult, zum Teil auf esoterische Kreise von Männern und Frauen, in denen die Rezitation bestimmter Mantren, die Verwendung von symbolischen Diagrammen, den *Yantras*,[35] ebenso wichtig ist wie die von einem geweihten und damit kompetenten Guru geleiteten kultischen Vollzüge. Ein Bestandteil dieser Praktiken hat mit dem Genuss von Dingen zu tun, die normalerweise einem spirituell Strebenden verboten sind. Es sind die »fünf Dinge« (*panca-tattva*), die Elemente der tantrischen Verehrung. Sie werden die »fünf M's« (*panca-makara*) genannt, weil sie alle mit dem Buchstaben »M« beginnen: *Mada* (Wein), *Matsya* (Fisch), *Mansa* (Fleisch), *Mudra* (Getreidekörner) und *Maithuna* (Geschlechtsverkehr). Allesamt sind sie einzig unter ihrem sakramentalen Aspekt zu betrachten. Das unterstreicht das streng geregelte kultische Zeremoniell als solches samt den zugrunde liegenden Texten. »In allen Phasen des Rituals der Vereinigung liegt die Betonung darauf, Erkenntnis und Einheit durch die persönliche Begegnung zu erlangen, die ihrerseits wiederum für die individuelle Wandlung verantwortlich ist. Durch den direkten Kontakt im Fühlen, in der Hingabe, im Handeln und in einer wachen Bewußtheit der komplexen Beziehung des Körpers, des Geistes und der Sinne zueinander werden Mann und Frau zu einer Einheit. Die Sexualität hebt die Getrenntheit des Ichs auf.«[36]

Heilige Schriften

Die klare Unterscheidung zwischen dem sakramentalen und dem lustbetonten (*kama*) Koitus erinnert an Praktiken, wie sie z.B. bei den gnostischen Valentinianern während der frühen Christenheit, sehr zur Empörung katholischer Kirchenväter und theologischer Schriftsteller (z.B. Irenäus von Lyon), ausgeübt worden sind. Diesen und anderen Gnostikern ging es nicht um die Zeugung von Kindern, sondern – weil sie im Gegensatz zu bloßen »Weltmenschen« Pneumatiker (Geistesträger) zu sein beanspruchten – um das Ziel der Ganzwerdung zu erreichen. Eine hieran beteiligte Frau war in der patriarchalischen Gesellschaft (einschließlich der Kirche!) daher auch nicht dem Mann unterworfen, sondern sie genoss volle Gleichwertigkeit, zumal Mann und Frau in ihrer Verbundenheit eine androgyne göttliche Ganzheit darstellten. Valentinos, der zwischen 138 und 158 in Rom einen gnostischen Kreis um sich versammelte, stimmte darin weitgehend mit dem mythischen Hermes Trismegistos[37] überein.[38]

Im Mahanirvana-Tantra sind einschlägige Texte enthalten, die die spirituelle Bedeutung dieser Praktiken hervorheben. Dort beantwortet Shiva in seiner Eigenschaft als »Heilbringer der Welt« die Fragen der Göttin:

»*Vernimm, Geliebte meines Lebens, die ganz geheime höchste Wahrheit. Das Brahman ist reines Sein, qualitätslos, der Rede und dem Denken unerreichbar. Höre jetzt, du ausgezeichnete Frau, wie der Fromme durch Verehrung die Vereinigung mit dem Brahman erlangt. Du bist die höchste Prakriti* (Urmaterie; Kraftsubstanz) *des höchsten Geistes; aus dir ist die ganze Welt entstanden, du Mutter der Welt. Du bist Kali, Durga, Bharavi, Annapurna, Sarasvati, Lakshmi und erscheinst all-durchdringend in vielerlei Gestalten. Am Anfang warst du erhaben über Rede und Denken als* ›Finsternis‹ *vorhanden, und aus dir entstand durch den Schaffensdrang des höchsten Brahma die Welt. Du bist die Urkraft* (adya-shakti) *und die Kraft der Kräfte, nur durch deine Kraft sind wir* (Brahma, Vishnu, Shiva) *fähig zu schaffen, zu erhalten und zu zerstören. Du hast unzählige Mantras, damit aber ein Shakti-Mantra wirkungsvoll wird, muß der Sadhaka* (Verehrer) *den Brauch der Kaulas*(-Sekte) *befolgen, der die Verwendung von Wein, Fleisch, Fisch, gedörrten Körnern und die Ausübung des sakralen Beischlafs vorsieht. So wenig wie ein Sproß auf einem Felsboden wächst, so wenig gedeiht die Verehrung ohne diese fünf heiligen Dinge* (pancatattva).«[39]

Prinzipiell gilt, dass die Frau nicht um des körperlichen Vergnügens willen berührt werden darf. In tantrischen Texten taucht im Übrigen wiederholt das Sprichwort auf, das den anscheinenden Widerspruch benennt: »Durch dieselben Handlungen, die manche Menschen Millionen Jahre in der Hölle brennen lassen, erlangt der Yogin sein ewiges Heil.«[40] Auf Motivation und Intention kommt es an!

Ins Positive gewendet, verdanken wir dem Tantrismus angesichts allzu spiritualistischer und abgehobener, in strengster Selbstpeinigung vollzogener Geistesübungen eine wichtige Korrektur, nämlich die Neubewertung des Physischen. Unter positivem Gesichtspunkt haben Tantriker ihrem Tun eine ganzheitlich ausgerichtete »Philosophie des Leibes« zugrunde gelegt und entsprechend gehandelt. Den asketischen Richtungen war der Körper stets etwas Abstoßendes und der Sündenbock, an dem sich die grausame Zeit für die Vergehen des Menschen rächt. Die tantrische Revolution hat die metaphysischen Abstraktionen der asketischen Überlieferungen, insbeondere der Upanishaden, auf einen konkreten Boden zurückgebracht. Obgleich die prätantrischen ganzheitlichen Versuche den Heilswert des menschlichen Körpers nie ganz übersehen hatten, wurde er doch erst im Tantrismus ins rechte Licht gerückt und für das Heilsbemühen ausgewertet, ja vereinzelt geradezu ausgebeutet und verherrlicht.«[41]

Shankara und der Vedanta

Indien hat in seiner vedischen Epoche und in der nachvedischen Zeit eine große Anzahl bedeutender Philosophen und spiritueller Lehrer hervorgebracht. Einer von ihnen ist der einst asketisch lebende, der Meditation hingegebene und literarisch überaus fruchtbare *Shankara* (skr. »der Heilbringende«), auch *Shankaracharya* genannt. Er gilt als der bedeutendste Hindu-Denker, dem auch im Westen und in seiner Begegnung mit Vedanta als dem »Ende der Veden« und der upanishadischen Mystik von dem Einswerden von Atman und Brahman (*Advaita*) eine starke geistesgeschichtliche Ausstrahlung beschieden war. Die Lebenszeit des in Südindien geborenen und in Nordindien Gestorbenen wird mit nur 32 Jahren angegeben, angesichts des großen Umfangs seiner Studien zu den Upanishaden, seiner Dichtungen und philosophischen Kommentare eine erstaunlich kurze Lebensspanne. Die Zeitangaben differieren, doch werden meist die Jahre 788–820 n. Chr. genannt, aber sein Leben wird auch ins 7. Jahrhundert verlegt.

Der Begriff ›Vedanta‹ meint nicht nur Ende, sondern vor allem Vollendung der Veden, wie sie vor allem in den Upanishaden ihren literarischen Niederschlag gefunden hat. Auch die späteren, auf den Upanishaden gründenden Lehrsysteme werden unter dieser Bezeichnung zusammengefasst. Von zentraler Bedeutung ist dabei die Klärung des Verhältnisses der Einzelseele zum göttlichen Absoluten. ›Shankara‹ hat diese Anschauung von neuem belebt und vertieft, nachdem der Buddhismus in Indien die traditionelle Geistigkeit für geraume Zeit in den Hintergrund treten ließ.

»Im Rahmen der Erscheinungswelt ist Gott ein persönlicher Weltregierer, der den Kosmos aus sich entfaltet hat und beherrscht. Die Einzelseelen haben ihn als ihren Herrn zu verehren und erhoffen von ihm, daß er ihnen zu der höheren Erkenntnis verhilft. Es ist dabei unwesentlich, ob Gott als Vishnu, Shiva, Durga oder unter einer anderen Form angebetet wird.«[42] Shankaras Gottesanschauung basiert auf einer Reihe von Überzeugungen. Die Existenz Gottes postuliert, dass es einen letzten Urgrund aller Dinge geben müsse; dass alles Leblose eines lebendigen Bewegers bedürfe; dass die sinnvolle Anordnung des Kosmos durch einen intelligenten Anordner bewirkt worden sein müsse; vor allem – und das deutet auf die hohe Einschätzung der heiligen Schriften hin – dass die Wortlaute der Rishis und der spirituellen Meister der Vergangenheit beständig auf einen höchsten Gott hinweisen. Soweit die Bedeutsamkeit Gottes in Hinblick auf die Erscheinungswelt.

Für Shankara gibt es noch so etwas wie eine »Zweischichtigkeit des Wesens Gottes«, einen »höheren Standpunkt der All-Einheitsschau«: »Einen Beweis hierfür liefert die Tatsache, daß das eigene Selbst, das Subjekt aller Erkenntnis, das einzige ist, dessen Existenz nicht bezweifelt werden kann (Cogito, ergo sum), weil es die Basis und Voraussetzung darstellt.«[43]

Sarvapalli Radhakrishnan, der Shankaras Denken in seiner »Indischen Philosophie«[44] als ein »System gewagter Spekulation und geschliffener Logik« charakterisiert und ausführlich würdigt, zeigt, wie dieser gleichzeitig als eifriger Verfechter des orthodoxen Glaubens und als geistiger Reformator aufgetreten sein soll. »Er versuchte das längst dahingeschwundene Zeitalter von neuem wachzurufen, das sich von den herrlichen Schätzen der Puranen[45] zu den tiefen mystischen Wahrheiten der Upanishaden erstreckte. Die Probe für den Glauben war ihm dessen Kraft, die Seele zum höheren Leben emporzuführen. Er fühlte sich dazu aufgerufen, die geistige Führung des Zeitalters zu wagen, indem er eine Philosophie und eine Religion schuf, die den ethischen und geistigen Bedürfnissen des Volkes besser zu entsprechen vermochte.«[46]

In seinem Werk »Kleinod der Unterscheidung« (*Viveka-chudamani*) legt Shankara u.a. dar, wie er die irdische Existenz und das empirische Ich (in deutlicher Unterscheidung von dem ihm übergeordneten Selbst) aus der Sicht des Vedanta bewertet:

»Das menschliche Leben der Gebundenheit an die Welt von Geburt und Tod hat viele Ursachen. Die Wurzel ist das Ich, das erstgeborene Kind der Unwissenheit.

Solange sich der Mensch mit diesem elenden Ich identifiziert, kann es keine Möglichkeit der Befreiung geben. Denn diese ist sein genauer Gegensatz.

Einmal befreit von diesem überschattenden Dämon des Ich, gewinnt der Mensch sein wahres Wesen zurück, so wie der Mond wieder scheint, wenn das Dunkel der Mondfinsternis vorbeigegangen ist. Er wird rein, unendlich, ewig selig und aus sich selbst leuchtend.

Wenn das Denkorgan des Menschen von äußerster Unwissenheit überwältigt ist, erschafft es den Ich-Gedanken durch seine Identifizierung mit den Hüllen. Wenn das Ich vollkommen vernichtet ist, wird das Denkorgan von allen Hindernissen befreit, die sein Wissen um seine Einheit mit dem Brahman verdunkeln.«[47]

Wenn sich die Mehrdimensionalität im Schaffen Shankaras ebenso wenig auf einen einfachen Nenner bringen lässt wie die der großen Lehrwerke des Hinduismus, so muss an dieser Stelle noch auf seine Beziehung zu den Shaktas hingewiesen werden. Es handelt sich um eine Literaturgattung, die den Tantras nahe steht und die sich der Verehrung von Shakti, der göttlichen Energie, zuwendet. Shakti stellt die Verkörperung der Kraft Shivas, nämlich Durga, als »große Mutter«, dar. Sie besingt Shankara in einem Hymnus:

Wie kann ich dich rufen,
Wo find ich die Stufen,
Auf denen ich steige, Mutter, zu dir!
Mit heißen Gebeten
Vor dich zu treten,
O Mutter, beseligend wäre es mir!
Nicht kenn ich die Zeichen,
Um dich zu erreichen,
Nicht weiß ich das eine,
O Mutter, daß deine,
Daß nur deine Hilfe befreit von dem Leid.

Bist du, o Mutter, nicht gnädig mir,
Wohin soll ich ziehen,
Zu wem soll ich fliehen?
Meine einzige Zuflucht, Mutter, bei dir![48]

Zuflucht nehmen heißt aber nicht, sich passiv dem Heilswirken der oberen Welt anheim geben, seien es die göttliche Mutter, Vishnu, Brahman oder das alles durchdringende Bewusstsein, genannt »Purusha« als synonymer Ausdruck des göttlichen Absoluten. Deshalb kann man in den upanishadischen und Vedanta-Texten immer wieder den Appell zur Aktivierung der menschlichen Erkenntniskraft lesen. Deutlich wird dies z.B. in der Katha-Upanishad und in den Kommentaren, die Shankara hierzu verfasst hat.

In der Katha-Upanishad (III, 9) steht: »*Ein Mensch, der seinen Wagenlenker kennt und die Zügel des Denkens festhält, gelangt an das Ende des Weges, und das ist die höchste Position von Vishnu.*«

Hierzu Shankara: »*Liegt das Ziel, das in diesen Versen beschrieben wurde, in irgendeiner weit entfernten Region, die durch einen gewissen Pfad erreicht werden kann? Dem Vedanta nach liegt es im Menschen selbst. Es liegt weder im Himmel noch irgendwo im Raum. Es ist das innere Selbst des Menschen, verborgen durch seine Nichterkenntnis. Sobald diese verschwindet, erkennt er sein Selbst. In den folgenden Versen wird das Selbst als die feinste Wesenheit herausgestellt, indem man es unterscheidet von Körper, Sinnen und Denken und allen anderen materiellen Dingen.*«[49]

Und in der Katha-Upanishad (III, 10/11) wird noch hinzugefügt:

> *Jenseits der Sinne sind die Objekte*
> *jenseits der Objekte ist das Denken,*
> *jenseits des Denkens die Intelligenz (buddhi),*
> *jenseits der Intelligenz der Große Atman,*
> *jenseits des Großen Atman das Unmanifestierte,*
> *jenseits des Unmanifestierten der Purusha.*
> *Jenseits des Purusha gibt es nichts.*
> *Das ist das Ende, das höchste Ziel.*

Shankara kommentiert: »*Atman erkennen heißt Atman erlangen. Im vorangegangenen Vers sollte gezeigt werden, daß Atman nicht mit Sinnen, Denken, Intelligenz usw. verwechselt werden darf. Wäre Atman oder Brahman außen, in der Räumlichkeit, könnte der Mensch ihn wieder verlieren. Er ist aber das innerste Wesen des Menschen, nur durch Nichterkenntnis verborgen. Erkenntnis zerstört diese Erkenntnis und enthüllt das Selbst.*«[50]

Nicht alle der vielen Schriften, die Shankara zugeschrieben werden, können – das muss an dieser Stelle eingeräumt werden – den sehr früh vollendeten Vedanta-Philosophen zum Autor haben. Es dürfte immerhin eher für die hohe Bewertung seines Denkens und Schaffens sprechen, dass man die Texte von Geistesverwandten unter die Obhut seines Namens stellte, nachdem dieser bereits hohe Anerkennung und Verehrung gefunden hatte. Und wenn ihm Radhakrishnan unterstellt, dass in Shankaras Leben starke Gegensätze hervortreten, so muss er doch zugestehen: »Er war ein Philosoph und auch ein Dichter, ein Gelehrter und ein Heiliger, ein Mystiker und ein religiöser Reformator. In den ihm verliehenen Gaben war er derart vielseitig, daß sich die unterschiedlichsten Bilder zeigen, wenn wir uns seine Persönlichkeit zu vergegenwärtigen suchen. Es hat in der Geschichte nur wenige Persönlichkeiten gegeben, die vielseitiger als Shankara waren.«[51]

Groß ist aber von Jahrhundert zu Jahrhundert die Zahl der spirituellen Meister, die in Fortführung der Tradition eigene religiöse Schulrichtungen begründet haben: etwa Ramanuja (ca. 1017–1137), ursprünglich ein Anhänger Shankaras, der sich später dem Vishnuismus zugewandt hat; Madhva (1199–1278), ein Vishnu-Verehrer auch er, dessen Anhängerschaft noch heute im südindischen Bereich verbreitet ist; Vallabha (1479–1531), nach dessen Vedanta-Theorie sich Gott zur vielheitlichen Welt hin entfaltet hat; ferner Caitanya (1486–1534), mit einer Vishnu-Verkündigung und Krishna-Verehrung, die dazu führte, dass er selbst als eine Krishna-Inkarnation (avatara) angesehen wurde.[52] (Von repräsentativen Gestalten des neueren Hinduismus ist noch gesondert zu sprechen.)

Erkenntniswege des Yoga

Bei Ausgrabungen im Indus-Tal stieß man auf einige Statuen eines Gottes, der eine Yoga-Stellung (*asana*) einnimmt. Trifft die Deutung zu, dann hätte es schon etwa 2500 Jahre v. Chr., d.h. in der vorarischen Epoche Indiens, den Yoga bzw. eine vergleichbare Form von geistig-körperlichen Übungen gegeben. Im Veda ist andererseits davon die Rede, dass es bestimmter geistiger Exerzitien bedürfe, um zu religiösen Erfahrungen zu gelangen, mit den Göttern in Beziehung zu treten und zum Heil zu finden. In diesen frühen Texten hinduistischer Geisteshaltung ist die Meditation (*dhyana*) über das göttliche Licht ein heiliger Akt der Gottesverehrung. Die methodischen Ansätze hierfür sind zahlreich. Sie unterscheiden sich nach dem praktischen Vorgehen, ob beispielsweise der Körpereinsatz dominiert wie beim Hatha-Yoga, ob die Gottesliebe wie im Bhakti-Yoga im Mittelpunkt steht, die Erkenntnisbemühung beim Jnana-Yoga, die Erweckung der spirituellen Energiezentren im Kundalini-Yoga oder das aktive Tun im Karma-Yoga.[53]

Yoga (skr. *yuj*, »zusammenhalten, anschirren, ins Joch spannen«) »bezeichnet allgemein jede Askesetechnik, jede Methode der Meditation. Natürlich erhielten diese Askesen und Meditationen durch die vielfältigen indischen Geistesströmungen und mystischen Bewegungen immer wieder andere Bedeutung. In seiner ›mystischen‹ Bedeutung, also mit dem Sinn von ›Vereinigung‹, enthält der Yoga die Loslösung von der Materie, die Emanzipation von der Welt. Der Ton liegt auf der *Anstrengung* des Menschen, auf der Selbstdisziplin, durch welche er zur Konzentration des Geistes gelangt, noch bevor er die Hilfe der Gottheit erbittet. Das ›Zusammenbinden‹, ›fest Zusammenhalten‹, ›ins Joch Spannen‹ – all das hat zum Ziel die *Einung* des Geistes, das Ende der Zerstreutheit und der Automatismen des profanen Bewußtseins.

Im frommen (mystischen) Yoga geht diese ›Einung‹ der wirklichen Vereinigung, nämlich der Vereinigung der menschlichen Seele mit Gott, voraus.«[54]
Die Bemühung um diese Vereinigung kennt der Veda, und sie ist auch in verschiedenen Upanishaden – z.B. in der »Svetasvatara-Upanishad« – Thema. Angerufen wird in diesen Texten gelegentlich ›Savitar‹, der Beweger, zugleich einer, der den Yoga-Übenden beisteht, weil ihm die Macht zugesprochen wird, in die Tiefe des Geistes hineinführen zu können, wenn sich der Mensch, das Denken kontrollierend, zum vollen geistig-physischen Einsatz bereit findet.

Wer meditierend tief ins Innere schaut,
wird bald mit des Brahmans Eigenkraft vertraut.
Sie ist es, die zur ewgen Einheit bindet,
was unser Selbst an Gründen findet.

Man kann diese Kraft als Felgenrad begreifen.
Speichen – 50 hier, 20 dort – für drei Reifen
stützen 16 Teile auf 6 mal 8 Weisen:
Dreifach gefangen leben wir in zwei Kreisen.

Dieses Rad, besungen als das höchste Sein,
schließt ewig auch die Freiheit ein.
Wer Kenntnis hat von diesem Lauf,
kehrt nicht zurück und geht in Brahman auf.

Denken und Sinne: Savitar
verbindet wahrhaft sie zum Paar.
Vom Feuer trennte er das Licht,
das Irdische verlor Gewicht.

Weise, die das Denken kontrollieren können,
die sich des großen Gottes Diener nennen,
Priester, denen jede Opferordnung kund,
sie alle preisen Savitar mit Herz und Mund. [55]

Die älteste systematische Darstellung des »klassischen« Yoga findet sich in den Yoga-Sutras des Patanjali aus dem 2. Jahrhundert

v. Chr bis ca. 400 n. Chr. Der im Laufe dieses Zeitraums nach und nach ausgeformte Text setzt sich aus rund 200 formelhaften Sätzen zusammen. Sie geben elementare Hinweise auf die Übung.[56] Die äußerste Knappheit der Formulierungen fordert zur Kommentierung heraus. Die philosophische Grundlage ist das Shankhya,[57] neben dem Yoga des Patanjali oder dem Vedanta mit dem Brahma-Sutra des Badarayana bzw. des Vyasa eine der sechs als orthodox angesehenen Schulrichtungen des Hinduismus. Es handelt sich um so kurze Merksprüche wie:

Yoga: Zur-Ruhe-Kommen der Denkbewegungen.
So erkennt der Sehende sein wahres Selbst.
Sonst ist dieses nur den jeweiligen Denkbewegungen gleichgesetzt.
Erinnerung: Nicht-Aufgeben früher erfahrener Wirklichkeit.
In Yoga-Art: über lange Zeit, ohne Unterbrechung, entsprechend den Vorschriften, mit innerer Teilnahme.

Als Grundlage des Yoga gilt, was Krishna in der Bhagavadgita (XVII, 16–18) so ausdrückt:

Geistige Askeseübung nennt man:
Klarheit des Denkens, Milde,
Schweigsamkeit, Selbstkontrolle,
Reinheit des Wesens.

Wenn diese dreifache Askeseübung
von Menschen mit tiefstem Glauben vollzogen wird,
die nicht nach den Resultaten gieren
und in sich geeint sind,
gilt sie als von Reinheit geprägt.

Dagegen:

Wenn sie um des Ansehens,
Ruhmes und der Ehre willen
und mit heuchlerischer Absicht vollzogen wird,
gilt sie als von Energie geprägt,
ist unstet und unbeständig.

Demnach wird der Askese, d.h. der Übung in ihrem Gesamtumfang, nicht ein absoluter Selbstwert zugesprochen. Auf die Motivation, mit der man sich einem religiös-spirituellen Exerzitium unterzieht, kommt es entscheidend an, zumal die Gefahr besteht, dass der asketische Einsatz mit Blick auf einen »Lohn« erfolgt und auf diese Weise von egoistischen Tendenzen fehlgeleitet wird, vielleicht gar mit der Absicht, durch den Erwerb psychisch-okkultistischer Kräfte (*siddhi*) über andere Macht auszuüben. Das entspräche einer völligen Verfälschung des spirituellen Einsatzes; es wäre »spiritueller Materialismus«.[58]

Beim Yoga-Weg (*yoga-marga*) handelt es sich um einen körperlich-seelisch-geistigen, einen gestuften Organismus. Die einzelnen Stufen werden daher als »Glieder« (*anga*) bezeichnet, die in konzentrierter Achtsamkeit übend zu aktivieren sind. Hierzu bemerkt der Indologe Jakob Wilhelm Hauer: »Der Urkeim, aus dem sich der echte Yoga entfaltet, ist die grundstürzende Erfahrung des ›purusha‹, des ›Menschen im Menschen‹. So erschütternd war diese Erfahrung, daß diesem purusha numinoser Charakter zugeschrieben wurde und daß er mit Brahman, dem ›Macht-Geheimnis‹, das überall vom Herzoffenen erspürt wird, ineinsgesetzt wurde. – Es wurde ein Weg gesucht, diese Zentralerfahrung des Menschen, die einzelne Begnadete spontan überfiel und sie in ein echtes und bangeloses Dasein versetzte, auch denen zugänglich zu machen, die nicht ohne weitere Entwicklung der indischen Menschheit, und wahrscheinlich in die indo-iranische und indogermanische Zeit, seine Wurzeln streckt, ist es nicht verwunderlich, daß allerlei magische Vorstellungen und ekstatische Erlebnisse als Nebenwurzeln des Yoga ihren Beitrag zu seiner Ausbildung gegeben haben. Das Echte kommt immer aus einem Tiefenerleben und führt dahin. Es hat eine zentrale, eine umfassende und eine dauernde Wirkung im Werden und Handeln des Menschen. Dies ist der sichere Maßstab für alle Echtheit im seelisch-geistigen Leben.«[59] Dem steht und wirkt all das entgegen, was darauf aus ist, undurchschaubare magische Fähigkeiten zu erlangen oder egobetonte Verzückungserlebnisse zu erleben. Darin stimmt der Yoga mit jedem anderen spirituellen Weg überein, sei es z.B. die christliche Mystik oder der buddhistische Zen, wo solch irritierende Erscheinungen, Visionen oder Halluzinationen dem »Teufelsbereich« (jap. *makyo*) zugezählt werden. Diese

Erscheinungen müssen als *Durchgangs*stationen bestanden werden, dürfen also nicht mit Früchten der geistigen Anstrengung verwechselt werden! Auch die Bereiche benennbarer spiritueller Erfahrung müssen gegebenenfalls transzendiert werden, gewissermaßen die Erfahrung zur Nicht-Erfahrung hin übersteigend.

Das Yoga-Sutra des Patanjali kennt einen Acht-Stufen-Weg[60] yogischer Praxis. Es sind acht Glieder, die ineinandergefügt sind, also nicht eine bloße Summierung darstellen: Dieser Weg beginnt

1. mit der »Bezähmung« (*yama*) und meint die allgemeine sittliche Zucht. Zu ihr gehören Elemente der Ausrichtung des gesamten Lebens – das Einstehen für Gewaltlosigkeit (*ahimsa*), das Prinzip der Wahrhaftigkeit (*satya*), Enthaltsamkeit und Keuschheit (*brahmacarya*), und zwar offensichtlich nicht nur auf sexuellem Gebiet, sowie weitere Tugenden des Besitzverzichtes und des Nichtbegehrens.
2. ›Niyama‹ entspricht der Einfügung in diese Diziplinierung des ganzen Lebens, also eine Konsequenz, die sich aus Yama ergibt.
3. Wichtig sind die Körperhaltungen (*asana*),[61] wie sie bereits im Hatha-Yoga einzuüben sind. Diese sind nicht nur gymnastische Bewegungen oder Stellungen, die Asanas sollen im großen philosophischen und religiösen Kontext des Yoga praktiziert werden. Wichtig ist Hatha-Yoga in diesem Zusammenhang, weil er für die Einbeziehung des Körpers in die spirituellen Übungen steht und damit einem körperfeindlichen Spiritualismus entgegengesetzt ist – ein wichtiges Korrektiv für diejenigen, die geringschätzig vom Körper denken.
4. Der Atem hat eine bestimmte Rhythmisierung (*pranayama*)[62] zu erfahren. Auf diese Weise wird die Gesamtpersönlichkeit beeinflusst.
5. Des Weiteren wird eine Verstärkung der nach innen gerichteten Empfindungsfähigkeit angestrebt, eine Zurücknahme der Wahrnehmungen in der äußeren Welt, bei gleichzeitiger Emanzipierung von deren Objekten (*pratyahara*).

Damit hängt

6. die von der Außenwelt unabhängige Konzentration (*dharana*) auf Sinn und Ziel aller Bemühungen zusammen.

7. Die yogische Meditation (*dhyana*) in der Art eines inneren, zugleich ruhevollen Anschauens ist eine weitere Stufe. »Dazu kommt aber eine bestimmte Gemütshaltung. So scharf und klar auch die Verstandeskräfte hier arbeiten, wäre es ein Fehler, Dhyana nur als logisch-rationalen Vorgang zu erfassen: Der Sinnende muß seinen Gegenstand mit allen Seelenkräften durchdringen, muß mit ehrfürchtiger Hingabe in ihn eingehen, weil es ja um eine geistige Lebenswirklichkeit geht, die ihn in die Sphäre tief innerer Wesensteilnahme und Befreiung von einengenden und bindenden Hemmungen einbeziehen soll.«[63] Dazu kommt schließlich
8. der *Samadhi*-Zustand als das Einswerden und Einssein mit dem Göttlichen, auf das alles Streben hinausläuft. Nach Radhakrishnan bezeichnet Samadhi den Zustand, »durch den man unmittelbar vor Erreichen der Befreiung hindurchgeht, ein ekstatischer Zustand, in dem alle Verbindung mit der äußeren Welt abgebrochen ist. Er ist das Ziel der Yoga-Zucht, da er die Seele aus ihrem zeitlichen, bedingten und wandelbaren Sein zu einem einfachen, ewigen und vollkommenen Leben emporführt. Durch ihn erhält der Purusha seinen ewigen Status zurück.«[64] Hierzu bedarf es weiterer Klärung, weil man zwei Stadien des Samadhi unterscheidet: ein Zustand »mit« und einer »ohne Bewusstsein«. Es gibt ferner Spontanphänomene, die wie alles, was sich auf spirituellem Weg manifestiert, auf ihre Gültigkeit hin zu überprüfen sind. Vor allem ist klarzustellen, inwiefern Samadhi bereits im Vollsinn des Wortes mit dem ersehnten Heilszustand jeden spirituellen Bemühens und Sehnens zu tun hat.[65]

Auf die generelle Frage, wie wir mit dem gegenwärtigen Bild der gefährdeten Menschheit mit ihrem anarchischen Individualismus, ihrer wirtschaftlichen Überspannheit und ihren materialistischen Lebensauffassungen umgehen können, antwortet Sarvapalli Radhakrishnan mit einer ebenso generellen Forderung: »Wir müssen den Brennpunkt des Bewußtseins ändern und besser und mehr sehen lernen. Der Weg zum Wachstum führt durch eine zunehmende Unpersönlichkeit, durch die Vereinigung des Selbst mit einem Höheren als dem Selbst. Gebet, Verehrung, Meditation – Philosophie, Kunst und Literatur tragen dazu bei, das innere Wesen zu beleben und zu reinigen und es auf die Berührung mit dem Göttlichen vorzubereiten. Die Lehre kennt verschiedene Stadien, die nicht deutlich voneinander getrennt sind. In der Hauptsache können drei Stufen unterschieden werden: die Reinigung, die Konzentration und die Identifikation.«[66] Damit hat der Mann des Ostens die drei Wege und Stationen der westlichen Mystik genannt: die *via purgativa*, die *via contemplativa* und die *via unitiva*, die in der *unio mystica* zum Ziel gelangen.

Wenn der ›Kundalini-Yoga‹ nur beiläufig erwähnt wurde, so ist an dieser Stelle nachzutragen, dass die Hindu-Tradition – parallel zu Tantrismus und Shaktismus – eine Energieform kennt: die *Kundalini* oder »Schlangenkraft«, deren Erweckung und Entfaltung angestrebt wird, um zur Erleuchtung zu gelangen. Das geschieht in Zusammenhang mit den sogenannten *Chakras* (*cakra*, »Kreis«), einem Organismus von sieben okkult zu nennenden Energiezentren, die entlang der Wirbelsäule angeordnet sind.[67] Das Wort Kundalini (skr. *kundala*, »zusammengerollt«) hat – bildlich gesprochen – mit der Vorstellung einer Schlange zu tun, die am unteren Ende der Wirbelsäule im Wurzelchakra *Muladhara* ruht. Sie symbolisiert die göttliche Kraft (shakti) im Menschen, die auf dem Wege der Yoga-Übungen zu aktivieren ist, damit sie sich erheben und in »Kanälen«, den *Nadis*, durch die einzelnen Chakren bis zum Scheitelpunkt des Kopfes, dem *Sahasrara-Chakra*, auch »tausendblättriger Lotos« genannt, nach oben steigen kann. Dies kann Anzeichen eines Erleuchtungsvorgangs sein. Der Kundalini-Prozess als solcher ist überaus komplex, auch mit allerlei Problemen, Gefahren und spirituellen Krisen behaftet,[68] weshalb in der Regel Schutz und Geleit eines klarsichtigen Meisters erforderlich sind. Hierüber gibt es eindrückliche Schilderungen aus hinduistischer wie auch aus abendländischer Sicht.

Seitdem u.a. die »schöpferischen Kräfte im Menschen« Sir John Woodroffe zu Beginn des 20. Jahrhunderts im Westen bekannt gemacht hat, ist eine breit angelegte Kundalini-Forschung in Gang gekommen, in deren Verlauf positive und nicht weniger bedeutsame negative Erfahrungen gemacht wurden. Für deren Bedeutung spricht, dass sich z.B. zusammen mit dem Inder Gopi Krishna[69] auch der Philosoph und Naturwissenschaftler Carl Friedrich von Weizsäcker an der Erforschung beteiligt hat.[70] Es sind freilich nicht selten solche Erfahrungen, die sehr nachdenklich stimmen, vor allem wenn man sieht, wie wichtig es ist, westliche und östliche – genauer: die mental-rationale und magisch-prärationale Bewusstseinsart – zu unterscheiden. Es handelt sich um eine Unterscheidung, deren Bedeutung der Kulturphänomenologe Jean Gebser (1905–1973),[71] nach ihm Ken Wilber, lange vor ihnen Rudolf Steiner (1861–1925) dargelegt haben. Wilber spricht von dem Phänomen der Prä-Trans-Verwechslung: »Sobald diese Verwechslung passiert – die Vertauschung von ›Prä‹ und ›Trans‹ –, werden unvermeidlich entweder die transrationalen Bereiche auf einen prärationalen Status reduziert oder aber die prärationalen Bereiche zu transrationaler Würde erhoben.«[72]

Demnach geht es nicht an, bald die eine, bald die andere Denkungsart zu wählen, nur weil man von einer da oder dort sich manifestierenden exotischen »Spiritualität« fasziniert ist. Entsprechende Hinweise hat bereits C.G. Jung im Zusammenhang mit seiner Begegnung mit dem Osten gegeben.[73] Hierzu ein Vergleich: Auf der Ebene der elektronischen Medien ist man gezwungen, die Frage der Kompatibilität verschiedener Systeme zu klären, und niemand hat Einwände, wenn darauf geachtet wird. Auf der geistig-seelischen Ebene sollte dies nicht weniger selbstverständlich sein, selbst wenn östliche »Eingeweihte hohen Grades« einem westlichen Sucher subtile Initiationen in Aussicht stellen.[74] Jedenfalls geht es nicht an, einen Erkenntnisweg unbesehen zu beschreiben, der einem magischen bzw. mythischen und damit *prä*rationalen Bewusstsein entstammt, wenn man eingesehen hat, dass es nicht ratsam sein kann, von der derzeitigen mental-rationalen Bewusstseinsstufe in atavistische Bewusstseinsstrukturen zurückzugehen. Denn letztlich gibt es kein Zurück, sondern im Sinne einer evolutionären Fortführung nur den Schritt vom rationalen zum *trans*rationalen bzw. *integralen* Bewusstsein. Bereits an dieser Stelle ist auf den Integralen Yoga Sri Aurobindos zu verweisen, der einerseits an die »aufsteigenden« traditionellen Yoga-Wege anschließt, andererseits aber auch mit der »Herabkunft« von Bewutseinsimpulsen rechnet, auf die der Übende hoffen darf. Der Aurobindo-Schüler Satprem bemerkt hierzu: »Unsere Erfahrung des herabsteigenden Stroms ist die Erfahrung der umwandelnden Kraft. Sie ist es, die ganz von selber den Yoga für uns vollziehen wird – vorausgesetzt, daß man sie gewähren läßt. Sie ist es, die unsre rasch erschöpften Kräfte und unbeholfenen Bemühungen ersetzt wird; sie, die dort anfangen wird, wo die anderen Yogas enden.«[75]

Sich auf Jean Gebsers bewusstseinsgeschichtliche Interpretationen beziehend, resümiert im Übrigen der amerikanische Kulturanthropologe Georg Feuerstein: »Der mythische Yoga und der ganzheitliche Yoga unterscheiden sich nicht nur in ihren theoretischen Grundvoraussetzungen – d.h. in ihren metaphysischen und ethischen Ausgangsstrukturen –, sondern sind einander auch unähnlich, was die Struktur ihres betreffenden Heilsziels angeht. Die Richtigkeit dieser Feststellung läßt sich am besten in einem Vergleich der beiden exemplarischen Typen an den beiden entgegengesetzten Enden dieses Entwicklungsprozesses veranschaulichen: also am magisch-mythischen Yoga der altvedischen Sammlungen und frühesten Upanishaden einerseits und an den holistischen Yogaschulen des späteren Hinduismus andererseits. Der erstgenannte Typus stellt gewissermaßen eine amplifizierte (angereicherte) Spielart der archaischen *participation mystique* dar, während letzterer einem denkerisch konsolidierten mystischen Experimentalismus gleichkommt.«[76]

Der spirituelle Impuls des Yoga ist auf vielen Kanälen und in unterschiedlichen Wirkweisen nach Europa und nach Nordamerika gekommen. Nach Beendigung des Ersten und Zweiten Weltkriegs (1918 bzw. 1945) wurden diese Anstöße aus einem starken inneren Bedürfnis heraus im Westen aufgenommen, sei es im Rahmen eines Massenimports in Form bloßer Imitation der exotischen Vorbilder, sei es in einer Art Transformation, unter Berücksichtigung der hiesigen Bewusstseinsart. Vorbereitet und begleitet wurde dieser neue Abschnitt yogischer Praxis durch eine Reihe von Impulsgebern, die inzwischen zur Geschichte des neueren Hinduismus zu zählen sind.

Gestalten und Bewegungen geistig-religiöser Erneuerung in Indien

Man kann sich fragen, ob der besonders in Indien verbreitete Hinduismus mit seinen vielen, bisweilen regional verbreiteten Schulrichtungen und Sekten bereits als »Weltreligion« angesehen werden kann. Eine bejahende Antwort lässt sich am ehesten im Hinblick auf den Neuhinduismus geben, der sich seit dem 18./19. Jahrhundert in Richtung Westen auszuweiten begann. Wesentlich früher setzte die religionsgeschichtliche Forschung ein mit dem darauf basierenden interreligiösen Dialog, vor allem hinsichtlich der religiösen Praxis und des Yoga. Zwei Vorgänge im geistig-religiösen Bereich haben sich in einer gewissen geschichtlichen Parallelität ereignet: Abgesehen von kirchlich-missionarischen und kolonialistisch-imperialistischen Aktivitäten des Westens, die auffällig eng zusammenhingen (!), begann man in Europa im 18. Jahrhundert mit der indologischen Entdeckung Indiens. Zwecks Institutionalisierung der diesbezüglichen Aktivitäten begründete der englische Jurist William Jones (1746–1794) im Jahre 1784 die bengalische »Asiatic Society«. Er übersetzte u.a. Kalidasas berühmte *Shakuntala*-Dichtung ins Englische (Calcutta 1789); dessen durch Georg Forster besorgte Verdeutschung (1791) gelangte in die Hand Goethes. Auch die Bhagavadgita wurde in diesen Jahren in europäische Sprachen übertragen. 1818 erhielt August Wilhelm Schlegel (1767–1845), der in Paris Sanskrit gelernt hatte, in Bonn den ersten deutschen Lehrstuhl für Indologie. Das Studium der Sanskrit-Sprache, das schon einige Jahrhunderte zuvor im Zuge der Missionierung Indiens begonnen hatte, war die Voraussetzung für die Erforschung der Literaturen Indiens, seiner Religion, Philosophie und Dichtung. Unter den europäischen Indologen hat sich der lange Zeit in Oxford lehrende Max Müller (eigentlich: Friedrich Max Müller, 1823–1900) als Übersetzer umfangreicher Literaturwerke des Hinduismus wie des Buddhismus verdient gemacht. Allein seine Übersetzungsserie »The Sacred Books of the East« (Oxford 1879–1894) umfasst 50 Bände. – Das sind nur einige Daten, die darauf hinweisen, wie die moderne Indologie samt der gerade erst im Entstehen begriffenen Religionswissenschaft binnen weniger Jahrzehnte in Westeuropa und Nordamerika rasche Fortschritte machte.[77]

Die zeitlich nur um wenige Jahre verschobene Gegenbewegung, die der Belebung des indischen Selbstbewusstseins und einer religiösen Renaissance diente, erhielt zu einem nicht geringen Maß – gewiss unbeabsichtigte – Impulse durch die kirchliche Mission. Katholiken und Protestanten mit einigen hundert verschiedenen Denominationen oder Sekten[78] bemühten sich, das

»abgöttische Heidentum« von seinem »Wahn« zu befreien – ein Unterfangen, dem nach zwei Jahrhunderten bei Hindus und Moslems nur ein relativ begrenzter Erfolg beschieden war, wenngleich zahlreiche einheimische Kirchen entstanden sind. Missionserfolg stellte sich meist nur dort ein, wo die Verbindung zur eigenen religiösen Tradition gelockert war. Eindruck machte nicht zuletzt die christliche Sozialarbeit, die aus dem Geist Jesu Christi motivierte Sorge um deklassierte und entrechtete Menschen. All das regte zu einer Alternative an, die durch ihren Rückgriff auf die brahmanische Tradition als hinduistische Reformbewegung verstanden werden kann.

Den Anfang machte *Ram Mohan Roy* (1772–1833) im Jahre 1828 mit der Begründung der Bewegung »Brahma Samaj« in Kalkutta. Die Missionssituation trug dazu bei, dass der Brahma Samaj sich auf ausgewählte Upanishaden berief und eine monotheistische Gottesauffassung vertrat, die auf Bilderkultus und die Vorstellung von göttlichen Verkörperungen (avatara) weitgehend verzichtete. Angeregt durch die protestantische Indienmission, sprach sich Roy für die Überwindung des Kastensystems und eine Übernahme westlicher Erziehungsmodelle aus. Eine Absage erteilte er dem traditionellen Ritualismus, was einer zumindest formalen Annäherung an einen unitarischen Protestantismus entsprach. Keine Religion sollte geschmäht oder missachtet werden. Faktisch erreichte die Bewegung aber nur eine kleine, an westlichen Idealen ausgerichtete Bildungsschicht. Dennoch wird er als »Vater des modernen Indien« betitelt.

Dem Brahma Samaj schlossen sich auch die *Tagores* an, Vorfahren (Großvater und Vater) des auch in Deutschland bekannt gewordenen Dichters und ersten nichteuropäischen Nobelpreisträgers für Literatur Rabindranath Tagore (1861–1941).[79] Während sich die Tagores dem Hinduismus eng verpflichtet fühlten, neigte ein anderer führender Anhänger des Brahma Samaj, *Keshab Chandra Sen*, stärker dem Christentum zu. In Jesus Christus erblickte er den Träger und Verwirklicher einer Botschaft, die der gesamten Menschheit gilt. Das führte schließlich zur Spaltung der Bewegung. 1875 gründete der aus dem Pandschab stammende Svami *Dayananda Sarasvati* (1824–1883) die Bewegung »Arya Samaj«, einer ebenfalls monotheistisch ausgerichteten, an der alten Veda-Überlieferung orientierten Spiritualität, die jedoch allen

Menschen zugänglich sein sollte, ohne Rücksicht auf das indische Kastensystem. Er wandte sich nicht nur an Menschen mit westlicher Bildung, sondern auch an Angehörige der Unterschichten mit ihren vielfältigen Belastungen. Seine Behauptung, die Gottesoffenbarung sei nicht in einer der zahlreichen Volkssprachen erfolgt, sondern im übernationalen Sanskrit, begründete Dayanand damit, dass es letztlich nur eine einzige Urgestalt der menschlichen Religiosität gebe.

Anzumerken ist, dass sich im selben Jahr 1875 in New York die »Theosophical Society« *Helena Petrowna Blavatskys* (1831–1891), unterstützt von Colonel *Henry Steel Olcott* (1832–1907), konstituierte. Madame Blavatsky übernahm hinduistisches und buddhistisches Geistesgut, fasste ebenfalls gesamtmenschliche Tendenzen in den Blick und wollte die Wahrheit über alle religiösen Überlieferungen stellen. Tatsächlich trugen die anglo-indischen Theosophen zu einem nicht geringen Grad dazu bei, auf ihre Weise das indische Selbstbewusstsein und das Interesse vieler Hindus wie auch der Buddhisten auf Ceylon (Sri Lanka) an ihren Traditionen zu bestärken. Sowohl Mahatma Gandhi als auch der für die Unabhängigkeit Indiens wichtige Jawaharlal Nehru bekannten sich hierzu, jedoch ohne der anglo-indischen Theosophie näher zu treten. Sie trugen dazu bei, dass ungezählte Hindus von neuem ihres spirituellen Reichtums inne wurden.

Als die Krönung zweier Jahrtausende inneren Erlebens im Vielmillionenvolk Indien rühmte Romain Rolland *Ramakrishna* (1836–1886). »Er war weder ein Held der Tat wie Gandhi noch ein Genius der Kunst und des Gedankens wie <$iGoethe> oder Tagore. Er war ein kleiner brahmanischer Bauer aus Bengalen, und sein äußerer Lebensweg verlief in beschränktem Kreise, ohne besondere Zwischenfälle, außerhalb des politischen und sozialen Geschehens seiner Zeit. Aber sein inneres Erleben umschlang die Vielfalt der Menschen und Götter. Er hatte teil am Urquell der Energie, der göttlichen Shakti.«[80] Nach Rama und Krishna genannt, die beide je eine Inkarnation (avatara) Vishnus darstellten, stammte er als Sohn armer Eltern aus einem Dorf im westlichen Bengalen. Er diente zunächst in einem Kali-Tempel und unterzog sich jahrelang spirituellen Übungen, die auf verschiedene Religionssysteme zurückgingen. Ihm widerfuhr die Erleuchtung, welche laut seinem Bekunden auf unterschiedlichen

Wegen zu Gott führen könne. Keine einzige Religion könne und dürfe Monopolansprüche auf die reine Wahrheit anmelden. Entscheidend waren zahlreiche geistige Erlebnisse, Entrückungen und Ekstasen. Im sogenannten »Evangelium M.« (*The Gospel*) sind die Unterredungen mit dem Meister durch Mahendra Nath Gupta, einen seiner vertrauten Schüler, aufgezeichnet. Darin findet sich der programmatische Satz: »*Sprecht nicht nur von brüderlicher Liebe, liebt! Streitet nicht über Lehren und Religion, es gibt nur eine! Alle Ströme münden ins Meer. Geht und laßt die anderen gehen!*«[81] Durch sein Tun und Leben ging von ihm eine Wirkung aus, die, aufs Ganze gesehen, einen substanziellen Beitrag zur religiösen Erneuerung seines Volks darstellte. Er bekräftigte so den »Sanatana Dharma«, die ewige Religion der Hindus, und regte darüber Suchende in aller Welt an.

Nach außen wirksam wurde seine Lehre insbesondere durch einige seiner Schüler, an erster Stelle durch Svami *Vivekananda* (mit ursprünglichem Namen Narendra Nath Datta, 1862–1902). Nach dem Tod seines Gurus begründete er Weihnachten (!) 1887 mit einigen anderen gleich ihm von Ramakrishna zu Hindu-Mönchen geweihten Geistsuchern den »Ramakrishna-Orden« (*Ramakrishna Math and Mission*), der in der Tradition von Shankara steht. Von einer »Mission« im christlichen Sinn sollte deshalb nicht gesprochen werden, weil es den in dieser Vereinigung Zusammengeschlossenen zumindest nicht primär um die Propagierung einer religiösen Anschauung ging, sondern um praktizierte Menschenliebe gegen jedermann und um einen Beitrag zur Bildung der Menschen. Als Vorbild dienten ihnen Aktivitäten und Einrichtungen der christlichen Caritas und der Diakonie. Die Ausstrahlung des in Belur Math am Ganges bei Kalkutta bestehenden Hauptsitzes war entsprechend groß. Heute zählt man, abgesehen von vielen inländischen Einrichtungen, außerhalb von Indien an die 200 Ramakrishna-Klöster.

Ohne persönlich eingeladen zu sein, reiste der durch Freunde unterstützte mittellose Mönch Vivekananda nach Chicago, wo 1893 der (erste) Weltkongress der Religionen stattfand.[82] Er wurde als letzter Redner zugelassen und hinterließ bei den Beteiligten einen starken Eindruck. Einige Jahre bereiste er anschließend Amerika und Europa, nun freilich in betont missionarischer Aktivität und von der allgemeinen Bedeutsamkeit des Hinduismus für die Religiosität in aller Welt überzeugt. Diese Mission vollzog er auf der Basis der Toleranz und der Anerkennung aller religiösen Überzeugungen. Sein Credo lautete: »*Ich glaube, daß die verschiedenen Religionen sich nicht widerlegen, sondern gegenseitig ergänzen. Jede Religion beschäftigt sich mit einem Teil der universellen Wahrheit und verwendet all ihre Kraft darauf, diesen zu verkörpern und zu versinnbildlichen. Wie arrogant ist es, wenn jede Sekte glaubt, Gottes unendliche Wahrheit zu kennen, obwohl ihre Lehren menschlichem Denken entspringen, das doch nicht unfehlbar sein kann. Wir vergessen immer die Begrenztheit der menschlichen Natur. Unsere Losung sei daher ›Annahme‹, nicht ›Ausschließung‹. Ich nehme alle Religionen an und verehre Gott mit ihrer Hilfe, in welcher Form sie auch immer dies tun mögen.*«[83]

Offenbar ist es kein Zufall, dass Indien ein besonderer Ort der Begegnung der großen Weltreligionen Hinduismus, Buddhismus, Christentum und Islam geworden ist. So konnte in diesen Regionen – trotz nicht zu leugnender Rückschläge auch hier – der Dialog zwischen Angehörigen der unterschiedlichen Glaubensrichtungen begonnen und erprobt werden. Dem fügte Swami Nityabodhananda hinzu: »In der ganzen Geschichte der großen Heiligen der Welt gibt es nur ein einziges Beispiel eines Heiligen, der Hinduismus, Christentum und Islam praktisch ausgeübt und verwirklicht hat. Das war Ramakrishna. Die Anschauungen Vivekanandas waren die Fortführung von Ramakrishnas Leben und Lehren.«[84] In seinen Vorträgen umriss er das Wesen seines Glaubens: »*Der Hindu will sich nicht von Worten und Lehren nähren. So zielt der Hindu darauf, daß der Hindu im beständigen Ringen vollkommen werde und göttlich, daß er zu Gott gelange und ihn schaue. Und daß er zu Gott gelange, Gott schaue und vollkommen würde, wie der Vater im Himmel vollkommen ist, darin besteht die Religion der Hindus.*«[85] Bekanntlich geschahen die Bestrebungen nicht etwa in einem geschichtslosen Raum, sondern in der Epoche, die vom Kampf um die Selbstbefreiung Indiens von der englischen Kolonialmacht erfüllt war. Innere und äußere politische Erneuerung entsprachen einander.

In diesen Auseinandersetzungen war eine Probe zu bestehen; würden die Religionen über ein spirituelles Potenzial verfügen, das angesichts der politisch-gesellschaftlichen Probleme einen entscheidenden Beitrag leisten könnte? Als beispielgebende Gestalt ist an dieser Stelle *Mohandas Karamchand Gandhi* (1869–1948) zu nennen, den Rabindranath Tagore einst (1915) *Mahatma* (große Seele) nannte. Als Sohn eines Ministers in einem kleinen indischen Fürstentum wurde er am 2. Oktober 1869 geboren. Zwischen 1888 und 1891 studierte er Jura in London. Hier kam er auch mit der anglo-indischen Theosophie in Berührung, er wurde sowohl H.P. Blavatsky als auch ihrer für die Erneuerung Indiens engangierten Nachfolgerin Annie Besant vorgestellt. Bedeutsam wurde ihm hier die Bekanntschaft mit der Bhagavadgita und der Bibel, insbesondere mit der Bergpredigt Jesu. Im Laufe seines überaus bewegten und von vielseitigem Engagement erfüllten Lebens wurde er als profilierter Politiker zum Karma- und Bhakti-Yogi, der durch die besonnene Tat und die alle Begrenzungen überschreitende Menschenliebe bestimmt ist. Zwischen 1893 und 1914 setzte er sich als Anwalt der Entrechteten in Südafrika ein, um gegen die diskriminierende Rassengesetzgebung einen passiven Widerstand zu organisieren. Die spirituelle Grundlegung erfolgte durch seine Gelübde rückhaltloser Entschiedenheit als *Brahmacarya*, d.h. er verzichtete u.a. auf Privateigentum, um den Hilfsbedürftigen nahe zu sein. Er verschrieb sich in seinem Kampf der Gewaltlosigkeit (*ahimsa*); gleichzeitig fühlte er sich zum Festhalten an der Wahrheit und Gerechtigkeit (*satyagraha*) verpflichtet. Das schaffte ihm weltweiten Respekt und beförderte den Prozess der Verselbständigung Indiens.

Bei aller Offenheit für die Religionen, denen er begegnete, dachte er nicht daran, in irgendeiner Weise zu konvertieren. Er blieb bewusst Hindu: »*Heute* (so schrieb er 1939) *ist die Gita nicht nur meine Bibel oder mein Koran, sie ist mehr als das: sie ist meine Mutter. Ich verlor meine irdische Mutter vor langer Zeit; aber diese ewige Mutter hat seither ihren Platz an meiner Seite vollständig eingenommen. Sie hat sich nie gewandelt, sie hat mich nie im Stich gelassen. Wenn ich in Schwierigkeit oder Bedrängnis bin, suche ich Zuflucht in ihrem Schoß.*«[86]

Als Mitbegründer und langjähriger Präsident des »All-Indian-Congress« praktizierte er alle Formen gewaltfreier Auseinandersetzung, einschließlich des vom Gebet begleiteten demonstrativen Fastens, mit den politisch Mächtigen, die ihn wiederholt inhaftierten. Gandhi war zu einem moralischen Garanten geworden, auf den alle Welt blickte. Dennoch war sein Erfolg getrübt. 1947 erhielt Indien durch Großbritannien seine Unabhängigkeit, freilich um den Preis der Teilung in einen Hindu- und einen Moslemstaat. Es war dem politisch-spirituellen Widerstandskämpfer nicht gelungen, diese »geistige Tragödie«, wie er dieses Ereignis nannte, zu verhindern. Am 30. Januar 1948 traf ihn die Kugel eines Hindu-Fanatikers tödlich. Die Strahlkraft seines exemplarischen Lebens gehört nicht allein in die Geschichte und den Fortgang der indischen Frömmigkeit. Sie hat auf die Friedensbewegungen weltweit ausgestrahlt. Der amerikanische Protestant Martin Luther King, der wie Gandhi sein Leben als Opfer für sein Lebenswerk hingegeben hat, stellte seinem indischen Vorgänger folgendes Zeugnis aus:

»Gandhi war der erste Mensch in der Geschichte, der Jesu Liebesethik über die bloße Beziehung zwischen Einzelpersonen hinaushob und sie zu einer gewaltigen und wirksamen sozialen Macht in großem Maßstab steigerte. Liebe war für Gandhi ein mächtiges Mittel zur sozialen und kollektiven Verwandlung. Darin, wie Gandhi auf Liebe und Nicht-Gewaltanwendung das Gewicht legte, entdeckte ich die Methode für eine Sozialreform, nach der ich so viele Monate gesucht hatte.«[87]

Es ließe sich eine große Schar von weiteren Geisteslehrern und Seelenführern nennen, die das geistige Indien allein im 19. und 20. Jahrhundert hervorgebracht hat. An der Spitze derer, die hier wahlweise zu nennen sind, steht *Shri Aurobindo Ghosh* (Ghose). Er wurde am 15. August 1872 als Sohn eines westlich eingestellten Arztes in Kalkutta geboren. Von seinem 7. bis 21. Lebensjahr lebte und studierte er in England, zuletzt mit Erfolg am angesehenen King's College in Cambridge. Doch nicht die abendländische Kultur, ihre Philosophie, Dichtung und Literatur bestimmten in der ersten Zeit nach seiner Rückkehr nach Indien sein Schaffen, sondern das politische Leben. Anders als Gandhi ließ er sich nicht von der konsequenten Gewaltfreiheit (ahimsa) leiten, sondern von den kämpferischen Idealen, wie sie in radikal-revolutionären Kreisen in die Tat umgesetzt werden sollten. Aber lebenbestimmend konnte die anti-englische nationalistische Agitation für ihn nicht sein. Während der einjährigen Haftzeit von 1908/09 im Alipur-Gefängnis von Kalkutta erlebte er eine geistige Erweckung als einen »Anruf von oben«. Er empfing den

Auftrag, jetzt mit der ihm von Gott zugedachten Lebensaufgabe zu beginnen. In der damals französisch verwalteten Siedlung Pondicherry fand er den Ort seiner weiteren Tätigkeit. »*Ich war nun in der Lage, meine religiösen Übungen nach der Gita zu tun. Ich hatte nicht nur intellektuell zu verstehen, sondern existentiell zu begreifen, was Sri Krishna von Arjuna verlangt und ebenso von allen denen, die Gottes Werk tun möchten: nämlich frei zu sein von Widerstreben und Wunschtrieb, sein Werk zu tun, ohne auf die Frucht des Werkes zu rechnen, den Eigenwillen aufzugeben, ein positives und gläubiges Instrument in seinen Händen zu werden, (etwas für) Hoch und Niedrig, Freund und Feind, für Erfolg und Versagen mit gleicher Hingabe zu tun.*«[88]

Auf der Basis geistiger Arbeit und Selbstverwirklichung erfolgte der Aufbau eines Ashrams in Pondicherry unweit von Madras, tatkräftig unterstützt von der kongenialen Französin *Mira Richard*, seiner Gefährtin und engsten Mitarbeiterin, der es bestimmt war, als »die Mutter« das entstehende Werk nach Aurobindos Tod weiterzuführen und die wachsende Schülerschaft zu begleiten. Am 15. August 1914, seinem 42. Geburtstag, erschien die erste Nummer der religiös-philosophischen Zeitschrift »Arya«, in der die meisten seiner umfangreichen Werke erstmals an die Öffentlichkeit gelangten, u.a. »Essays on the Gita« (1928), »Light on Yoga« (1935) und »The Life Divine« (1939). Am 5. Dezember 1950 starb Aurobindo in Pondicherry. Am 15. August 1947, seinem 75. Geburtstag, war Indien unabhängig geworden.

Charakteristisch für das Lebenswerk Aurobindos ist, dass verständlicherweise auch er an die große philosophische wie spirituelle Hindu-Tradition anknüpfte. Aber er war viel mehr als nur ein Interpret der Bhagavadgita oder des Vedanta. Er schuf den »Integralen Yoga«, einen aus einer weltzugewandten und zugleich geistoffenen Haltung herausgewachsenen Erkenntnisweg, der traditionelle Weisheit mit westlichem Denken verbindet. Danach sei die sonst im Hinduismus vielfach übliche Spaltung in Geist und Materie zu überwinden. Seine frühzeitige Begegnung mit dem Christentum und mit dem evolutionären Denken in England hatte in seinem Schaffen Frucht getragen. Es sah seinen speziellen Auftrag darin, Möglichkeiten einer Evolution des Bewusstseins und der Erkenntnisfähigkeit aufzuzeigen und bei einer wachsendenden Schülerschaft zu befördern. Er wollte Anschluss an die Bewusstseinsmacht des »Übergeistes« finden. Der Blick sei auf das »supramentale Licht« zu lenken, also auf diejenige spirituelle Wirklichkeit, der das »mentale Wesen« des Alltagsbewusstseins untergeordnet ist. Andererseits: »*Das göttliche Wesen, das wir verehren, ist nicht nur eine ferne außerkosmische Wirklichkeit, sondern eine halbverhüllte Manifestation, die uns hier im Universum gegenwärtig und nahe ist. Das Leben ist das Feld für eine noch nicht vollendete göttliche Offenbarung. Wir sollten hier im Leben, auf der Erde, im Körper die Gottheit enthüllen. Wir müssen also in unserem Yoga das ganze Leben annehmen, um es bis zum Äußersten umzuwandeln.*«[89]

Der Mensch ist demzufolge nicht etwa der Bewohner einer Welt des Scheins und der Täuschungen (m*aya*), sondern er ist beauftragt, sich und die Welt vom Geiste her zu gestalten. Transformation, Wandlung lautet die Devise. Denn: »*Aller Yoga ist seiner Natur nach eine neue Geburt aus dem gewöhnlichen mentalisierten materiellen Leben des Menschen hinein in ein höheres spirituelles Bewußtsein und in ein größeres göttlicheres Wesen. Man kann keinen Yoga mit Erfolg unternehmen und fortführen, wenn es nicht zu diesem starken Erwachen zur Notwendigkeit jenes umfassenderen geistigen Seins kommt.*«[90]

Eines der leitenden Prinzipien dieses Yoga, der die vorausgegangenen Yoga-Systeme der indischen Tradition in Dienst nimmt, ist es, sich der Wirklichkeit Gottes in der Fülle des Lebens zu »überantworten«. Das entspricht einer Loslösung von einer verschlossenen Ich-Bezogenheit auf der einen Seite und einer vertrauensvollen Hingabe an das Sein, das größer ist als die menschliche Vorstellung, auf der anderen. Bedeutsam ist ferner, dass Aurobindo sich nicht nur als ein Strebender, Übender versteht, sondern dass er mit der »Herabkunft« des göttlichen Geistes rechnet. »*Es ist eine Tatsache der unleugbaren Erfahrung vieler, daß dieses göttliche Bewußtsein herabsteigen kann, und es ist meine Erfahrung, daß nichts Geringeres als nur seine volle Herabkunft die Verschleiertheit und Verworrenheit beseitigen und die volle spirituelle Transformation zustande bringen kann.*«[91] Aurobindos Geistesweg beginnt somit mit dem persönlichen Einsatz gemäß den herkömmlichen Yoga-Disziplinen. Er bleibt jedoch dabei nicht stehen. Er versucht, das evolutionäre Denken einzubeziehen. Dieser Weg führt aber in eine Phase der Wandlung hinein, dank des Ein-

greifens der göttlichen Gegenwart. Mit den Worten seines Biographen Otto Wolff heißt das:
»Die Herabkunft ist eine notwendige Bedingung, ohne die es keinen legitimen Aufstieg gibt, sondern nur ein bleibendes Befangensein im selbstherrlichen Autonomiewahn. Keine Bewußtseinserweiterung ohne einen neuen Impuls, kein Werden ohne ein Empfangen, kein Sichweiten des Geistes ohne ein Eingreifen dessen, was der Mensch nicht schon hat. Sein Yoga ist dadurch charakterisiert, daß er weniger ein Handeln als ein Gehandeltwerden ist, eine Integration oder Transformation aus sich erschließender Transzendenz.«[92] So ist es verständlich, dass der Schöpfer des Integralen Yoga zu Einsichten gefunden hat, die an die Sphäre der Christus-Erfahrung heranführen.[93]

Diese Wahrnehmung ist auch von einzelnen indischen Christen gemacht worden, denen es gelang, von der traditionellen Kirchlichkeit, wie sie durch die westlichen Missionare vermittelt worden war, zu einer größeren Wirklichkeit durchzustoßen. Der deutsch-amerikanische Religionshistoriker Frederic Spiegelberg ging gar so weit zu sagen, das transformierende Element im Denken und Yoga Aurobindos mache ihn zum »größten christlichen Missionar in Indien«, wenngleich er Jesus Christus oder christliche Konfessionen überhaupt nicht erwähnt. »Im Gegenteil, er vermeidet dies. Aber seine monistische und ganz und gar unmanichäische Auffassung vom Königreich Gottes auf Erden bringt seine Botschaft in Verbindung mit dem Hauptakzent der christlichen Botschaft. So befiehlt uns Aurobindo in einem seiner Gedichte: *Macht die Erde zur Heimstatt des Wunderbaren und das Leben zum Kuß der Glückseligkeit.* Es ist dies eine milde, universale und gelassene Botschaft, jedoch extrem ethisch in ihrer Vorstellung von sozialer Verantwortung.«[94] Des Weiteren gibt es Äußerungen, in denen er *expressis verbis* Krishna Buddha und Christus vorzieht. Das mag davon herrühren, dass er das während seines England-Aufenthalts empfangene Christus-Bild mit der Christus-Wesenheit kurzerhand identifiziert.[95]

Unter den Gelehrten, die ihre indische Geisteshaltung mit der westlichen Religionswissenschaft zu vereinen suchten, nimmt *Sarvapalli Radhakrishnan* (1888–1975) eine besondere Stellung ein[96]. Der in einem christlichen College in Madras erzogene Philosoph und Religionswissenschaftler lehrte mehrere Jahre in Oxford, erfüllte wiederholt internationale Missionen, bekleidete zwischen 1962 und 1967 das Amt des indischen Staatspräsidenten und wurde ferner mit dem Friedenspreis des Deutschen Buchhandels von 1961 ausgezeichnet. Er vertrat die Überzeugung, dass allein eine »spirituelle Religion«, also nicht unbedingt eine dogmatisch eng begrenzte Konfession oder Kirche ein Heilmittel für die universelle Krankheit der Völker sein könne. Die Eindrücke, die er am Anfang seiner philosophischen Ausbildung in Madras empfing, veranlassten ihn, sich gründlich in die Tradition seines Volkes einzuarbeiten, um der bisweilen demütigenden Kritik von christlicher Seite gewachsen zu sein.

Unter Religion verstand er letztlich die »Religion in den Religionen« (Ulrich Mann), d.h. das, was die Hindus das Santana dharma, die ewige Religion, nennen. Dieser Sicht fühlte sich Radhakrishnan in hohem Maße verpflichtet. Er begriff den Hinduismus als eine geistige Wirklichkeit, wie sie vornehmlich in der Gestalt des besprochenen Neuhinduismus, zu dem er selbst gehörte, in Erscheinung getreten ist. Mit Blick auf die Übersetzung seiner Hauptwerke ins Deutsche[97] fasste er anlässlich der Verleihung des Friedenspreises den Leitgedanken seines Schaffens so zusammen: »....*daß eine Vervollkommnung der Menschheit weniger durch Politik und Wirtschaft als durch Philosophie und Religion erreicht werden kann. Die klassische Weisheit meines Landes versichert, daß nur EINE Wahrheit den verschiedenen Religionen zugrunde liegt, die Wahrheit, die sich in keinem Glauben allein ausdrückt und auf keine Kirche und keinen Tempel beschränkt werden kann. Es ist die Pflicht des Menschen, sich zu jener Wahrheit zu erheben, indem er die Beschränkung des Weges, die Zufälle des Erbes und der Einseitigkeit des Verstandes überwindet. Sich selbst erkennen heißt, das Unendliche in uns, in uns allen zu erkennen.*«[98]

In engen konfessionellen Grenzen denkende christliche Theologen und nach herkömmlichem Stil arbeitende Missionare hatten es mit Radhakrishnan nicht leicht, weil er den Anspruch auf eine einzigartige, für die gesamte Menschheit gültige Offenbarung ablehnte. Nicht aktzeptabel fanden sie daher seine Deutung Jesu als eines Avatara, d.h. einer Wesenheit, die aus dem göttlichen Bereich mit dem Ziel herabgekommen und Mensch geworden sei, eine neue Welt heraufzuführen und ein neues Dharma zu begründen. Dabei gibt es für den Hindu viele solcher »Herabkünfte«. Hinzu kommt die Auffassung, dass Jesus als ein solcher Avatara der Menschheit einen Weg gewiesen habe, und zwar mit der Aufgabe, sich durch entsprechende Eigenarbeit auf eine höhere Lebens- und Seinsstufe zu erheben. Kein Wunder, dass Radhakrishnans mit einem hinduistischen Vorzeichen versehene Akzeptanz Jesu Christi mehrfach auf Widerspruch stieß. Sein christlicher Landsmann Stanley J. Samartha riet daher zu einer gewissen Vorsicht, wenn beispielsweise Buddha, Krishna und Jesus aufgrund gewisser tatsächlicher oder angeblicher Ähnlichkeiten auf ein und dieselbe Stufe gestellt werden sollen.»Zudem setzt die Aussage, alle Religionen enthielten Annäherungen an die Wahrheit, eine vorherige Erkenntnis der Wahrheit voraus, wie sie ist. Wie kann man sagen, Formulierungen der Wahrheit seien relativ, wenn man selbst nicht weiß, was die Wahrheit in ihrer Fülle und Vollständigkeit ist? Während es möglich ist, Radhakrishnans Ansichten über das Christentum zu achten, ist es uns aus den genannten Gründen nicht möglich, mit ihm in seinen Werturteilen übereinzustimmen, ohne damit die durch die Geschichte der Kirche und im Leben der Gläubigen gehegten und geheiligten grundlegenden christlichen Überzeugungen aufzugeben.«[99] Damit sind immerhin beträchtliche kirchenhistorische und dogmengeschichtliche Hypotheken samt den jeweiligen philosophischen Grundlagen eingeräumt, die die Begegnung mit dem Osten erschweren.

Die Begegnung zwischen Hinduismus und Christentum

Vergleicht man, mit welchem ungeheuren Anspruch im Laufe der Jahrhunderte christliche Missionare in Indien tätig geworden sind und welche geistige Kraft andererseits durch zahlreiche indische Persönlichkeiten wie Ramana Maharshi (1879–1977) oder den Yogi Paramahansa Yogananda (gest. 1977) mit Methoden der Selbst-Verwirklichung (selfrealisation) in Erscheinung trat, dann ist von Seiten der Kirche in hohem Maße Selbstbescheidung geboten. Mit Recht wird darauf hingewiesen, dass die institutionalisierte christliche Religion, ihre Träger, die verschiedenen Kirchen, zugleich Verursacher und Opfer der offenkundig gewordenen religiösen Krise geworden sind. Dazu bemerkt Hans Küng: »In der Tat: wem wären heutzutage Namen irgendwelcher großer christlicher Missionare in Indien geläufig, deren Ausstrahlung man mit Männern wie Ramakrishna und Vivekananda, mit Yogananda, Maharishi Mahesh Yogi und Bhagwan Rajneesh vergleichen könnte? All die Anhänger dieser neuen Bewegungen als Verführte hinzustellen, entlastet zwar die religiös vielfach defizitären Kirchen, hat alle diese Bewegungen jedoch zu Unrecht disqualifiziert. Gewiß sind manche Werbemethoden dieser neuen asiatischen Missionare nicht sehr wählerisch; aber waren es die der alten Missionare des Christentums?«[100]

Es fehlte bislang nicht an Versuchen, von Indien aus – anders als durch Radhakrishnan – zu einer östlich-westlichen Beziehung zu gelangen, um indische Spiritualität vom Christentum her zu durchdringen. Zu den bereits genannten Gestalten, die im 19. und frühen 20. Jahrhundert zunächst in der Hauptsache durch die Aktualisierung ihrer Hindu-Tradition bestimmt waren, sind solche Persönlichkeiten getreten, die Wege in Richtung einer Symbiose beschritten haben. Neben *Ram Mohan Roy* war es vor allem *Keshub Chandra Sen*, der zwar von der offiziellen Kirche seiner Zeit verworfen, von seinen Landsleuten jedoch als Christ angesehen wurde. Schon der im 17. Jahrhundert als Indien-Missionar tätige Jesuit *Robert de Nobili* (1577–1658) hatte den Versuch gemacht, eine Theologie der Korrelation zu entwickeln.

Als christlich-indischer Vertreter und Sens Zeitgenosse kann *Nehemia Goreh* (1825–1995) gelten, dem man sogar eine antithetische Stellung zum Hinduismus nachgesagt hat. Starke Beachtung, aber auch kritische Rückfragen erregte der als »Christus-Zeuge« apostrophierte Sadhu *Sundar Singh* (1889–1929), dessen Schriften samt den darin enthaltenen »Gesichte der Geisterwelt« weltweit in Umlauf kamen.[101]

Zu den indischen Theologen, die den Versuch unternahmen, den christlichen Glauben in den Kategorien indischer Philosophie zu interpretieren, gehören der ins Bischofsamt für Südindien berufene indische Theologe *A.J. Appasamy* und der geistige Brückenbauer zwischen beiden Hemisphären *Raimon (Raimundo) Pannikar*[102]: »*Vom rein theologischen Gesichtspunkt aus muß man heute zugeben, daß der Bund Gottes mit den Menschen sich nicht auf Israel und die christlich gewordenen Völker beschränken kann.*«[103]

Auch könne man Christus nicht auf eine historische Gestalt reduzieren. Der Hinduismus stelle andererseits so etwas wie »ein Christentum in Verborgenheit« dar.[104] Fragt sich nur, von wem diese Sichtweise eingenommen werden kann – neben Paul Tillich und Karl Rahner etwa auch von indischen Theologen?

Als Beispiel für den Versuch einer Synthese zwischen Hinduismus und Christentum sei in diesem Zusammenhang der indische Christ *Pandipeddi Chenchiah* (1886–1959) genannt,[105] der ähnlich wie sein der mystischen Frömmigkeit zugeneigter Schwager *Chakkarai* Christus mit östlicher Geistigkeit zu verbinden suchte. Chenchiah, von Hause aus Jurist, fühlte sich stark von Aurobindos Synthese zwischen westlichem Denken und östlicher Spiritualität angesprochen. Die von ihm ins Auge gefasste Synthese erblickte er in der Zusammenschau der Yoga-Praxis, des westlichen Evolutionsdenkens und des biblischen Zeugnisses. Diese Sicht schien sich ihm durch Aurobindo als den Verkünder eines auf dem Weg des Integralen Yoga erneuerten Menschen zu eröffnen. Chenchiah meint, einen inneren Zusammenhang der urchristlichen Anthropologie mit Christus als dem »neuen Adam« und dem Menschenbild Aurobindos aufzeigen zu können. Und was darin als »Herabkunft« bezeichnet ist, hält der Hindu-Christ für die Ankunft (*Parousie*) des Heiligen Geistes.

»Sri Aurobindo nimmt die Aufklärung durch die Naturwissenschaften (und) die Offenbarungen in anderen Religionen auf, um die geistigen Erfahrungen der Vergangenheit neu zu interpretieren und auf eine umfassende und zureichende Philosophie der Inkarnation hin auszurichten. Fast 20 Jahrhunderte nach Jesus und St. Paulus hat Indien den besten Interpreten seiner Inkarnation hervorgebracht, und das aus dem Hinduismus heraus!«[106]

Es sei des Weiteren an zwei Europäer erinnert, die es – neben einer Reihe anderer europäischer Christen – unternommen haben, ihre christliche Existenz und Spiritualität als Zeichen einer gelebten Geistesgemeinschaft und Menschenliebe in Asien auszurichten. Gemeint sind solche Christen, die sich nicht im landläufigen Sinn als Missionierende verstanden, sondern die bereit waren, das Leben mit den Menschen ihres Gastlandes respektvoll zu teilen und eine christlich-hinduistische Symbiose zu erproben. Der eine, *Henri le Saux*, am 30. August 1910 in der Bretagne geboren, wurde Benediktiner. Im Alter von 38 Jahren ließ er sich von seinem Orden nach Indien entsenden, um seine monastische Frömmigkeit durch die asketische Tradition (*sannyasa*) Indiens kontemplativ zu erfüllen. Zusammen mit seinem Ordensbruder Jules Monchanin begründete er in Südindien den Saccidananda-Ashram in Shantivanam (Wald des Friedens). Die entscheidenden Erfahrungen erlangte le Saux – mit dem indischen Mönchsnamen heißt er *Abhishiktananda* (die Seligkeit des Gesalbten) – bei Ramana Maharshi, der bereits 1950 starb. Seine Schilderung ist in eine knappe Feststellung gekleidet: »Die eindrucksvollste Begegnung, die ich im Tempel hatte, war ohne Zweifel die mit dem Maharshi selbst. Dies geschah auf einer Ebene, die nichts zu tun hat mit irgendeinem visuellen, auditiven oder psychischen Phänomen, welcher Art auch immer; auf der einzigen Ebene, auf der man Ramana *wirklich* begegnen kann.«[107] Pater le Saux-Abhishiktananda kam es darauf an, in absoluter Ehrlichkeit sein Christ-Sein zusammen mit Hindus authentisch zu leben, also in Gestalt einer spirituell-realen Symbiose und in äußerster Einfachheit – bis zu seinem Tod am 7. Dezember 1973 in Rishikesh.[108]

Eine kleine Mönchsgemeinschaft mit den gleichen geistlichen Zielsetzungen hatte schon zu Lebzeiten Abhishiktanandas die Nachfolge angetreten, als dieser seinen Einsatzort in Indien veränderte. Von da an stand der Ashram von Shantivanam unter der Führung des englischen Benediktiners *Bede Griffiths* (1906–1993). Eine der Fragen, die ihn lebenslang, gerade auch während der fast vier Jahrzehnte seines Indien-Aufenthalts von 1955 an bewegten, war die nach dem Geheimnis der Vielfalt der Religionen, die letztlich aus ein und derselben geistigen Quelle entstammen, so unterschiedlich die Menschen das Mysterium vorstellen und in die Gefäße von Denken und Glauben zu füllen versuchen – *»dennoch ist die Wahrheit immer außerhalb aller menschlichen Worte. Sie spricht zum Herzen, erweckt die Tiefen unserer Seelen und bringt Erleuchtung, Friede und Freude. Und wenn dieses Mysterium in seinem letzten Grund erkannt wird, ist es eins mit dem Mysterium von Brahman, Nirvana, Tao, Jahve, Allah. Es ist die eine Wahrheit, das eine Wort, das ewige Satchidananda.«*[109] Die Motivation für sein Eintauchen in die hinduistische Geisteswelt entstammte zunächst einem ganz persönlichen Bedürfnis, ausgedrückt in einem Brief: »Ich will auch die andere Hälfte meiner Seele entdecken.« Diesem Verlangen entsprach die Einsicht, die er mit vielen teilte, die einen ähnlichen Weg wie er gegangen sind, nämlich dass der westlichen Kirche bis heute etwas zur Ganzheit Gehöriges fehle. So formulierte er – wohl in Anlehnung an Einsichten C.G. Jungs, für den er sich interessierte: »*Wir haben nur die eine Hälfte unserer Seele gelebt, die bewußte, die rationale Seite, und wir hatten die andere Hälfte, die unbewußte, intuitive Dimension zu entdecken. Ich wollte in meinem Leben die Hochzeit dieser beiden Dimensionen der menschlichen Existenz erfahren, die rationale und die intuitive, die bewußte und die unbewußte, die männliche und die weibliche. Ich wollte den Weg zur Hochzeit von Ost und West finden.*«[110]

Über solch hohen Zielsetzungen sind die Schwierigkeiten nicht zu verkennen, die Menschen von der geistig-geistlichen Statur eines Bede Griffiths zu meistern hatten. Wohl setzte er zukunftweisende Keime in seinem Ashram, indem er als einer der Ersten den Indern zeigte, wie ein »inkulturiertes Christentum« aussehen könne. »Zwar hat er in Shantivanam eine Gemeinschaft von jungen Brüdern und Priestern herangebildet, doch niemand war fähig, seine Tradition fortzusetzen. Wenige Hindus besuchten Shantivanam. Trotz des sehnlichen Wunsches von Pater Bede fand ein kontinuierlicher, lebendiger, den Ashram-Alltag charakterisierender und inspirierender Dialog zwischen Christen und Hindus auch in Shantivanam nicht statt.«[111] So wurde das von Griffiths gegebene Beispiel zwar in Europa und Amerika, nicht zuletzt durch seine Publikationen bekannt, nicht dagegen in Indien selbst! Und wenn ihm auch der tägliche Vollzug des gemeinsamen Lebens von Christen und Hindus, von Indern und Europäern zum bestimmenden Moment seiner Mission geworden war, so fügte er am Ende seiner Jahre zu den zahlreichen Schriften, die sich auch mit dem in Gang befindlichen Bewusstseinswandel beschäftigen,[112] noch zwei hinzu, die jener »Hochzeit von Ost und West« dienen sollten: einen spirituellen Kommentar zur Bhagavadgita und die Zusammenstellung einer »Weltbibel«[113] mit einer umfangreichen Auswahl aus den heiligen Schriften der Menschheit. An den Anfang stellte er Abschnitte aus einigen Upanishaden, ans Ende neutestamentliche Texte aus Evangelien und Episteln.

Kapitel 5

Der Buddhismus

Seine »Schulen« und spirituellen Wege

Die älteste Weltreligion – eine Religion der Befreiung

Was hat Bestand angesichts von Leiden, Tod und Vergänglichkeit? Welchen Sinn macht das In-der-Welt-Sein überhaupt? Gibt es eine Möglichkeit, gibt es eine »Zuflucht«, um dem Schicksal der tatsächlichen oder vermeintlichen »ewigen Wiederkehr« und damit der leidvollen Existenz zu entrinnen? Gibt es im Überfluss der mediengesteuerten Bilder und Daten eine Klärung des wahnhaften uneigentlichen Lebens, indem man die Träger eines illusionären Lebens als das entlarvt, was sie sind, als *Maya* (Nicht-Erkenntnis, kosmische Illusionen)?

Fragen wie diese führen zum Buddhismus, der als Erkenntnis- und Glaubenszusammenhang die älteste der großen Weltreligionen darstellt. Historisch betrachtet, ist er aus der religiösen Vielfalt des Hinduismus entstanden. Wiewohl die Lehre Buddhas im Laufe von zweieinhalb Jahrtausenden in einer Vielzahl von Schulen und Lehrweisen aufgegliedert ist, so verfügt der Buddhismus doch über eine von einem historisch fassbaren Stifter gestaltete Struktur, eine nachvollziehbare Lehre und eine dem Wesen des östlichen wie des westlichen Menschen gemäße ethische Zielsetzung. Der Weg des Buddha, d.h. des »Erwachten, Erleuchteten«, der alles andere als eine stellvertretende »Erlösung« (im christlichen Sinn) anbietet, stellt einen Erleuchtungsweg dar, und zwar ohne einer Gottesvorstellung zu bedürfen. Insofern handelt es sich um eine »atheistische«, eine gottlose, genauer: eine von Gottesbildern freie Religion. Als solche verfügt sie über eine weltweite Ausstrahlung. Offensichtlich ist die Begegnung mit dem Buddhismus seit der zweiten Hälfte des 20. Jahrhunderts in Ost und West in eine neue Phase eingetreten.[1] Diesen Wendepunkt hat Romano Guardini als einer der Ersten diagnostiziert, indem er bereits in den dreißiger Jahren des vorigen Jahrhunderts die Größe Buddhas in ihrer Einzigartigkeit und Bedeutsamkeit neben der von Jesus erkannte:

»Ein Einziger hat ernsthaft versucht, Hand ans Sein selbst zu legen: Buddha. Er hat mehr gewollt, als nur besser zu werden oder, von der Welt ausgehend, den Frieden zu finden. Er hat das Unfaßliche unternommen, im Dasein stehend das Dasein als solches aus den Angeln zu heben. Was er mit dem Nirvana gemeint hat, mit dem letzten Erwachen, mit dem Aufhören des Wahns und des Seins, hat christlich wohl noch keiner verstanden. Dieser Mann bildet ein großes Geheimnis. Er steht in einer erschreckenden, fast übermenschlichen Freiheit; zugleich hat er dabei eine Güte, mächtig wie eine Weltkraft. Vielleicht wird Buddha der Letzte sein, mit dem das Christentum sich auseinanderzusetzen hat.«[2]

Zweifellos muss dem Buddhismus eine gesamtmenschheitliche Bedeutung zugesprochen werden. Unter Hinweis auf die geistes- und bewusstseinsgeschichtlichen Ereignisse, die um 600 v. Chr. eingetreten sind und die Karl Jaspers die »Achsenzeit«[3] genannt hat, lassen sich bedeutsame Zäsuren und Wandlungen feststellen: im alten Israel der Prophetenzeit, im Griechenland der ionischen Naturphilosophen, die nach dem Wesen der Wirklichkeit gefragt haben, im Persien Zarathustras, im China Laotses[4] und des Konfuzius. Und was den Lebenszusammenhang des Buddha anlangt, so ist sein »Gang aus der Heimat in die Heimatlosigkeit« sehr viel mehr als nur ein individuelles Schicksal. Verständlich wird sein Exodus erst vor einem größeren, tieferen Horizont. Hinter sich lässt er eine bestimmte, von magischem Bewusstsein[5] bestimmte Geisteshaltung, wie sie noch in der vedischen Epoche mit ihren Opferkulten bestanden hat, nachdem eine Art Mentalitätsmutation notwendig geworden ist: »Einerseits (so Raimundo Panikkar) die Reaktion gegen die reine Objektivität, ob diese sich nun Ritualismus, Transzendenz, Gott, Überlieferung, Sitte oder wie auch immer nennen mag, und andererseits den Aufstieg des Menschen. Die großen Propheten Israels, die Weisen der Upanishaden, die großen chinesischen Reformer, die griechischen Philosophen und so fort richten den forschenden Blick nach innen und entdecken, daß die innere

Haltung das Wesentliche jeder Handlung ist. Die kritische Haltung ist für jede wahrhaft menschliche Tat unerläßlich. Nie wieder wird es möglich sein, den Anschauungen der Alten blind zu folgen oder einen magischen Glauben an überlieferte Riten zu hegen. Was zählt, ist der Mensch, und folglich seine Gesinnung. Rein theoretische Spekulationen, die der Buddha nutzlos und verderblich nennt, sind hier tote Objektivität. Es kommt auf die konkrete Person und ihre existentielle Befreiung an.«[6] – Der Buddhismus also eine Religion der Befreiung des Menschen aus den Objekten seines Wähnens, seines Strebens, seiner Unersättlichkeit – zuerst erprobt und gelehrt durch ihren Stifter.

Dabei sind die Darstellungsweisen der Lehre überaus verschieden: zum einen, weil der Buddhismus im Laufe der zweieinhalb Jahrtausende seines Bestehens mancherlei Metamorphosen durchlaufen hat; zum anderen ist diese Veränderung durch die Kulturen und gesellschaftlichen Ordnungen mitbestimmt, in denen sich die verschiedenen »Fahrzeuge« in Gang setzten, sich die großen Lehrzusammenhänge oder Schulen entfalten konnten. Zeitlich am Anfang steht der *Theravada-Buddhismus* (Lehre der Ordensältesten), die einzige bis heute bestehende Schule des sogenannten *Hinayana-Buddhismus* (kleines Fahrzeug), eine Schule, die auf die Nähe zum ursprünglichen Buddhismus Wert legt, verbreitet in mehreren südasiatischen Ländern, insbesondere in Sri Lanka (Ceylon), Burma, Thailand, Kambodscha und Laos. – Der *Mahayana-Buddhismus* (großes Fahrzeug) stellt die andere große, aus weiteren Richtungen bestehende Schule dar. Er entstand einige Jahrhunderte nach der Lebenszeit des historischen Buddha. Eine wesentliche Rolle spielt im Mahayana-Buddhismus die Erweckung der Buddha-Natur, an der alle Wesen teilhaben. Zu seinen wichtigsten Ausbreitungsgebieten gehören Tibet, China, Korea und Japan. Der *Zen-Buddhismus* ist eine der im Westen bekanntesten Schulen, die aus dem Mahayana heraus entwickelt wurde. – Schließlich gibt es den *Vajrayana-Buddhismus* (Diamant-Fahrzeug), das reich an Symbolen und von magischen bzw. tantrischen Elementen durchsetzt im tibetischen Buddhismus lebendig ist. Im Westen haben alle diese »Fahrzeuge zum Heil« bzw. zur Erleuchtung eine große Anhängerschaft gefunden. Stark gewachsen ist hier das Interesse am Buddhismus in den letzten Jahrzehnten. Zur Feststellung, dass die einzelnen Schulen ihrer-

seits weitere Ausformungen und Differenzierungen aufweisen, gibt der XIV. Dalai Lama zu bedenken:
»Die Unterschiede zwischen Buddhisten sind oberflächlicher Art, ähnlich den Unterschieden zwischen den Flugzeugen, die wir täglich sehen. In gleicher Weise existieren die oberflächlichen und geringfügigen Unterschiede zwischen den buddhistishen Schulen im Hinblick auf die eingesetzten geeigneten Mittel und die Methoden der Praxis. Solche Mittel und Übungsformen beruhen auf den Erfahrungen der Gründer und der Vervollkommneten der verschiedenen Schulen. Das Ziel all dieser Schulen ist das Erlangen der Buddhaschaft, und in dieser Hinsicht unterscheidet sich keine Schule von der anderen. Vielmehr versteht man unter geeigneten Mitteln hier die dreifache Übung in Tugend, Sammlung und Weisheit – und die vier Siegel, die zur Förderung auf dem Pfad der Buddhaschaft dienen. Diese Lehren können ohne jeden Widerspruch benützt werden, ob man nun den Weg der Sutras oder den der Tantras geht oder beide zugleich.«[7]

Der Buddha

Zunächst drei Vorbemerkungen: Wer sich heute nach der Biographie eines Menschen erkundigt, der vor zwei- oder dreitausend Jahren gelebt hat – sei es Moses, Jesus oder der Buddha –, der muss mit der Tatsache rechnen, dass alle verfügbaren Mitteilungen von Berichterstattern stammen, die anders als der heutige Fragesteller nicht historisch dachten, folglich kein Interesse daran hatten, im Sinne der Gegenwart zu informieren und heutigen Fragen zu entsprechen. Sofern überhaupt vom Leben jener Menschen berichtet wird, ist Tatsächliches und Legendäres bzw. mythisch Überhöhtes und die historische Gestalt Deutendes eng miteinander verwoben. Daher sind die Möglichkeiten, so etwas wie ein »Leben Buddhas« zu schreiben, ähnlich begrenzt wie die Suche nach dem »Leben Jesu«.

Die zweite Vorbemerkung soll darauf aufmerksam machen, dass unter Berücksichtigung des Gesagten der Buddha selbst von seinem Leben offensichtlich nicht viel gehalten hat. Einzig bedeutsam muss für ihn das zentrale Ereignis seines Lebens, das Erwachen zum einzig Wesentlichen, gewesen sein, sodann die daraus sich ergebende Lehre und das für andere Suchende bedeutsame Ethos. Sein Leben ist in der Lehre aufgegangen, in ihr aufgehoben und zu einer Ethos gewordenen Geisteshaltung gestaltet.

Drittens. Wie Moses oder Jesus hat auch Buddha kein schriftliches Zeugnis hinterlassen. Verglichen mit dem alten Ägypten oder mit den Kulturen im Zweistromland von Euphrat und Tigris hielt die Schrift erst relativ spät in Indien Einzug. Geübt wurde deshalb jahrhundertelang die mündliche Überlieferung. Zahlreiche Schilderungen beginnen mit den Worten »Ich habe gehört.« oder »Ich habe berichten gehört.« Das Gehörte wurde aber nicht in dem von dem Buddha tatsächlich gesprochenen Heimatidiom weitergegeben und z.T. nach Jahrhunderten aufgeschrieben, sondern in Pali, einer dem Sanskrit verwandten Bildungssprache, deren Herkommen und philologische Zuordnung jedoch umstritten ist.

Seine Lebensspur

Zu sprechen ist von Siddhartha, mit Familiennamen Gautama (Gotama). Ob Siddhartha Gautama wirklich gelebt hat, wird gelegentlich bezweifelt. Auch hat man (R.O. Franke) gemeint, die historische Gestalt verschwinde hinter den Erlöservorstellungen des indischen Mythos und sei daher nicht mehr exakt greifbar. Spätestens seit den Forschungen Hermann Oldenbergs (1854–1920), die sich in wichtigen Gesichtspunkten durchgesetzt haben, gilt die Existenz des historischen Buddha Siddhartha Gautama jedoch als gesichert.[8]

Im Jahre 1896 fand man bei dem nepalesischen Dorf Paderia, in der Nähe des alten Kapilavasthu, eine Gedenksäule, die im 3. Jahrhundert v. Chr. aufgestellt worden war. Das geschah auf Veranlassung des indischen Regenten Ashoka, der sich in seinen Edikten Piyadasi genannt hat, ein wichtiger Befürworter und Wegbereiter Buddhas. Die Inschrift lautet: »*Als der König Piyadasi zwanzig Jahre gesalbt war, kam er selbst und brachte seine Verehrung dar, weil hier der Buddha Shakyamuni geboren worden ist. Er ließ hier einen Steinsockel machen und eine Steinsäule aufrichten, weil hier der Herr geboren worden ist.*«[9] Mit den Worten »der Herr« ist deutlich bekundet, in welchem Verhältnis Ashoka zu dem Verehrten stand.

Der Buddha

Siddhartha Gautama wurde geboren als Sohn des Fürsten (*raja*) bzw. Provinzgouverneurs und Richters Shuddodana aus dem Geschlecht der Shakya und seiner Frau Maya – daher auch Shakyamuni, der Weise aus dem Stamm der Shakya. Seine hochschwangere Mutter befand sich auf dem Weg in ihr entfernt liegendes Elternhaus in Devadaha, als sie unterwegs gebar. So liegt Siddharthas Geburtsstätte in dem von Sala-Bäumen bestandenen Wald nahe der Ortschaft von Lumbini, etwa 240 Kilometer nordöstlich von Benares, im heutigen Nepal. Als seine Heimatstadt wird Kapilavatthu (skr. *Kapilavasthu*) genannt, ebenfalls nördlich von Benares, der heiligen Tempelstadt der Hindus und an der nordindisch-nepalesischen Grenze gelegen. Damit ist auch das spätere Wirkungsgebiet des »Erwachten« umrissen. Es handelt sich um das Gebiet in den nordostindischen Bundesstaaten.

Seine Lebenszeit wird mit achtzig Jahren angegeben. Dagegen gehen die Zeitangaben von Geburt und Tod weit auseinander. Diejenigen der buddhistischen Tradition und der westlichen Forschung differieren beträchtlich. Der zeitliche Rahmen reicht vom 7. bis zum 3. vorchristlichen Jahrhundert. Vieles spricht dafür, dass Siddhartha Gautama von 563 bis 483 v. Chr. gelebt hat.[10]

Die Texte berichten, wie der Fürstensohn schon wenige Tage nach seiner Geburt seine Mutter verliert. So übernimmt Mayas Schwester Pajapati – später Maha (große) Pajapati genannt – die Erziehung des Jungen. Der empfängt eine standesgemäße sportlich-kriegerische Bildung. Lesen und Schreiben gehören aufgrund der allgemeinen kulturellen Verhältnisse nicht dazu. Sechzehnjährig wird er mit einer Kusine verheiratet. Mit 29 Jahren ist er des Lebens in Reichtum, Glanz und Saturiertheit überdrüssig. Gegen den Willen von Vater und Pflegemutter lässt er sich das Haar scheren, wirft ein gelbes Asketengewand über und verlässt als besitzloser Wanderer (*bhikkhu*) das Haus, seine Frau und den Sohn Rahula, um der Welt zu entsagen. Es ist sein Gang »aus der Heimat in die Heimatlosigkeit; aus dem Haus in die Hauslosigkeit«. Auf die Frage, wie es dazu gekommen sein mag, antwortet die Legende mit jener Anekdote, wonach der Prinz bei seinen Ausfahrten nacheinander einigen Personen begegnet sei, die seine Aufmerksamkeit beansprucht haben: einem Alten, einem Kranken und einem Leichnam. Damit sind Stadien der Vergänglichkeit aufgezeigt, die in drastischer Weise die Eingeschränktheit der menschlichen Existenz deutlich machen. Das individuelle Erleben des jungen Mannes ist zugleich ins Allgemeinmenschliche gehoben. Das innen Empfundene, die Heilssehnsucht, ist ihm in äußeren Begebenheiten bzw. Bildern vor Augen geführt. Die Frage entsteht, auf welche Weise man der Existenznot entgehen, wie man sie überwinden könne. An diesem Punkt beginnen sich Leben und Lehre bei Siddhartha Gautama zu verzahnen.

Er wandert südostwärts nach Indien. Er überquert den Ganges und gelangt in das Fürstentum Magadha. Bei einem Weisen erlernt er die Tiefenmeditation, bei einem anderen erfährt er vom Wissen der Upanishaden und von der Unsterblichkeit. Und weil ihm die Gurus seiner Zeit die erlösende Antwort auf sein Lebensproblem schuldig bleiben müssen, versucht er den Weg einer strengen Askese. Darin war er nicht allein. Ungezählte seiner Zeitgenossen unternahmen ähnliche Versuche, sich vom Rad des Samsara mit dem durch Karma selbstverursachten Schicksal zu befreien. Auch Mahavira (*Jina*), der maßgebliche Lehrer des Jainismus und somit ein bedeutender Zeitgenosse Siddhartas, ist angetreten, einen Befreiungsweg zur Überwindung der karmischen Zwänge zum Wiedergebortenwerden anzubieten. Für den Sohn des Shuddhodana aber ist dies keine Alternative. Die Folgen strengster Enthaltsamkeit werden an seinem ausgemergelten Körper bald sichtbar. Das beeindruckt fünf andere Asketen, die sich an ihm als dem angeblich Fortgeschritteneren ein Beispiel nehmen wollen. Doch diese totale Weltabkehr mit dem asketischen Kampf gegen sich selbst erweist sich als unbrauchbar. Erst seine Rückkehr von der bloßen Verzichtübung zur Meditation führt ihn weiter.

Ein Lebenspanorama breitet sich vor seinem inneren Blick aus. Es sind die irdischen Verkörperungen, die nach Tausenden zählen, Vorexistenzen gemäß dem Gesetz von Karma und Reinkarnation (*samsara*), von Glück und Leid in unablässiger Folge. Mit einem »himmlischen Auge« überblickt er die Schicksale seiner bisherigen Erdenleben, das Erstehen und das Vergehen, an dem er wieder und wieder teilhat. Das geschieht in einer Folge von drei Nachtwachen. Für sein Leben und Schicksal entscheidend sollte werden, was er – laut Überlieferung mit seinen eigenen Worten – so schildert:

»*Sodann richtete ich meinen Geist auf die Erkenntnis der Vernichtung der die Wiedergeburt verursachenden Einflüsse und erkannte wirklichkeitsgemäß: Dies ist das Leiden; dies seine Ursache; dies ihre Aufhebung; dies der Weg zu ihrer Aufhebung. Und indem ich dies erkannte und einsah, wurde mein Geist von den Einflüssen Begehren (kama), Daseinsdrang (bhava) und Unwissenheit (avijja) befreit. Das Wissen ging mir auf: Vernichtet ist für mich die Wiedergeburt, verwirklicht habe ich das religiöse Leben, was zur Erlösung zu tun war, ist getan, diese Art von leidhaftem Leben gibt es nicht mehr für mich!*«[11]

Diese Lebenswende ist es, die zugleich als die Geburtsstunde des Buddhismus zu gelten hat, nach buddhistischer Überlieferung geschehen in der ersten Vollmondnacht des Monats Vesakha (im Monat Mai), unter einem Baum, etwa 90 Kilometer südöstlich von Patna (*Pataliputta*) in Nordindien, heute Bodhgaya genannt. Damit ist für ihn *Nibbana* (skr. *nirvana*) angebrochen, der Zustand, der zugleich Inbegriff der Befreiung aus dem Rad der Wiedergeburten darstellt. Gemessen an der »religiösen Unwertkategorie Leiden« (G. Mensching), stellt Nirvana das eigentliche Sein als ein überindividuelles, zugleich in sich selbst aufgehobenes Ruhesein dar. Siddhartha Gotama ist zum Buddho (so die Pali-Bezeichnung Siddhartha Gautama Buddhas), er ist zum Erleuchteten geworden. Er hat die Lebensmitte, das 35. Lebensjahr, erreicht. Noch weitere 45 Jahre stehen ihm bevor, erfüllt vom großen humanitären Lebensauftrag, das »Rad der Lehre« in Gang zu bringen und eine Gemeinde zu bilden, deren Mitglieder als Mönche, Nonnen und Laienmitglieder dem neuen Gesetz (*dharma*) nacheifern.

Von ceylonesischen Mönchen, die in diesem Sinn dem Dharma des Hinayana-Buddhismus bzw. Theravada- Buddhismus folgen und damit dem individuellen Buddha näher zu stehen beanspruchen, berichtet der Indologe Heinrich Zimmer (1890–1943), wie diese nach eigener Überlieferung die Wirkung beschreiben, die der Buddha nach seiner Erleuchtung ausgeübt habe, und zwar bis in die Höhen der Gotteswelt hinein. In der blumigen Schilderung der Legende heißt es da: »Von oben, im Zenit des Welt-Ei's schwebend, es rings durchwebend, gewahrt ihn (den Buddha) Brahman, der Weltgeist, gewahrt seinen Entschluß, sein Erwachen – das von der Welt her gesehen Erlöschen ist, Nirvana – vor allen Kreaturen nur in sich zu verschließen. Aber er selbst, Brahman, ist höchste Kreatur, ist Inbegriff alles werdend-vergänglichen Lebens. Mit Gedankenschnelle tritt er vor den Erwachten hin und bittet ihn, Lehrer von Göttern und Menschen zu werden, der kreatürlichen Welt, die im Traumschlaf des Lebens sich wirft, den Weg zum Erwachen zu weisen. Unter den Wesen ohne Zahl gäbe es einige, auf deren Augen wenig Staub der Lebensleidenschaft läge, sie wären doch imstande, sein Wort zu vernehmen. Wie Lotosblumen vom Grunde des Sees aufwachsen. Da entschließt sich der Erwachte, den Weg zum Erwachen zu weisen. Es finden sich Schüler, ein Orden, eine Überlieferung entsteht. Unwillentlich also, aus einer nachträglichen Entschließung wird der Buddha zum großen Lehrer der Welt. Und von vornherein gibt sich die Buddha-Lehre als ein Weg für Wenige. Sie entspricht keinem anfänglichen Trieb, in die Welt einzugreifen, in ihr zu herrschen, an ihr zu wandeln.«[12]

Was der historische Buddha wörtlich gesagt haben mag, stellt ein kaum lösbares Problem dar. In der Tradition, die die außerordentliche literarische Gesamtleistung der Buddhisten darstellt, sind Erfahrung und Intention des Erleuchteten eingewoben, sodass dieser selbst durch Bild und Dichtung zum Menschen spricht. Wesentlich sind immer die Lehre und deren Verwirklichung. Was ihn selbst anlangt, so kann man »den Buddha« unter drei verschiedenen Gesichtspunkten betrachten:

1. als menschliches Wesen
2. als geistiges Prinzip
3. als etwas zwischen beiden.[13]

Die Legende weiß auch, mit welchem Selbstverständnis der zum Buddha Gewordene an sein Werk herangetreten sein soll bzw. wie seine Jüngerschaft ihn zu sehen vermochte:

Der Allüberwinder, der Allweise bin ich;
Von allen Erscheinungen bin ich unbefleckt,
Alles aufgebend, durch die Vernichtung des Dranges erlöst,
Durch mich selbst zur Erkenntnis gelangt –
Wen könnte ich als meinen Lehrer bezeichnen?
Ich habe keinen Lehrer,
Ein gleicher wie ich wird nicht gefunden.
In der Welt der Devas ist kein Ebenbürtiger.
Ich bin der Welt ein Heiliger, ich bin der höchste Meister,
Ich bin der Eine völlig Erwachte,

Kalt geworden, bin ich erlöst.
Um das Rad der Lehre rollen zu lassen,
Gehe ich zur Stadt Benares,
In der dunkel gewordenen Welt
Will ich die todlose Trommel rühren. [14]

Eben das hat er getan, er ließ »das Rad der Lehre rollen«, indem er seine Erfahrungen an seine Jüngerschaft weitergab, bis dem Achtzigjährigen in Kasia bei Gorakhpur die Stunde seines Hingangs schlug. Von seiner Todesstunde berichtet ein Text, wie er, seinem Jünger Ananda zugewandt, die Zeit nach seinem Tod bedenkt: »*Es möchte sein, Ananda, daß euch der Gedanke komme: Das Wort hat seinen Meister verloren, wir haben keinen Lehrer mehr. So sollt ihr es, Ananda, aber nicht ansehen. Sondern die Geisteswahrheit und die Geistesschulung, die ich euch gezeigt und geoffenbart habe, die ist euer Meister, wenn ich hingegangen bin. Bleibt immer fest im strebenden Bemühen!*«[15]

Indischem Brauch gemäß wurde der Leichnam des Verstorbenen dem Feuer übergeben. Laut Überlieferung blieben wenige Knochenreste übrig, für deren Aufbewahrung der Buddha mit seinem Schüler Ananda Vorsorge getroffen haben soll. Wie man einst die Überreste eines Königs in ehrender Weise aufbewahrt habe, so solle man auch mit dem Leichnam des Tathagata verfahren, nämlich durch Errichtung eines Kultbaus, eines *Stupa*:[16] »*Bei dem Gedenken, Ananda, ›Dies ist das Grabmal des vollkommen Erwachten‹, wird das Gemüt vieler Menschen ruhig und glücklich; und wenn ihr Gemüt ruhig und glücklich geworden ist, werden sie nach dem Tod, nach dem Zerfall des Körpers, in den glücklichen himmlischen Bereichen wiedergeboren.*«[17] Auf diese Weise wurden die in den verschiedenen Regionen Asiens errichteten Stupas zu den charakteristischen Symbolen des Buddhismus. Sie dienen nicht der Heldenverehrung, auch nicht der ursprünglichen Einschätzung des Buddha, sondern sie sind Symbole des Erleuchtungsgeschehens (*nirvana; nibbana*), und damit stehen sie für das Ziel buddhistischen Geistesstrebens.

Seine Lehre (Dharma)

Steht im Mittelpunkt des Christentums die Erlösergestalt des Christus, dessen Leben, Sterben und Auferstehen für die ganze

Menschheit geschieht, oder im Islam der heilige Koran als das ausgesprochene Wort Allahs, so ist im ursprünglichen (Theravada)-Buddhismus die Lehre von Weg und Wegweisung zum Heil zentral. Diese Wegweisung ist es, die zwar der Buddha aus eigenem Erkennen heraus gegeben hat, deren Verwirklichung er aber jedem Einzelnen überlassen musste. Das trifft jedenfalls für die Ursprungsgestalt dieser Religion bzw. Erkenntnislehre zu. Ihr Stifter lässt durchblicken, dass nur einige der von ihm unterwiesenen Jünger das höchste Ziel, Nirvana, erreichen werden – insgesamt eine ernüchternde Eröffnung, bei der keine Aussicht auf eine Hilfe »von oben« besteht. Eine Änderung erwies sich als unausweichlich. Der hohen Anforderung war die spätere immer zahlreicher werdende Anhängerschaft offensichtlich nicht gewachsen, weshalb sie im Mahayana-Buddhismus, der eine Vielzahl von transzendenten Buddhas kennt, auf »Hilfe von oben« hofften. Hier handelte es sich beispielsweise um einen Heilsbeistand durch *Bodhisattvas*, die spirituell Unvermögenden Unterstützung gewähren sollten, statt selbst ins Nivana aufzusteigen. Aber zunächst gilt, was der Buddha seiner unmittelbaren Gefolgschaft wieder und wieder einschärft: »*Ich bin da als der Unterweiser. Nur ein Wegweiser ist der Tathagata*«, d.h. der »Dahin Gelangte«.

In der Bereitschaft, andere an seinem Heilswissen teilhaben zu lassen, kommt das Motiv der Zuwendung und des Mitleids (*karuna*) für alle lebenden Wesen zur Geltung. Buddha wandert nach Benares, wo sich im Gazellenhain von Isipatana jene fünf Asketen aufhalten, die er in der Zeit seiner eigenen strengen Enthaltsamkeitsübungen kennen gelernt hatte. Nach anfänglicher Skepsis über den, der sich von der rigorosen Askese abgewandt hat, gelingt es ihm, ihre Aufmerksamkeit und Zustimmung zu gewinnen. Er, »der Erhabene«, will künftig weder mit seinem Namen genannt noch als »Freund« angesprochen werden: »*Der Vollendete, ihr Mönche, ist der heilige, höchste Buddha! Tut euer Ohr auf, ihr Mönche: die Erlösung vom Tode ist gefunden. Ich unterweise euch, ich predige euch die Lehre. Wenn ihr nach meiner Unterweisung wandelt, so werdet ihr über ein Kleines das, um dessen willen edle Jünglinge ganz und gar von der Heimat lassen und in die Heimatlosigkeit gehen, diese höchste Vollendung heiligen Wandels unter Erschauen der Leben selbst erkennen, sie von Angesicht zu Angesicht sehen und darin verweilen.*«[18]

Entscheidend ist auch hier, dass man »selbst erkennt«, also zu einer geistigen Unabhängigkeit gelangt und den freien Entschluss fasst, in diesem neuen Sein zu »verweilen«. Es handelt sich faktisch um das Aufzeigen eines »mittleren Wegs«, denn er verläuft zwischen einem Leben der zügellosen Lustbefriedigung und einer selbstquälerischen Askese auf der anderen Seite. Von diesen beiden Extremen müsse man sich mit letzter Entschiedenheit entfernen. Dann folgt der Hinweis, worin der zur Erleuchtung, zum Frieden und zum Nirvana führende Mittelweg besteht:

»*Es ist dieser edle achtteilige Pfad, der da heißt: rechtes Glauben, rechtes Leben, rechtes Streben, rechtes Gedenken, rechtes Sichversenken. Dies, ihr Mönche, ist der vom Vollendeten entdeckte Weg, der in der Mitte liegt, der Blick schafft und Erkenntnis schafft, der zum Frieden, zum Erkennen, zur Erleuchtung, zum Nirvana führt.*

Dies, ihr Mönche, ist die edle Wahrheit vom Leiden: Geburt ist Leiden, Alter ist Leiden, Krankheit ist Leiden, von Liebem getrennt sein ist Leiden, nicht erlangen, was man begehrt, ist Leiden: kurz die fünferlei Objekte des Ergreifens sind Leiden.

Dies, ihr Mönche, ist die edle Wahrheit von der Entstehung des Leidens: Es ist der Durst, der zur Wiedergeburt führt, samt Freude und Begier, hier und dort seine Freude finden, der Lüstedurst, der Werdedurst, der Vergänglichkeitsdurst.

Dies, ihr Mönche, ist die edle Wahrheit von der Aufhebung des Leidens: die Aufhebung dieses Durstes durch restlose Vernichtung des Begehrens, ihn fahren lassen, sich seiner entäußern, sich von ihm lösen, ihm keine Stätte gewähren.

Dies, ihr Mönche, ist die edle Wahrheit vom Wege zur Aufhebung des Leidens: es ist dieser edle achtteilige Pfad, der da heißt:

 rechtes Glauben,
 rechtes Entschließen,
 rechtes Wort,
 rechte Tat,
 rechtes Leben,
 rechtes Streben,
 rechtes Gedenken,
 rechtes Sichversenken.

Dies ist die edle Wahrheit vom Leiden: Also, ihr Mönche, ging mir über diese zuvor nicht vernommenen Ordnungen der Blick auf, ging mir die

Erkenntnis auf, ging mir das Verstehen, das Wissen, das Anschauen auf. Diese edle Wahrheit vom Leiden muß man begreifen.«[19]

Es ist wohl kein Zufall, dass der achtgliedrige Pfad Buddhas in die mystische Versenkung führt, auf die insbesondere der Zen-Buddhismus, aber nicht er allein, seinen Akzent setzt. Das *rechte Streben* meint eine Anstrengung (*samma-vayama*), die nach innen gerichtet ist. Dabei handelt es sich um eine ausgesprochen mönchische Tugend, die sich freilich jeder als einen individuellen Innenweg zu eigen machen kann. – Beim *rechten Gedenken* geht es um die rechte Achtsamkeit (*samma-sati*), bei der alle Strebungen, alle Empfindungen unter die Kontrolle des Geistes gebracht werden sollen. Beabsichtigt ist eine Lebensgrundhaltung, die alles Tun und Lassen, Atemzug um Atemzug durchzieht. – So gipfelt der Übungsweg in der buddhistischen Meditation bzw. Kontemplation (*samma-samadhi*),[20] die ihrerseits einige Versenkungsstufen (*jhana*) kennt. Auf diesen Stufen soll der Übende in konzentrierter Verfassung, in achtsamem Nachdenken und in Gleichmut auf das Erleuchtungsgeschehen vorbereitet werden – sei es im Sinne eines Prozesses, oder sei es als ein Spontanereignis, das mit einem Mal den Durchblick eröffnet.

Hatte sich der Meditierende in den Eingangsübungen auf einen Meditationsgegenstand konzentriert, der zum Zweck der Leiderkennung wie der Leidüberwindung naheliegt, so tendiert der meditative Sammlungsvorgang immer mehr zu einer ungestörten, in Dingfreiheit aufgehobenen Ge-Lassenheit. Im Mahayana, einschließlich des Zen-, und im Vajrayana-Buddhismus kommen noch weitere Elemente meditativer Zentriertheit hinzu, z.B. Mantren wie »Om-mani-padme-hum«. Es geht – ähnlich wie schon im Hinduismus – hierbei nicht um lehrhafte Aussagen, wie sie in Bekenntnisformeln enthalten sein können, sondern um die Macht des Lautes und als solche um das nicht mit ästhetischen Qualitäten zu vergleichende »Musikalische«, das auch Konfuzius schätzte, als er die staatserhaltende Kraft benannte.[21]

Bereits in den älteren Texten sind Empfehlungen enthalten, die der Vorbereitung und Durchführung eines meditativen Lebens dienen. So wird etwa der *Bhikkhu* (Mönch) aufgefordert, einen einsamen Ort aufzusuchen, eine Einöde oder einen Platz unter einem Baum, einen Berggipfel oder auch einen Bestattungsplatz, der die Situation der Sterblichkeit alles Irdischen konkret vor Augen führt:

Dort setzt er sich, wenn er vom Speisesammeln zurückgekehrt ist, nach der Mahlzeit mit gekreuzten Beinen nieder, mit gerade aufgerichtetem Oberkörper, und übt sich mit ernster Miene in besonnenem Denken. – Er legt weltliches Begehren ab, bleibt frei davon und läutert seinen Geist von weltlichem Begehren.

Er legt Übelwollen und Schadenfreude ab und bleibt frei davon; nur bewegt von der Sorge um aller Wesen Wohlsein, läutert er seinen Geist von Übelwollen und Schadenfreude.

Er legt Trägheit und Schlaffheit ab und bleibt frei davon; klaren Geistes, besonnen und vollbewußt läutert er seinen Geist von Trägheit und Schlaffheit.

Er überwindet ruheloses Grübeln, ist innerlich ruhig und abgeklärt und läutert seinen Geist von ruhelosem Grübeln.

Er macht sich frei von Zweifelsucht und bleibt so; er kennt kein Schwanken des Urteils gegenüber dem Guten und läutert seinen Geist von Zweifelsucht.«[22]

Mit dem »achtteiligen Pfad« und den »vier edlen Wahrheiten« ist das Kernstück der Lehre Buddhas umschrieben. Charakteristisch ist an diesen Texten ihre an liturgische Wortlaute erinnernde Strukturiertheit samt der mehrfachen Wiederkehr von Wortfolgen und Satzgefügen. Der Zweck ist einsichtig: Zum einen war die anfangs in mündlicher Überlieferung weiterzugebende Lehre so leichter einzuprägen, und zum anderen sollten die Lehrinhalte meditativ aufgenommen werden und sich durch die stetige rhythmische Wiederholung immer tiefer bis ins Unbewusste hinein verankern. Auf diese Weise hat Buddha das »Rad der Lehre«, das Rad des Dharma, in Bewegung gesetzt. Graphisch wird es meist als ein mit acht Speichen versehenes Rad dargestellt und – an die erste Verkündung in jenem Gazellenhain erinnernd – von je einer Gazelle flankiert.

Zusammengehalten ist das Wesen des Buddhismus durch »drei Kostbarkeiten« (*triratna*) oder Schätze, die auch das buddhistische Glaubensbekenntnis genannt werden können. Es handelt sich um die »dreifache Zuflucht« (*trisharana*) mit folgendem Wortlaut:

Ich nehme Zuflucht zum Buddha,
ich nehme Zuflucht zur Lehre,
ich nehme Zuflucht zur Gemeinschaft.

Was die Zuflucht zum Buddha anlangt, so enthebt diese den Bekenner, die Bekennerin jedoch nicht der Pflicht, *selbst* den Weg zu gehen. Noch eine Reihe weiterer Lehren, die u.a. das Wesen bzw. die Nicht-Existenz der Seele betreffen, hat Buddha seinen Mönchen (bhikkhus) anvertraut, um die Leidenschaftslosigkeit und die Ich-Freiheit in ihnen zu verstärken. Im Übrigen sollen sie das Empfangene und Erkannte nicht für sich selbst behalten, deshalb seine Aufforderung: »*Wandelt, ihr Mönche, euren eigenen Weg zum Segen und Glück für die vielen, aus Mitleid mit der Welt. Geht nicht zu zweit denselben Weg. Die Lehre, ihr Mönche, die Lehre, deren Anfang, Mitte und Ende gut ist, dem Sinne wie dem Buchstaben nach und propagiert den reinen Wandel der Heiligkeit. Es gibt Wesen, deren Augen kaum mit Staub bedeckt sind, wenn sie die Lehre nicht hören, sind sie verloren. Wenn sie aber die Lehre vernehmen, werden sie zur Erlösung gelangen.*«[23]

Obwohl sich schon zu seinen Lebzeiten zeigte, dass die Botschaft Buddhas bei suchenden Menschen eine gute Chance hatte, aufgenommen zu werden, und auch als die Ausbreitung seiner Lehre in Asien gute Fortschritte machte, sah der Tathagata nicht gerade zuversichtlich in die Zukunft. Er fühlte sich veranlasst, vor Abfall und Verfälschung seiner Lehre zu warnen. Nach etwa 5000 Jahren werde sie sich bis zur Unkenntlichkeit verändert haben. Dann werde der *Maitreya-Buddha* (p. *Metteyya*) kommen. Er werde die Erkenntnis von Heil und Befreiung des Menschen von Neuem verkünden. Die Erwartung des Maitreya, der zwar schon in den Texten des älteren Buddhismus auftaucht, sollte in den verschiedenen Formen des Mahayana-Buddhismus, speziell auch in buddhistischen Erneuerungsbewegungen u.a. in Japan, wo er *Miroku* genannt wird, besondere Bedeutung erlangen. Die buddhistische Ikonographie stellt ihn mit auf dem Boden ruhenden Füßen dar, womit seine Bereitschaft angedeutet ist, sich zur gegebenen Zeit von seinem Sitz zu erheben und in die Welt zu kommen.

Seine Gemeinde (Sangha)

Es wird berichtet, wie aus der ersten Gefolgschaft der fünf Asketen, die der Buddha zu Mönchen ordiniert hat, binnen weniger Monate eine größere Schar (*sangha*) von mehr als sechzig Gefolgsleuten wurde. Der Sangha, der zunächst ausschließlich aus

Mönchen bestehende Anhang, stellt den eigentlichen Träger des Buddhismus dar, wobei sich der Sangha der Anfangszeit aus Angehörigen verschiedener Kasten zusammensetzte. Da der Shakyamuni sich nicht als Gesellschaftskritiker oder Sozialreformer verstand, rührte er auch nicht an der bestehenden Gesellschaftsordnung. Grundsätzlich gab es für ihn keine Unterschiede. Jeder konnte den Pfad des Dharma betreten. Entscheidend war allein, dass jeder einzelne Bhikkhu konsequent den Weg der Mitte gehe und ein reines Leben führe, getreu der Aufforderung:

»*Geht auf die Wanderschaft, Mönche, zum Heile der Vielen, zum Segen der Vielen, aus Mitleid für die Welt, zum Nutzen, zum Heile, zum Segen für Götter und Menschen!*« Und wenn Jesus im Evangelium (Luk. 10,1) die ausgesandten Jünger ausdrücklich anwies, jeweils zu zweit von Ort zu Ort zu ziehen, lautet hingegen die – oben bereits erwähnte – Regel Buddhas: *Geht nicht zu zweit zusammen. Zeigt, Mönche, die Lehre, die im Anfang gut ist, in der Mitte gut ist, am Ende gut ist, im Geiste wie im Wort. Legt zutage einen vollerfüllten, reinen Tugendwandel! Es gibt Wesen, die mit nur wenig Staub auf den Augen geboren sind; wenn sie nicht von der Lehre hören, werden sie verderben. Sie werden die Lehre verstehen.*«[24]

Es zeigte sich bald, dass die Gemeinde immer größer wurde. So ließ sich Buddha eines Tages dazu bewegen, bei aller Skepsis dem weiblichen Wesen gegenüber, auch Frauen als Nonnen aufzunehmen, sodann Laienanhänger und Laienanhängerinnen, sodass eine vierfach gegliederte Gemeinde entstand. Über die Frauen, die als Nonnen (bhikkhunis) Aufnahme in den Sangha fanden, sind vom Erhabenen viele anerkennende und preisende Worte überliefert. Doch fürchtete er, durch Frauen könne ein auf dem Pfad befindlicher Mann von seinem Entschluss abgelenkt werden und auf die schiefe Bahn des weltlichen Lebens geraten. Ananda, dem die Gleichwertigkeit der Frau am Herzen lag, fragte den bereits Achtzigjährigen, wie sich ein Bhikkhu Frauen gegenüber verhalten solle. Buddhas Antwort lautete: »*Sie nicht ansehen, Ananda.*« Und wenn das doch geschehen sei: »*Nicht mit ihnen sprechen, Ananda.*« Wenn die Frauen selbst zu sprechen beginnen: »*Auf der Hut bleiben.*« Siddharthas eigene Pflegemutter reihte sich in die Schar der Bhikkhunis ein.

Einer, der für die weitere Geschichte des Buddhismus bedeutsam werden sollte, war der von 272 bis 236 v. Chr. im nördlichen

Indien regierende König Ashoka (gestorben um 231 v. Chr.). Nach einer spirituellen Krise wurde auch er Laienanhänger und war bestrebt, eine »Regierung des Dharma« zu installieren und auf diese Weise der Verbreitung der Lehre des Buddha zu dienen.

Der buddhistische Sangha als solcher ist im Wesentlichen eine dezentral geführte religiöse Körperschaft, die ohne eine hierarchische Leitungsstruktur auskommt, zumal jeder Einzelne für sein Voranschreiten auf dem Pfad selbst Verantwortung zu tragen hat. Buddha hatte es vermieden, für die Zeit nach seinem Tod einen mit bestimmten Autoritäten ausgestatteten Nachfolger einzusetzen. Das lag durchaus in der Konsequenz der relativierenden Einschätzung seiner Person, die im Schatten der Lehre bleiben sollte. In der Nachfolge Buddhas durfte sich dies nicht ändern.

Das Verhältnis zwischen den Mönchen und den in Familien lebenden, ihrem Beruf nachgehenden, die Lehre beachtenden Laien war bereits durch die Tatsache geregelt, dass die Mönche vom Betteln lebten, während die Laien es als ihre Pflicht ansahen und es sich zur Ehre anrechneten, für den Lebensunterhalt der Bhikkhus zu sorgen. »So gesehen existiert der Mönchsorden in einer symbiotischen Beziehung mit der Laiengemeinschaft, die die ohnehin minimalen Bedürfnisse des Ordens befriedigt, während der Orden für das spirituelle Wohl sorgt, die Mönchsgemeinschaft durch Predigten usw. Aber in Asien herrschte der volkstümliche Glaube, daß die Mönche über okkulte Fähigkeiten verfügten, die auch das materielle Wohl der örtlichen Gemeinschaft beeinflußten. Die Laienanhänger konnten außerdem nicht nur durch die dreifache Zufluchtnahme, die allen Buddhisten – ob ordiniert oder nichtordiniert – gemein ist, Verdienst anhäufen und sich eine sowohl in spiritueller als auch materieller Hinsicht bessere Wiedergeburt sichern, sondern auch dadurch, daß sie dem Orden dienten.«[25]

Eine für den Fortgang von Glaube, Lehre und Gemeinschaft wichtige Aktivität ging ebenfalls vom Sangha aus, nämlich die der Kanonisierung der Buddha-Worte und seiner gesamten geistigen Hinterlassenschaft. Zu diesem Zweck versammelte sich schon im Todesjahr des Buddha (ca. 483 v. Chr.) ein Konzil, bestehend aus etwa 500 *Arahats* (zur Erleuchtung Gelangte, Heilige). Das ging, wie so oft nach dem Tod eines geistig-religiösen Führers, nicht ohne spannungsvolle Auseinandersetzungen ab. In oder bei den Sattapanni-Höhlen am Vebhara-Berg bei Rajagaha in der Provinz Magadha soll das Konzil unter Vorsitz des Mahakassapa stattgefunden haben. Da es damals noch keine schriftliche Dokumentation der Wortlaute gab, handelte es sich um ein gemeinsames erinnerndes Rezitieren der allseits bekannten und für jeden verpflichtenden Lehren – ein Vorgang, der sich über sieben Monate erstreckte. Eine wichtige Rolle spielte dabei Buddhas nahestehender Jünger Ananda, zumal er über einen großen Reichtum an Buddha-Wissen verfügte. Während dieser Zeit konnten alle, die aus den Schätzen ihrer Erinnerung Worte des Meisters mitzuteilen hatten und die in die spirituelle Substanz der Lehre eingedrungen waren, entsprechende Beiträge liefern. Dieses und zwei weitere Konzile, die in späteren Jahrhunderten derselben Aufgabe gewidmet waren, bildeten einen wesentlichen Fundus für die schriftliche Fixierung und Kommentierung der buddhistischen Lehre.

Heilige Schriften

Weder von Jesus noch von Buddha ist eine Zeile überliefert. Das gesprochene Wort und die persönliche Weisung dominierten. Im Zusammenhang mit den erwähnten Mönchskonzilen wurde im Laufe der Jahrhunderte eine überaus umfangreiche mündliche Tradition samt der weiterwuchernden Legendenüberlieferung zusammengetragen, die wichtigsten Aufzeichnungen sind in Pali, in Sanskrit, sowie in chinesischen, koreanischen, japanischen und in weiteren asiatischen Sprachen niedergelegt. Dazu kommen noch die unzähligen Kommentare, durch die die ursprünglichen Texte – man unterscheidet kanonische und außerkanonische – erst verständlich werden bzw. durch die Deutung der jeweiligen Schule einen besonderen Akzent erhalten.[26]

Im Hinayana-Buddhismus (Theravada) kam es erst im 1. Jahrhundert v. Chr. zu ersten Niederschriften des ältesten Kanons. Es mussten weitere fünf Jahrhunderte vergehen, bis von einem vorläufigen Abschluss dieser Kanonbildung gesprochen werden konnte. Mit der Bezeichnung *Tripitaka* (pali *tipitaka*; wörtl. »drei Körbe«) bezeichnete man die drei großen Textsammlungen der urprünglich in Körben aufbewahrten beschrifteten Palmblätter. Deren Inhalte beschäftigen sich 1. mit den Lebensregeln für die

Mönche und die nichtordinierte Sangha-Gemeinde (*Vinaya-Pitaka*), 2. mit den Lehrreden Buddhas, die ihrerseits wiederum in z.T. thematisch geordneten Sammlungen zusammengetragen wurden (*Sutta-Pittaka*); 3. das *Abhidhamma-Pitaka*, das auf Texte aus dem 2. vorchristlichen Jahrhundert zurückgeht. Man unterscheidet eine mehrbändige Fassung in Pali und eine andere in Chinesisch, der eine Sanskrit-Version vorausgegangen war.

Bedingt durch die transpersonale Neueinschätzung des Buddha, haben die Texte des Mahayana-Buddhismus inhaltliche Veränderungen erfahren, denen die Vorstellung zugrunde liegt, dass das wahre Wesen der Lehre erst nach und nach enthüllt werde. Die ältesten Schriften dieser Art reichen bis ins 1. bzw. 2. vorchristliche Jahrhundert zurück. Im Gegensatz zum Hinayana-Buddhismus gibt es hier keinen anerkannten Kanon. Jede der sich bildenden Schulen greift aus der Fülle von Sutras und Tantras die ihr bedeutsamen heraus und macht sie zur Grundlage ihrer philosophisch-religiösen Orientierung. Erst jetzt, Jahrhunderte nach dem Ableben des Tathagata, sei es möglich und statthaft, die endgültige Lehre aufzustellen und die Buddha-Natur, die allem innewohne, darzulegen. In Nepal hat man neun Sanskrit-Werke als die ›Neun Dharmas‹ zusammengestellt, doch auch dieser Sammlung wird keine allgemein verbindliche, somit kanonische Bedeutung zugesprochen. Überaus umfangreiche Textbestände liegen im tibetischen *Kanjur* (Übersetzung der Vorschriften) und *Tanjur* (Übersetzung der Lehre) vor. Es handelt sich um Sammlungen, die ihrerseits wiederum inhaltlich und thematisch gegliedert sind. Die sehr verwickelte Überlieferungssituation der mehrere hundert Schriften zählenden Textmassen stellt selbst den spezialisierten Buddhologen vor ernsthafte Schwierigkeiten, und zwar allein schon der Mehrsprachigkeit der Wortlaute wegen, die sich beispielsweise dem religionswissenschaftlich geschulten Indologen oder Sinologen jeweils nur teilweise erschließen.

Hinayana- und Theravada-Buddhismus

Bei einer universellen, ebenso mystisch wie ethisch ausgerichteten Erlösungsreligion wie dem Buddhismus geht es darum, von allen Formen des Leidens (*dukha*) zu befreien bzw. den Menschen aus dem Schlaf des Nicht-Wissens über seine existenzielle Situation zu erwecken und damit die endgültige Leidüberwindung zu bewirken. Wie aus dem Leben, den Intentionen und der Lehre des historischen Buddha ersichtlich, kennt diese Erlösungsreligion in ihrer ursprünglichen Fassung keinen Erlöser im christlichen Sinn, sondern nur denjenigen, der bereits »erlöst«, eben erwacht, erleuchtet und zum Nirvana hin befreit ist. Was er anzubieten hat, das ist seine Wegweisung. Jeder Heilsbedürftige ist somit auf sich gestellt, um sein Heil zu erwirken. Wie bekannt, gibt es für ihn die genannten »drei Kleinode« – auch die drei »Zufluchten« – nämlich die Zuflucht zu dem Buddha, zur Lehre und zur Mönchsgemeinschaft, weil nur der Entschlossene, der wie Buddha als Mönch bzw. als Nonne das Haus mit der »Hauslosigkeit« vertauscht hat, im Vollsinn des Wortes Buddhist ist. Sein Lebensthema ist das des Leides und der Leidüberwindung. Philosophische oder auch theologische Spekulationen sind ihm fremd, jedenfalls sind sie ohne existenzielle Relevanz. Er bedarf ihrer nicht. Davon sind die Vertreter der ursprünglichen Form des Buddhismus überzeugt.

Sie bezeichnen ihre Schulrichtung mit dem Pali-Wort Theravada. Gelegentlich wird auch die Bezeichnung *Pali-Buddhismus* benützt, weil die Aufzeichnung der Reden Buddhas erstmals in Pali erfolgt ist. Inhaltlich gesehen ist es die »Lehre der Ordensältesten« bzw. der Älteren und an Erfahrung Gereiften. Dabei handelt es sich nur um eine von mehreren Richtungen. Theravadins erheben den Anspruch, das reine und unverfälschte Buddha-Wort zu besitzen. Ein Theravadin ist bestrebt, den Weg eines getreuen Buddha-Nachfolgers (skr. *arhat;* p. *arahat*) zu gehen und die höchste Stufe des Erstrebbaren (*nirvana; nibbana*) zu erreichen. In den Texten wird darüber nur in negativen Formulierungen gesprochen. Geredet wird andererseits von dem »Weder dies noch das«. Wenn Gier, Hass und Wahn versiegen, wenn das Leiden aufhört, wenn all das zum Ende kommt, was den Zwang zur Wiederaufnahme eines irdischen Lebens bedingt, dann ist der Wanderer auf dem buddhistischen Heilsweg an sein Ziel gelangt. Dem Buddha werden in den Pali-Texten Aussagen zugesprochen wie: »*Es gibt, ihr Mönche, einen Bereich, wo weder Festes noch Flüssiges ist, weder Hitze noch Bewegung, weder diese Welt noch jene Welt, weder Sonne noch Mond. Das, ihr Mönche, nenne ich weder ein Kom-*

men noch ein Gehen noch ein Stillestehen, weder ein Geborenwerden noch ein Sterben. Es ist ohne jede Grundlage, ohne Entwicklung, ohne Stützpunkt: das eben ist das Ende des Leidens.«

Letztlich vermeiden es Theravadins, das Nirvana zu beschreiben, so wie auch die Gottesfrage für sie kein Thema ist. Nagarjuna (im 2./3.Jahrhundert), einer der ersten großen Philosophen des Buddhismus, der die Lehre von der Nicht-Wesenheit systematisierte und damit das Leersein (*sunyata*) aller Dinge betonte, behauptete, dass ohnehin nichts existiere und dass sich die Lehre Buddhas im Grunde nicht in Worten fassen lasse, auch nicht die vom Nirvana. Welche Konsequenz sich daraus in den späteren Lehrbildungen ergibt, wird deutlich, wenn man Aussagen hinzuzieht, die im *Diamant-Sutra*, einem Werk des frühen Mahayana-Buddhismus, stehen. Darin wird der Eindruck erweckt, selbst das große Thema der Bemühung um Erlösung gebe es nicht; auch diese Vorstellung gelte es zu »nichten«, also aus dem Denken zu verbannen. Dergleichen sei als Wort nur »Schall und Rauch«. So heißt es z.B.:

»Denke nicht, der Tathagata hege den Gedanken: Ich muß alle lebenden Wesen erlösen. Dulde bei dir keinen solchen Gedanken. Und warum nicht? Denn in Wirklichkeit gibt es keine lebenden Wesen, die durch den Tathagata zu erlösen wären. Wenn es irgendwelche lebenden Wesen durch den Tathagata zu erlösen gäbe, so würde der Tathagata in seinem Geiste willkürliche Gedanken hegen wie: ein eignes Selbst, andere Selbste, lebende Wesen und ein abgesondertes Selbst. Nur menschliche Erdenwesen denken an eine Selbstheit als an ihr eigenes Besitztum. Sogar der Ausdruck ›Erdenwesen‹, wie ihn der Tathagata gebraucht, bedeutet nicht, daß es solche Wesen gibt; es ist nur ein bloßer Name.«[27]

Was demnach zählt, ist die auf dem Weg von jedem Einzelnen zu machende Erfahrung, sofern diese nicht wiederum zum Gegenstand eines Strebens gemacht wird. Denn das entspräche einer unbuddhistischen Verdinglichung. Damit widersprachen die Vertreter dieses älteren Buddhismus bis zu einem gewissem Grad der »großen Gemeinde« (*maha-sanghika*). Die durch unterschiedliche Auffassungen in der mönchischen Disziplin mitbedingte Spaltung trat anlässlich des zweiten Konzils im 4. vorchristlichen Jahrhundert auf. Eine Reihe weiterer Differenzierungen in Gestalt von eigenständigen Schulbildungen entwickelte sich und führte zu einer Wende im Buddhismus. Allen Schulen des Hinayana-Buddhismus ist eine realistische Sicht des Daseins gemeinsam. Die für die Mönche verbindlichen Ordensrichtlinien sind, wie ausgeführt, im Vinaya-Pitaka, dem »Korb der mönchischen Disziplinen« und damit im dritten Teil des Tripitaka enthalten. Der Hinayana-Buddhismus wird auch als »südlicher Buddhismus« bezeichnet, weil er heute hauptsächlich in den südasiatischen Regionen (Ceylon-Sri Lanka, Thailand, Burma, Kambodscha, Laos) Verbreitung gefunden hat und dort das gesellschaftliche Leben bestimmt. Die allgemeine Entwicklung hat dazu geführt, dass Indien als Ursprungsland des Buddhismus aufgrund von inneren Verfallserscheinungen, spätestens mit dem Eindringen des Islam im 12. und 13. Jahrhundert, nicht länger diese Religion beherbergte. Sie wanderte, wie noch zu besprechen sein wird, aus, teils in die genannten südlichen Regionen, teils nach Tibet, China und Japan, die die Bereiche des »nördlichen Buddhismus« darstellen.

Mahayana-Buddhismus

Als Siddhartha Gautama den Status des Buddha erreicht hatte, ging er nicht etwa sofort in den Zustand des Parinirvana ein, was ein totales, bis in die Leiblichkeit hineinreichendes »Erlöschen« und somit seinen Tod bedeutet hätte. Zwar mochte er zunächst gezögert haben, weiterhin das Leben eines Wandermönchs zu führen. Nach der ersten Verkündung der Lehre von der Aufhebung des Leidens sprach er nicht etwa vom »Vermeiden jedes Leidens«, sondern er empfand Teilnahme am Schicksal der anderen, er empfand Mitleid (*karuna*) für alle des Heils bedürftigen Menschen. Selbst von der Nirvana-Faszination totaler Weltabkehr wusste er sich zu lösen. Denn »hätte er dieses Ziel erstrebt, so hätte er – entsprechend der buddhistischen Tradition – den kurzen Weg zur Befreiung wählen können. Er hätte sich dann die Leiden unzähliger Wiedergeburten erspart. Doch er wußte, daß nur der, der durch die reinigenden Feuer des Leidens hindurchgeht, höchste Erleuchtung erlangen kann, um fähig zu werden, der Welt zu dienen. Nicht dem Leiden zu entfliehen war sein Weg, sondern das Leiden zu überwinden, es zu besiegen. Deshalb wurde er – wie die ihm vorangegangenen Buddhas – ein *Jina*, das heißt: ein Sieger, genannt.«[28] In dieser Entscheidung des historischen Buddha liegt gleichsam der Keim, dessen weitere Entwicklung im Rahmen des Mahayana-Buddhismus mit seiner Bodhisattva-Vorstellung Jahrhunderte später erfolgen sollte. Buddhist sein meint ein Dasein für andere führen, und zwar unter zeitweiligem Verzicht auf die eigene Befreiung

Der Mahayana-Buddhismus (großes Fahrzeug) – im Gegenüber zu Hinayana-Buddhismus (kleines Fahrzeug) – nahm im 1. vorchristlichen Jahrhundert seinen Anfang. Schon aus dem eben Gesagten wird deutlich, dass auch diese zeitlich spätere Schulrichtung ohne den historischen Buddha nicht zu denken ist. Während aber Hinayana-Buddhismus bzw. Theravada-Buddhismus gemäß der Forderung Buddhas primär – wenngleich nicht ausschließlich – eine Disziplin von Mönchen und Nonnen ist, also ein weltabgehobenes Leben in Bedürfnislosigkeit und lebenslanger Pilgerschaft verlangt, konnte es nicht ausbleiben, dass nach Buddhas Tod in zunehmendem Maße auch »Laien«, d.h. breite Volksschichten, Zugang zum Nirvana suchten. Waren sie nicht in der Lage, das Leben von elitären Asketen zu führen, und war es ihnen sogar aufgetragen, die asketische Lebensform durch das Geben von Almosen in Gestalt der täglichen Speisung überhaupt erst zu ermöglichen, so bedurften sie ihrerseits einer spirituellen Unterstützung durch eine Vielzahl transzendenter Buddhas, insbesondere durch Bodhisattvas. Das sind Wesen, die bewusst auf das Aufsteigen ins Nirvana bzw. Parinirvana verzichten, solange es Menschen gibt, die von Verkörperung zu Verkörperung in Unwissenheit befangen und damit dem Zustand des Nicht-erlöst-Seins ausgesetzt sind. *Bodhisattvas*, »Erleuchtungswesen« bzw. angehende Buddhas sind demnach Menschen, die sich in freier Entscheidung zu diesem »Dasein für andere« verpflichtet haben.

Nicht nur der historische Buddha verliert im Fortgang seiner Entwicklung an existenzieller Bedeutsamkeit, sondern sogar der Heilszustand nach herkömmlichem Verständnis: »Je mehr der Buddhismus seine eigene spirituelle Welt entfaltete, indem er den praktischen, logischen und metaphysischen Konsequenzen seiner grundlegenden Prinzipien folgte, um so mehr trat die Idee des Nirvana hinter das Bodhisattva-Ideal zurück. Denn Nirvana ist – geht man über die Definition, daß es das Erlöschen von Gier, Haß und Wahn ist, hinaus – eine Zielvorstellung, die der Buddhismus mit anderen indischen Heilssystemen gemein hat. Das Bodhisattva-Ideal aber verleiht dem Buddhismus jenen Charakterzug, der ihn von allen anderen indischen Richtungen unterscheidet und ihn siegreich über die Grenzen Indiens hinaustrug, so daß er eine der großen geistigen und kulturellen Kräfte der Menschheit wurde.«[29]

Zum einen soll jeder der buddhistischen Lehre und Ethik verpflichtete Mensch dem anderen als konkreter Bodhisattva ein Gehilfe zum Heil werden. Es steht ihm nicht zu, in heilsegoistischer Manier lediglich sich zu erlösen, seine Mitwelt jedoch dem Schicksal der Heillosigkeit zu überlassen. Zum anderen gibt es transzendente Bodhistattvas, die angerufen werden können. An ihrer Spitze steht im 5. Jahrhundert *Avalokiteshvara*, es ist der »Herr *(ishvara)*, der herabschaut«, d.h. der die Hilferufe aus der Welt wahrnimmt, der große Erbarmer *(mahakaruna)*, der im Geiste Buddhas den Menschen nicht nur bei der Suche nach ewigem Heil, sondern in allen irdischen Lebenslagen beisteht. Entsprechend vielgesichtig, tausendarmig stellt ihn die buddhistische Ikonographie dar. Bekannt sind allein 33 verschiedene Darstellungsformen, ein Ausdruck der großen Bedürftigkeit der Hilfesuchenden. Weit über hundert ikonographische Varianten kommen noch hinzu. Daraus ersieht man bereits, welche große Hilfe und welche Umsicht man von Avalokiteshvara erwartet. In China ruft man ihn mit dem Namen *Kuan-yin*, in Japan mit *Kannon* bzw. *Kwannon* an, und zwar in Gestalt einer weiblichen Gnadengottheit, als eine »Madonna des Fernen Ostens«. Es liegt nahe, eine Parallele zu der besänftigenden Marien-Figur der mittelalterlichen Kirche zu ziehen, die vor Christus als dem gestrengen Weltenrichter errettet und die Verängstigten z.B. als »Schutzmantel-Madonna« in ihre Obhut nimmt. Es wird deutlich, wie groß die Veränderung ist, die zwischen dem lediglich auf den Weg und die Lehre hinweisenden und seinerseits gestrengen historischen Buddha und diesem mütterlichen gottähnlichen Bodhisatta eingetreten ist, wenn man ein an Kuan-yin gerichtetes Gebet liest:

»*In Ehrerbietung und Demut liege ich vor dir auf den Knien: Tag und Nacht hängen meine Gedanken an deinem heiligen Angesicht. Ich klammere mich an deinen heiligen Namen und werfe mich zur Erde nieder vor deinem heiligen Bilde. Neige, o Pusa, dein himmlisches Ohr, auf mich zu hören. In deiner göttlichen Liebe erlöse mich vom Unglück. Leihe mir dein Erbarmen und deinen Schutz. Laß scheinen auf mich dein geistiges Licht, und erleuchte das Herz mir!«*[30]

Wohl stellt der passive, durch Gebet und Anrufungen bestimmte Bodhisattva-Weg gegenüber dem ursprünglichen Pfad eine beträchtliche Erleichterung dar. Doch die Texte verpflichten den Menschen, der Hilfe empfangen hat, dazu, nun auch seinerseits Hilfe und Beistand zu gewähren, wer immer ihrer bedarf.

Anagarika Govinda kommt in diesem Zusammenhang einmal auf die Grundveranlagung des Menschen zu sprechen. Er verbindet damit eine realistische Einschätzung des In-der-Welt-Seins: »Die wahre Natur unseres Geistes umfaßt alles Lebende. Das Bodhisattva-Gelübde, alle lebenden Wesen zu befreien, ist daher nicht aus der Anmaßung geboren, daß ein sterblicher Mensch sich zum persönlichen Retter aller Wesen aufwerfen solle, sondern aus der Erkenntnis, daß wir nur im Zustande der Erleuchtung alle Wesen umfassen und mit allem, was da lebt, eins werden können. In diesem Akt der Einswerdung befreien wir uns und wirken auf die Befreiung aller Wesen hin, die potentiell in der Natur unseres Geistes gegenwärtig sind. Dies ist der Grund, warum im Mahayana die bloße Befreiung vom eigenen Leiden, das bloße Erlöschen des Lebenswillens und der Begierden als ungenügend betrachtet und die vollkommene Erleuchtung (samyak-sambodhi) angestrebt wird. Solange wir die Welt verachten und ihr zu entfliehen suchen, haben wir sie nicht überwunden und sind weit entfernt von der Befreiung.«[31]

Weitere Helferwesenheiten spielen im Mahayana eine Rolle. Auch *Tara* (skr. *tarayati*, »die Retterin«) ist ein transzendenter weiblicher Bodhisavatta. Bald in Weiß, bald in Grün dargestellt, hat Tara in den buddhistischen Bildern (*thankas*) ihren Platz. Als eine Emanation des Avalokiteshvara ist sie die weibliche Verkörperung des Erbarmens. Ein formenreicher Kultus ist ihr gewidmet. Neben ihr steht *Prajnaparamita*, eine Göttin der intuitiven, auf spirituelle Erfahrung gerichteten Weisheit. Als eine mit großen Brüsten ausgestattete, allzeit fruchtbare Gebärerin guter Taten gilt sie als die »Mutter aller Buddhas«. Anagarika Govinda sieht in ihr eine Parallele zum Anima-Begriff in der Analytischen

Psychologie C.G. Jungs, was freilich den anthropologischen Ansatz bei weitem übersteigt.

Die ihr zugeschriebenen Prajnaparamita-Sutren werben für ein starkes Liebesverlangen nach der Weisheitserfahrung. Bildliche Darstellungen lustvoller männlich-weiblicher Vereinigung – *Yab-Yum* (Vater-Mutter)-Haltung in Tibet – verweisen mit der Verschmelzung der beiden Prinzipien auf die selige Vereinigung mit der Erlösung bewirkenden Weisheit. Abgesehen von diesem auf die Ewigkeit bezogenen Aspekt der Befreiung findet der *Mahayanin* (der Angehörige des Mahayana-Buddhismus), ob Mann oder Frau, in seinen Tempeln die Helfer aus der Not, die er gerade braucht.[32]

Ein zentraler Begriff im Mahayana-Buddhismus ist *Shunyata*, die Leere. Er basiert auf der Substanzlosigkeit all dessen, was gemeinhin als das Absolute, als das Sein oder als die Seele angesehen wird. Alle Phänomene, alles, was genannt werden mag, entbehrt eines substanziell Zugrundeliegenden, das über Raum und Zeit hinausweist. Und weil der Leerheitsbegriff, der – wie erwähnt – bei Nagarjuna (2. Jahrhundert) eine wichtige Rolle spielt, immer wieder zu irrigen Interpretationen geführt hat, wird selbst folgende Vorstellung als »leer« bezeichnet: »Die Leerheit ist ein Nichtseiendes und kann sich weder als ein Etwas emanieren, noch kann aus ihr etwas entstehen. Obwohl den Wesen und Dingen eine Seele bzw. die Eigennatur abgeht – als Erscheinungen fluktuierender Daseinsfaktoren (dharmas) sind sie empirisch wirklich und befristet da-seiend. Sie mögen, weil unsere Sinne uns vielleicht ein verzerrtes Bild der Welt liefern, nicht so beschaffen sein, wie wir sie wahrnehmen, aber das hebt ihre Realität als Erscheinungen nicht auf. Ein häufiger Einwand war, wenn alles leer und Leerheit sei, dann gelte dies auch für die Lehre des Buddha, die sich damit selbst für inhaltlich falsch erkläre. Das Argument geht ins Blaue, denn erstens hatten die Weisheitsbücher ›Leerheit‹ nie bei abstrakten Lehren, sondern nur bei physischen Dingen konstatiert, denen man irrigerweise Beseeltheit zuschreiben könnte, und zweitens ist das, was leer ist, deshalb nicht notwendig irreal und falsch.«[33]

Ein wichtiger Gesichtspunkt, der im Mahayana diskutiert wird, ist die Frage nach der »Buddha-Natur« (skr. *buddhata*). Eine Auffassung, die von Schule zu Schule unterschiedlich beschrieben und bewertet wird, ist die, dass prinzipiell alle Wesen die Buddha-Natur besitzen. Während der Hinayana den Begriff noch nicht kennt, wird im Mahayana die Meinung vertreten, dass diese höchste Stufe der spirituellen Reifung grundsätzlich von jedem erreicht werden könne. Hierzu bemerkt der XIV. Dalai Lama: »Die Grundlage, die uns ermöglicht, das Nirvana zu erreichen, ist die Buddha-Natur oder die ›natürlich anwesende Veranlagung‹.«[34] Demnach sei die Heilsbefähigung dem Menschen eingeboren. Gemäß der buddhistischen Heilslehre ist dem Einzelnen wie der Menschheit in ihrer Gesamtheit aufgetragen, daran aktiven Anteil zu nehmen.

In diesem Zusammenhang ist darauf hinzuweisen, dass der zentrale Begriff des Dharma – ursprünglich als die richtungweisende Lehre verstanden – noch andere Bedeutungen angenommen hat: »Im Mahayana-Buddhismus bedeutet Dharma als Seinsprinzip den Buddha in seiner kosmischen, universalen Beziehung. Der Dharma-Leib des Buddha wird als in allen Dingen gegenwärtig und mit allen Dingen identisch gedacht. Mit dieser Konzeption verbindet sich die Lehre von der universalen Buddha-Natur oder dem Buddha-Geist, die eine besondere Art von Glauben ermöglicht, der vornehmlich in der Meditation verwirklicht wird.«[35]

Nach dieser Skizzierung der Mahayana-Lehre ist anzumerken, dass ihre begrifflichen und spirituellen Gehalte nur einer Minderheit zugänglich waren und sind. Auch der Buddhismus vermochte sich nur deshalb in der bekannten Weise über Asien auszubreiten, weil er in den einzelnen Regionen frühzeitig zur »Volksreligion« wurde, indem er magische und abergläubische Elemente aufnahm, die den Erwartungen und dem nichtbuddhistischen Brauchtum breiter Volksschichten entsprachen. Dazu gehörten beispielsweise die Träume von Sukhavati, dem Mahayana-Himmel, in den die Seelen eingehen, bevor sie sich von neuem inkarnieren. Sie müssen sich freilich zuvor dem Buddha in verehrungsvoller Haltung hingegeben haben, so wie man sich einem allmächtigen Gebieter ausliefert, um schließlich seine Huld zu erlangen. Andere begnügen sich damit, ›lediglich‹ das Wort »Buddha« zu erwähnen oder eine buddhistische Predigt anzuhören, um derselben Gnade teilhaftig zu werden.

Relativ späte Schriften erschöpfen sich in der eingehenden Beschreibung der zukünftigen Welt. Fraglos ist die Distanz gegenüber dem lehrenden, auf den Weg der Nachfolge weisenden Buddha denkbar groß geworden. Denn an die Stelle der zielbewussten Disziplinierung des ganzen Lebens ist die Hoffnung auf ein auf Wunscherfüllung gerichtetes, mit Illusionen aller Art ausstaffiertes Paradies getreten. Mit anderen Worten: »Im volkstümlichen Mahayana ist es nicht nur Licht, Nirvana zu erreichen, es ist buchstäblich unmöglich, es nicht zu erreichen. Denn große Scharen von Bodhisattvas sitzen wie Fischer mit Angelhaken und Leine im Paradies, um die Seele eines Menschen und die Seelen aller Wesen heraufzuangeln. Die Bodhisattvas haben all ihre gewaltigen Kräfte dieser einen Aufgabe verschrieben und weihen ihre Existenz der Befreiung jener, welche noch im Samsara (d.h. »dem Kreislauf der Wiedergeburten«) verfangen sind. Selbst wenn man sich gegen die Erlösung wehrt, wäre es vergebens, denn die Boddhisattvas stellen das unerforschliche Wirken der Gnade dar, gegen das der Mensch nichts vermag.«[36]

Der tibetische Vajrayana-Buddhismus

Das Wiederaufleben des Hinduismus im 8. und 9. Jahrhundert, das gewaltsame Eindringen der Muslime in Afghanistan und Nordindien (etwa 1193–1203), das infolge der Bilderfeindlichkeit der Anbeter Allahs die Vernichtung wertvoller Kulturgüter zur Folge hatte, sowie die feindselige Haltung des Jainismus und die antibuddhistisch eingestellten Drawiden Südindiens sorgten dafür, dass das Herkunftsland des Buddhismus durch Emigration in tiefgreifender Weise verändert wurde. Die Anhänger der Lehre Buddhas wanderten größtenteils in die angrenzenden Regionen des Nordens und Nordostens aus. Seit dem 13. Jahrhundert gilt das buddhistische Leben in Indien als erloschen. In Tibet wurde der Buddhismus etwa zur selben Zeit heimisch, desgleichen auch in Darjeeling, Kalimpong, Bhutan, Sikkim und Nepal. Schon vorher, im 5. und 6. Jahrhundert, hatte die Kunde von der Erlangung des Nirvana China und die Mongolei erreicht; nach chinesischer Überlieferung soll dies bereits um die Zeitwende erfolgt sein. In östlicher Richtung sickerte der Buddhismus schließlich in Japan ein und verband sich dort in charakteristischer Weise mit den bereits eingewurzelten Religionen und Philosophien, etwa Konfuzianismus und Shinto. Und weil die Erlösungslehre des Tathagata unterschiedliche bodenständige Religionen, Glaubensanschauungen und Kulte vorfand, konnten auch in anderen Ländern wesentliche Veränderungen nicht ausbleiben. In Tibet handelte es sich um die aus verschiedenen religiös-schamanistischen Strömungen gebildete Bön-Religion.[37] Ein Übriges bewirkten die mit der Inkulturation nötig gewordenen Übersetzungen der ursprünglichen Pali- und Sanskrittexte in eine Reihe weiterer asiatischer Idiome. Entsprechend groß wurde das Bedeutungsgefälle und das Erscheinungsbild, mit dem sich dieser »nördliche Buddhismus« gegenüber seiner »südlichen« Ausformung heute präsentiert.

Als der geistige Träger des Buddhismus in diesem Raum gilt *Padmasambhava*, eine mit außerordentlichen geistigen Gaben ausgestattete Gründergestalt, der die verschiedenen Quellen der Überlieferung sowohl positive wie negative Eigenschaften beilegen. Seine angebliche Amoralität und seine »furchtbaren Züge« interpretiert Anagarika Govinda als Ausdruck seiner seelisch-geistigen Verfasstheit: »Der Kampf mit den dämonischen Kräften vollzog sich im eigenen Innern, ebenso wie das ›Erkennen‹ der weiblichen Prinzipien im Vorgang innerer Ganzwerdung in der Vereinigung der polaren Eigenschaften seiner Natur bestand, des aktiven männlichen Prinzips (*upaya*) und des erkennenden weiblichen Prinzips (*prajna*).«[38]

Hierbei handelt es sich um Darstellungsformen des *Vajrayana-Buddhismus*, einer Sonderform des Mahayana-Buddhismus, auch »Diamant-Fahrzeug« genannt. Nach Hinayana und Mahayana stellt es die »dritte Drehung des Rades« (des buddhistischen Dharma) dar. Grundsätzlich gelten ebenso wie in den vorausgegangenen Schulrichtungen der edle achtgliedrige Pfad und die drei Kleinode, mit denen der Buddhist seine »Zuflucht« zu Buddha, zur Lehre und zur buddhistischen Gemeinschaft nimmt. Dabei hat es im alten Tibet viele Schulen buddhistischen Denkens und buddhistischer Praxis gegeben. Normalerweise zieht man daraus den Schluss, dass eine große Unterschiedlichkeit entstanden sei. Doch der XIV. Dalai Lama bemerkt hierzu: »Die Unterschiede zwischen Buddhisten sind oberflächlicher Art. Das

Ziel all dieser Schulen ist das Erlangen der Buddhaschaft, und in dieser Hinsicht unterscheidet sich keine Schule von der andern. Alle kanonischen Sutras und Tantras, welche die Grundlage des Buddha-Dharma in Tibet bilden, wurden von Buddha selbst gelehrt.«[39]

Für den tibetischen Buddhismus ist die Vielfalt seiner einzelnen Schulen[40] kaum weniger charakteristisch als für das Mahayana. Und wenn drei »Fahrzeuge« die erwähnten klassischen drei Juwelen kennen – Buddha, Dharma und Sangha –, so fügt der Vajrayana-Buddhismus diesen ein viertes Juwel hinzu: Es ist die Institution des *Lama* (tibet. »Höherstehender«). Er ist eine Entsprechung zum hinduistischen Guru. Doch als spiritueller Lehrer, ob Mönch oder verheirateter Familienvater, verfügt er im Diamantfahrzeug zugleich über die priesterliche Kompetenz, die Rituale zu lehren und sie zu vollziehen. In jedem Fall verkörpert er eine geistig-geistliche Autorität. Gelegentlich verwendet man die Bezeichnung *Lamaismus* für den tibetischen Buddhismus, ferner für den in China und in der Mongolei.

Was die Unterweisung als solche betrifft, ihre geistigen Hintergründe, die Übung im Umgang mit dem geheimnisvollen OM-MANI-PADME-HUM[41] samt den anderen heiligen Lauten (Mantras), mit den nicht minder bedeutsamen Kreissymbolen (*mandalas*) und deren meditativer Aneignung, so steht man im Vajrayana-Buddhismus einem unüberschaubaren, nicht hinreichend beschreibbaren Universum gegenüber.[42] Daher verweisen die Lamas darauf, dass es hierzu nicht nur eines einzigen, sondern einer Vielzahl von Verkörperungen bedürfe, um sich in dieser Fülle kundig machen zu können.

Die hier gemeinte Meditation ist weder bloße Betrachtung noch eine nur auf der rationalen Ebene ausgeführte Gedankenoperation. Mit Michael von Brück: »Man kann Meditation auch als Bündelung der Bewußtseinskräfte bezeichnen, als Kanalisierung der normalerweise diffusen Energieströme, als Schweigen der körperlich-psychisch-geistigen Formen, die dadurch zur uneingeschränkten Rezeptivität gebracht werden. Im tantrischen Buddhismus unterscheidet man verschiedene Stadien der Meditation, von der anfänglichen rationalen Einsicht in die Leere und gegenseitige Abhängigkeit der Erscheinungen mittels logischer Argumente (1. Stadium) über die Konzentration des Bewusstseins (2. Stadium) und die tiefe Einsicht in die Leere vermittels eines Bewusstseins, das bereits erhöhte Konzentrationskraft erlangt hat, also auf einem erhöhten energetischen Niveau operiert (3. Stadium), bis zu den eigentlichen tantrischen Übungen des Erzeugungsstadiums (4. Stadium) und der vollendeten tantrischen Einheitsschau (5. Stadium), wobei es noch viele Unterteilungen zu beachten gäbe[43].« Zu bedenken ist das unumgängliche Zur-Verfügung-Stellen der erlangten Geistesverfassung zum Heile der anderen. Darunter versteht man den durch Mitleid (karuna) aufgerufenen selbstlosen Erleuchtungsgeist (boddhicitta).

Ähnlich wie im Hinduismus taucht hier das Phänomen des Tantrismus auf, doch eine Bedeutungsänderung ist nicht zu verkennen. Das ist schon an der Begriffsverschiebung von *Vajra* ersichtlich. Während im Hinduismus darunter der Blitzstrahl oder der »Donnerkeil« des Gottes Indra, also eine Waffe, verstanden wird, symbolisiert das *Vajra* (tibet. *dorje*) als »Diamant« das Unzerstörbare. Es ist zugleich Inbegriff der wahren Wirklichkeit, und zwar jenseits allen Gegenständlich-Objektiven. Insofern korrespondiert Vajra mit Shunyata, der Leere. Als *Vajra-sattva*, als Diamant-Wesen, stellt es das Prinzip der Reinheit und der Läuterung dar. Ein aus einhundert Silben bestehendes Mantra wird in den Schulen des tibetischen Buddhismus zur Reinigung des Geistes verwendet. Damit ist auf die mantrisch-magische, von speziellen rituellen Handlungen begleitete Rolle hingewiesen, die im Vajrayana-Buddhismus zur Geltung kommt. Lama Anagarika Govinda, der im Verlauf seiner eigenen spirituellen Entwicklung den Weg vom ceylonesischen Hinayana zur Kagyüpa-Schule des tibetischen Buddhismus zurückgelegt hat, bemerkt hierzu:

»Das Vajrayana setzt die philosophisch-religiösen Ideale des Mahayana in die Praxis um. Es erkennt zunächst einmal die Universalität des Bewußtseins an und nicht nur die Universalität, sondern auch die verwobenen Interrelationen von allem, das da existiert. Das ist die wirkliche Bedeutung des Wortes ›Tantra‹: das Miteinander-Verwobensein von allem, was da existiert – mit anderen Worten, daß jedes Ding zu jedem anderen Ding in Beziehung steht.«[44] Damit ist zum Ausdruck gebracht, dass es letztlich so etwas wie ein »Jenseits von Gut und Böse« gibt, sodass prinzipiell die Möglichkeit besteht, dasjenige, was nach konventioneller Anschauung ein gefährliches Hindernis auf dem Weg zum Heil ist, was also streng zu meiden wäre, geradezu als »Fahrzeug« zum Heil genutzt werden kann. Voraussetzung ist das dazugehörige spirituelle Geleit eines Erfahrenen und zur Unterweisung Autorisierten.

Bedeutsam ist für den Vajrayana-Buddhismus die Einsicht in die kosmisch-überkosmischen Zusammenhänge, in die Polarität der Wesenheiten, die für Ganzheit stehen. Diese Ganzheit oder das Eine kann nur erreicht werden, wenn es gelingt, die Dualitäten der Erscheinungswelt zu überwinden: durch die Vereinigung von Geist und Materie, von Mann und Weib, in der Entsprechung von Makrokosmos und Mikrokosmos. Und wo immer das geschieht, also das Eine »Ereignis« wird, tritt das Wesen des Tantrischen in Erscheinung – sofern eine derartige »wesenhafte« Ausdrucksweise buddhistischem Denken angemessen ist. Erlebt wird »das Unendliche in uns«, an das Anagarika Govinda in einer religionsgeschichtlichen Zusammenschau erinnert: »So wurde das Erlebnis der Unendlichkeit in den frühen Veden zur Kosmologie, in den Brahmanas zum magischen Ritual, in den Upanishaden zum idealistischen Monismus, im Jainismus zum biologischen Denken, im Buddhismus zur Tiefenpsychologie der Meditation, im Vedantismus zur Metaphysik, im Vishnuismus zur religiösen Liebesmystik (bhakti), im Shivaismus zum weltüberwindenden Asketentum, im hinduistischen Tantrismus zur mütterlich-schöpferischen Kraft (shakti) des Universums, und im buddhistischen Tantrismus zur Inbeziehungsetzung, Wechselbeziehung psychischer und kosmischer Kräfte und Erscheinungsformen.«[45]

All dies hat in der reich entfalteten buddhistischen Ikonographie, speziell in der tantrischen Kunst des Buddhismus, seinen Niederschlag gefunden, nämlich in Gestalt von Objekten der Meditation. Denn die Bildwerke, Skulpturen, Thankas, Mandalas usw. wurden nicht nach den uns geläufigen ästhetischen Gesichtspunkten geschaffen und sind auch nicht nach solchen Gesichtspunkten zu beurteilen: »Tantrische Kunst ist nicht Kunst in unserem Sinne der schönen Erscheinung, auch nicht Götterbild, das Anbetung erfährt, als vielmehr Meditationsobjekt, das dazu dienen soll, den Eintritt in jene geistige Welt zu erleichtern, die sich (nur) dem Meditierenden erschließt, wenn er die fluktuierende Scheinwelt der sogenannten Wirklichkeit hinter sich läßt. Er erstrebt Zugang in eine neue Wirklichkeit, die Ausdruck des diamantenen Kosmos der reinen Buddhaschaft ist.«[46] Groß ist daher der Gegensatz zum nüchternen Weg, der den Theravada-Buddhisten zum Nirvana führen soll, im Vergleich zu den von Bildern und Symbolen durchsetzten »Wegmarken« der Tantriker des Vajrayana-Buddhismus auf dem Weg zu *Shunyata* (Leere) und schließlich zum Nirvana.

Ein einzigartiges, auch rätselhaftes Dokument tibetischer Spiritualität stellt das Tibetische Totenbuch *Bardo Thödol* (tib. »Befreiung durch Hören im Zwischenzustand«) dar, weil der Tatsache des Todes und dem Sterbevorgang mit Blick auf das nachtodliche »Sein« größte Aufmerksamkeit geschenkt wird. Das Totenbuch wird vom wissenden Lama dem Sterbenden abschnittweise vorgelesen, vorausgesetzt, der betreffende Mensch hat sich schon zeitlebens darauf vorbereitet und in der meditativen Übung die betreffenden Stadien durchlaufen. Es sind die des sich Lösenkönnens, der Angstbefreiung und jeder Form des Haftens an Dingen und Menschen, am irdischen Leben schlechthin.[47] Schritt für Schritt wird die Methode dieser speziellen Unterweisung in unmittelbarer Todesnähe angegeben:

»Es ist am besten, das Ausschleudern des Bewußtseins genau in dem Augenblick zu vollziehen, in dem die Atmung aufhört; wurde es jedoch nicht vollzogen, dann spreche man diese Worte: ›*O Sohn edler Familie, nun ist die Zeit für dich gekommen, einen Pfad zu suchen. Sobald dein Atem aufhört, wird dir erscheinen, was man den grundlegenden Glanz des ersten Bardo nennt, welchen der Guru dir bereits gewiesen hat. Dies ist das Dharmata* (Gesamtheit der Elemente), *offen und leer wie der Raum, glänzende Leere, reiner nackter Geist ohne Mittelpunkt oder Umfang. Erkenne sodann und verweile in jenem Zustand, und zugleich will auch ich dich weisen.*‹

Orientierend und ermutigend sollen sodann folgende Worte wirken: ›*O Sohn edler Familie, das, was Tod genannt wird, ist nun gekommen, also solltest du diese Haltung annehmen: Die Zeit meines Todes ist gekommen, und so werde ich, mit Hilfe dieses Todes, einzig die Haltung des erleuchteten Geisteszustandes annehmen, Freundlichkeit und Erbarmen, und werde vollkommene Erleuchtung erlangen zum Wohle aller Lebewesen, die unendlich sind wie der Raum. Mit dieser Haltung werde ich zu dieser besonderen Zeit zum Wohle aller Lebewe-*

sen den Glanz des Todes als den Dharmakaya (Körper der Wahrheit; das absolute Buddha-Wesen) *erkennen, und indem ich in jenem Zustand die letzte Erkenntnis des Großen Symbols erlange, will ich zum Wohle aller lebenden Wesen wirken.‹«*[48]

Aus dem Gesamtzusammenhang ergibt sich, dass das Hören der Wortlaute weder ein bloßes akustisches Geschehen noch ein rationales Begreifenwollen meint. Gemeint ist vielmehr vollkommene Hingabe und voll zugewandtes »Hören mit dem Herzen«. »Dies ist die erste Stufe der Jüngerschaft. Auf der zweiten Stufe wird das intuitive Gefühl gedanklich verarbeitet und von der prüfenden Vernunft bestätigt, während auf der dritten Stufe das gefühlsmäßig Geahnte und intellektuell Erkannte durch direktes Erleben zur Wirklichkeit wird, in dem der Wissende eins wird mit dem Gewußten. Dies ist die Stufe des Bardo Thödol, die den Jünger über den Bereich des Todes hinaushebt und ihn befähigt, die Illusion des Sterbens zu durchschauen und sich von seiner Furcht zu befreien. Denn im Sterben durchlaufen wir die gleichen Stufen, die wir in den fortgeschrittenen Stadien der Meditation erleben.«[49] So gesehen stellt das Tibetische Totenbuch ein »Mysterienbuch« (A. Govinda) dar, ein Lebensbuch höherer Ordnung; als solches nicht gerade eine Allerweltslektüre, wohl aber eine im besten Sinn des Wortes esoterische Unterweisung. In dem Buch selbst, das auf Padmasambhava,[50] den »tibetischen Buddha«, zurückgeführt wird, ist die Aufmerksamkeit auf den *Bardo*, d.h. auf den Zwischenzustand zwischen dem Todesaugenblick und neuer Geburt bzw. dem Ende weiterer Inkarnationen, gerichtet. Bedeutsam ist zweifellos, dass auch der Sterbende an die Aufgabe erinnert wird, zum Wohl aller lebenden Wesen zu wirken, wann und in welcher Form auch immer. Es ist die Gesinnung, mit der im Mahayana-Buddhismus der Buddhist sich in selbstloser Weise die Gesinnung eines Bodhisattva zu eigen macht.

An ein bestimmtes Lebensalter scheint die traditionelle Bardo-Thödol-Unterweisung – trotz ihres esoterischen, auf Reife hin ausgerichteten Charakters – nicht gebunden zu sein, eben weil das Sterben im tibetischen Buddhismus geradezu »gelebt« werden will. So berichtet Tschögyam Trungpa Rinpoche, er sei von seinen Erziehern bereits im Alter von acht Jahren mit dieser Tradition und mit der Begegnung von Sterbenden vertraut gemacht worden. Von seiner eigenen Lebens- und Todeseinstellung be-

zeugt der XIV. Dalai Lama: »Als Buddhist sehe ich im Tod (G.W.: gemeint ist wohl das Sterben) einen normalen Prozeß. Ich akzeptiere ihn als Realität, der ich so lange ausgesetzt bin, wie ich mich in weltlicher Existenz befinde. Da ich weiß, daß ich mich dem Tod nicht entziehen kann, sehe ich keinen Sinn darin, mich vor ihm zu fürchten.«[51]
Wie das buddhistische Dharma als solches, so folgt auch das Bardo Thödol dem elementaren Gebot, den Menschen eine Hilfe zu sein bei der Befreiung aus dem Unheilszustand ihrer irdischen Existenz, die in eine fortdauernde Daseinskette eingegliedert ist. Wem es indes beschieden ist, von Neuem inkarniert zu werden, für den hat das Totenbuch an seinem Schluss ein Gebet der Furchtüberwindung und der Ermutigung bereit. Darin heißt es:

Wo immer ich geboren werde, möge ich an jenem Ort,
Dem Yidam (innerem Schutzgeist) dieses Lebens
Von Angesicht zu Angesicht begegnen;
Möge ich von Geburt an gehen und sprechen können,
Und die Macht des Nichtvergessens
Und der Erinnerungen an frühere Leben erlangen.

Auf allen Stufen des Lernens, hohen, mittleren, niederen,
Möge ich durch bloßes Hören, Denken und Sehen verstehen:
Wo immer ich geboren werde, möge das Land gesegnet sein,
So daß alle lebenden Wesen
Glücklich sein können.

O friedliche und rasende Buddhas, mögen ich und andere
So werden wie ihr selbst, genau wie ihr,
Mit eurer Form und euren verheißungsvollen Merkmalen,
Eurem Gefolge, eurem langen Leben und ewigen Reichen. [52]

Zen-Buddhismus

Zen (jap. *zenna*; chin. *ch'an*; skr. *dhyana*, »gegenstandsfreie Meditation in Versunkenheit des Geistes«) ist ein aus fernöstlicher Spiritualität entwickelter Erkenntnisweg, der im Bewusstsein des jeweils konkreten Jetzt und Hier zur Erleuchtung führen will.[53]

Erleuchtung wird im Zen als eine Selbst-Wesensschau, das *Satori*, verstanden, eine »Öffnung des geistigen Auges«, womit das Erwachen für das wahre Wesen gemeint ist. Es war der indische Mönch Bodhidharma, der als 28. Patriarch nach dem Shakyamuni Buddha genannt wird und der im 6. Jahrhundert Dhyana bzw. Ch'an aus Indien nach China brachte und als 1. Patriarch innerhalb der sich formierenden Zen- oder Ch'an-Tradition gilt.

Als eine chinesisch-japanische Sonderform des Mahayana-Buddhismus hat der Zen-Buddhismus in den letzten Jahrzehnten weltweit eine besondere Bedeutung erlangt. Das wird bereits ersichtlich, wenn man sich seine rasche Verbreitung seit der Mitte des 20. Jahrhunderts vor Augen führt. Der Zen des Westens scheint hinsichtlich seiner allgemein-menschlichen Bedeutsamkeit seiner spezifisch buddhistischen Eigenart entkleidet, etwa im Sinne von Karlfried Graf Dürckheim (1896–1988): »Je mehr wir uns gerade heute, einer geheimen Anziehungskraft folgend, mit den Zeugnissen altöstlichen Geistes befassen, um so deutlicher kann und sollte es werden, daß die Spannung, die wir zwischen dem östlichen und westlichen Geiste empfinden, letztlich nicht auf einen völkerkundlich zu verstehenden Gegensatz zurückgeht, sondern ein innermenschliches Problem ausdrückt.«[54] Demnach sei das zentrale Anliegen von Zen »die Neugeburt des Menschen aus der Erfahrung des Seins« überhaupt und nicht nur eine innerbuddhistische Disziplin, die einem etwa im Christentum verwurzelten Menschen unangemessen ist. Die Besinnung auf das Allgemein-Menschliche ist somit angesprochen. Seine Entfaltung und Reifung ist gemeint, ein Initiationsvorgang. Daneben ließen sich die Erfahrungen anderer stellen, die wie der Jesuit Hugo Makibi Enomiya-Lassalle oder der Benediktiner Willigis Jäger die »Zen-Meditation für Christen« in Gestalt einer gegenstandsfreien Kontemplation empfehlen bzw. den Erleuchtungsweg des Zen in Korrespondenz mit der christlichen Mystik betrachten. »Die Zen-Meditation kann dem westlichen Menschen helfen, den extremen Dualismus zu überwinden, ohne dadurch irgend etwas positiv Gutes zu verlieren, das er besitzt.«[55] Und Willigis Jäger berichtet von seiner Begegnung mit dem geistigen Osten: »Zen half mir, einen wichtigen Teil unserer christlichen Spiritualität zu verstehen, der in der traditionellen Gebetslehre verloren gegangen ist, nämlich das mystische ›Element‹.«[56]

Der Buddhismus

Was die Entstehungsgeschichte des Zen-Buddhismus anlangt, so setzte die Einführung des buddhistischen Dharma in China einen wichtigen Akzent. Sie kann als »eine ursprüngliche und äußerst schöpferische Neuerklärung der Lehren Buddhas« (John Snelling) aufgefasst werden, nämlich als eine Wendung zu einem Realitätsbezug, der der chinesischen Geistesart entsprach. Sagt man etwa von der indischen Geistesart – sofern derlei Verallgemeinerungen überhaupt angemessen sind –, dass sie weltabgehoben und auf das Metaphysisch-Geistige gerichtet anmutet, so ist dem chinesischen Konfuzianismus und Taoismus die positive Grundeinstellung zur Erde, beziehungsweise zu Himmel *und* Erde eigen. So gesehen bezeichnet das zum japanischen Zen-Buddhismus hin entfaltete chinesische Ch'an eine »Sinisierung des Buddhismus«. Anders ausgedrückt: »Cha'an ist eine Rückkehr zum Wesentlichen. All die Lehren, Texte, Praktiken, Vorschriften zu Ethik und Verhalten usw., die rund um die ursprünglich einfache Lehre des Buddha entstanden waren, sollten als Hilfen dazu dienen, darüber hinaus fortzuschreiten – zur Erleuchtung. Die allgemeine Stoßrichtung des Ch'an kann durch seine Ablehnung des Lernens aus Büchern und mündlicher Vermittlung charakterisiert werden. Es gab den Anspruch, daß Ch'an eine besondere Vermittlung außerhalb der Schriften war; er setzte kein Vertrauen in Worte und Buchstaben.«[57]

Zwar kennt auch Zen-Buddhismus eine Fülle von Lehrmitteilungen, die auf den Buddha Shakyamuni zurückgeführt und deren Wortlaute in der herkömmlichen Weise tradiert werden (z.B.: »Folgendes habe ich gehört: Einst weilte der Erhabene.«) wie etwa das ebenfalls dem Mahayana-Buddhismus entstammende, erst in neuerer Zeit in eine europäische Sprache übersetzte »Lankavatara-Sutra« aus dem 4./5. Jahrhundert[58]. Aber darstellen, vor allem vermitteln lässt sich Zen-Buddhismus nicht auf eine verbale, vor allem nicht auf eine argumentative Weise. Was vom Lehrer zum Schüler geht, hat gleichsam »von Herz zu Herz« zu geschehen. Von daher gesehen ist eine Besinnung auf die Möglichkeit und Begrenztheit der Sprache in diesem Zusammenhang – aber natürlich nicht nur in diesem – von großer Bedeutung. Unterbleibt die sich daraus ergebende notwendige Vergewisserung, sind schwerwiegende Irrtümer und Mißverständnisse unvermeidlich. Als einer der ersten und wichtigen Vermittler des Zen im Westen weist Daisetz Taitaro Suzuki daher mit gutem Grund immer wieder auf das Sprachproblem hin, das auch unabhängig von der Übersetzungsproblematik besteht:

»Die Sprache ist ein Produkt der Einsicht, und Einsicht ist das, was unser Intellekt zur Wirklichkeit hinzufügt oder – besser gesagt – von der Wirklichkeit abzieht. Die Wirklichkeit ist nicht so in der Sprache, wie sie in sich selbst ist. Um die Wirklichkeit zu verstehen, muß man sie in die eigenen Hände nehmen oder – besser – sie *sein*. Sonst werden wir, wie die Buddhisten es in passender Weise illustrieren, den Finger für den Mond halten; der Finger ist der Zeiger und nicht der Mond selbst. Ebenso ist Geld ein dienliches Mittel, das wir gegen eine reale Substanz austauschen. Wenn eine Krise kommt, dann lassen wir das Geld fahren und halten uns an das Brot. Die Sprache ist das Geld und der Finger. Wir müssen unser Gehirn davor bewahren, daß es sich (möglicherweise) verwirrt.«[59]

Die in der abendländischen Tradition übliche Weise der Belehrung und Schulung unterscheidet sich von der morgenländischen. Das zeigen in markanter Weise die sogenannten *Koans*, die wiederholt in europäische Sprachen übersetzten Sammlungen (»Mumonkan – Die Schranke ohne Tor«) – »vielleicht die merkwürdigste Literaturgattung, die in der Religionsgeschichte der Menschheit vorkommt. Man kann sie zwar mit anderen literarischen Erzeugnissen wie den Geschichten der Chassidim oder manchen Anekdoten aus der christlichen Heiligenlegende vergleichen, wird aber notwendig auf ihre unverwechselbare Eigenart gestoßen.«[60]

In seinen Erörterungen zur chassidischen Botschaft hat Martin Buber deren Ort im Rahmen der Religionsgeschichte aufgezeigt, indem er unter anderem an das Lankavatara-Sutra erinnerte, in dem es heißt: »Begriffe und Urteile handeln aneinander, sie vermögen nicht die höchste Wirklichkeit zu sagen.«[61] Buber sieht Entsprechungen beim Vergleich von Zen-Buddhismus und *Chassiduth* (chassidische Frömmigkeit), nämlich in der Einsicht, dass man »durch die Tätigkeit des ganzen geist-leiblichen Wesens« zum intimen Umgang mit der konkreten Wirklichkeit gelange. Darin werde man fähig, die Wahrheit zu erfassen, und zwar »in der Erfassung der Wahrheit zur höchsten Konzentration des Tuns.«[62] Die nicht-rationale, keiner (westlichen) Logik bedürftige »Erklärung« von Zen-Buddhismus ist das in einem recht wörtlichen Sinne »Anstößige«, weil die Koans von Paradoxien und bizarr anmutenden Parabeln durchsetzt sind. Sie sind darauf angelegt, den Lernenden von seiner ratiobetonten Denkweise zu befreien und für das Transrationale zu öffnen, letztlich für *Satori* bzw. für *Kensho* (jap. »Wesensschau«). Kensho ist der Zen-Ausdruck für die Erfahrung des Erwachens bzw. der Erleuchtung, die das ego-lose Ich als das wahre Selbst meint. D.T. Suzuki, dem das Verdienst zukommt, dem Zen auch in dieser Hinsicht im Westen eine Bresche geschlagen zu haben, ergänzt:

»Die Einführung der Koan-Schulung war eine ganz natürliche Entwicklung in der Geschichte des Zen. Die Funktion eines ersten Koan besteht darin, im Schüler jene Geisteshaltung ›künstlich‹ zu erzeugen, die sich bei früheren Meistern eher spontan einstellte. Der forschende Geist muß zu vollkommener Sammlung gebracht werden. Das Koan bietet dem Intellekt keinerlei Angriffspunkte, und so ist man schließlich gezwungen, sich von Logik und Psychologie und allen Ideen abzuwenden und der eigenen persönlichen Erfahrung zuzuwenden, die oberflächlichen Eigenschaften preiszugeben zugunsten des wahren inneren Seins.«[63]

Zen kennt zahlreiche Arten der Übung und der Verwirklichung bzw. Anwendung. Da ist die zentrale Übung des *Za-Zen* (wörtl. »Sitzen im Zen«), d.h. in wacher Versunkenheit in einem Zustand gedankenfreier Aufmerksamkeit verweilen, ohne einem Vorstellungsgehalt zugewandt zu sein. Wichtig ist das vom Meister angeleitete Sitzen in aufrechter Körperhaltung und bei regulierter Atemführung. Vom Bodhidharma wird berichtet, dass er ein neun Jahre währendes Sitzen in dieser Versunkenheit praktiziert habe. »Paradoxe Meditationsaufgaben (koan) steigern die Konzentration, die unter Ausschaltung aller Vorstellungen, Gemütsregungen und Gedanken bis zu jenem äußersten Punkt vorangetrieben wird, wo im plötzlichen Durchbruch die Erleuchtung (satori) erfahren wird. Das Erleuchtungserlebnis ist unaussprechlich, es berührt den Menschen im Tiefsten und wandelt ihn um.«[64] Oder aus der psychologischen Sicht C.G. Jungs: »Wenn man die Zen-Texte aufmerksam liest, so kommt man wohl nicht um den Eindruck herum, daß es sich, bei aller Bizarrerie, im Satori um ein *na-*

türliches Geschehen handelt, ja sogar um etwas dermaßen Einfaches, daß man vor lauter Bäumen den Wald nicht sieht, und wenn man es erklären will, immer gerade das sagt, was den andern in die größte Verwirrung stürzt.«[65]
Da ist letztlich ebenso wenig etwas zu »bereden« oder gedanklich zu umkreisen wie bei der Ausübung der anderen Zen-Wege (jap. *do*)[66]. Entscheidend ist jeweils das Tun, der Vollzug; etwa *Judo* – der sanfte Weg; *Chado* – der Weg des Tees, mit seiner genau ritualisierten Tee-Zeremonie,[67] *Kyudo* – der Weg des Bogens, das Bogenschießen[68]; *Kado* – der Weg der Blumen[69]; *Shodo* – der Weg des Schreibens. Es gibt auch noch weitere typische Zen-Künste,[70] zu denen naturgemäß auch die Dichtung zu zählen ist. Die einzelnen gestalterischen Disziplinen lassen sich ihrerseits als Weg und Schlüssel zum Wesen des Zen begreifen. Sie wirken anrührender als verbale Beschreibungen. Als besondere poetische Kunstform hat sich das *Haiku* entwickelt, die dreizeilige und siebzehnsilbige japanische Gedichtform, ein Ausdruck der nichtdualistischen Zen-Erfahrung. Berühmtheit erlangte ihr mutmaßlicher Erfinder, der Japaner Matsuo Basho (17. Jahrhundert), der mit seinen eindringlichen Haikus vielleicht erstmals die tieferen Regionen des Bewusstseins anzurühren vermochte:

> *Auf verdorrten Ast*
> *Ließ eine Krähe sich nieder -*
> *Herbstabend.*

Oder die vielzitierten Zeilen:

> *Der uralte Weiher,*
> *Ein Frosch springt hinein –*
> *Wasserplatschen!*

Große Verehrung muss Basho als dem Altmeister der Haiku-Dichtung entgegengebracht worden sein, zumal er es offenbar vermochte, die Tiefe wie die Konkretheit von Zeit und Wirklichkeit poetisch bewusst zu machen, als bedürfte es gerade seines dichterischen Wortes, um leben und in der Zeit bestehen zu können. Einer seiner Bewunderer rief ihm am Altjahresabend von 1772 nach:

> *Seit Basho hinschied,*
> *Ist niemals mehr so richtig*
> *Das Jahr verdämmert.*

Hierzu bemerkt er: »Beim Rennen auf der Straße des Ruhms und Gewinns ertrinken wir in einem Meer armseliger Wünsche und schinden unser beschränktes Selbst ab. Vor allem am Altjahresabend ist unser Verhalten unbeschreiblich: Wir laufen herum, und all unser Tun ist eigentlich erbärmlich. So kann unser törichtes Selbst aber nicht dem Staub der Welt entrinnen:

> *Das Jahr verdämmert:*
> *Doch Hut und Schuh aus Stroh*
> *Trag ich wie immer.*

Als ich mich in einem Winkel meiner Stube in das Haiku versenkte und darüber nachdachte, da wurde meinem Herzen klar: Lebte ich so, das wäre gut. Das war für mich erhebend und eine so befreiende wie beruhigende Erleuchtung. Doch Basho schied hin, und es gibt keinen Basho mehr, der uns sagt, wie das Jahr geht und wie es kommt.«[71]

Als eine stets variierende Art der Verwirklichung von Zen-Buddhismus – jenseits eines bestimmten religiösen Credo – muss vor allem das alltägliche Beschäftigtsein als ein Leben in Achtsamkeit angesehen werden. Man sei jeweils auf das konzentriert, was gerade zu tun ist, ohne etwa, wie so oft üblich, »nebenbei« noch was anderes zu tun oder seine Gedanken auf anderes gerichtet zu haben, also im Grunde »nicht bei der Sache« zu sein. Aus anderer Perspektive betrachtet, handelt es sich um den »Alltag als Übung«, wie dies Karlfried Graf Dürckheim in einer gleichnamigen Schrift (1966) verdeutlicht hat. Dazu tritt die Einsicht, wonach Zen und jede andere geistliche Disziplin, nicht in dem Augenblick endet, in dem man eine spezielle Übung beschließt. Man übt demnach nicht allein in dafür ausgesonderten Zeiten. Auch die Mahnung des Apostels: »Betet ohne Unterlaß«, deutet darauf hin, dass die im Gebet geübte Gestimmtheit im alltäglichen Leben, etwa im Atemrhythmus, fortdauern möge. Schließlich lädt Zen dazu ein, in der Zusammenschau mit anderer Spiritualität sowie auf dem Sektor der Therapie »Identität und Freiheit« erkennend zu erproben.[72]

Die Akzentuierung bei gleichzeitigem Verzicht auf gedankliche Erwägungen, die einen nie zum konkret Tatsächlichen gelangen lassen, hebt D.T. Suzuki (1870–1966) immer wieder hervor: »Was immer Zen sein mag, es gehört dem praktischen und gewöhnlichen Leben an und ist gleichzeitig höchst lebendig. Ein alter Meister, der zeigen wollte, was Zen sei, hob einen Finger, ein anderer warf einen Ball, ein dritter schlug dem Frager ins Gesicht. Wenn die innere Wahrheit, die tief in uns ruht, solchergestalt gezeigt wird, ist dann Zen nicht die praktischste und unmittelbarste Methode geistiger Erziehung, die je aus einer Religion hervorging? Und ist die praktische Methode nicht zugleich höchst originell? – In der Tat, Zen kann gar nicht anders sein als ursprünglich und schöpferisch, denn es lehnt alles Begriffliche ab und befaßt sich nur mit den lebendigen Wirklichkeiten des Lebens.«[73] Enomiya-Lassalle (1898–1990), dem sehr viel daran lag, einerseits das Christliche in Japan einzuführen, andererseits der Christenheit die Dimension zu erschließen, die durch Za-Zen erfahrbar wird, bemerkt unter Hinweis auf das verpflichtende Element hierzu:

»Was das Satori betrifft, so soll der Mensch nicht in der Erleuchtung ruhen, sondern mit ihr für seine Mitmenschen arbeiten. Zwar wird kein bestimmter Auftrag gegeben, noch braucht es ein sprachlich gegebener Auftrag zu sein; und doch wird der betreffende Mensch ganz persönlich angegangen und vor eine unausweichliche Entscheidung und in eine absolute Verantwortung seines Handelns gestellt. Das Satori-Erlebnis kann auch christlich geprägt sein; dann geht es auf die ganze Erfahrung des Seins bis zur Begegnung mit Gott hin. Und im Zentrum dieser Erfahrung steht nicht das passive Verschlungensein von einem Erlebnis, sondern der aktive, wagemutige und entscheidende Einsatz der Selbstverwirklichung.«[74]

Dass es sich hierbei nicht um eine nachträgliche, etwa durch die christliche Interpretation herangetragene Deutung handelt, wird durch die »Lehre« vermittelt, die den klassisch zu nennenden »Zehn Ochsenbildern« zu entnehmen ist. Es handelt sich um eine Folge von zehn Illustrationen, die samt Kommentar einem chinesischen Zen-Meister des 12. Jahrhunderts zugeschrieben werden. Thematisiert ist die Suche nach dem Ochsen, der als Symbol und Entsprechung der verloren gegangenen Buddha-

Natur angesehen werden kann. Der Begleittext[75] des ersten Bildes lautet:

> *Trostlos in endloser Weite*
> *bahnt er sich auf und ab den Weg*
> *in wucherndem Gras,*
> *und sucht seinen Ochsen.*
> *Weites Wasser, ferne Berge,*
> *und der Weg zieht sich endlos dahin.*
> *Völlig erschöpft ist der Körper,*
> *verzweifelt ermattet das Herz;*
> *wo nur soll er suchen?*
> *Im Abendnebel hört er einzig*
> *Zikaden im Ahorn zirpen.*

Geschildert werden sodann die einzelnen Stationen der Suche. Zunächst tauchen Spuren auf, dann kommt der Ochse selbst in Sicht; aber damit ist das Angestrebte bei weitem noch nicht erreicht! Denn der Ochse muss erst eingefangen, dann gezähmt werden, ehe der Heimritt gewagt werden kann. Die weiteren Stationen verweisen schließlich darauf hin, dass es letztlich gar nicht mehr um Mensch und Ochse geht, jedenfalls können und sollen sie vergessen werden. Glücklich angekommen ist der Sucher erst auf dem Markt, d.h. auf dem Boden der Verwirklichung und der Bewährung, beglückt und mit offenen Händen und bereit, nun anderen den Weg zu zeigen, der zur Buddhaschaft führt:

> *Mit entblößter Brust kommt er barfuß zum Markte.*
> *Schmutzbedeckt und mit Asche beschmiert,*
> *lacht er doch breit übers ganze Gesicht.*
> *Ohne Zuflucht zu mystischen Kräften*
> *bringt er verdorrte Bäume schnell zum Blühen.*

All das besagt, dass die Spiritualität niemals Selbstzweck sein darf. Sie ist – bei aller aufmerksamen Pflege und Hochschätzung – lediglich Mittel zum Zweck. Das gilt auch für das Erwecktwerden, denn »Erleuchtung ist erst der Anfang« (Enomiya-Lassalle).[76]

Es geht um das Leben als solches, um »Leben aus Zen«. Dazu D.T. Suzuki: »Leben aus Zen ist mehr als eine moralische Tugend. Moral begrenzt und bindet. Zen macht frei und führt uns in einen freieren und weiteren Bereich des Lebens. Moral ist nicht schöpferisch. Sie erschöpft sich, indem sie versucht, anders als sie selbst zu sein, oder eher versucht, sie selbst zu sein. Leben aus Zen bedeutet, man selbst sein, in sich vollkommen sein und ist deshalb immer ein Selbstwirken.«[77]

Es spricht für die außerordentliche geistige Fruchtbarkeit des Zen-Buddhismus, dass aus ihm mit den kulturellen Gestaltungsformen eine Reihe von Schulen bzw.»Lehr«-Richtungen hervorgegangen ist. In Japan entwickelten sich – neben anderen – die *Soto*- und die *Rinzai*-Schule, die in der Praxis bestimmte Akzente setzen und in einer speziellen Meister- (oder *Roshi*-)Tradition[78] stehen. Wer daher die selbsterrungene Zen-Erfahrung beispielgebend und lehrhaft weitergeben will, der bedarf der Autorisierung durch einen in der jeweiligen Tradition stehenden Meister.

Auf den hoch geachteten Zen-Meister Dogen (1200–1253) geht die Soto-Schule zurück. Er hat Zen von China nach Japan gebracht. Die beiden Zen-Schulen stimmen in den Grundelementen ihrer Lehre weitgehend überein, doch gibt es Besonderheiten. Während beispielsweise in der Soto-Schule auf *Dokusan* (jap.»allein zu einem Höheren gehen«) besonderen Wert gelegt wird und damit die Begegnung mit dem Meister als spezifische Möglichkeit der spirituellen Führung geachtet wird, pflegt man in der Rinzai-Schule u.a. die Koan-Praxis, um das Fortschreiten auf dem Weg zur Erleuchtung zu beschleunigen. Ein Kapitel für sich – ein unerlässliches, nicht abzukürzendes! – stellen die seelisch-geistigen Krisen dar, die jeweils in individueller Weise zu bewältigen sind. Irritierende Visionen und Halluzinationen, sogenannte *Makyo*-Erscheinungen (jap.»Teufelsbereich«) gehören dazu und dürfen, sofern sie auftreten, nicht mit geistigen Errungenschaften verwechselt werden. Auch hier zählt die eigene Erfahrung, genauso wie die Leitung durch den erfahrenen Roshi.[79]

Auch das Erlebte bedarf jeweils der Interpretation und gedanklichen Zuordnung. Wohl liegt es für den westlichen Beobachter nahe, die Erfahrung der Satori-Erleuchtung als einen vornehmlich psychologischen Vorgang aufzufassen. Doch handelt es sich dabei offensichtlich um eine partielle Sicht des jeweils Zugrundeliegenden.»Denn es erfaßt bestenfalls einen Teilaspekt, nicht die ganze Erleuchtung. Satori ist zuletzt keine psychologische, sondern eine ontologische Wandlung. Was in dieser Erfahrung erlangt wird, ist nicht nur eine neue Sicht und Einsicht., sondern ein neues Sein. Ein angemessenes Verständnis dessen, was im Satori geschieht, setzt also ein neues Verhältnis zum Sein voraus.«[80] Oder nach einem Wort von Allan Watts: »Erleuchtung bedeutet zu wissen, was die Wirklichkeit nicht ist. Sie bedeutet, davon abzulassen, sich selbst mit irgendeinem Wissensobjekt gleichzusetzen. Ebenso wie jede Aussage über die Grundsubstanz oder Grundkraft der Wirklichkeit bedeutungslos sein muß, kann auch jede Aussage darüber, was ›ich‹ im Tiefsten meines Wesens ›bin‹ nur völlig sinnlos sein. Die falsche metaphysische Voraussetzung, die im Allgemeinbewußtsein verwurzelt ist, führt zu einer Täuschung.«[81] Gerade all das Täuschende ist zu überwinden durch Erwachen, durch Erleuchtung.

Der Buddhismus im Westen

Romano Guardinis anrührendes Wort, wonach Buddha und der Buddhismus in der einst christlich geprägten Welt sich der Herausforderung dieser Weltreligion in besonderer Weise stellen müssten, wird durch die Beachtung gedeckt, die die östliche Erlösungsreligion und -philosophie seit einigen Generationen in Europa und Amerika gefunden hat. Der frühere Marburger Kirchenhistoriker und Geistesgeschichtler Ernst Benz (1907–1978), der auf seine Weise »Buddhas Wiederkehr« (1963) diagnostizierte, wies mehrfach auf den allgemeinen und weltweit ausstrahlenden Missionserfolg hin, der im Westen, insbesondere in Nordamerika, mitbedingt durch die Weltausstellung des »World's Parliament of Religions« 1893 in Chicago, in Erscheinung getreten ist: »Der Buddhismus reicht aber in seiner geistigen Wirkung weit über die Grenzen der buddhistischen Gemeinden im engeren Sinn und über ihr geschlossenes Gemeindeleben hinaus. Er hat als Religionsphilosophie, als Meditationsform und als Praxis geistlicher Lebensgestaltung einen völlig unerwarteten spontanen Erfolg zu verzeichnen, der weit über all die verhältnismäßig schwachen Impulse einer organisierten buddhistischen Mission hinausreicht.«[82]

Die Begegnung des Abendlandes mit dem Buddhismus ist natürlich sehr viel älter. Bereits aus den Felsinschriften des Buddhafreundlichen Herrschers Ashoka (272–231 v. Chr.) geht hervor, dass er nicht nur wegbereitend für die Ausbreitung der zur Staatsreligion erhobenen Spiritualität mit Wirkung auf den »südlichen Buddhismus« sorgte bzw. diesen vorbereiten half. Er hat auch in den Westen Missionare ausgesandt, die das Mazedonien Alexanders des Großen, sowie Kleinasien und Ägypten erreichten. Feststellen lassen sich buddhistische Einflüsse im Manichäismus als auch hinduistische Aktivitäten, die sich auf die frühchristliche Theologie ausgewirkt haben. Nachweisbar ist dies beispielsweise im Schrifttum der alexandrinischen Theologen des 2./3. Jahrhunderts.[83] Das Auftreten und die Ausbreitung des Islam seit dem 7. Jahrhundert bewirkten jedoch längere Zeit eine Abschnürung Europas gegenüber der fernöstlichen Religiosität. Die Lehre Buddhas wurde schließlich aus ihrem Stammland Indien verdrängt. Doch als die Portugiesen diese Barriere umfuhren, auf dem Seeweg über das Kap der guten Hoffnung nach Indien gelangten und die Jesuitenmission des 16. und 17. Jahrhunderts in China und Japan einsetzte, kam es zu einer Wiederbegegnung, die im Westen vor allem im bzw. seit dem 19. Jahrhundert durch wissenschaftliche Aktivitäten vertieft wurde. Der Buddhismus griff nach Amerika und Europa über, speziell nach England und nach Deutschland. Dass die Buddhismus-Kenntnis bei Herder, Kant und Hegel noch ohne zureichende Quellenkenntnis auskommen musste, wird nicht verwundern. Die Buddha-Auffassung, wie sie Arthur Schopenhauer und Friedrich Nietzsche vertraten, eine Auffassung, die noch bei Richard Wagner durchschlägt, läuft auf die Erhebung eines Weltverneinungsideals hinaus und bestimmte deren eigene philosophische Position. Auch der Urwaldarzt Albert Schweitzer betrachtete in seiner Kulturphilosophie die weltanschaulichen Entwürfe des Ostens, so auch die des Buddhismus, hinsichtlich ihrer Tendenz, entweder lebensbejahend oder lebensverneinend zu sein.[84]

Grundlegend waren dagegen die Arbeiten, die von einer Reihe von Forschern ausgingen, wie die des schon erwähnten Friedrich Max Müller, ferner Heinrich Oldenbergs, T.W. Rhys Davids u.a. im Zusammenhang mit der »Pali Text Society« (1881) oder der »Buddhist Text Society in Calcutta« (1892). Sie machten erstmals die Hauptquellen der Religionen Indiens, so auch der älteren buddhistischen Schulen, des Hinayana- und Mahayana-Buddhismus, in größerem Umfang zugänglich. Hierbei und im Kontext der Begründung buddhistischer Vereinigungen sowie erster buddhistischer Gemeindebildungen in Amerika und Europa ist immer auch zu berücksichtigen, wie sich die jeweils gesellschaftliche Lage und die kirchliche Reaktion auf das Bekanntwerden mit anderen Glaubens- und Weltanschauungsströmungen gestaltete: »Seit dem Jahre 1907 sammelten sich die Freunde des Buddhismus um die ›Buddhist Society of Great Britain and Ireland‹, deren bedeutendster geistiger Leiter Christmas Humphreys wurde. In dieser ersten Periode galt das Hauptinteresse dem Theravada-Buddhismus mit seiner strengen, weltfeindlichen Ethik, die offenbar den Engländern aufgrund ihrer Verwandtschaft mit der puritanischen Tradition als besonders attraktiv erschien. Die buddhistische Ethik wird im wesentlichen identifiziert mit Gewaltlosigkeit (ahimsa), mit Vegetarismus und mit der Ablehnung von Pelzen als menschliche Bekleidung. Obwohl der Buddhismus als ›atheistische‹ Bewegung auftrat, kam es im England Eduards VII. (1901–1910) zu keiner Verfolgung durch die Staatskirche oder andere religiöse Körperschaften.«[85]

Einen kräftigen Impuls empfingen Hinduismus und Buddhismus durch die 1875 in New York begründete »Theosophical Society« Helena Petrovna Blavatskys und Henry Steel Olcotts, die weniger wissenschaftliche als spirituelle und humanitäre Ziele verfolgten, indem sie die eine Wahrheit in den vielen Religionen zur Geltung zu bringen versuchten. Die in diesem Zusammenhang oftmals genannte, aus dem organisatorischen Rahmen der anglo-indischen Theosophie herausgewachsene Anthroposophie Rudolf Steiners (1861–1925) ist dagegen durch die christliche Theosophie z.B. Jakob Böhmes, der Pansophie der Rosenkreuzer und durch den Goetheanismus als Erkenntnishaltung zu charakterisieren.[86] Die hohe Einschätzung des Buddhismus sowie der Bhagavadgita durch Steiner wird dadurch jedoch nicht berührt. Sie spiegelt sich in einer Reihe von Vorträgen, in denen er auf die »westliche und östliche Weltgegensätzlichkeit« aufmerksam machte.

Als Übersetzer der Reden Buddhas u.a. aus der Mittleren Sammlung (1896–1902) leistete der österreichische als Privatgelehrter tätige Sanskritist Karl Eugen Neumann (1865–1915) zu Beginn des 20. Jahrhundert eine wichtige Pionierarbeit, wenngleich seine Verdeutschung heute nicht mehr der wissenschaftlichen Kritik standhält.[87]

Nach dem Ersten Weltkrieg (1914–1918) kam der Mahayana-Buddhismus stärker in den Blick des allgemeinen Interesses und mit ihm der Zen-Buddhismus, zu dessen wichtigsten Vertretern der der Rinzai-Schule nahestehende Zen-Philosoph Daisetz Taitaro Suzuki (1870–1966[88]) gehörte, der jahrzehntelang in den USA tätig war. Seine »Essays in Zen Buddhism« (1927 ff.) haben u.a. auch in Deutschland in Übersetzungen weite Verbreitung gefunden. Sie liegen seitdem in mehreren Editionen vor. Ebenfalls in Deutschland wurde mit Unterstützung des Theologen und Religionswissenschaftlers Rudolf Otto kurz zuvor ein Buch, das die beiden Philosophen, nämlich der Japaner Schuej Ohasama und der Deutsche August Faust, 1925 unter dem Titel »Zen – der lebendige Buddhismus in Japan« herausgaben. Rudolf Otto hatte zwei Jahre zuvor in seinen »Aufsätzen das Numinose betreffend« (Gotha 1923) einen hinweisenden Text »Über Zazen als Extrem des numinosen Irrationalen« verfasst, gewissermaßen als Ergänzung seines epochemachenden Buches »Das Heilige« (1917).

Seitdem ist die Zen-Rezeption[89] im deutschen Sprachraum nicht mehr abgerissen, sei es, dass Japaner in Deutschland studierten und wie Shizuteru Ueda Zen und die christliche Mystik Meister Eckharts miteinander verglichen[90] oder wie Heinrich Dumoulin[91] und Hans Waldenfels[92], die an japanischen Universitäten lehrten. Auch D.T. Suzuki war erstaunt über die große Nähe zwischen dem Mahayana-Buddhismus und Meister Eckhart: »Denn Eckharts Gedankenwelt kommt der von Zen und Shin sehr nahe. Oberflächlich unterscheiden sich Zen und Shin zwar voneinander: Das eine ist bekannt als *Jiriki*, die Schule der Selbsterlösung, das andere als *Tariki*, die Schule der Erlösung durch eine andere Macht. Aber es gibt doch etwas beiden Schulen Gemeinsames, was dem Leser nicht verborgen bleiben wird. Eckhart, Zen und Shin können daher gemeinsam der großen Schule der Mystik zugerechnet werden.«[93] Nicht gering zu schätzen ist indes die Gefahr einer vorschnellen Gleichsetzung und einer simplifizierenden Einschätzung von »Mystik«.

Eigene Wege beschritten eine Reihe von Jesuiten, insbesondere der schon genannte Zen-Meister Hugo Makibi Enomiya-Lassalle,[94] oder der auf anderen Wegen gehende Karlfried Graf Dürckheim,[95] der in Kenntnis des west-östlichen Spannungsverhältnisses als Begründer der Initiatischen Therapie seinerseits um einen geistigen Brückenschlag bemüht war, indem er, unterstützt durch seine Frau Maria Hippius Gräfin Dürckheim[96] in verschiedenen Ländern eigenständig arbeitende therapeutische Bildungsstätten vorbereiten half. Nicht zu unterschätzen ist die seit 1948 zu verzeichnende Breitenwirkung eines Büchleins des Erlanger Philosophen Eugen Herrigel (1984–1955),[97] der in den Jahren 1924–1929 an der kaiserlichen Tohoku-Universität in Sendai, Japan, lehrte und Zen der »reinen Versenkungsmystik« zuordnete. In einer Zeit – d.h. nach dem Zweiten Weltkrieg –, in der »Mystik« bestenfalls bei wenigen ein Thema war, präsentierte Herrigel »die Kunst des Bogenschießens« als eine Disziplin, die dem Gesetz der Mystik zu folgen habe. »Zen kann somit wie alle Mystik nur von dem verstanden werden, der selbst Mystiker ist und daher nicht in die Versuchung kommt, auf andere Weise erschleichen zu wollen, was ihm die mystische Erfahrung vorenthält.«[98] Die Gültigkeit dieser Feststellung hängt freilich von dem dabei zugrunde gelegten Mystik-Begriff ab.

Diese und ähnliche Beispiele für Rezipienten des Buddhismus dürfen im Übrigen nicht darüber hinwegtäuschen, dass abgesehen von der Soto- oder der Rinzai-Schule und eines vielgesichtigen westlichen Zen-Snobismus auch interne Differenzen bei der Verwirklichung und Präsentation zutage getreten sind. Der englische Theologe Allan Watts (1915–1973), der sich als einen Buddhisten eigener Prägung verstand,[99] wusste von D.T. Suzuki zu berichten, dass dieser den in seiner japanischen Heimat praktizierten Zen-Buddhismus missbilligte und dem von ihm nur gelegentlich geübten Za-Zen das praktische und künstlerische Tun im Geist des Zen den Vorzug gab, weil Zen ein Leben in spontaner Einsicht sei, ohne Berechnung und vor allem ohne dogmatische bzw. begriffliche Unterscheidungen.

Zwei Institutionen, die zwar nicht ausschließlich der west-östlichen Begegnung bzw. der religionswissenschaftlichen Forschung sowie deren Vermittlung dienten, müssen aber in diesem Zusammenhang als Begegnungsstätten für den geistigen Austausch genannt werden. Da ist die 1920 in Darmstadt ins Leben gerufene »Schule der Weisheit« von Hermann Graf Keyserling

(1880–1946) und die 1933 begonnenen »Eranos«-Tagungen in Ascona-Moscia am Lago Maggiore, eine von Olga Fröbe-Kapteyn (1881–1962) begründete, mehrere Jahre durch Carl Gustav Jung (1875–1961) inspirierte Stiftung.[100] Als Dokumente einer geistigen Positionsbestimmung kann einerseits Keyserlings »Reisetagebuch eines Philosophen« (Darmstadt 1922) angesehen werden; andererseits haben Jungs Studien zur westlichen und östlichen Religiosität wichtige, wenngleich nicht unumstritten gebliebene Interpretationshilfen geboten.[101] Daran knüpfte die von dem Arzt und Psychotherapeuten Wilhelm Bitter (1893–1974) mitbegründete und geleitete Stuttgarter Gemeinschaft »Arzt und Seelsorger« (heute: Internationale Gesellschaft für Tiefenpsychologie) an, indem sie in ihren alljährlichen Vortragsreihen sowohl west-östliche Meditationsformen vorstellte als auch zum Dialog über die zugrunde liegende Spiritualität einlud.[102]

Eine weitere, besonders bedeutsame Erscheinung der Lehre Buddhas stellt die des tibetischen Buddhismus im Westen dar. Zu seinen wichtigsten mitteleuropäischen, in Ost und West tätigen Vertretern gehört Ernst Lothar Hoffmann (1898–1985), der als Lama Anagarika Govinda zum Gründer des Ordens »Arya Maitreya Mandala« geworden ist. Seine Publikationen zur buddhistischen Philosophie und seine darin enthaltenen, aufgrund langjähriger Asien-Aufenthalte errungenen spirituellen Erfahrungen sind weltweit verbreitet. Sie erstrecken sich auf die frühbuddhistische Philosophie, auf die tibetische Mystik ebenso wie auf die Geheimnissse des I Ging, dessen Strukturen und innere Bewegungsabläufe er erforscht hat.[103]

Eine weitere »interreligiöse Persönlichkeit« eigener Prägung ist Raimon Panikkar (geb. 1918), der ebenfalls in Ost und West lehrte und sich als Theologe und Religionsphilosoph dem Dialog der Religionen verpflichtet fühlte. Der in Barcelona geborene Sohn einer katalanischen Mutter und eines im Hinduismus beheimateten Vaters konnte, wenn er sich von Kontinent zu Kontinent bewegte, von sich sagen: »Ich bin als Christ gegangen; ich habe mich als Hindu gefunden; und ich kehre als Buddhist zurück, ohne doch aufgehört zu haben, ein Christ zu sein.«[104] Das deutet auf die spirituelle Wachstums- und Reifungsmöglichkeit hin, die wohl erstmals in der Menschheitsgeschichte als unumgängliche Forderung erhoben und in individueller Weise praktiziert werden muss!

Eine ins Schicksal des tibetischen Volkes und seiner Geistesgeschichte tief einschneidende Bedeutung erlangte die Usurpation Tibets durch das kommunistische China Mao Tse-tungs. Erst als der junge 14. Dalai Lama Tenzin Gytso (geb. 1935), das Oberhaupt der Gelugpa-Schule (also nicht aller Tibeter!), infolge der Invasion durch Rot-China 1959 gezwungen war, mit etwa einhunderttausend seiner Landsleute und Mönche Tibet zu verlassen, wurde die Allgemeinheit mit dem Wesen des tibetischen Buddhismus näher bekannt. Als *Tulku* (tibet. »Körper der Verwandlung«) und als menschliche Inkarnation des Bodhisattva der Gnade, genannt Avalokiteshvara, wirkt er seitdem über seine buddhistische Anhängerschaft hinaus weltweit als spiritueller Lehrer und Berater in zahlreichen Schriften. Dabei sind ihm kurzsichtige Missionsabsichten fremd. Bestrebt, Klarheit zu gewinnen, Wut, Hass und alle Tendenzen der Feindschaft zu überwinden, fasste er seine Botschaft gelegentlich mit den Worten zusammen: »*Alle großen Weltreligionen betonen, wie wichtig es ist, daß wir uns in Liebe, Mitgefühl und Geduld üben. Dies gilt im besonderen für sämtliche buddhistischen Überlieferungen – Theravada, Mahayana und Tantrayana (die esoterische Überlieferung des Buddhismus). Sie alle machen deutlich, daß Mitgefühl und Liebe das Fundament jedes spirituellen Weges sind.*«[105]

TEIL 3
Die chinesischen Religionen

Kapitel 6

Der Taoismus

Die Religionen im Reich der Mitte

Nach der Besprechung der drei abrahamitischen Religionen haben wir in diesem Buch eine Richtung eingeschlagen, die von dem auf indischem Boden entstandenen Hinduismus zum Buddhismus führte. Wir haben gesehen, wie dieser von seiner indischen Heimat in andere innerasiatische Länder, insbesondere nach Tibet und China, gelangt ist. Im Zen lassen sich Spuren der interreligiösen Begegnung und der Verbindung nachweisen, z.b. mit dem Taoismus. Damit ist im Gang dieser Darstellung der Punkt erreicht, an dem auf die chinesische Religiosität, chinesische Philosophie und Lebensauffassung einzugehen ist – im Taoismus und im Konfuzianismus, den beiden religionsgeschichtlich wichtigsten Strömungen chinesischen Geistes. Unter den Hochkulturen nimmt China einen eigentümlichen Rang ein: durch hohes Alter und durch Kontinuität all dessen, was der Nachwelt aus einer mehr als dreitausendjährigen kulturellen Tradition erhalten geblieben ist.

Wurde eingangs davon gesprochen, wie problematisch es ist, den abendländischen und christlich geprägten Begriff der »Religio« auf asiatische »Religionen« anzuwenden und diese dann als »Weltreligionen« zu bezeichnen, so gilt das für die Religionen aus dem Reich der Mitte in besonderem Maße, weil Gottesverehrung und Sozialordnung, eben Religiosität bzw. Metaphysik und praktische Ethik, hier eine unteilbare Ganzheit ausmachen. Bedingt ist dies durch die prämentale, d.h. tief ins Mythische und Magische hinabreichende Bewusstseinsstruktur, die diesen heutigem Denken fernen sozio-kulturellen Verhältnissen eigen ist. Erst durch Berücksichtigung der im Laufe der Jahrtausende eingetretenen Bewusstseinsmutationen lässt sich die Geschichte der Religionen wie der Kulturen begreifen.[1] Auf die erheblichen Verständnisschwierigkeiten, die die überlieferte Sprachgestalt des Altchinesischen den Menschen von heute bereitet, ist oft genug hingewiesen worden. Anschaulich wird diese Besonderheit bereits durch die von Bildern abgeleiteten vielen tausend Schriftzeichen (*Ideogramme*), die aus urtümlichen religiösen Zusammenhängen heraus geformt worden sind:

»Seit mehr als dreitausend Jahren konnte man in China schreiben, und man liest noch heute die Texte, die vor 2000 Jahren verfaßt wurden. Zunächst benutzte man die Schrift, von der Dokumente seit rund 1300 v. Chr. zahlreich vorliegen, nur für kultische Zwecke, seit etwa 500 v. Chr. auch für weltliche Aufzeichnungen. Seit der Zeit um Christi Geburt gab es auch Papier, Tusche und Schreibpinsel, und seit dem 10. Jahrhundert n. Chr. den Buchdruck, sodaß die Fülle dieser Literatur überwältigt. Die chinesischen Schriftzeichen waren vom Ursprung an Bildzeichen, die die Sache und nicht die Sprache darstellen, ebenso wie die arabischen Zahlen, die jeder nach seiner Mundart ausspricht. Es gibt nur rund 175 einfache Bildzeichen, alle anderen, die etwa 40 000 Zeichen, von denen heute praktisch etwa 6000 in Gebrauch sind, stellen Kombinationen aus den ursprünglichen Zeichen dar.«[2] Der großen sprachlichen Variabilität und begrifflichen Mehrdeutigkeit ist von daher Tür und Tor geöffnet – eine Tatsache, die für westliche Leser, die von einem ganz anderen Kulturkanon ausgehen, mit allerlei Schwierigkeiten verbunden ist. In seinen Essays bzw. Vorträgen über die fernöstliche Geistigkeit hat Richard Wilhelm diesem Tatbestand wie folgt Ausdruck gegeben:

»Die alte chinesische Kultur ist ein religiöses Gebilde, das auf der Grundlage kosmisch-astrologischer Anschauungen ruht. Himmel, Erde und Mensch sind die drei Weltkräfte, und der Mensch ist es, der die beiden andern: den Himmel, die schöpferische Kraft zeitlichen Geschehens, und die Erde, die empfangene Kraft räumlicher Ausdehnung, in Harmonie zu bringen hat.«[3]

Die erwähnten, unterschiedliche Wiedergabeformen bedingenden Verständnisschwierigkeiten werden deutlich, wenn man verschiedene, durchaus von kompetenten Sinologen geschaffene Übertragungen eines und desselben Werkes miteinander vergleicht. Andererseits stellt die Philologie, deren Leistungen nicht hoch genug bewertet werden können, nur *eine* Seite des Problems dar. Zu bedenken sind daher auch die skeptischen Worte, die Allan Watts seiner Einführung in den Taoismus vorangestellt hat, wenn er sagt: »Ich bezweifle, daß wir mit wissenschaftlicher Genauigkeit und Objektivität bestimmen können, was die Philosophen dachten, weil sie uns zeitlich zu weit entrückt sind, und die Geschichte verblaßte wie Klangwelten und Spuren im Wasser. Die präzisen Bedeutungsinhalte der chinesischen Sprache jener Zeit sind schwer feststellbar, und obwohl ich die Methoden der exakten Wissenschaften zu schätzen weiß und anzuwenden suche, bin ich mehr daran interessiert zu erfahren, was dieses entfernte Echo einer Philosophie für mich und unsere eigene historische Situation bedeutet.«[4] So betrachtet, geht es bei der Übersetzung alter Texte dieser Art nicht allein um ein sprachlich-semantisches Problem, sondern um die Bemühung, das im mythischen Bild Angezeigte in die heutige Begriffsprache des mentalen Bewusstseins zu übertragen und – was letztlich bedeutsam ist – diese mental-rationale Bewusstseinsart in ein transrationales bzw. integrales (im Sinne Jean Gebsers) zu übertragen und damit ein qualitativ neues Bewusstsein vorzubereiten.[5]

Eine Jahrtausende alte Kultur stellt die Basis der innerasiatischen Religionen dar, die in Gestalt der beiden aufeinander bezogenen geistigen Welten, Taoismus und Konfuzianismus, den Horizont der Menschheit mitbestimmen. Ehe von ihnen als religiösen Zusammenhängen gesprochen werden kann, ist es erforderlich, auf zwei geistig-elementare Vorgaben einzugehen: auf das *Tao* und auf die *Yin-Yang*-Polarität, wie sie in exemplarischer Weise im *I Ging* strukturierend zum Ausdruck kommt.

Das Tao – Universalität und Mysterium

Wörtlich heißt *tao* (ausgesprochen: dao bzw. dau), verwandt dem japanischen *do*, so viel wie »Weg, Straße, Pfad«. Angesichts des großen Begriffsvolumens und der gerade bei diesem Wort vorliegenden Bedeutungstiefe, wird Tao, wie so oft, zu einem letztlich unübersetzbaren Terminus. Nur so lässt sich seine Mehrdimensionalität vor einer einengenden Definition bewahren. Seine Bedeutungsnuancen ergeben sich aus dem jeweiligen Zusammenhang und nach seiner jeweiligen intentionalen Struktur. Er steht für einen zentralen Begriff der chinesischen Philosophie und ist Ausdruck des Zugrundeliegenden schlechthin, des Ursprünglichen, des Unverfügbaren wie des Transrationalen. Von menschlicher Rationalität im heutigen Sinn kann schon deshalb nicht die Rede sein, weil die alten, das Tao betreffenden Texte in einer bild- und gleichnishaften Sprache artikuliert sind. Es ist die Sprache der erwähnten, einst dominierenden mythischen Bewusstseinsart, die dem abendländischen Mentalbewusstsein vorangegangen ist. Das Tao ist zugleich normsetzend, eine autonome Größe. Insofern ist seine Benennung einem deutenden, definierenden Zugriff entzogen, denn:

Das TAO, das man nennen kann,
ist nicht das ewige TAO.

Oder (in der Verdeutschung von Günter Debon):

Könnten wir weisen den Weg,
es wäre kein ewiger Weg.

Dieser erste Satz aus dem »Tao te king« des Laotse greift also bereits auf älteste ursprunghafte Vorstellungen zurück und macht bewusst, inwiefern vom Transzendenten die Rede ist, obwohl das Buch als solches wesentlich jüngeren Datums ist. Gleichzeitig sollte man wissen, dass das Gemeinte gerade nicht »beredet« sein kann. Es ist, weil es an den Erscheinungen zwischen Erde und Himmel abzulesen werden soll, ein »offenbares«, ein »heilig, öffentlich' Geheimnis« (Goethe). Daher sind die Versuche, ein sprachliches Äquivalent für Tao zu finden, stets von vorläufiger Natur. Wer dafür Begriffe wie Leben, Sinn, Gottheit, Führerin des Alls, Tugend, Kraft, das absolute ES oder dergleichen wählt, muss sich bewusst sein, dass er sich eines Notbehelfs bedient – für ein Unübersetzbares. Die bedeutenden schon zum klassischen Bildungsgut gehörigen Verdeutschungen altchinesischer Literatur, Übersetzungen z.B. von Viktor von Strauß im 19. Jahrhundert, von Richard Wilhelm, Erwin Rousselle, Günter Debon, Ernst Schwarz oder Rudolf Ritsema im 20. Jahrhundert bilden in dieser Hinsicht keine Ausnahmen. Hinzu kommt, dass bereits die philosophischen Literaturen des chinesischen Altertums unter-

schiedliche Akzente setzen, was von einem divergierenden Verständnis von Tao herrührt. Auf den magisch-mythischen Charakter wird immer wieder hingewiesen, etwa auch bei dem Taoisten Zhuangzi (Dschuangdse), der sagt:
»Das Tao besitzt Wirklichkeit und Verläßlichkeit, ist aber weder tätig (wu-wei), noch hat es Gestalt. Es kann übertragen, aber nicht gelehrt (werden), empfangen, aber nicht gesehen werden. Es entstammt sich selbst und wurzelt in sich selbst. So war es, ehe es Himmel und Erde gab, denn es bestand von jeher. Den Totengeistern und Ahnen verleiht es Zauberkraft, und es gebar den Himmel und die Erde.«[6]

Der chinesische Philosoph Chang Chung-Yuan, der an westlichen und östlichen Universitäten lehrte und (um 1970) wiederholt bei den Eranos-Tagungen in Ascona am Lago Maggiore auftrat, fügt – die Bedeutung des Tao für das westliche und östliche Denken umkreisend – ergänzend hinzu: »Tao ist die Mutter der Welt, alldurchdringend und allumfassend, unveränderlich und unaufhörlich, wie von Chuang Tzu als *Ta T'ung* oder die große gegenseitige Durchdringung (chou) verstanden. Die Welt der großen Durchdringung ist frei von allen Eigenschaften und Widersprüchen. Sie ist dem Zugriff jedes intellektuellen Prozesses verschlossen. In dieser Welt gibt es weder Raum noch Zeit, sie ist unendlich. Chuang Tzu beschreibt sie wie folgt: *Das Sein wohnt nicht an irgendeinem Ort. Ablauf ist ohne Zeitdauer. Sein ohne festen Ort ist Raum. Ablauf ohne Zeitdauer ist Zeit. Es gibt Geburt, es gibt Tod; es gibt Hervortreten, es gibt Einkehren. Durch das wir ein- und ausgehen, ohne seine Form zu schauen, das ist das Tor des Himmlischen. Das Tor des Himmlischen ist das Nichts. Alle Dinge kommen aus dem Nichts.* – Die Welt des Nichts ist vollkommen frei von Begrenzungen und Unterscheidungen. In diesem Fall ist Nichts das Eine-ohne-Gegenteil, das heißt: die Einheit aller Dinge. Es wird *Tao* oder das Große genannt.«[7]

An Möglichkeiten der Missdeutung fehlt es unter diesen Umständen freilich nicht, wenn man beobachtet, dass diese Rede vom Nichts bisweilen auch als eine Bestätigung des Nihilismus (miss)verstanden worden ist. Dem hat Chang aber in anderen Zusammenhängen energisch widersprochen, indem er den Charakter der inneren Erfahrung herausstellte, der dem Tao innewohne bzw. der durch Tao vermittelt werde, nämlich insofern Tao

von Äußerlichkeiten und dem Vordergründigen zu voller Weisheit befreit und den Zugang zu einem größeren Leben eröffnet. Das Tao ist das Reich des wahren Seins, das sich dem Menschen eröffnet. Auf die Frage, inwiefern sich die taoistische Weisheit mit anderen östlichen Traditionen vergleichen lasse, antwortet Sarvapalli Radhakrishnan:
»Tao ist der Weg und das Ziel. Es ist das Licht, das sieht und gesucht wird, so wie das Brahman in den Upanishaden das Prinzip des Suchens und das gesuchte Objekt zugleich, das beflügelnde Ideal und seine Erfüllung ist. Der Geist, der uns dazu bringt, die Wahrheit zu sehen, ist die Wahrheit, die wir suchen.«[8]

Das I Ging (I-Ching) und die Polarität von Yin und Yang

Die zur Basis der Religion gehörige Philosophie lässt sich in ihrer Urgestalt am Gang der Jahreszeiten ablesen. Sie wird anhand der Naturphänomene als eine Abfolge polarer Ereignisse erkannt. Die Zeit wird als Wechsel von Licht und Dunkel, von Winter und Sommer erlebbar. Im Kalender zeigt man diesen Wechsel auf. Das als Gegensatz Empfundene gehört zum Ganzen des Jahres. Dadurch wird das Jahr erst rund.

Für den französischen Sinologen Marcel Granet, dem wir wichtige Einblicke in das chinesische Denken verdanken, stellt sich die Welt somit als »eine Totalität zyklischer Art (tao) dar, die durch die Verbindung zweier wechselnder und komplementärer Manifestationen entsteht«. Zwei Faktoren bewirken den Wechsel, nämlich *Yin* und *Yang,* die in höchsten kosmischen Zusammenhängen mit weltschöpferischen Potenzen gleichzusetzen sind und die sich auf allen Seinsebenen – im Leben der Menschen bis ins alltägliche Geschehen hinein – auswirken. Yang verkörpert das Schöpferische als solches, Yin steht für das Empfangende, Umschließende. Nach der Deutung von Richard Wilhelm verweist Yin auf das Wolkige, Trübe; Yang dagegen auf etwas Beleuchtetes, Helles. Yang entspräche dann beispielsweise der beleuchteten, Yin der beschatteten Seite eines Berges, als den beiden Seiten eines einzigen Objekts. Demnach wäre der Begriff eines Dualismus gerade nicht anwendbar, weil beide Erscheinungsweisen aufeinander bezogen sind, also nicht antagonistisch gegeneinander stehen, wie das etwa im Persertum des Zarathustra mit den göttlichen Mächten des Ahura-Mazda und dem ihm feindlichen Ahriman der Fall ist. Yin und Yang stellen daher keinen gewöhnlichen Dualismus dar, sondern »eine explizite Zweiheit, die eine implizite Einheit zum Ausdruck bringt«.[9] Bei diesem Zusammenwirken entstehen Leben und Bewegung, etwa im Sinne dessen, was Allan Watts den »Lauf des Wassers« genannt hat, zumal sowohl Laotse als auch sein wichtigster Gefolgsmann Tschuangtse den Fluss des Wassers als maßgebliches Sinnbild verwendet haben.[10]

Hegel war noch der Meinung, dass das chinesische Volk zu den »Völkern des ewigen Stillstandes« zu zählen sei, weil es angeblich ohne nennenswerte Bewegung in seiner Entwicklung und ohne Geschichte existiere. Bedingt war diese wenig zutreffende Meinung durch das China-Bild, das im 17./18. Jahrhundert durch die jesuitische China-Mission dem Westen vermittelt worden war. Unsere Kenntnis auch der historischen Zustände, nicht zuletzt durch die archäologische Forschung des 20. Jahrhunderts, hat sich sehr erweitert, zurückgehend zu den zuvor noch wenig bekannten neolithischen Kulturen. Durch ausführliche schriftliche Dokumente wurden die archäologischen Funde erstmals während der Chou-Zeit (ab 1028 v. Chr.) ergänzt. Das »Buch der Wandlungen« hat in dieser Kulturepoche seine Ausformung erfahren, während in der vorausgegangenen bronzezeitlichen Shang-Zeit vorwiegend noch Naturgeister als bestimmende Wesenheiten angesehen, verehrt und gefürchtet wurden. Bestimmenden Einfluss übte die in besonderen Kult- und Opferhandlungen vollzogene Ahnenverehrung aus.

Die religiöse wie gesellschaftformende Kraft der bestimmenden Faktoren von Yin und Yang ist nicht zu unterschätzen. Denn erst in der Wechselseitigkeit ihrer Wesensentfaltung entstehen Leben, Schicksal und Sinn: »Nach der Meinung der Philosophen ist das Yang während des Winters, ›vom Yin umgarnt auf dem Grund der unterirdischen Quellen unter der eisgefrorenen Erde, einer Art jährlicher Probe ausgesetzt, aus der es gestärkt hervorgeht. Zu Beginn des Frühjahres entflieht es seinem Gefängnis, indem es den Boden mit dem Absatz klopft. Dann schmilzt das Eis von selbst, und die Quellen erwachen zu neuem Leben‹. Das

I Ging und Yin und Yang

Universum ist demnach aus einer Reihe antithetischer Formen zusammengesetzt, die einander in zyklischer Weise abwechseln. Zwischen den kosmischen Rhythmen, die durch die Interaktion zwischen Yang und Yin bestimmt werden, und dem komplementären Wechsel der Aktivitäten der beiden Geschlechter besteht vollkommene Symmetrie.«[11]

Dem Yang als einem ewig Männlichen steht Yin als ewig Weibliches gegenüber. Sie sind einander zugeordnet und umarmen einander. Das eine bedarf des anderen, um wirken zu können. Das kosmische, zugleich religiöse Ereignis ihres Zusammenwirkens kennt die Welt der Religionen als »Heilige Hochzeit« (*Hierogamie*).[12]

Auf den ersten Blick scheint es so, dass der Mensch die von ihm erlebte geschlechtliche Polarität gleichsam in den Kosmos projiziert bzw. das Geschehen der äußeren Welt als ein männlich-weibliches Miteinander interpretiert. Angemessener als diese psychologische Deutung ist es aber wohl zu sagen: Am Gang des kosmischen Geschehens liest der Mensch in den Kulturen der Frühzeit, so auch im alten China, sein eigenes, ihm aufgetragenes Verhalten ab, freilich ebenfalls ein unbewusster, von archetypischen Wirkkräften bestimmter Verlauf. Aufzeigen lassen sich diese Vollzüge am rituellen Leben und am Beispiel der Feste, die nicht nur den Jahreslauf begleiten, sondern die – insbesondere in agrarisch strukturierten Gesellschaften – das gemeinsame Leben der Geschlechter und Generationen bestimmen.[13]

Im *I Ging* (I-Ching), dem »Buch der Wandlungen«, hat die altchinesische Weisheit samt der polaren Wechselbeziehung von Yin und Yang in der Weise ihren Niederschlag gefunden, dass es als ein Orakel befragt und für konkrete Lebensentscheidungen Anwendung finden konnte – eine in aller Welt bis in die Gegenwart geübte Praxis. Geistesgeschichtlich gesehen wird dieses Buch als ein Werk des klassischen Konfuzianismus bezeichnet, einer Staatstheorie und Philosophie, die – etwa vom 5. vorchristlichen Jahrhundert an – aus der Weisheitslehre des Konfuzius entstanden ist und sich im fernen Osten weitreichende Geltung verschafft hat.

Dabei muss berücksichtigt werden, dass die Anfänge des I Ging bis ins 12. Jahrhundert v. Chr. zurückzuverfolgen sind. Die Überlieferung weist in noch frühere, historisch nicht exakt fassbare Epochen zurück, wodurch immerhin die urtümliche Geltung der schicksalbenennenden Zeichen angezeigt werden soll. So besagt die Tradition, der mythische Herrscher Fu-hsi (um 2800 v. Chr.) habe bereits die Grundelemente zu diesem Buch gelegt. Es handelt sich um die noch heute gebrauchten 64 Hexagramme, d.h. einfache graphische Darstellungen, bestehend aus sechs waagerecht gezogenen Linien, die teils ganz, teils halbiert, d.h. gebrochen sind. Ihre für die aktuelle Situation sich ergebende Anordnung wird durch eine rituell vollzogene Handhabung von 50 Schafgarbenstengeln oder durch den mehrfachen Wurf dreier Münzen ermittelt. Zu jedem dieser Hexagramme kam später ein als Wahrsagetext verwendbarer Spruch hinzu. Diese Texte sollen von dem im 12. Jahrhundert v. Chr. regierenden König Wen-Wang stammen. Noch eine Reihe weiterer Texte der Deutung und des Kommentars wurden zur Erweiterung des Aussagespektrums gefunden. Die bereits in den ältesten Wortlauten enthaltene Mehrdeutigkeit, ihre sprichwörtliche »Dunkelheit«, die bereits im Wesen der altchinesischen Formulierungen liegt, wurde dadurch naturgemäß nicht beseitigt, sondern und auf weitere Aspekte hin noch differenziert. Grundlegendes sagt das I Ging mit den Worten:

Ein Yin und ein Yang nennt man Tao – den Rechten Weg. Diesen Rechten Weg fortzusetzen nennt man das Gute, und ihn in sich zu vollenden, das macht des Menschen Wesen aus. Der Gütige nennt das, was er vom Rechten Weg sieht, Güte; der Kluge das, was er vor ihm sieht, Klugheit. Das Volk macht täglich Gebrauch vom Rechten Weg und erkennt ihn nicht. Darum wird der Rechte Weg des edlen Menschen so selten sichtbar in der Welt.[14]

Das Charakteristische, im vollen Sinn des Wortes Außer-Ordentliche des I Ging liegt zweifellos in der Tatsache seiner Neigung zur Wandlung. Dies ist das bestimmende Element dieses Werkes und des Umgangs mit ihm.

Hier ist auf das geistesgeschichtliche west-östliche Spannungsverhältnis zu verweisen. Denn während die frühe abendländische Philosophie ihr Augenmerk auf das Wesen des in sich ruhenden Seins richtet, lenkt das sich hier manifestierende chinesische Denken – etwa in Analogie zu Heraklit (»Alles fließt«) – die Aufmerksamkeit auf die rasche Veränderung der Dinge und auf den Wechsel der Situationen. Von daher ergibt sich eine Veränderung der individuellen Lebensentscheidung, die wiederum Anlass ist, das I Ging zu befragen. Bereits bei der »zufälligen« Veränderung einer Linie bekommt das jeweilige Hexagramm ein anderes Gesicht. Bald tritt ein positiver, bald ein negativer Aspekt in den Vordergrund und fordert dazu auf, sich daraus ergebende Folgerungen zu ziehen, sich so oder so zu entscheiden. Mit dieser Bereitschaft, sich selbst ändern zu wollen, sollte man ohnehin an das I Ging herantreten.

»Die Vertiefung in das Studium der Hexagramme, in denen man die Bewegungen des Kosmos in geheimnisvoller Weise widergespiegelt sah, sollte durch divinatorische Schau zu der glückbringenden Entscheidung führen, nach der das menschliche Handeln sich in die kosmische Harmonie einfügt. So gewann das I-Ching als Wahrsage- und Weisheitsbuch auch eine überragende Bedeutung für das praktische Leben in China. Neben der Yin-Yang-Lehre und anderen naturphilosophischen Ansätzen nimmt in dem Werk die zur Klassifizierung der Phänomene entwickelte Zahlenmystik einen großen Raum ein.«[15] Was immer geschieht, was daher angeschaut und erkannt werden soll, es ist ein Ereignis zwischen Himmel und Erde:

Das Wissen von den Wandlungen stimmt überein mit dem Wesen des Himmels und der Erde. Darum vermag es den Rechten Weg des Himmels und der Erde in seiner Ordnung zu erfassen. Mit diesem Wissen blickt der Weise empor und beobachtet die Wahrzeichen des Himmels, schaut er hinab und betrachtet die Merkmale der Erde. So erkennt er die Ursachen des Dunklen und des Hellen. Er sucht nach der Dinge Anfang und, sich rückwendend, nach ihrem Ende. So erkennt er alles Sagbare über Leben und Tod. Die Samenkräfte gestalten die Dinge, die wandernden Seelen bewirken ihre Bewegung. So erkennt er die Erscheinungen von Erde- und Himmelsgeistern. Da das Wesen des Weisen dem des Himmels und der Erde ähnlich ist, handelt er nie ihnen zuwider. [16]

Auf die Macht der Wandlung als den Grundgedanken des I Ging verweist Richard Wilhelm in seiner Werkeinführung und auf ein Wort aus den Gesprächen (Lun-Yü) des Konfuzius, das diese Macht ausdrückt. An einem Fluss stehend, soll Meister Kung gesagt haben:

So fließt alles dahin wie dieser Fluß,
ohne Aufhalten, Tag und Nacht.

Damit ist der Gedanke der Wandlung in geradezu heraklitischer Weise ausgesprochen. Das will besagen: »Der Blick richtet sich für den, der die Wandlung erkannt hat, nicht mehr auf die vorüberfließenden Einzeldinge, sondern auf das unwandelbare ewige Gesetz, das in allem Wandel wirkt. Dieses Gesetz ist der SINN des Laotse, der Lauf, das Eine in allem Vielen. Um sich zu verwirklichen, bedarf es einer Entscheidung, einer Setzung. Diese Grundsetzung ist der große Uranfang alles dessen, was ist: *Tai Gi*, eigentlich der Firstbalken. Die spätere Philosophie hat sich mit diesem Uranfang viel beschäftigt. Man hat den *Wu Gi*, den Uranfang, als Kreis gezeichnet, und *Tai Gi* dann der in Licht und Dunkel, Yin und Yang, geteilte Kreis, der auch in Indien und Europa eine Rolle spielte:

Aber die Spekulationen gnostisch-dualistischer Art sind dem Urgedanken des I-Ging fremd. Diese Setzung ist für ihn einfach der Firstbalken, die Linie. Mit dieser Linie, die an sich eins ist, kommt eine Zweiheit in die Welt. Zugleich mit ihr ist oben und unten, rechts und links, vorn und hinten – kurz, die Welt der Gegensätze gesetzt.«[17]

Bekanntlich hat das I Ging längst weltweite Beachtung und Anwendung gefunden. Bedeutsam ist, mit welcher inneren Haltung man diesem uralten, aus mythischer Zeit stammenden Weisheitsbuch begegnet. Da es im spirituellen Leben des alten China verwurzelt ist, müsste die Annäherung rituell-religiöser Natur sein, in einer Einstellung, die Ehrfurcht und besonnenen Umgang miteinander verbindet. In den I-Ging-Texten sind Intuition und Erfahrungswissen zu einer Einheit verschmolzen. Das sollte bei der Anwendung auf die gegebene Situation bedacht werden. Mit bloßer Spielerei hat die Befragung nichts zu tun. Mehr noch: »Wir sollten dabei nicht nur von unserem Verstand Gebrauch machen, was uns vor einer allzu emotionalen Betrachtungsweise und bloßem Wunschdenken schützt, sondern wir bleiben auch frei in unseren Entscheidungen und für diese voll verantwortlich. Diese Eigenschaft erhebt das I Ging in den Rang

I Ging und Yin und Yang

einer heiligen Wissenschaft und macht es als Lebensphilosophie praktikabel. Dadurch unterscheidet es sich von einem bloßen Wahrsagesystem, das den Menschen seines freien Willens beraubt und ihn als Spielball eines Schicksals betrachtet, welches seine Zukunft vorausbestimmt, ohne daß er selbst darauf irgendeinen Einfluß ausüben könnte.«[18]

Frappierend ist die Aussagekraft der einfachen Hexagramm-Linien durch ihre Wandlungsfähigkeit, d.h. die ungebrochene Yang-Linie des Himmels, die für Zeit und Geist steht, und die geteilte Yin-Linie der Erde, des Raumes und der physischen Erscheinung. Reiche Erfahrung mit dem Buch der Wandlungen werden seit den Tagen des Konfuzius und bis in die Gegenwart gemacht. Zu ihren prominentesten Zeugen gehören seit der richtungweisenden Übersetzung durch Richard Wilhelm, der seines Sohnes Hellmut Wilhelm[19] sowie der Forschungen von Erwin Rousselle – Hermann Hesse, der in seinem »Glasperlenspiel« darauf zu sprechen kommt, oder C.G. Jung. Bei der Entdeckung und Formulierung der sogenannten Synchronizitätsphänomene, die Jung als Tiefenpsychologe im gedanklichen Austausch mit dem Physiker Wolfgang Pauli erforscht hat[20], wandte Jung das I Ging bei wichtigen Entscheidungen seines persönlichen Lebens an und bezog es, ähnlich wie einige seiner Mitarbeiter und Schüler, in seine Forschungen ein. Mit der Synchronizität sind akausale, d.h. ursachenfreie Ereignisse gemeint, die gemeinhin als »Zufälle« bezeichnet werden. Es geht um die Beachtung archetypischer Grundmuster, die in ihren Auswirkungen auf transpersonale Dimensionen der Wirklichkeit aufmerksam machen.[21]

Es liegt im Übrigen in der Natur spiritueller, durch archetypische Faktoren bestimmter Werke, dass sie durch eine Vielfalt von Entsprechungen bestimmt und daher einer mehrdimensionalen Deutung zugänglich sind. Wie Jung gezeigt hat, tritt zur »statistischen Wahrheit« der Kausalität die Ereignisstruktur synchronistischer Erreignisse hinzu. Es lassen sich darüber hinaus noch weitere Analogien und Bezugsfelder aufzeigen. Wenn man Lama Anagarika Govinda folgend, beispielsweise alle Kombinationen und Bewegungen des »Buches der Wandlungen«, wie sie anhand der 64 Hexagramme in den 64 Text-Kapiteln des I Ging beschrieben werden, auf einen Kreis projiziert, dann erhalten wir das Bild eines vielfacettierten Diamanten, in dem jede Linie und jede Zahl ein Kapitel dieses Weisheitsbuches und seiner Bewegungen oder Wandlungsakte darstellten. »Von jedem Punkt der Peripherie gehen sieben Linien aus, da jedes Haus aus sieben äußeren und einer inneren Bewegung besteht. Die durch diese Linie gebildeten Facetten entsprechen den Hauptcharakteren und -situationen des menschlichen Lebens. Somit haben wir es hier mit einer sehr bedeutsamen Charakterologie zu tun, die sich in den 64 Hexagrammen des I Ging ausdrückt. In ihnen vereinigen sich Intuition und Erfahrung, Synchronizität und Kausalität, Gefühl und Logik, Tradition und schlußfolgerndes Denken.«[22] Ähnliche Situationen lassen sich für die Bereiche der Astrologie einschließlich ihrer tiefenpsychologischen Bezüge als »symbolische Konfigurationen« des Unbewussten aufzeigen.[23] Im Übrigen liegt es nahe, noch andere Phänomene zu untersuchen, wie sie sich etwa aus der Kabbala oder aus dem Tarot ergeben.

Taoismus im Spannungsfeld von Philosophie und Religion

Den Menschen Leitlinien für ihr Leben aufzeigen, einem Volk Normen geben, damit die zwischenmenschlichen Beziehungen in geordneten Bahnen verlaufen, ist zwar das Eine. Die Frage nach dem Sein und nach dem Sinn ist damit aber noch nicht zureichend oder umfassend beantwortet. Daher bedarf es des Anderen, nämlich des Aufweises dessen, »was die Welt im Innersten zusammenhält«. Allem zugrunde liegt somit das Tao. Dessen Beachtung und praktische Umsetzung kann sowohl auf der philosophischen als auch auf der religiösen, einem Kultus verbundenen Ebene erfolgen. Taoismus als Philosophie (*Tao Chiao*) ist die ältere Form und wird von den Klassikern seit dem 6. bis 4. vorchristlichen Jahrhundert vertreten. Als organisierte Religion mit eigenen Riten und einer Fülle kanonischer Schriften war der Taoismus etwa seit dem 2. Jahrhundert n. Chr. in weiten Teilen der chinesischen Gesellschaft ausgeprägt und anerkannt.

Getragen wurde diese Spiritualität durch die »Meister des Tao« (*tao-shih*), also durch jene, die im Tao nicht nur eine wirkende Kraft für Himmel (*tien*) und Erde (*kun*), für den gesamten Kosmos und alle Lebensvorgänge erblickten, sondern die sich in den daraus sich ergebenden »Gottes«-Dienst stellten bzw. offiziell zu ihm berufen wurden. Ihre Repräsentanten amtierten als »ordinierte Priester, die teils zölibatär, teils mit einer Familie lebten. Nur sie sind als ›Taoisten‹ zu bezeichnen, sofern der religiöse Taoismus betrachtet wird. Die *tao-shih* leisteten im Auftrag von Einzelpersonen oder Gemeinwesen religiöse Dienste. Die Vielseitigkeit ihres Wirkens verband sie mit der säkularen Gesellschaft, die auch anderen Religionen, z.B. dem Buddhismus zugetan war. Andererseits war die Gesellschaft des alten China mit seiner administrativen Literatenelite einer agnostischen Grundeinstellung verpflichtet, die häufig mit dem Prädikat ›konfuzianistisch‹ versehen wird. Die Literaten Chinas waren mit den Wirkungen des religiösen Taoismus vertraut.«[24]

In ihm verschmolzen sich verschiedene Elemente der vorausgegangenen Tradition, nämlich solche des Animismus, d.h. der Allbeseeltheit der Welt, die Vorstellung von der Allverwandtschaft oder Vernetzung aller Wesen und Dinge, ferner die Ausübung magischer Operationen sowie schamanistischer Praktiken,[25] die den Menschen in »höhere Welten« erheben und zu sogenannten »Seelenreisen« befähigen sollten. Damit bekam das mit Tao und Yin-Yang Gemeinte eine Neuakzentuierung, sowie eine Veränderung dessen, was etwa im Tao te king angesprochen ist. Nicht zu verkennen ist eine lebenspraktische als auch eine spekulative Note, die heute von neuem Interesse erzeugt hat: »Strenge Diätvorschriften dienten dazu, die Vitalität des Körpers zu erhalten und zu stärken. Vor allem galt es, sich der Kornspeisen zu enthalten, von denen man glaubte, sie bänden den Körper an die Erde. Auf diese Weise könne der Mensch ›die drei Kadaver‹ aushungern, die Hirn, Herz und Bauch angreifen und Alter und Tod verursachen. Der Unsterblichkeitskult umfaßte weiterhin Körpergymnastik, die vielleicht auf schamanistische Tänze zurückgeht, ferner sexualhygienische Übungen und alchemistische Experimente. Mit Hilfe einer gleichgerichteten Meditation (*shou yi*) konnte das Individuum Kontakt bekommen mit den Geistern und göttlichen Wesen, die ihm den Weg zum Paradies der Unsterblichkeit weisen konnten. Man hatte die Vorstellung, daß der Körper des Menschen ein Abbild des Weltalls darstelle und daß die Geister, die sich in ihren himmlischen Palästen aufhielten, zugleich auch im Körper jedes einzelnen Menschen wohnten. In der Meditation suchte der Mensch den Kontakt mit der Hierarchie von Geistwesen, die in seinem eigenen Körper wohnten, und er begann dabei mit jenen, die am tiefsten auf der Rangskala standen. Erst wenn der Suchende von Angesicht zu Angesicht den höchsten Göttern der Dreieinigkeit gegenüberstand, hatte er das endgültige Ziel erreicht.«[26]

Es entsprach der starken Beeinflussung durch den in China eingedrungenen Buddhismus, dass die taoistischen Ethiker sich bestimmte moralische Normen der Lehre Buddhas zu eigen machten und sie mit ihren eigenen überkommenen Vorstellungen verbanden. So entstanden nach buddhistischem Vorbild formierte Mönchsorden, die in mancher Hinsicht den Lehren der alten Tao-Meister widersprachen, indem sie sich etwa geomantischer oder anderer mantischer sowie magischer Praktiken zu enthalten hätten. Umso wichtiger nahmen sie es, nach Geboten[27] zu leben, die auf den ersten Blick selbst an Normen der jüdisch-christlichen Ethik erinnern, wenngleich von einer derartigen Beeinflussung kaum die Rede sein dürfte. Es heißt nämlich u.a.:

Du sollst nicht töten oder Lebewesen Schaden zufügen.
Du sollst kein Fleisch oder Blut lebender Wesen verzehren.
Du sollst keinen Wein trinken.
Du sollst nicht schmeicheln, doppelzüngig reden
Oder Unwahres aussprechen.
Du sollst nichts Böses sagen, nicht schwören, nicht verfluchen.
Du sollst nicht heimlich nach Frauen sehen,
damit du von unreinen Gedanken befreit bleibst.
Du sollst nicht unrechtmäßig den Besitz anderer begehren.

In der traditionellen taoistischen Philosophie und deren magischer Umsetzung spielte die Alchemie eine große Rolle. Angestrebt war beides: die Herstellung von Gold und eines geheimen Lebenselixiers. Gefunden werden sollte ein »Kraut der Unsterblichkeit«; Ausschau gehalten wurde nach fernen geheimnisvollen »Inseln der Seligen« – alles Träume und Sehnsüchte, wie sie in den Mythen der Völker nahezu überall vorkommen. Keiner besonderen Hervorhebung bedarf die Tatsache, dass mit Goldmachen und Lebensverlängerung eine spirituelle Bedeutung verbunden war. Es ging somit letztlich um die Bereitung eines »inneren Elixiers«.[28] Die realistische, auf die Gerätschaften und ihre Handlungen bezogene Terminologie wurde zu Symbolen und Hinweiszeichen auf dasjenige, worauf es im spirituellen Reifungsprozess eigentlich ankommt. In den Versen zu den Geheimnissen dieses inneren Elixiers heißt es beispielsweise:

>Festigst du deinen Willen,
>dann stellst du den Ofen[29] auf.
>Schreitest du langsam in deiner Arbeit fort,
>dann stellst du den Tiegel auf.
>Setzt du sowohl Biegsamkeit als auch Festigkeit ein,
>kann kein Ungleichgewicht entstehen.
>Bist du bereit, so schüre das Feuer
>und mache dich zur rechten Zeit an das Werk
>der Vereinigung.

>Gibst du Blei ins Quecksilber,
>dann kehrt das Direkte Wahrnehmen zur Essenz zurück.
>Gibst du Quecksilber ins Blei,
>dann haftet die Essenz am Direkten Wahrnehmen.
>Vereinen sich Direktes Wahrnehmen und Essenz
>frei und ungehindert,
>mußt du nicht befürchten,
>daß du den Großen Weg nicht vollenden könntest.

>Sanftes Kochen und intensives Läutern
>sind die Methoden der Unsterblichen.
>Feuer erscheint im spirituellen Ofen,
>Yin und Yang,
>und brennt die tausend Arten
>von Unreinheiten hinweg.
>Von selbst senden die großen Heilmittel
>ein schwaches Licht aus.

>Das Elixier, das du einnimmst,
>kommt nicht von außen.
>Das geläuterte, wahre Bewußtsein

> *ruht im Inneren.*
> *Die inneren Organe senden Licht aus;*
> *die weltliche Energie ist gewandelt.*
> *Existieren weder Dunkelheit noch Verwirrung,*
> *werden alle Hindernisse durchbrochen.*
>
> *Hast du das Goldene Elixier erreicht,*
> *dann findet die wahre Übertragung statt.*
> *Ofen und Tiegel anderswo wieder aufzustellen*
> *ist das Geheimnis im Geheimnis.*
> *Koche von nun an sorgfältig das Große Heilmittel,*
> *läutere das Ursprüngliche in der Ursprungsöffnung.* [30]

Aufgabe und Ziel der taoistischen Lehre mit ihrem mystischen, auf innere Erfahrung und auf Transformation gerichteten Ansatz ist es, auf das Tao aufmerksam zu machen und den Menschen auf den Weg des Tao zu führen. Hierfür bedarf es der Anleitung durch hierzu befähigte Meister. Ihre Fähigkeiten waren im alten China durch ein möglichst hohes Alter erwiesen, das große Erfahrung verbürgen sollte. So ist es der Typus des »alten Meisters«, der als geistige Autorität vor die Menschen hintritt und für des »Großen Lebens Inhalt« durch seine beispielgebende Existenz einsteht, etwa mit den Worten aus dem 21. Kapitel des Tao te king (nach R. Wilhelm):

> *Des Großen Lebens Inhalt*
> *folgt ganz dem Sinn.*
> *Der Sinn bewirkt die Dinge*
> *so chaotisch, so dunkel.*
> *Chaotisch, dunkel*
> *sind ihm die Bilder.*
> *Dunkel, chaotisch*
> *sind ihm Dinge.*
> *Unergründlich finster*
> *ist ihm Same.*
> *Dieser Same ist ganz wahr.*
> *In ihm ist Zuverlässigkeit.*
> *Von alters bis heute*
> *sind die Namen nicht zu entbehren,*

um zu überschauen alle Dinge.
Woher weiß ich aller Dinge Art?
Eben durch sie.

Laotse (Lao-Tzu)

Mit seinem Namen verbindet sich im Allgemeinen die Vorstellung von einem »alten chinesischen Meister«, dem es gegeben war, Sinn und Tiefe des Seins wie des Werdens in einer Sammlung von Wahrsprüchen, dem *Tao te king,* zu versammeln. In der Tat wird er neben Konfuzius als eine der bedeutendsten Gestalten der chinesischen Geistesgeschichte angesehen, wenngleich er – im Verhältnis zur Konfuzius-Verehrung in der Zeit der Aufklärung im 18. Jahrhundert – relativ spät in Europa bekannt wurde. Dabei ist zweierlei zu bedenken: Lange Zeit hielt man ihn für einen vermutlich sogar älteren Zeitgenossen des Kungtse. Diese Annahme rührt von einer Legende her, die auf Sima Qian (ca. 1. vorchristliches Jahrhundert) zurückgeht. Die neuere Forschung setzt Laotses Lebenszeit sehr viel später an, nämlich für das 4. Jahrhundert vor der Zeitwende. Das entspricht in der europäischen Geschichte dem Zeitalter Alexanders des Großen, nachdem also die großen Philosophen Griechenlands, etwa Heraklit und Sokrates, Platon und Aristoteles nicht mehr lebten. Unumstritten ist diese Datierung freilich nicht. Generell kann man sagen, dass je stärker sich die Forscher an den traditionellen Angaben Sima Qians orientieren, sie desto eher zu einer älteren Datierung neigen. Von daher rühren die unterschiedlichen Angaben in den Arbeiten zeitgenössischer Sinologen und Historiker.

Auf der anderen Seite ist das Laotse zugeschriebene berühmte Weisheitsbuch Tao te king erst in nachchristlicher Zeit zusammengestellt worden. Nachweisbar ist der Buchtitel nicht vor dem 6. nachchristlichen Jahrhundert. Aber die mündliche Überlieferung greift naturgemäß tief in die vorchristliche Zeit zurück.

Ob *Laotse* – zu deutsch »alter Meister« – einen persönlichen Namen darstellt oder ob er im Sinne der Wortbedeutung lediglich eine anonyme Autorität bezeichnen will, von dem Meisterliches zu erwarten ist, kann offen bleiben. Sima Qian (Sima

Tschjän, ca. 145–90 v. Chr.), dem wir die bedeutsamen »Historischen Aufzeichnungen« (Schih Dschi) verdanken, überliefert den Familiennahmen »Li«, dazu den Vornamen »Erh«. Heute weiß man, dass der Familien- oder Sippenname Li um 500 v. Chr., d.h. in der Zeit des Konfuzius, nicht nachgewiesen ist. Aber er soll auch unter der Bezeichnung »Dan« bekannt gewesen sein. Das bedeutet immerhin eine gewisse Vertrautheit mit seiner Person. Aber es ist die Erscheinung einer solchen Person, die nur durch die Hinzunahme legendärer Schilderungen jenes Profil gewinnt, das man als »typisch taoistisch« zu bezeichnen pflegt. Die historische Kritik ging immerhin so weit, Laotse gelegentlich ins Reich der Mythen zu verweisen und die Historizität abzuerkennen. Für kaum eine der zahlreichen Anekdoten kann Anspruch auf historische Tatsächlichkeit erhoben werden. Das muss, wie gesagt, nicht gegen Laotse sprechen, sondern eher für die Wesensart des Taoismus als solcher, bei dem die im Ereignisraum von Yin und Yang angesiedelten Dinge im Fluss bleiben und daher keiner räumlichen oder zeitlichen Verortung bedürfen. Schon einer seiner frühen Übersetzer, Richard Wilhelm, äußerte die Meinung, dass der tatsächliche oder legendäre Namenlose – seiner Wesensart gemäß – gegen Laotses Mystifikation keinen Einwand erhoben hätte.[31] Er hätte sich vielmehr bestätigt und von der Nachwelt verstanden gefühlt. Was wäre auch geeignet, die Bedeutung eines Weisen zu erhöhen oder zu mindern, wenn man die äußeren Daten seiner Lebensumstände aufzählen könnte? Sein Werk und er selbst sind jedenfalls mehr als die Summe etwaiger Details aus einem Leben, das nur wie ein Fingerzeig anmutet auf das, was ist, und auf das, was im Gang der Dinge in dieser Welt ständigem Wandel unterliegt.

Wenn daher ein chinesischer Geschichtsschreiber von ihm sagte: »Sein Streben war, sich selbst zu verbergen und ohne Namen zu bleiben«, dann mag Laotse es seinem Zeitgenossen Epikur im fernen Griechenland gleichgetan haben, der dem Wahlspruch folgte: »Lebe im Verborgenen!«

Von Laotse ist bekannt, dass er in der Hauptstadt des Königreichs Chou in der heutigen Provinz Henan als Archivar eine offizielle Stellung bekleidet hat. Das entsprach offenbar einer Anstellung, die mit priesterlichen Funktionen im Sinne des Taoismus verbunden war: ein Mann, der die Schriftzeichen kennt und die Namen aus großer Vergangenheit aufzählen kann. Das ist einer, den man nach dem Lauf des Himmels befragen kann, auch einer, der rechtes Tun und Leben von unrechtem zu unterscheiden vermag, kurz: ein Weiser, ein Meister des Tao. Als glühender Befolger des Tao-Weges scheint er mit der herrschenden Moral seines Volks und dessen Führung nicht einverstanden gewesen zu sein. Ein Prediger oder ein Mahner, der lautstark gegen die Verächter des Tao aufgetreten wäre, war Laotse offensichtlich nicht. Er wählte einen anderen Weg, den des qualifizierten Nicht-Tuns (*wu-wei*). Die Überlieferung berichtet, wie es ihm ergangen sein soll. In der Verdeutschung von Richard Wilhelm lautet der Bericht:

»Laotse pflegte den ›Weg‹ und die ›Tugend‹. Seine Lehre hatte das Ziel, sich zu verbergen und sich nicht nennen zu lassen. Nachdem er lange Zeit in der Hauptstadt des Staates Chou gelebt hatte und sah, daß Chou im Verfall begriffen war, ging er weg. Als er an den Grenzpaß kam, sagte der Paßwächter Yin Hsi: ›Nachdem Ihr nun schon im Begriffe seid, Euch zurückzuziehen, überwindet Euch doch und verfaßt für mich eine Schrift!‹ Darauf schrieb Laotse ein Buch in zwei Abteilungen mit mehr als fünftausend Worten, in dem er über die Bedeutung von ›Weg‹ und ›Tugend‹ sprach. Hierauf zog er von dannen, und niemand weiß, wo er geendet.«[32]

Wiederum muss offen bleiben, wie viele dieser angeblich aus dem genannten Anlass niedergelegten Zeichen schon zu diesem Zeitpunkt als zum Buch gehörig entstanden sein mögen. Denn wie so oft bei der Entstehung derartiger Schriftstücke kann die Forschung nur jüngere und ältere Textteile unterscheiden, die erst im Zuge einer späteren Redaktion, gegebenenfalls nach Jahrhunderten, zum heute vorliegenden Werk kompiliert worden sind.

Und weil der Name des Verfassers im Werk an keiner Stelle erwähnt wird – nach chinesischem Brauch war es durchaus üblich, das Werk und seinen Verfasser mit demselben Namen zu bezeichnen –, hat man versucht, in der Schrift wenigstens eine Art von Selbstzeugnis zu entdecken. Man meint es – ebenfalls nicht unwidersprochen – im 20. Kapitel gefunden zu haben. Wer beispielsweise diese Verse als Beschreibung für die Seelenlage eines Taoisten nehmen möchte, der wird nicht übersehen dürfen, dass mehrmals das Wort »Ich« vorkommt, das auf eine individuelle

DER TAOISMUS

Aussage hindeuten dürfte. Vor uns entsteht das Bild eines Menschen, den die Einsamkeit aus der Masse des lärmenden, angesichts eines Opferfestes ausgelassenen Volkes herausnimmt. Es ist einer, der sich von den vielen distanziert hat, angefochten durch Melancholie und Schwermut.

> O Einsamkeit, wie lange dauerst Du?
> Alle Menschen sind so strahlend,
> als ginge es zum großen Opfer,
> als stiegen sie im Frühling auf die Türme.
> Nur ich bin so zögernd, mir ward noch kein Zeichen,
> wie ein Säugling, der noch nicht lachen kann,
> unruhig, umgetrieben, als hätte ich keine Heimat.
> Alle Menschen haben Überfluß;
> nur ich bin wie vergessen.
> Ich habe das Herz eines Toren, so wirr und dunkel.
> Die Weltmenschen sind hell, ach, so hell;
> nur ich bin wie trübe.
> Die Weltmenschen sind klug, ach, so klug;
> nur ich bin wie verschlossen in mir,
> unruhig, ach, als wie das Meer,
> wirbelnd, ach, ohn Unterlaß.
> Alle Menschen haben ihre Zwecke;
> nur allein ich bin anders als die Menschen:
> Doch ich halte es wert,
> Nahrung zu suchen bei der Mutter.

Dieses »Anderssein« des introvertierten, esoterischen Philosophen erschöpft sich aber offensichtlich nicht in Schwermut und Niedergeschlagenheit. Sein Spruch mündet ein in Zuversicht. Vor ihm erscheint das Bild der nährenden Mutter, die er nicht nur für »wert hält«, sondern die ihm als einem vom Tao Geleiteten als eine inspirierende und seinem Leben neue Kraft verleihende Quelle erscheint. Erwin Rousselle hat diese weibliche Gestalt auf »Laotses Begegnung mit der Frauenseele, mit der *soror mystica*, der *femme inspiratrice*« bezogen und in ihrer Erscheinung die inspirierende Muse gesehen, die im mystischen Prozess als geschwisterliche Frau anteilnehmend und helfend zugegen ist. Denn »es ist im letzten Grunde nicht wesentlich, ob die Inspiration unmittelbar von der Gottheit oder vermittelt durch ihre Seherin ihm zuteil geworden ist. Inmitten der ungeheuren Melancholie, die den Sehenden in jenen Zeiten des Untergangs überkommen mußte, fand er Trost bei der ›nährenden Mutter‹, sei es in einer Theophanie (Gotteserscheinung), sei es in menschlicher Verkörperung als Seherin oder Schamanin.«[33]

Tatsächlich hat die Weisheit des »alten Meisters« mit Religion im westlichen, der christlichen Tradition folgenden Sinn kaum etwas zu tun. Mit vielen anderen Religionen aber hat der Taoismus gemeinsam, dass die im Laufe der Jahrhunderte entwickelten Rituale und Liturgien sowie das nach Regionen und Epochen unterscheidbare religiöse Brauchtum dazu dienen, den Menschen in seiner kollektiven Verbundenheit (also noch nicht in individueller Form oder persönlichen Bedürfnissen folgend) mit den Göttern in Verbindung zu bringen, ihre Gunst zu gewinnen und vor Gefahren aller Art zu schützen. Und nicht nur das: In der chinesischen Volksreligion, in der sich konfuzianische und taoistische Lehren mit der in China eingedrungenen buddhistischen Spiritualität zu einer eigentümlichen Glaubensform als Ausdruck einer übergreifenden geistigen Haltung verbunden haben, hat Laotse mit der Zeit selbst eine Vergöttlichung erfahren. Er ist mit anderen göttlichen bzw. gottähnlichen Gestalten zu den Altären erhoben worden. Dabei handelt es sich um eine Praxis, die dem Vernehmen nach auch heute noch außerhalb Chinas geübt wird. Dennoch hat er nie die bestimmende Bedeutung erlangt wie Buddha etwa oder die Bedeutung eines Religionsstifters wie Muhammad oder Jesus Christus. »Auch hat nie eine einheitliche taoistische ›Kirche‹ oder eine führende religiöse Instanz zur Definition der Glaubenssätze existiert.«[34] Eine solche auf Dogma und hierarchische Dominanz pochende Institution, eine »Kirche«, widerspräche dem Wesen des Taoismus, in dem gerade das Stetige überwunden ist, in sanfter Weise überwunden werden soll und der naturnahe »Lauf der Dinge« in Gang bleiben soll.

Andererseits geht bis in die Gegenwart herein eine inspirierende, die Ganzheit eines größeren Lebens vergegenwärtigende Kraft von dem aus, was in Laotses Weisheitsbuch niedergelegt ist, und zwar ohne an die konventionellen Konfessionsgrenzen und Dogmen gebunden zu sein – *eine Weltreligion eigener Ord-*

nung. Ihr dürften vor allem Menschen zuneigen, die in der Gegenwart nicht nur eine heile »Umwelt« suchen, sondern die von dem Bewusstsein durchdrungen sind, in einem universalen Organismus zu leben, für den sie verantwortlich sind – wiewohl der Gelassenheit verpflichtet.

Das Tao te king (Daudedsching)

Der Titel des aus ungefähr 5000 chinesischen Zeichen bestehenden Textes, der seinem Umfang nach mit einer Evangelienschrift vergleichbar ist, lässt sich umschreiben mit: »Das heilige Buch vom Weg und von der Tugend« (G. Debon) oder einfacher, die ursprüngliche Terminologie benutzend: »Das Buch vom Tao und Te«. Unter »Weg« ist das zu verstehen, was mit *Tao* in seiner umfassenden Bedeutung gemeint ist; und »Tugend« (*Te*) deutet auf die sich daraus ergebende ethische Konsequenz hin, auf das zu lebende Leben, das aus der Kenntnis und Beachtung von Tao erwachsen möge. Von daher sah sich Richard Wilhelm veranlasst, in seinen Übersetzungen für »Te« statt »Tugend« das Wort »Leben« zu wählen, weil das dem Gang des Tao gemäße Leben gemeint ist.

Die Forschung ist sich darin einig, dass es sich um ein überaus »dunkles« Buch handelt. Der Text liegt heute in mehr als 300 Versionen von unterschiedlicher Qualität vor. Bedenkt man ferner, dass Auslassungen enthalten sind, dass die auf Bambusstäbchen oder Holztäfelchen aufgezeichneten frühchinesischen Texte leicht vertauscht werden konnten, dass bei den zahllosen Abschriften unlesbar gewordene Ideogramme irrtümlich gedeutet, also falsch abgeschrieben wurden und dergleichen, dann begreift man, weshalb der an sich schon überaus schwierige Text recht unterschiedliche Übertragungen erhalten hat.

Dessen ungeachtet gilt das umfangmäßig kleine Buch als »das vielleicht tiefste und schönste Werk der chinesischen Sprache« (J. Needham). Bei religionsgeschichtlicher Betrachtung wird es als »die heiligste Quelle chinesischer Mystik« (G. Debon) gepriesen, in der Lebensweisheit und politisches Denken zu einer ganzheitlichen Ethik zusammenfließen.[35]

Hat das Tao te king das Ansehen der klassischen heiligen Schrift des Taoismus erlangt, so ist anzumerken, dass Laotse bei aller Hochachtung nicht als ein Religionsstifter angesehen werden kann. Nachweisen lässt sich, dass ein beträchtlicher Teil des an sich schon sehr konzentrierten Textes zitatweise in älteren Schriften auftaucht. Das Werk und sein (wahrscheinlicher) Autor stehen somit in einer großen Tradition, die ein geistiges Geben und Nehmen kennt, eben das, was jeweils eine lebendige Überlieferung darstellt, die im Fluss bleibt. Dass in ihr Laotse als der »alte Meister« eine kaum überbietbare Autorität für sich in Anspruch nehmen kann, ist daraus zu ersehen, dass man ihm, wie erwähnt, eines Tages göttliche Ehren entgegenbrachte, ja – wie die Römer ihren Kaiser – in die Schar der Götter erhob.

»Es hat natürlich« – so bemerkt Richard Wilhelm – »von alters her auch in China nicht an Leuten gefehlt, die ihre Ansichten in das Tao te king hineinzuerklären wußten, sei es, daß sie seine Lehren mit den konfuzianischen zu vereinigen suchten, sei es, daß sie die Pflege buddhistischer Kontemplation bei ihm fanden, sei es, daß sie ihn zu Hilfe nahmen bei Herstellung des Lebenselixiers oder des Steins der Weisen, der Blei in Gold verwandelt, sei es, daß er benützt wurde für militärische oder strafrechtliche Lehren, sei es, daß er verknüpft wurde mit dem animistischen Polytheismus oder mit gewissen vegetarischen oder antialkoholischen Riten oder daß man aus dem Tao te king Zaubersprüche zum Segnen und Fluchen zusammenstellte; ja bis in die Kreise der politischen Geheimsekten hinein, die mit ihrem Geisterzauber zu verschiedenen Zeiten den Umsturz des Bestehenden planten: überall mußte der alte Weise mit seinem Namen herhalten.«[36] Auch diese Feststellung unterstreicht nur das hohe Ansehen, das dem Buch und seinem Autor vom Anfang an entgegengebracht wurde. Die hieratische, zugleich kryptische Intonation des 1. Kapitels verlangt besondere Aufmerksamkeit. In der Verdeutschung von Ernst Schwarz tritt der archaisch anmutende Charakter dieser Passage deutlich hervor:

> *Sagbar das Dau* (Tao)
> *doch nicht das ewige Dau*
> *nennbar der name*
> *doch nicht der ewige name*
> *namenlos*

> *des himmels, der erde beginn*
> *namhaft erst der zahllosen dinge urmutter*
> *darum:*
> *immer begehrlos*
> *und schaubar wird der dinge geheimnis*
> *immer begehrlich*
> *und schaubar wird der dinge umrandung*
> *beide gemeinsam entsprungen dem einen*
> *sind sie nur anders im namen*
> *gemeinsam gehören sie dem tiefen*
> *dort, wo am tiefsten die tiefe*
> *dort, wo am tiefsten das tiefe*
> *liegt aller geheimnisse pforte.*

Damit ist der erste Teil des Buches Tao (*Dau*) der Kapitel 1 bis 37 eröffnet. In immer neuen Ansätzen richtet sich der Blick des Autors auf das Ziel der taoistischen Mystik, nämlich den Weg des ursprünglichen Lebens zu erkunden und ihn bis zur Disziplinierung des Atems und zur meditativen Sammlung zu gehen, etwa in dem Sinn, in dem dies im 10. Kapitel (nach Debon) ausgedrückt ist:

> *Zügelnd den Leibgeist,*
> *umfangend das Eine,*
> *kannst ohne Fehl du sein.*
> *Versammelnd den Atem,*
> *gelangend zur Weichheit,*
> *so kannst ein Kind du sein.*
> *Reinigend, läuternd den mystischen Blick*
> *kannst ohne Mal du bleiben.*
>
> *Erzeuge das, hege das!*
> *Erzeugen, doch nicht besitzen;*
> *tun, doch nicht drauf bauen;*
> *leiten, doch nicht beherrschen –*
> *dies nennt man mystische Tugend.*

Der zweite Teil mit den Kapiteln 38 bis 81 ist dem Te (*De*) gewidmet, Richard Wilhelm setzt es dem »Leben« gleich, andere sprechen von »Sittlichkeit« (Rousselle), von »Rechtschaffenheit« (Schwarz) oder auch von »Tugend« (Debon). Es gelte das in allen

Wesen gegenwärtige Tao in Augenschein zu nehmen, um auf diese Weise in rechtschaffen-tugendhafter Weise vom Schein zum Sein vorzudringen. Doch statt, wie allgemein üblich, das (hyper)aktive Männliche, das Macht Ausübende und Pracht Beanspruchende zu preisen, gibt Laotse dem Weiblichen wie dem Weichen, dem Nachgebenden und dem Schwachen den Vorzug. Diese Entscheidung entnimmt er (Kap. 76) der Beobachtung der einfachen Dinge und Begebenheiten des Lebens:

> Der Mensch ist weich und schwach, wenn er geboren wird,
> fest und stark, wenn er stirbt.
> Die Tiere und Pflanzen sind weich und saftig,
> wenn sie entstehen,
> dürr und hart, wenn sie sterben.
> So gehört das Feste und Starke zum Tode,
> Das Weiche und Schwache zum Leben.

In einer betont patriarchalen Gesellschaft müssen solche Worte wie eine nur sehr schwer nachvollziehbare Umwertung aller Werte anmuten, insbesondere wenn es in Kapitel 61 heißt:

> Das Weibliche siegt in Ewigkeiten
> durch seine Stille über das Männliche
> und hält sich durch seine Stille
> in der Tiefe.

In der Frage, welche Tugend demnach einzuüben ist, damit der Mensch – gemeint ist hier der zur Selbstkorrektur aufgerufene Mann – in ganzheitlicher Einstellung sein Leben gestaltet, gibt der alte Weise auf die Anima deutend (Kap. 28) den Rat:

> Wer um seine Männlichkeit weiß
> und dennoch seine Weiblichkeit bewahrt,
> ist das Strombett der Welt.
> Ist er das Strombett der Welt,
> so verläßt er nicht die ewige Tugend
> und kann wieder umkehren und werden
> zu einem kleinen Kinde.

Der Taoismus

Der seit geraumer Zeit wachsende Leserkreis dieses Buches vom Weg und von der Tugend, kann nur selten sicher sein, dass er versteht, was jener rätselhafte Meister aus dem Reich der Mitte von Kapitel zu Kapitel tatsächlich gemeint hat. Er kann nicht einmal sicher sein, ob jener rätselhafte Mensch überhaupt »verstanden« werden wollte. Verwundern kann das nicht, weil man schon bald nach Bekanntwerden des 5000-Zeichen-Buches das Bedürfnis zur Abfassung von Kommentaren hatte. Im Gegensatz etwa zu Konfuzius blieb Laotse eine »konturenlose Gestalt«, die sonderbarerweise selbst heute noch nicht veraltet ist, »sondern weiterhin getragen von einer echten Lebendigkeit, als ob ihr das ›lange Leben‹, das die Taoisten von jeher unablässig gesucht haben, wirklich zuteil geworden sei. Diese unzerstörbare Gegenwartsnähe, die aus der Gegenwartsferne entspringt, wird sich das ›Buch des Laotse‹ wohl für immer bewahren, mag auch die Hülle von Legenden, die sich erst später um seinen Namen bildete, einst gänzlich in Vergessenheit geraten sein«.[37]

Zhuangzi (Dschuang Dse) und seine poetischen Gleichnisreden

Das überaus vielseitige literarische Überlieferungsgut des alten China gelangt naturgemäß nur einer sehr kleinen Lesergemeinde außerhalb der sinologischen Fachschaft zur Kenntnis. Einer aber, der zu den geistigen Gefolgsleuten Laotses gehörte bzw. gehört haben soll, auch er ein hoch angesehener taoistischer Weisheitslehrer, der in Europa eine gewisse Bekanntschaft erreicht hat, ist Zhuangzi (Chuang-tzu). Seine Reden und Gleichnisse wurden nicht zuletzt dank eines begleitenden Aufsatzes von Martin Buber (1878–1965) bekannt, den dieser bereits in jungen Jahren (1910) als Nachwort für eine deutsche Ausgabe veröffentlichte. »Tschuangtse (ca. 369–286) war ein Dichter. Er hat die Lehre, wie sie uns in den Worten Laotses überliefert ist, nicht ›weitergebildet‹, aber er hat sie zur Dichtung ausgestaltet. Und zur Philosophie; denn er war ein Dichter der Idee, wie Plato.«[38]

Wahrscheinlich verdanken wir Zhuangzis Feder bzw. seinem Pinsel das aus 33 Kapiteln bestehende Buch, das seinen Namen trägt und zu einem nicht geringen Teil von ihm selbst stammen dürfte. Gerühmt werden »die wunderbare Bildhaftigkeit seiner Gleichnisse« (E. Schwarz) und die ästhetische Qualität seiner Sprache. In einem seiner Traktate bemüht sich der Autor, die Relativität aller Werte, somit die Vordergründigkeit der Erscheinungswelt bewusst zu machen, »um schließlich die Auflösung, das Zusammenfallen aller widersprüchlichen Erscheinungen in dem großen Einen, dem Dau, in einer ›unio mystica‹ zu demonstrieren«.[39]

Im 4. vorchristlichen Jahrhundert haben die taoistische Religiosität und Philosophie einen Höhepunkt erreicht. Die Denker beschreiten den Pfad der Imagination und der Phantasie. Ihre Gedankenflüge nehmen bildhafte Gestalt an. Und die uns bei Zhuangzi begegnende poetische Note besteht darin, dass er die abstrakte Begrifflichkeit personalisiert, in Gestalten kleidet, damit sie ein Eigenleben zu führen scheinen. Man begegnet gewissermaßen den Gedanken wie den in bestimmter Weise – nämlich nach dem Gesetz des Wu-wei – agierenden Figuren eines imaginären Dramas. Ein wesentliches Thema ist die Frage, wie man das letztlich unfassbare Tao erlangen, wie man die ihm gemäße Tugend (Te) praktizieren könne. Statt beispielsweise in lehrhafter Weise zu sagen, was im Einzelnen zu tun sei, berichtet Zhuangzi, wie es jemandem auf seinem spirituellen Höhenweg ergangen ist. Da ist beispielsweise von einem Landsmann die Rede, der das Genie eines Weisen besessen habe, jedoch das Tao fehlte ihm. Von ihm berichtet der Dichter-Philosoph, indem er von dessen Voranschreiten auf dem Stufenweg erzählt:

Ich wollte ihn schulen, damit er wirklich ein Weiser würde. Das Tao eines Weisen einem Manne beizubringen, der Genie hat, scheint eine ganz einfache Sache zu sein. Aber nein, ich lehrte ihn unentwegt. Nach drei Tagen begann er alle weltlichen Dinge abzutun (d.h. Sorgen um Rang oder Gewinn und Verlust). Als er alle weltlichen Dinge abgetan hatte, lehrte ich ihn immer noch. Nach sieben Tagen begann er, alle äußerlichen Dinge abzutun. Als er alle äußerlichen Dinge abgetan hatte, lehrte ich ihn immer noch; nach neun Tagen begann er, sein eigenes Sein als Ego abzutun. Als er sein eigenes Sein abgetan hatte, wurde er erleuchtet. Als er erleuchtet war, wurde er fähig, das all-Eine zu schauen. Als er dieses schaute, konnte er den Unterschied von Vergangenheit und Gegenwart übersteigen. Als er den Unterschied zwischen Vergan-

genheit und Gegenwart überstiegen hatte, konnte er das Reich betreten, wo Leben und Tod aufhören zu sein. Hierauf war die Vernichtung des Lebens für ihn nicht mehr der Tod, noch fügte die Verlängerung des Lebens der Dauer seines Seins etwas hinzu. Er folgte allem; er nahm alles an. Für ihn war alles Vergehen, alles Werden. Das heißt Ruhe in der Unruhe. Das Bewahren von Ruhe in der Unruhe ist Vollkommenheit.[40]

Einer der Grundbegriffe in der mystisch gestimmten Philosophie von Meister Zhuangzi ist *Hun-tun* bzw. *Hun-hun-tun-tun*, das mit »glückseliges Tohuwabohu« übersetzt werden kann, wobei der U-Laut im Taoismus »das Ungebunden-Flutende, Urdunkel-Ungesonderte wiedergibt. Aus diesem idealen Ur-Zustand ist der Mensch durch Bildung und Sitte, durch Wissen und Kunst, durch Güte und Gerechtigkeit, durch das zivilisierte staatliche Leben schlechthin herausgerisssen worden. Daher preist Zhuangzi in kausistischer (sarkastischer) Überspitzung den Tölpel und Krüppel als die Garanten einer gedeihlichen Welt. Nur durch Nicht-Agieren (wu-wei) erlangen wir den idealen Zustand des *Su-p'u* wieder, d.h. den Zustand der ›ungefärbten Seide und des ungeglätteten Holzes‹. Wu-wei bedeutet keine Untätigkeit: Auch die stille Arbeit des Bauern wird von Zhuangzi so bezeichnet und der Aktivität des politischen Managers gegenübergestellt, wie er damals an den Höfen der Teilstaaten sein Wesen trieb.«[41]

Wahrer Fortschritt wird demnach eher durch Ruhe, insbesondere durch gelassenes Tun und Leben, also in absichtsloser Haltung, erzielt, weniger durch die auf äußere Effektivität eingestellte Zweckgerichtetheit eines selbstvergessenen Aktionismus.

Zusammen mit Laotse gilt daher Zhuangzi als maßgeblicher Repräsentant des Taoismus. Ihm traten jene Meister an die Seite, die auf magischem Weg, z.B. unter Anwendung von Amuletten und Beschwörungen, sowie auf alchemistischem Weg lebensverlängernde Kräfte zu vermitteln suchten. Geomantische Praktiken (*feng-shui*) wurden angewandt, um die Wohnungen der Lebenden wie der Toten so zu gestalten, dass sie in Einklang mit den Kräften der Natur stehen. Zhuangzis Texten bzw. den ihm zugeschriebenen Aufzeichnungen und dem Tao te king wurde frühzeitig der Charakter von kanonischen Schriften zuerkannt, zumal in ihnen allegorische Schilderungen ekstatischer Erlebnisse enthalten sind, die auf den Umgang mit dem Tao hinweisen und

Möglichkeiten der Teilhabe an der Unsterblichkeit, dem großen Thema taoistischer Spiritualtität, bezeugen. Zeitweise (um 440 n. Chr.) wurden Philosophie und Religion der Verehrer Laotses und seiner Gefolgsleute zur Staatsreligion erhoben. Eine besondere Note setzte – ebenfalls in den ersten nachchristlichen Jahrhunderten – die Begegnung mit dem Mahayana-Buddhismus, bei dem das Verbindende das gedanklich Trennende überwog, sodass nach einem Wort von Allan Watts Taoismus, Konfuzianismus und Zen-Buddhismus als Ausdruck einer gemeinsamen geistigen Haltung angesehen werden können.

Zur Wirkungsweise des Taoismus

In seiner einführenden Studie über den Taoismus vertritt der in Asien und Amerika lehrende chinesische Sinologe Liu Xiaogan die für viele Zeitgenossen eingängige Meinung, dass die Probleme, die die gegenwärtige Zivilisation und Technik mit sich bringe, viel schwerer wiegen würden als die gewonnenen Vorteile. »Hätten wir uns Laotses Lehre zu Herzen genommen, dann wäre die Krise, in der sich die moderne Gesellschaft befindet, wesentlich weniger gravierend.«[42] Tatsache ist, dass der chinesische Weise samt seinen vieldeutigen, um nicht zu sagen undeutlichen Weissagungen durch die sehr viel praktikableren Gebote und Empfehlungen des Konfuzius bei weitem überflügelt worden ist. Es entsprach offensichtlich dem Wesen und dem Drang der Bewusstseinsevolution, dass die vorkulturell anmutenden Thesen Laotses zwar faszinieren konnten, aber die gesellschaftliche Ordnung samt der damit verbundenen Gestaltungsmöglichkeit des äußeren Lebens verlangte ein aktives Eingreifen. So sympathisch das taoistische wu-wei, das Nichttun im Tun, empfunden wurde, es musste preisgegeben werden, um den Menschen auf dem Weg der Evolution zu »erden«. So ist es nicht zu leugnen, dass sich die chinesische Gesellschaft und das Leben des Einzelnen anders entwickelt hätten, wenn die Bücher Laotses, Tschuangtses und anderer nicht geschrieben worden wären. Es ist die Haltung introvertierter, zu Besinnung und Nachdenken rufender Menschen, die den Tätigen das Element der Intuition und des Innewerdens anzubieten hatten.

Weil die Religionen im Reich der Mitte etwa seit dem Auftreten des Buddhismus immer durch allerlei Wechselwirkungen mitbestimmt waren, gab es für die Taoisten Möglichkeiten, ihr Charisma und ihren Tao-Glauben zur Geltung zu bringen. »Zum Beispiel hätte der Buddhismus nie seine chinesische Spielart, den Chang-Buddhismus (Zen), hervorbringen können, hätte er sich nicht vom Taoismus inspirieren lassen und an dessen Lehren angeknüpft. Auch der Neo-Konfuzianismus entwickelte seine Theorie der kosmischen Struktur nach taoistischem Vorbild. Es ist unmöglich, die chinesische Philosophie, Religion, Regierungskunst, Kunst oder Medizin zu verstehen, wenn man die Bedeutung, die dem Taoismus dabei zukommt, nicht zu würdigen weiß.«[43]

Da aber Religion, lebendige Religiosität, in ihrem Wesen weder ausschließlich mit der Deutung der Vergangenheit noch nur mit dem Verstehen sozio-kultureller Zusammenhänge zu tun hat, stellt sich die Frage, wie das Innewerden der Gottesgegenwart unter Einbezug alles Kreatürlichen heute friedestiftend und wirksam werden kann. Die von immer mehr Menschen empfundene Bedürftigkeit, ihrer Verbindung mit Erde und Himmel von neuem gewiss zu werden, lässt einsehen, weshalb die Zeichen, die durch Laotse und den Taoismus in vorrationaler Epoche gesetzt worden sind, von neuem Interesse wecken und zu einer dem heutigen Bewusstsein gemäßen Aufnahme anregen. Zweifellos handelt es sich dabei um eine Aufgabe der so gearteten Transformation dessen, was die Klassiker des fernen Ostens zu bieten haben.

Kapitel 7
Der Konfuzianismus

Versuche einer Erstbegegnung

Es waren einige jesuitische Missionare, also Angehörige des damals erst kurz zuvor begründeten Ordens, die gegen Ende des 16. Jahrhunderts unter Pater Matteo Ricci (1552–1610) in Südchina an Land gingen, um als Erste mit der christlichen Botschaft westliche Mentalität in das Reich der Mitte zu tragen.[1] In der Meinung, dort Anhängern der Lehre Buddhas zu begegnen, hatten sie zunächst buddhistische Mönchskutten angelegt. Diese vertauschten sie alsbald mit Gewändern der konfuzianischen Beamtenelite. Ihnen wurde relativ bald klar, dass der Konfuzianismus alles andere als eine für alle Stände bestimmte Volksreligion ist. Es handelt sich eher um eine Widerspiegelung chinesischer Kultur und Geistigkeit, die auf die Achtung der Tradition und der Normen ausgerichtet ist, eine »Lehre der Gelehrten«, d. h. von Menschen, die bildungsbeflissen das überkommene Weisheitsgut sammeln, weitergeben und zum Nutzen ihrer Zeitgenossen pflegen. Der kultische Rahmen und die rituellen Vollzüge dienen dieser Verpflichtung, die mehr mit der Überlieferung zu tun hat als mit der angeblichen »Lehre des Konfuzius«. Dies legte immerhin die Deutung nahe, die jene Missionare nach Europa zurückbrachten.

Das Bild, das sie von Konfuzius vermittelten, war das eines berühmten chinesischen Weisen. Die Kunde von ihm erreichte den Westen, als hier die Aufklärungsphilosophie einsetzte. Entsprechend begeistert deutete Leibniz den chinesischen Meister als »König unter den chinesischen Philosophen«. Voltaire, der dem landläufigen Christentum nicht allzu viel an Verständnis und Sympathie abgewinnen konnte, zog Konfuzius noch Muhammad vor. Für Wieland gehörte er in die Reihe der altgriechischen Lehrer und

Gesetzgeber. Herder meinte: »Der Name Konfuzius ist mir ein großer Name, ob ich die Fesseln gleich nicht verkenne, die auch er trug und die er mit bestem Willen dem abergläubigen Pöbel und der gesamten chinesischen Staatseinrichtung durch seine politische Moral auf ewige Zeiten aufdrang.«[2] Kritischer äußerten sich Hegel und Schopenhauer, die – aus welchen Gründen auch immer – meinten, man hätte sich die ebenfalls von Jesuiten besorgte Übersetzung jener chinesischen Texte ersparen können. Es ist andererseits wohl so, dass die Jesuiten des 17. Jahrhunderts nicht voraussehen konnten, in welchem Maß die mitteleuropäische Aufklärung sich der Vorbilder aus der Mitte Asiens bedienen würde, um auf sie ihre reichlich unkirchlichen Staats- und Soziallehren zu gründen. Einzelnen Elementen der konfuzianischen Ethik meinten sie die Einsicht ableiten zu können, dass es keiner Gottesoffenbarung bedürfe, um zu wertvollen ethischen Maßstäben zu kommen. Adolf Reichwein vertrat die Auffassung, die Jesuiten seien die Mittler zwischen der Aufklärung des alten China und jener des 18. Jahrhunderts in Europa. Eigentümlicherweise hätten ausgerechnet sie Voltaire und allen Enzyklopädisten die geistigen Waffen zugetragen, die sich eines Tages gegen sie selbst kehren sollten. »Man entdeckte mit Staunen, daß bereits vor mehr als zweitausend Jahren in China Konfuzius *dieselben* Gedanken ähnlich gedacht, *dieselben* Kämpfe ähnlich gekämpft hatte; so wurde Konfuzius zum Schutzpatron der Aufklärung.«[3]

Unnötig zu sagen, wie problematisch es ist, wenn man versucht, unter völlig verschiedenen Voraussetzungen entstandene Geisteswelten mit den eigenen Vorstellungen zu identifizieren, als ob es sich uneingeschränkt um »Dasselbe« handle. Jedenfalls bedurfte es der sinologischen Forschung des 19./20. Jahrhunderts, die für die Erhellung der historischen Zusammenhänge sorgte. »Mit der Ansiedlung der Sinologie in den europäischen Universitäten im Anfang des 19. Jahrhunderts hörte die Missionsliteratur auf, alleinige Basis für die China-Kenntnis des Westens zu sein. Das von der Aufklärung geschaffene idealisierte Konfuzius-Bild verblaßte und verging. Jahrzehntelange Forschungen haben allmählich zu einer Trennung des legendären, ja mythischen Ahnherrn der chinesischen Staatsideologie von einer realen, wenn auch historisch schwer faßbaren Persönlichkeit mit beschränktem Wirkungskreis geführt.«[4]

Meister K'ung-tse (Konfuzius)

Bei oberflächlicher Betrachtung kann der Eindruck entstehen, die Lehre des Konfuzius (K'ung-tse) stelle in erster Linie ein Moralsystem dar, gemäß dem die Menschen im Reich der Mitte ihr Verhältnis zu ihren Mitmenschen, zur Gesellschaft und zum bestehenden staatlichen Gefüge einzurichten hätten. In der Tat ist der Tugend ein hoher Rang zugewiesen. Aber es geht dabei offensichtlich um mehr als nur individuelles Wohlverhalten. Wie bereits angedeutet, unterschied man im alten China nicht so sehr religiöse und allgemeine gesellschaftliche Pflichten. »Individuelle« Verantwortung, familiäre und öffentliche Aufgaben wurden wahrscheinlich als Herausforderung empfunden, die gegenüber dem Himmel und angesichts der göttlichen Mächte zu beachten waren. Letztere wurden wiederum als so allgemein und undifferenziert empfunden, dass man zwischen einzelnen Religionen keine großen Unterschiede machte, weil schließlich alle Riten der Gottesverehrung dienen.

Die neuere Forschung hat im Übrigen die religiöse Verwurzelung der jeweils zugrunde liegenden Normen bestätigt. Denn Tugend ist hier in ein universales Ganzes eingeordnet. Religion und Ethik stellen eine unauflösliche Einheit dar. Das hat sich bis ins alltägliche Leben hinein auszuwirken. Dieser Religiosität kommt welthafte Qualität zu. Sie ruht auf einer geistigen Basis, die als »weltreligiös« bezeichnet werden kann, auch wenn der Konfuzianismus im Konzert der Weltreligionen sich als eine ostasiatische Lebenshaltung begreifen lässt, die durch spezielle moralische Normen und durch die Ordnung einer bestimmten Wertewelt gekennzeichnet ist. Verdeutlichen lässt sich dies etwa durch Wortlaute, wie sie in den großen Sammelwerken (*Li Gi*) oder in den Lehrgesprächen (*Lun Yü*) des Konfuzius niedergelegt sind. So lautet ein Ausspruch des Meisters: *Dreierlei gibt es, wovor der Edle Ehrfurcht empfindet: Ehrfurcht empfindet er vor den Befehlen des Himmels, Ehrfurcht hat er vor den großen Männern, und Ehrfurcht hat er vor den Worten der Heiligen. Der geringe Mensch jedoch erkennt nicht die Befehle des Himmels und empfindet darum keine Ehrfurcht vor ihnen; er ist unehrerbietig gegenüber großen Menschen und verhöhnt die Worte der Heiligen. – Der Edle hält die Gerechtigkeit für das Wesentliche: Gemäß den Regeln des Anstands übt er sie, mit Be-*

scheidenheit äußert er sie, mit Aufrichtigkeit vollendet er sie. Das ist die Art des Edlen – der Edle leidet darunter, wenn es ihm an Können gebricht, aber er leidet nicht darunter, wenn die Menschen ihn nicht kennen.[5]

Einsichten und Werte dieser Art waren im Laufe der letzten zwei Jahrtausende durch einen Weisen dem Volk zu übermitteln, nämlich in exemplarischer Weise durch Konfuzius und seine Schülerschaft, deren Aufgabe es war, die Worte des Meisters – z.B. in Gestalt des Buches Lun-Yü – weiterzugeben. Er selbst verstand sich weniger als Schöpfer der von ihm vorgetragenen Lehre. Sie fand auch er in ihren Grundelementen bereits vor. Er wurde zu ihrem Überbringer, ihr Bote, freilich einer, dem die Aufgabe oblag, an alte Normen anzuknüpfen, zu reformieren und in die Lebensgestaltung einzugreifen.

Die Leitfigur des Konfuzianismus ist somit K'ung-tsu, auch K'ung-futzu (Kungtse, »Meister Kung«), bereits durch die Jesuiten-Missionare latinisiert als: Konfuzius. Seine Lebenszeit wird anhand der (historisch ungenauen) Tradition durch die Jahre 551–479 v. Chr. begrenzt. Es muss jedoch genügen, seine Lebenszeit mit dem 5. vorchristlichen Jahrhundert, also nur annäherungsweise, anzugeben. Insofern kann er als ungefährer Zeitgenosse des Siddharta Gautama Buddha gelten. Er stammt aus Lu, einem kleinen Feudalstaat, unweit dem heutigen Shantung. Es ist die im östlichen China an das Gelbe Meer grenzende Provinz, von der aus man ostwärts nach Korea blickt. Die wenigen Anhaltspunkte für Kungs Leben lassen sich mit einer gewissen Wahrscheinlichkeit dem »Lun Yü«, dem Buch der Gespräche,[6] entnehmen. An seiner historischen Existenz muss nicht gezweifelt werden, auch wenn legendäre Elemente den biographischen Berichten oft ununterscheidbar einverwoben sind. Das Buch selbst enthält Gespräche, die der Meister mit seinen Schülern geführt hat. Das erinnert an die neutestamentlichen Evangelien, die von Jesus im Umgang mit seinen Jüngern berichten. Eigene Aufzeichnungen gibt es von ihm ebenso wenig wie von Sokrates. Üblicherweise wurden die Wortlaute zunächst mündlich tradiert, bevor sie im 3. vorchristlichen Jahrhundert aufgezeichnet und in einem weiteren Prozess der Redaktion als »klassisch« kanonisiert werden konnten. Noch Jahrhunderte später wurde eine Biographie, ebenfalls Werk der Überlieferung, abgefasst.

Meister K'ung-tse (Konfuzius)

Berichtet wird, dass Konfuzius sich zunächst als Politiker versucht habe, damit scheint er jedoch keinen nennenswerten Erfolg gehabt zu haben. Umso eindrücklicher wirkte er als Lehrer. Weisheitssucher schlossen sich ihm als seine Schüler in großer Zahl an. Was er vermittelte, schöpfte er aus dem Studium der bereits anerkannten Klassiker seines Volkes, die wie heilige Schriften geachtet wurden. Zu diesen gehören die sogenannten »fünf Klassiker« (*Wu-ching*), bestehend aus dem berühmten I-ching, dem Buch der Wandlungen; dem Buch der Urkunden (*Shu-ching*); dem von Konfuzius besonders geschätzten Buch der Lieder (*Shih-ching*); dem Buch der Riten (*Li-chi*); der Chronik des Staates Lu, der Heimat des Konfuzius, bezogen auf die Jahre 722–481 v. Chr. (*Ch'un-ch'iu*), sowie der dazu gehörigen Kommentare, die von ihm selbst bereichert und ergänzt worden sein sollen.[7] Da jedoch bei all diesen Texten die Person des bzw. die Personen der Schreibenden im Hintergrund bleiben, wurde der Eindruck vermittelt, es handle sich um eine vom Himmel kommende, den Chinesen gemäße göttliche Offenbarung, die der Menschenliebe diene. Dabei geht es um ein oftmals wiederkehrendes Motiv. Da heißt es zum Beispiel:

Menschen, die kinderliebend und bruderliebend sind und es dennoch lieben, sich der Obrigkeit zu widersetzen, sind selten. Solche, die es nicht lieben, sich der Obrigkeit zu widersetzen, die es aber dennoch lieben, Unruhe zu stiften, hat es noch nicht gegeben. Der Edle macht die Wurzel zur Hauptsache: Steht die Wurzel fest, so wächst aus ihr das Tao, die Norm hervor. Sollte nicht Kindes- und Bruderliebe die Wurzel alles Menschlichen sein?

Mit anderen Worten: Das Menschsein zu lernen ist das zentrale Anliegen der konfuzianischen Tradition. Das Menschliche steht dabei aber nicht im Gegensatz zu Natur oder Himmel. Es geht um eine Menschlichkeit, die Harmonie mit der Natur und Übereinstimmung mit dem Himmel sucht. Lernen, ein Mensch zu sein, bedeutet nach konfuzianischer Auffassung also einen Prozess der Vertiefung und Ausweitung, in dessen Verlauf man anerkennt, dass alle Umstände, die die menschliche Existenz definieren, in Beziehung zueinander stehen und einander beeinflussen.[8]

Das Gebot, Mitmenschlichkeit zu üben, steht bei Konfuzius an erster Stelle seiner moralischen Empfehlungen. Dieses zum normierenden Prinzip erhobene Gebot ist in ein Ordnungsgefüge eingewoben, das den Menschen als ein lernendes, zum Üben bereites, somit der Reifung befähigtes Wesen begreift. Mit diesem Motiv beginnt bereits das erste Kapitel des Buches Lun Yü (1,1). Wesentlich ist dabei stets, dass man sich an den Weg (Tao) hält und von daher sein Leben gestaltet, etwa nach Kapitel 7,6:

> *Entschließe dich zum Weg,*
> *erweise dich in der Tugend,*
> *Richte dich nach der Menschlichkeit,*
> *erhole dich am Schönen.*

Dem folgen andere Meisterworte, etwa (8, 13):

> *Sei unwandelbar zuverlässig,*
> *freue dich zu lernen*
> *und sei bereit, für den guten Weg zu sterben.*

»Meister, das ist gerade euer Weg«, bemerkte einer seiner Schüler, nachdem Konfuzius (14, 30) von sich in aller Bescheidenheit gesagt hatte:

> *Der Weg des Edlen hat drei Bahnen.*
> *Ich war nie imstande, sie zu gehen:*
> *Wer die Menschlichkeit besitzt, ist niemals unglücklich,*
> *wer die Weisheit, nie im Zweifel,*
> *wer die Tapferkeit, ist ohne Furcht.*

Als Philosoph und Liebhaber der Weisheit bleibt Meister Kung »der Erde treu«. Dem Tao wie dem Te verpflichtet, versagt er sich Seelenaufschwünge in »höhere« Sphären, sofern diese nur der Befriedigung persönlicher Interessen dienen, nicht aber dem Dienst am Menschen. Seine Nüchternheit kann im Übrigen auf feierliches Pathos verzichten. In dieser Haltung räumt er ein, dass zwar jeder sich Reichtum und Ehre wünsche, doch bei weitem nicht um jeden Preis wünschen sollte. Denn wenn man das Gewünschte nur erlangen kann, indem man vom Tao, dem Weg, abweicht (4,5), *dann verzichte man darauf. – Armut und Mißachtung verabscheut jedermann, aber wenn man ihnen nur entgehen kann, indem man von seinem Wege abweicht, dann entzieht man sich ihnen nicht. – Ein Edler, der die Menschlichkeit aufgibt, wie könnte der diesen Namen verdienen? – Ein Edler gibt auch auf die Dauer einer Frühstückspause seine Menschlichkeit nicht auf; auch im Drang der Geschäfte hat er daran festzuhalten und im Wirbel der Ereignisse dabei zu bleiben.*

Entwicklungen in Geschichte und Gegenwart

Die Entwicklung des Konfuzianismus ist im Rahmen der über Jahrtausende sich erstreckenden chinesischen Religionsgeschichte von Epoche zu Epoche durch immer neue Wandlungen und Umgestaltungen gekennzeichnet. In den klassischen Texten kommt wiederholt zum Ausdruck, dass sittliche Normen das Wesen der Religion ausmachen. Im Buch der Riten findet man Beispiele des reglementierten religiösen Brauchtums der »alten Zeit« in folgender Weise zusammengefasst:

Die alten Könige benützten die Orakel der Schafgarbe und der Schildkröte. Sie ordneten die Brandopfer an und die Opfer, die vergraben wurden, und die Spenden an Seidenstoffen. Sie gaben die Worte bekannt, die Beter und Segner zu sprechen hatten. Sie legten bestimmte Regeln fest, so daß die Staaten die Sitte kannten, die Beamten alle ihre Aufgaben hatten, für jede Arbeit ein Amt da war und die Sitten ihre Reihenfolge hatten. Die alten Könige waren besorgt, daß die Sitte auch allgemein verstanden würde; darum spendeten sie Gott auf dem Anger, um dadurch dem Himmel seine Ehre zu geben. Sie opferten dem Geist des Bodens in der Hauptstadt, um den Segen der Erde zu erlangen. Sie brachten das große Opfer im Ahnentempel dar, um die Menschenliebe zu begründen. Sie besuchten die Berge und Flüsse, um mit Geistern und Göttern in Beziehung zu treten. Sie opferten den fünf Geistern des Hauses, um den Arbeiten eine feste Grundlage zu geben. Zu diesem Zwecke waren der Ahnenpriester und der Gebetspriester im Ahnentempel, die drei höchsten Würdenträger bei Hofe, die drei Klassen von Alten in der Akademie. Beim Opfer gingen vor dem Könige her die Beschwörer und hinter ihm die Schreiber. Die Orakelpriester für die Schildkröte und Schafgarbe, Musiker und Gehilfen waren rechts und links. Der König war in der Mitte. Er hielt sich frei von allen Nebengedanken, um höchste Andacht zu wahren.[9]

DER KONFUZIANISMUS

Am Anfang standen Ahnenverehrung und Geisterbeschwörung, die Devotion gegenüber den Naturkräften, den Geistern der Sonne, des Regens, des Schnees, der Wolken und Winde, und es spielte die Orakelbefragung (mit Hilfe von Schafgarbenstengeln) hinsichtlich des Schicksalsgangs aller Dinge zwischen Himmel und Erde eine wichtige Rolle. Bei der Begegnung mit dem Buddhismus traten neue Elemente hinzu, im Mahayana-Buddhismus die Bodhisattva-Vorstellung, nach der die volle Mitmenschlichkeit darin besteht, dass man als Erleuchteter auf endgültige Heimkehr in den Heilszustand (nirvana) verzichtet, um anderen auf ihrem Erlösungsweg helfend beizustehen. Das korrespondiert insbesondere mit dem betont praktisch orientierten Konfuzianismus.»Es gab Empfehlungen für den sozialen Umgang zwischen den Menschen, für das Verständnis des Staates, die Rolle seines Herrschaftsapparates. Seit der Hanzeit (206 v.- 220 n. Chr.) wurden die Notwendigkeit und Legitimität eines starken Staates, der zentral auf einen Kaiser orientiert und von einer ihm verantwortlichen Bürokratie verwaltet wurde, nie ernstlich angezweifelt. Insofern und aufgrund seiner bekannten intellektuellen Geschmeidigkeit ist der Konfuzianismus in erster Linie Ideologie des chinesischen Staates, bis am Anfang des 20. Jahrhunderts das traditionelle Kaiserreich durch inneren und äußeren Druck zu einem Ende kam.«[10] Damit wird – von allen regional-strukturellen Unterschieden innerhalb des Großreiches mit seinen zahlreichen Herrschaftsgebieten abgesehen – auch die sich über Jahrtausende erstreckende Kontinuität deutlich.

Als Religion mit ihrem reich entwickelten Tempelkultus und den auf älteste Traditionen verweisenden Opferriten wird dem Konfuzianismus eher eine »sekundäre Erscheinung« zuerkannt. Und obgleich für Meister Kung Riten der Verehrung vollzogen und durch die bürokratisch Bediensteten Opfer dargebracht wurden, so vermied man es doch, ihn als Gott anzubeten. Doch auch als ethischer Garant und als Nicht-Gott überlebte er den Wechsel der Dynastien und Regierungsformen. Die marxistische Ideologie vermochte den Konfuzianismus als solchen offensichtlich nicht auszulöschen. Ihre Funktionäre, angefangen bei Mao Tse-tung, schalteten ihn »gleich«. Mit Akzentverschiebungen in der Parteidoktrin veränderte sich ohnehin die jeweilige Einschätzung der Klassiker, somit auch die der normsetzenden Autorität des Konfuzius. Am ehesten konnte der Inselstaat Taiwan dem Konfuzianismus ein relativ ungebrochenes Fortleben der alten Überlieferung gewährleisten. Doch auch bei der Mehrheit der Festland-Chinesen lebt der Konfuzianismus fort, wie »angepasst« und ideologisch »vereinnahmt« er auch sein mag. So gesehen dürfte Meister Kung auch unter stets wechselnden Verhältnissen hinsichtlich der Einschätzung religiöser Wirklichkeit den Charakter einer geradezu unverzichtbaren Identifikationsfigur weiterhin bewahren.

Auch wenn man einräumt, dass der Konfuzianismus als religiös begründete Weltanschauung, als Sozialethik und politische Ideologie phasenweise in den Hintergrund des Tagesgeschehens treten bzw. getreten sein sollte, so ist doch der tiefgreifende Einfluss nicht zu verkennen, den diese eigentümliche »Weltreligion« zusammen mit dem im weitesten Sinne verstandenen Taoismus über China hinaus auf die Gesellschaften und spirituellen Traditionen des Fernen Ostens ausgeübt hat. Fragt man schließlich, wie sich die mit dem Namen des Konfuzius verbundene Geistigkeit in einer »Innenansicht« darstellt, dann kann man, dem zeitgenössischen chinesischen Philosophen und Historiker Tu Weiming folgend, auf eine bedeutsame Erscheinung verweisen: Faszinierend bleibt, wie sich der Konfuzianismus von einer verfallenden moralischen Kraft zum bestimmenden gesellschaftlichen Einfluss entwickeln sollte. »Er erlebte einen Wiederaufschwung, der ihn zum lebendigen Glauben werden ließ, um sich dann in eine politische Ideologie zu verwandeln; er war letztlich die ostasiatische Antwort auf den Vorstoß des westlichen Denkens und erfährt heute seine moderne Verwandlung: Alle diese verschiedenen Phasen, die die konfuzianische Tradition durchlaufen hat, sind integraler Bestandteil der Geschichte Ostasiens. Die Konfuzianer verfügen über keine esoterische Interpretation ihrer Vergangenheit, die sich wesentlich von der historischen Darstellung unterscheiden würde. Ein Charakteristikum des Konfuzianismus besteht allerdings darin, daß er die alltägliche menschliche Welt als zutiefst geistig zu begreifen versucht. Die Konfuzianer betrachten das Weltliche als geheiligt und wollen die Welt von innen her so umgestalten, daß sie ihrem kulturellen Ideal von der Einheit zwischen menschlicher Gemeinschaft und Himmel entspricht.«[11]

Exkurs

Natur- und Stammesreligionen

Es liegt im Wesen religiöser Wirklichkeit, dass sie sich nicht durch die historisch gewachsenen und institutionell geformten Religionen begrenzen lässt. Sie ist vieldimensional. Wenn daher von den Weltreligionen gesprochen wird, sollte man stets mitbedenken, welche Bedeutung den sogenannten Natur- und Stammesreligionen in Geschichte und Gegenwart beizumessen ist, so groß die ethnisch und kulturbedingten Unterschiede von Fall zu Fall sein mögen, und zwar weltweit in allen Kontinenten.

So wenig in religiöser Hinsicht von den konkreten Lebensbedingungen abgesehen werden kann, unter denen eine der besprochenen Weltreligionen entstanden ist, so wenig ist dies auch für die Ausformung religiöser Kulte und Weisen der Verehrung von Wesen der Fall, die in der Vielfalt der Naturerscheinungen bald übersinnlich, bald sinnlich konkret, ja gegenständlich in Erscheinung treten. Will man sich vor Augen führen, wodurch sich Naturreligionen von anderen Arten der Gottesanbetung abheben, dann lassen sich eine Reihe von Charakteristiken benennen. Dazu gehört:

1. Sogenannte Naturreligionen basieren auf dem, was sich in ihrem Lebensraum begibt, was beseelt, also durch Geistwesen erfüllt oder durch Mana, d.h. durch geheimnisvolle zu achtende Mächte und zu nutzende Energien ausgewiesen erscheint. Von daher ergibt sich eine gemeinschaftsbildende Wirklichkeit, die – vereinfacht ausgedrückt – sich auf je einen bestimmten Stamm oder Sippenverband bezieht. Streng genommen gibt es darin kein Individuum, keinen für sich agierenden Einzelmenschen. Er oder sie steht gemäß einer eigentümlichen Zuordnung der Mitglieder, d.h. in einem engen Zusammenhang mit der Gemeinschaft als einem Kollektiv, das auch noch die Ahnen einbezieht.

2. Die Geschichte einer solchen »Religion«, in der Alltag und kultische Vollzüge heilig und profan nahe beieinander liegen, beginnt mit dem Anfang der Welt, also nicht aufgrund einer speziellen Offenbarung, die sich an einen individuellen Menschen knüpft. Und wenn z.B. mittelamerikanische Indianerstämme davon überzeugt sind, dass durch die Mitwirkung der Menschen etwa der Gang der Sonne bestimmt und somit die Weltordnung aufrecht erhalten wird, dann kommt darin etwas von der Tag für Tag erlebten »Gottesgegenwart« bzw. der Gegenwart des »großen Geistes« zum Ausdruck. Eine Trennung von »Gott« und »Welt« bzw. Mensch gibt es nicht. Alles ist miteinander verwoben.
3. Solche Religionen kennen keinen namentlich bekannten Stifter. Und da sie in der Regel schriftlos sind – ihre Runen, Zeichen oder Ideogramme sind keine bloßen Informationsträger –, so besitzen sie auch keine heilige Schriften, die der Deutung bedürfen. Die Lehre wie die ethischen Normen werden mündlich bzw. durch rituelle Vollzüge weitergegeben. Wie die Alten leben, wie sie agieren, das ist Gesetz. Je nach ihrer kulturellen Prägung sind es weise bzw. heilige Männer oder Frauen, die als die maßgebenden Autoritäten fungieren. Sie führen das Wort, sind im Besitz von Weisheit und Heilkraft, sie sprechen Urteile. Was sie träumen, was sie schauen, welchen Spruch sie von sich geben, erlaubt keinen Widerspruch.
4. Während die Weltreligionen, namentlich die monotheistischen, darauf aus sind, andere als »Heiden« oder als »Ungläubige« zu erklären, die um ihres Seelenheils willen bekehrt werden müssen, kennen Angehörige von Naturreligionen keine Mission. Sie unterscheiden weder Rechtgläubigkeit (Orthodoxie) noch Ketzerei (Häresie). Ihnen genügt, dass ihre Religion im Sinne einer sorgfältigen Beachtung dessen vollzogen wird, was ihnen von Generation zu Generation überliefert worden ist.

Macht man sich dies klar, dann wird deutlich, welche vielschichtige Problematik aus dem Gegenüber gerade der westlichen Weltreligionen und der Naturreligionen samt den seit Jahrhunderten üblichen missionarischen Aktivitäten speziell der christlichen Kirchen entstanden ist. Dazu gehört die Abwertung naturhafter Lebens- und Frömmigkeitsformen aus der Perspektive des westlichen Denkens. Aus der Geschichte Israels ist bekannt, dass die Erzväter aufgerufen waren, sich wie Abraham von ihrer Sippe zu trennen, also aus den kollektiven Bindungen einer Stammesreligion herauszutreten, um der göttlichen Weisung zu folgen. Und die Propheten Israels, z.b. Jeremia, führten einen energischen Kampf gegen die einer Naturreligiosität verpflichteten Fruchtbarkeits-Götter (Baal) und -Göttinnen (Aschera, Astarte). Auch Christentum und Islam haben auf ihre Weise das Heidentum unter dem Aspekt der Erlösungsbedürftigkeit durch Jesus Christus bzw. durch die bedingungslose Hingabe an Allah als den Allererbarmer betrachtet.

Eine besondere Berücksichtigung verdient schließlich das seit einigen Jahrzehnten in der westlichen Welt rasch angewachsene Interesse an den Erlebnismöglichkeiten, wie sie die auf die Natur bezogene Frömmigkeit bietet. Auch wenn das christliche Credo (»Ich glaube an Gott den Vater, Schöpfer des Himmels und der Erden ...«) nach wie vor Gültigkeit hat, so kann nicht bestritten werden, dass seit der philosophischen wie theologischen Aufklärung, seit Descartes und Newton, die christliche Lehre und Praxis einer weitgehenden Denaturierung anheim gefallen sind, namentlich in protestantischen Konfessionen. Kein Wunder, dass das Interesse an den im weitesten Sinn zu verstehenden »schamanischen Wissenschaften« zugenommen hat. Die als eine Zeitforderung begriffene Ökologie wie auch die Entwicklung eines tiefenökologischen Bewusstseins und der daraus sich ergebenden praktischen Konsequenzen für den verantwortlichen Umgang mit der bedrohten Erde auf allen ihren Seinsebenen wird von immer mehr Menschen als unumgänglich anerkannt. Albert Schweitzers Leitwort von der »Ehrfurcht vor dem Leben« ist in diesem Kontext ernst zu nehmen. Es ist der Kontext, der den Respekt vor der Naturfrömmigkeit jeder Art herausfordert bis hin zu allerlei künstlerischen Ausgestaltungen, denkt man z.B. an schamanische Elemente in der Kunst von Beuys.

Es ist freilich zu beachten, dass sich das Rad der Bewusstseinsentwicklung – im Sinne einer Regression vom mental-rationalen in ein magisch-mythisches Bewusstsein – nicht beliebig zurückdrehen lässt. Jean Gebser und nach ihm Ken Wilber treten daher für ein integrales Bewusstsein ein, durch das die heutige

Menschheit in Achtung vor naturreligiöser Spiritualität über die hypertroph ausgebildete Rationalität zu einer ganzheitlichen Auffassung der Wirklichkeit hinstrebt. Das dürfte zu einer angemessenen Neueinschätzung der Naturreligionen im Gegenüber zu den traditionellen Weltreligionen beitragen.

Die Religionen und Kulturen in Gespräch und Begegnung

Die alltägliche Erfahrung zeigt, dass die Religionsgeschichte keine nur von den Religionswissenschaftlern studierte und dargestellte Vergangenheit verkörpert. Die Religionsgeschichte in ihrer Lebendigkeit und Dynamik ereignet sich vielmehr mitten unter uns. Jeder ist als Zeitgenosse – als Glaubender oder als scheinbar neutraler kritischer Betrachter – an diesem Geschehen beteiligt. Zusammen mit unseren Mitmenschen erleben und beobachten wir im Tagesgeschehen die Vielfalt religiöser Wirklichkeit, insbesondere wenn uns befremdlich erscheinende Vorstellungen oder bei Angehörigen anderer Religionen deren geistig-weltanschauliche Hintergründe begegnen, die von der eigenen Tradition und kulturellen Prägung als weit entfernt anmuten. Sie geben uns Anstoß, den eigenen Standort hinsichtlich Ursprung und Ziel unseres Weges von neuem zu überdenken. In Betracht zu ziehen ist ferner, wie wir unser In-der-Welt-Sein anderen gegenüber verständnisbereit und verantwortlich gestalten.

Wer hingegen alter »Unart« folgen wollte, um etwa unter Berufung auf die »Wahrheitsfrage« Noten der Wertigkeit zu verteilen, der macht sich selbst unglaubwürdig. Er würde – z.B. als Christ – in monomaner Weise die umfassende Liebe seines Gottes eingrenzen, eines Gottes, der ohne Ansehen der Person, der Rasse, des Geschlechts oder der Lebensart Mensch geworden ist und dessen Inkarnation unter uns, durch uns fortdauert. Einzusehen gilt: Jeder Dominanzanspruch einer Religion vor anderen Glaubensanschauungen verbietet sich, und zwar – mit Schiller – *aus Religion*. Dass sich hierbei Angehörige der abrahamitischen Religionen – Juden, Christen und Muslime – speziell in ihren zu fundamentalistischer Rechthaberei neigenden Vertretern besonders schwer tun, ist hinreichend bekannt. Das zeigen die mit Blut geschriebenen Annalen der Glaubenskriege, der Kreuzzüge oder

der »Ketzer«-Verfolgungen. Der Holocaust hat seit Jahrtausenden und bis heute viele Gesichter!

Das Nebeneinander in der nicht nur geographisch klein gewordenen Welt und das Gegenüber der Religionen stellen einen Komplex von Aufgaben dar, der als eine große Herausforderung für alle Beteiligten beschrieben worden ist. Die Antworten und die bisher gegebenen Lösungsvorschläge zeichnen sich durch eine beträchtliche Spannweite aus. Sie reicht von dem antiquierten Alleinvertretungsanspruch einer Religion gegenüber allen anderen bis hin zu den nicht selten anzutreffenden Nivellierungstendenzen, denen gemäß alle Religionen letztlich »auf das Gleiche hinauslaufen« oder dass es nur darauf ankäme, von allen Glaubensauffassungen etwas auszuborgen, um eine Art privater Superreligion zu konstruieren, die ohne geschichtliche Verwurzelung und ohne eigenes Profil auskommen müsste. Dogmatisch stark differenzierte Religionen wie das Christentum, insbesondere das römisch-katholischer Prägung, scheinen von vornherein festgelegt und dialogbehindert zu sein, da Konzilbeschlüsse und das seit dem ersten Vaticanischen Konzil von 1870 ex cathedra in Sachen des Glaubens und der Ethik gesprochene Papstwort den Charakter der Unfehlbarkeit beanspruchen. »Die Kirche«, und zwar die sich verabsolutierende römisch-katholische, sei somit im alleinigen Besitz der Wahrheit. Wie schwer ist doch die Einsicht zu gewinnen, dass die verschiedenen Glaubensformen einander nicht aus-, sondern einschließen, weil sie sich letztlich zueinander komplimentär, nicht aber konträr verhalten.[1] Im Folgenden seien einige der Diskussion bedürftige bzw. bereits in der Diskussion befindliche Gesichtspunkte aufgezählt.

Ökumenische Tendenzen

Naturgemäß taucht das Bedürfnis, über den »Tellerrand« der eigenen Glaubensanschauung zu blicken, erst in dem Augenblick auf, in dem man Angehörigen anderer religiöser Lebenszusammenhänge begegnet und diese Begegnung sich intensiviert. Vieles spricht dafür, Europa als denjenigen Kontinent anzusehen, der im Unterschied zu allen anderen Erdteilen seine geistige Eigenständigkeit durch die auf seinem Boden erfolgte Begegnung der Religionen und durch die in allen Epochen seiner Geschichte geschehene Verarbeitung dieser Begegnungen gewonnen hat. Auf Golo Mann und Reinhold Schneider verweisend, bezeichnet der protestantische Theologe Peter Meinhold Europa als den einzigen Raum in der Weltgeschichte, »dessen Werden von den historisch verfolgbaren Anfängen an bis in die Gegenwart hinein von der Begegnung, dem Kampf und der Auseinandersetzung sowie dem Neben- und Miteinander der Religionen geprägt ist – ein Vorgang, der sich in keinem Raum mit einer derartigen Intensität und Dichte wie eben hier vollzogen hat«.[2] Für Asien wäre an die außerordentliche, sich über zweieinhalb Jahrtausende auswirkende und ausstrahlende Kraft des Buddhismus zu denken. Und Meinhold ergänzt: »Wir behaupten, daß die geistige Geschichte Europas zu einem entscheidenden Teil Religionsgeschichte ist.«[3]

Im frühen Mittelalter hatten sich Christen und Juden darauf einzurichten, in Muslimen Menschen zu sehen, die mit der Verehrung des einen Gottes (Allah) einen starken kulturellen Impuls vermittelten, beispielsweise (ab 711) auf der Iberischen Halbinsel. Das im 11. Jahrhundert entstehende Kreuzzugsdenken auf der einen Seite und der nach Mitteleuropa (seit 1453) getragene »Heilige Krieg« (djihad) des Islam auf der anderen verhinderten jahrhundertelang ein einvernehmliches Miteinander der Nachfolger Christi und des Propheten Muhammad. Ganz zu schweigen von den bis heute anhaltenden kriegerischen Auseinandersetzungen zwischen Juden und Arabern in Palästina und Israel. Immerhin gab es Jahrhunderte vor Lessings »Nathan« Überlegungen für eine dialogische Begegnung der drei monotheistischen Religionen. Dafür spricht der in katalanischer und arabischer Sprache schreibende Ramon Lull (ca. 1232–1316). In seinem »Buch vom Heiden und den drei Weisen« (*Libre del gentil e de tres savis*) berichtet er von drei Gelehrten, einem Christen, einem Juden und einem Moslem, die vor den Toren einer Stadt einander freundlich begrüßen, sich an einen ruhigen Ort zum theologischen Dialog zurückziehen und nach einer humanen Lebensgestaltung suchen. Den jüdischen Gesprächspartner lässt Lull im Blick auf die Chancen für ein wechselseitiges Verstehen sagen: »*Die Hoffnung wird größer, wenn man einem Gott vertraut, der Herr aller Dinge ist; die Nächstenliebe wird größer, wenn man den einen Gott liebt, der unendlich in Güte, Größe usw. ist; beides wäre unmöglich, wenn es mehrere Götter gäbe oder einen Gott, der aus zwei oder drei Bestandteilen zusammengesetzt wäre.«*[4]

Unter dem Eindruck der Eroberung Konstantinopels durch die Türken (1453) schrieb Nikolaus von Kues, der große Cusanus (1401–1464), seinen Traktat über den Frieden im Glauben (De pace seu concordantia fidei), in dem er seinen Traum von der Überwindung der Unterschiede in den Religionen und Riten darlegte. In dieser frühen ökumenisch ausgerichteten, vom Geist einer die Grenzen des Christentums überschreitenden und irenisch geprägten Schrift lässt er eine Konferenz aller Religionsgemeinschaften und Nationen vor dem Angesicht Christi stattfinden. Zuversichtlich eingestellt, wendet er sich an die Güte Gottes wie an den Friedenswillen derjenigen Menschen, die sich mit Kampf und Streit ebenso wenig abfinden wollen wie mit den Gegensätzlichkeiten und Ausschließlichkeiten der Religionen. Da müsse es eines Tages einen Wechsel geben, den Anbruch einer Religion des Friedens:

»Alle werden erkennen, daß und wie es nur eine einzige Religion in der Mannigfaltigkeit von Übungen und Gebräuchen gibt. Wohl wird man diese Verschiedenheit von Übungen und Gebräuchen nicht abschaffen können, bzw. dies zu tun wird nicht förderlich sein, da die Verschiedenheit eine Vermehrung der Hingabe bringen mag, doch sollte es wenigstens – so wie Du, Gott, nur einer bist – nur eine einzige Religion und einen einzigen Kult von Gottesverehrung geben.«[5]

Ziel ist demnach, dass nur auf dem Weg der Offenbarung die Einsicht gewonnen werden kann, dass der Mannigfaltigkeit der religiösen Gebräuche die eine wahre Religion zugrunde liegt, auch wenn es oft an der hierfür erforderlichen Einsicht bei allen Beteiligten, bei Christen wie bei Nichtchristen, fehle – ein erstaunliches Wort aus der Feder eines katholischen Theologen des 15. Jahrhunderts! Dessen ungeachtet ist die Sehnsucht nach Einheit bzw. nach Einigkeit in einer versöhnten Verschiedenheit groß, wie sehr es auch an Verständnisfähigkeit und rückhaltloser Bereitschaft immer noch mangeln mag.

Was das unter wechselnden Aspekten anschaubare Thema der Ökumenik betrifft, so verlangt es heute eine neue Akzentuierung. *Oikumene* (von griech. *oikein*, wohnen) meinte im 5. vorchristlichen

Jahrhundert die ganze bewohnte Erde, zur Zeit des Neuen Testaments das rund um das Mittelmeer angeordnete Römerreich. Sieht man einmal davon ab, dass der Begriff in kirchlicher Sicht lange unterschiedlicher Deutung zugänglich war, z.b. bald als »ökumenisches Konzil« am Katholizismus, bald als »ökumenische Bewegung« in Protestantismus und östlicher Orthodoxie, und zwar unter Selbstausschluss der Katholiken, so kann es heute nicht mehr nur um innerkirchliche Sichtweisen gehen. Gemeint und zu fordern ist vielmehr eine Ökumene, die eine transkonfessionelle, die Religionsgrenzen überschreitende, nicht das Trennende, sondern die spirituell-ethische Geistesart betonende Lebens- und Glaubenshaltung wechselseitig respektiert.

Mission und Konversion

Insbesondere die großen monotheistischen Religionen Christentum und Islam sind angetreten, ihre Glaubensüberzeugungen anderen aufzudrängen, notfalls mit Feuer und Schwert, oft genug unter Durchsetzung wirtschaftlicher Interessen. Mit diesem Makel ist jedenfalls die christliche Mission seit Jahrhunderten behaftet. Zu einem nicht geringen Teil ist die heutige Dritte-Welt-Problematik zwar nicht durch das Christentum als solches, aber durch »christliche« Machthaber – nicht nur durch Kaufleute und Militärs! – mitverursacht, so unbestritten die karitativen Leistungen der europäischen und amerikanischen Kirchen aufs Ganze gesehen sein mögen: beispielsweise die Arbeit der ärztlichen Mission in aller Welt oder Bemühungen um soziale Gerechtigkeit bei der Überwindung von Elend, Not und Diffamierung von Angehörigen unterprivilegierter Massen.

Nicht jeder Religion ging und geht es um Proselytenmacherei. Wichtiger sind in der Tat Toleranz und tätige Nächstenliebe. Und wenn sich der 14. Dalai Lama auch nicht als Sprecher des Buddhismus versteht, so ist doch für viele Nachfolger Buddhas und für die, die auf ihn hören wollen, bedeutsam, was er einmal so ausdrückte: »*Ich bin nicht daran interessiert, andere Menschen zum Buddhismus zu konvertieren, sondern daran, wie wir Buddhisten in Übereinstimmung mit unseren eigenen Vorstellungen einen Beitrag in der menschlichen Gesellschaft leisten können.*«[6]

Und weil es grundsätzlich keinen Sinn mache, den Glauben zu wechseln und damit den geistig-kulturellen Boden zu verlassen, dem man existenziell verbunden sei, solle man in der Religion verbleiben, in die man hineingeboren worden ist. Selbst unter einem karmischen Gesichtspunkt sei diese Tatsache ernst zu nehmen. Jedermann könne gerade von da aus effektive Hilfe leisten, und zwar zusammen mit den Angehörigen anderer Frömmigkeitsformen. Hinzu kommen ausgesprochene spirituelle Gegebenheiten, die aus einem religiösen und damit überpersönlichen Grund beachtet werden müssen. Daher kommt seine Warnung, die bei einem Religionswechsel etwa zum tibetischen Buddhismus sich ergebenden psychisch-geistigen Umbrüche gering zu achten. Denn »die tibetischen göttlichen Wesenheiten *(devata)*, die in der Meditation visualisiert werden und Verdichtungen intensiverer Bewusstseinsebenen entsprechen, können nicht ohne weiteres in ein anderes geistiges Milieu übertragen werden. Diese Wesenheiten, ihre Symbole und Mandalas gehen über den individuellen Bereich hinaus, sie sind mit einem kollektiv geprägten Umfeld und ununterbrochenen Traditions- und Initiationsketten verbunden. Ohne entsprechende Kontinuität, vor allem ohne jahrelange unablässige Übungen, ist der Umgang mit derartigen Meditationsformen nicht sinnvoll, ja gefährlich.«[7] Zu bedenken ist daher, dass es nicht unproblematisch ist, wenn jemand von der bei uns noch dominierenden abendländischen rational-mentalen Bewusstseinsstruktur herkommt und diese – und damit sein Ich – preisgibt, um in eine vorrationale, prämentale Struktur einzutauchen. Jean Gebser und Ken Wilber haben dieses aktuelle Problem beleuchtet.[8]

Dennoch müssen tiefgehende Konversionen nicht ausgeschlossen sein. An Beispielen fehlt es nicht, wenngleich die Zahl derer, die damit einer existenziell begründeten Berufung gefolgt sind oder zu folgen vermögen, wesentlich kleiner sein dürfte, als gemeinhin angenommen. In seinen wiederholten Gesprächen mit dem Dalai Lama hat Michael von Brück Gesichtspunkte gewonnen, denen allgemeine Bedeutung zugesprochen werden kann.[9] So dürfe man *erstens* nicht aus Aggression oder Ablehnung gegenüber der eigenen Tradition die Religion wechseln, weil Anspruch und Wirklichkeit auf jeder Seite zu wünschen übrig lassen. Eine geringe Kenntnis des eigenen Glaubensgutes oder Mangel an der eigenen Glaubenspraxis bergen Gefahren für eine eventuell illusionäre Einschätzung der anderen Religion. – *Zweitens* liege viel daran, im inneren Kontakt mit der eigenen Herkunft zu bleiben und auf bloße äußerliche Anpassung an das neu angenommene Bekenntnis zu verzichten. Erinnert sei an dieser Stelle an jenes Wort Raimundo Pannikars, der von sich gesagt hat, er sei als Christ ausgezogen, in den Hinduismus eingetaucht, dann als Buddhist zurückgekehrt, jedoch habe er niemals sein Christsein preisgegeben. – *Drittens* dürfe ein Religionswechsel nicht dazu führen, dass man sich von der Gesellschaft, in der man mit den Seinen zusammenlebt und Verantwortung trägt, zurückzieht. Man soll die eigene Religion, aus der man kommt, weiterhin achten, auch wenn man sie aus Gründen der eigenen geistigen Praxis verlassen hat. Auch im Hinblick auf die Experimentierfreudigkeit vieler junger Menschen warnt der Dalai Lama davor, ständig neue Übungswege und Methoden auszuprobieren, da man auf diese Weise nie die Tiefen und das Ziel eines religiösen Weges ergründen kann; sondern man solle einen Weg, für den man sich bewusst entschieden hat, wirklich praktizieren und zu Ende gehen.

Die Rolle der Mystik

Riten und Gottesdienstformen, Lehre und Predigt der manifesten Religionen weisen in der Regel große Unterschiede auf. Farbenfrohe, von vielen Klängen erfüllte hinduistische Tempelfeste oder spektakuläre Äußerungen, wie sie z.b. vom römischen und südamerikanischen Katholizismus bekannt sind, werden einem calvinistisch geprägten, bildentfremdeten Protestanten befremdlich erscheinen und seinem Verstehen erhebliche Schwierigkeiten bereiten. Dagegen lassen sich Formen der meditativen Sammlung über die Konfessionsgrenzen hinweg sehr viel leichter miteinander vergleichen oder gar in Einklang bringen, da hier verwandte Erfahrung aufkeimt. Der mystisch gestimmte, auf ein esoterisches, d.h. ein inneres Erfassen des eigenen Glaubensgrundes zentrierte Mensch kann gemeinsame Erfahrungen mit ähnlich motivierten Andersgläubigen teilen, die mit einer exoterischen, d.h. einseitig nach außen gerichteten Frömmigkeit kaum vertraut sind, weil sich die hier gemeinte Esoterik und Exoterik auf dieselbe Glaubensbasis und dieselben Offenbarungsinhalte beziehen. (Religiöse Esoterik und Exoterik gehören ohnehin zusammen, insofern das »innen« Erfahrene und Erkannte der praktischen Umsetzung, einer Verleiblichung (Inkarnation) in Taten der Gestaltung und der Liebe bedarf.) So sind beispielsweise auch Za-Zen, das Sitzen im Geiste von Zen, und christliche Kontemplation als ein nichtgegenständliches Innesein kaum voneinander zu unterscheiden.

Dennoch darf man sich keiner Illusion hingeben oder einer spirituellen Nivellierung das Wort reden wollen, als stelle die Mystik der Religionen so etwas wie eine gleichmacherische Einheitsspiritualität dar. Mit anderen Worten: Religiöse Mystik ist niemals ein geistig-geistliches Abstraktum, beliebig abhebbar von dem Wurzelgrund, auf dem sie in einem geschichtlichen und wie jede Religion in einem konkreten sozio-kulturellen Rahmen gewachsen ist. Niemals geht es daher um eine Mystik »an und für sich«, so wenig es ein Innen oder eine »Esoterik an sich« geben kann, wie der vulgäre Sprachgebrauch weismachen möchte. Immer handelt es sich um die Mystik oder die Esoterik einer bestimmten Religion oder Glaubensanschauung.[10] Zugegeben: Menschen, die auf diese Weise nach der Sinnmitte ihres eigenen Glaubens und Lebens sowie nach dem Andersdenker fragen, haben mehr Aussicht, ein tiefer gehendes Verstehen zu gewinnen, als jene, die durch die offenkundigen Unterschiede der Worte und Riten irritiert werden.

Nicht zuletzt für einen mystisch orientierten Menschen ist es tief tragisch zu sehen, dass sich religiös eingestellte Menschen unterschiedlichen Glaubens seit Jahrhunderten buchstäblich mit Feuer und Schwert bekriegen, weil beide alleinige Besitzansprüche auf ein und dasselbe Fleckchen Erde – speziell auf Jerusalem mit seinem Tempelberg – erheben und weil beide nicht fähig sind, symbolisch zu denken, indem sie aus der Erkenntnis des Realsymbols »Jerusalem« zu einer religiösen und lebenspraktischen Gemeinsamkeit kommen. Müsste es nicht endlich möglich sein, dass die dort lebenden Menschen zur Einsicht gelangen, dass keiner von beiden nur einen geographisch bestimmbaren Ort meint, sondern eine spirituelle Realität. Diese mag unterschiedlicher Deutung fähig sein – für die Juden der Tempel des

Allheiligen, für die Muslime die Erinnerung an Muhammads Himmelfahrt. Der Mystiker bedarf als Jude oder als Muslim keiner äußeren Vergewisserung der archäologisch untersuchbaren Sachverhalte, weil der eine wie der andere auf seine Art der Gottesgegenwart inne werden kann, wo immer er lebt; geht es doch einzig darum, Gott »im Geist und in der Wahrheit« anzubeten. Vom folgenden prophetischen Wort Jesu (Joh. 3, 23 f) sollte ein Hinweis ausgehen, denn »es kommt die Zeit und ist schon jetzt«!

Angesichts dieser Tatsache sind seitdem auch Antworten auf die stets aktuelle Frage gegeben worden, was aus religionsgeschichtlicher Perspektive geschehen könne. Aus dem vielstimmigen Chor an dieser Stelle vorweg ein Wort des Religionsphilosophen Ernst Troeltsch (1865–1923): »Wir müssen nur lernen, die Religion immer liebevoller, immer freier von doktrinären, rationalistischen und systematisierenden Voraussetzungen zu betrachten und sie immer eingehender gerade an den charakteristischen, auffallenden religiösen Erscheinungen zu studieren. Dann enthüllt sich uns als tiefster Kern der religiösen Geschichte der Menschheit ein nicht weiter zu analysierendes Erlebnis, ein letztes Urphänomen. Es gilt also zuletzt und vor allem das Ziel oder doch die Zielrichtung der Religionsgeschichte zu finden in einer besonders stark und rein ausgeprägten konkreten Religiosität.«[11]

In der Tat existiert unter der äußeren Vielgestalt eine überraschende Gemeinsamkeit im Geist. Es ist eine Gemeinsamkeit, die verbindet, was dem Augenschein nach differiert.

Von daher ergibt sich für Gegenwart und Zukunft die große Bedeutung mystisch-meditativer Praxis als unverzichtbare Voraussetzung für die Begegnung der Religionen. Kein kontemplativ gestimmter Mensch kann auf seinem Innenweg davon absehen, ob sein Leben beispielsweise in den Lebensorganismus des Weinstocks Christus eingebettet ist oder ob er dem Pfad Buddhas folgt und den Maitreya-Buddha am Ende der Tage bzw. dieser Epoche erwartet. Oder auf das Beieinander von Zen und christlicher Mystik bezogen, so können beide – nach einem Wort des Zen-erfahrenen irischen Jesuiten William Johnston – »philosophisch und phänomenologisch in die gleiche Kategorie eingeordnet werden, aber nicht theologisch. Das bedeutet allerdings nicht, daß sie phänomenologisch ganz gleich sind. Erfahrungen, die sich theologisch unterscheiden, können phänomenologisch nicht identisch sein. Aber sie sind sich ähnlich genug, um sie zur selben Gattung zählen zu können. So ist der Weg für einen Dialog gebahnt, der nicht von gemeinsamen Lehren, sondern von gemeinsamen Erfahrungen ausgeht«.[12]

Weltethos im Dialog

Es spricht gewiss für den großen Reichtum des menschlichen Geistes, dass er seit Beginn der kulturellen Entwicklung sein Erleben der Welt durch vielfältige Sinnzeichen und Symbole dargestellt hat. Die Religionen verkörpern jeweils Komplexe solcher Symbolbildungen. Sie reichen von archaischen, vorliterarischen Ausformungen über ein formenreiches rituelles und sakramentales Leben bis zu differenzierten Ausgestaltungen eines spirituellen Lebens in den Hochreligionen. Alle künstlerischen Ausdrucksmöglichkeiten wussten die Menschen in den Dienst der Anbetung und Gottesverehrung zu stellen. Es gibt somit ein Kontinuum, das auf den verschiedenen Stufen der menschlichen Bewusstseinsentfaltung seine jeweils adäquate Weise der Darstellung gefunden hat.

Zur sinnfälligen, sinntragenden Darstellung traten das deutende Wort und die heilige Schrift, das festlegende Dogma und das verpflichtende Gebot. Was die Menschen einer bestimmten Glaubensüberlieferung zusammenschließt, das verursacht gleichzeitig Unterschiede gegenüber Andersgläubigen, deren Bilder und Zeichen der Deutung bedürfen, auch solcher, die befremden und gegebenenfalls Anlass sind, auf Distanz zu gehen, im äußersten Fall: zum »Kreuzzug« und zum »heiligen Krieg« aufzurufen. Was den einen heilig ist, empfinden andere als Ursache zu Widerspruch oder gar zur Kampfansage gegen angebliche Blasphemie oder Glaubenslosigkeit. Beispiele hält die Geschichte, namentlich der monotheistischen Religionen, in Fülle bereit. Dazu kommt noch die innerreligiöse Geschichte der Ketzervernichtung. Wieder können die abrahamitischen Religionen, insbesondere Christentum und Islam, den zweifelhaften Ruhm für sich verbuchen, eine mit Blut geschriebene Ketzergeschichte ihr eigen zu nennen.

Groß sind auf der anderen Seite die Probleme der Menschheit: Hunger, alle Formen der Aggressivität und der Zerstörungswut, soziale Not und Ungerechtigkeit, Bildungsmangel, daraus resultierende Überbevölkerung. Übergroß muten gleichzeitig die Probleme des geschundenen und auf ungeheure Weise bedrohten Organismus Erde an (also nicht nur einer eng begrenzten »Umwelt«)! Abgesehen von den oft divergierenden religiösen Lehren und den nicht miteinander in Einklang zu bringenden rituellen Praktiken kommt es – ein Wort von Karl Marx variierend – nicht länger darauf an, diese Wirklichkeit immer wieder von neuem theologisch zu »interpretieren«, sondern sie kreativ und verantwortungsbewusst zu »verändern«. Deshalb sind alle jene geistigen und praktischen Anstrengungen im religiösen Miteinander von aktueller Bedeutung, die, der Parole Hans Küngs folgend, an das zu erarbeitende »Weltethos« erinnern, zumal der vielfältig gestörte Weltfriede nur durch einen universellen Religionsfrieden erreicht werden kann.

Den offenkundigen lehrmäßigen *Divergenzen* der Völker und Kulturen, insbesondere der Religionen, stehen nicht minder deutlich aufweisbare *Konvergenzen* gegenüber. Sie ergeben sich aus dem Willen zum Leben in einem Weltzusammenhang, denn die Glieder wollen leben, auf allen Ebenen von Bios und Psyche. Dieser Lebenswille, von Henri Bergson als Lebensschwung (*élan vital*) beschrieben, von Albert Schweitzer als »Ehrfurcht vor dem Leben« ausgewiesen, bedarf – und das wird heute mit größter Dringlichkeit erkannt – eines unverzichtbaren ethischen Postulats.

In diesem Zusammenhang sind die Religionen der Welt nicht allein Systeme von Sinngebungen und Heilswahrheiten, die in einem Wettstreit gegeneinander zu halten sind. Jede Religion, die den Anspruch erheben kann, dem Heiligen zu dienen und die Gegenwart des Ganz-Anderen innewerden zu lassen, antwortet in ganzheitlicher Weise auf die Grundfragen menschlicher Existenz. Sie verstärken das Bewusstsein der Teilhabe an dem Transpersonalen und geben neue Impulse. Anders ausgedrückt: »Die Religionen weisen den Menschen auf Wege hin, die zur Aussöhnung mit sich selbst und den anderen Menschen, zum Frieden mit der natürlichen Umwelt und zur Versöhnung mit Gott führen. Sie suchen in der eigenen Tradition das von der Religion geprägte kulturelle Lebensmodell, mit dem sie sich identifizieren und ein ausgesöhntes Leben führen können. Zugleich halten sie über die Grenzen einer gefestigten Identität hinaus Ausschau nach einer *gemeinsamen* Grundlage, nach einem *gemeinsamen* Grundwertesystem zum Aufbau der einen Welt und zur Gestaltung einer Universalkultur der Menschheit.«[13]

Herausgebildet hat sich ein Kanon von Grundüberzeugungen, der zum Gespräch über die jeweiligen dogmatischen Grenzen und ideologischen Zäune hinweg aufruft. Denn mit Blick auf all die Menschen unterschiedlicher Glaubensformen und spiritueller Erfahrungsweisen bedarf der einer jeden Kreatur eingeborene Lebenswille noch einer besonderen existenziellen Stütze. Martin Buber hat sie die »dialogische Unmittelbarkeit zwischen den Menschen« genannt und als die »Hoffnung für diese Stunde« bezeichnet. Das ist mehr als nur ein Dialog zwischen den Angehörigen einzelner Religionen, bei dem man lediglich Standpunkte fixiert, Meinungen austauscht oder formelle Übereinkünfte trifft. Deshalb Bubers Appell:

»Laßt uns über die drängende Not, die Angst und Sorge dieser Stunde hinausgehen, laßt uns diese Not in dem Zusammenhang des großen Menschenweges sehen, und wir werden erkennen: Nicht zwischen Mensch und Mensch allein, sondern zwischen dem Wesen Mensch und dem Urgrunde des Seins ist die Unmittelbarkeit verletzt worden. Im Innersten des Widerstreits von Mißtrauen und Vertrauen zum Menschen birgt sich der Widerstreit zwischen Mißtrauen und Vertrauen zur Ewigkeit. Gerät es unserem Mund, wahrhaft Du zu sagen, dann haben wir, nach langem Schweigen und Stammeln, *unser ewiges Du* von neuem angesprochen. Versöhnung wirkt Versöhnung.«[14]

Anhang

Anmerkungen

Einleitung

1 Vitezslav Gardavsky: Gott ist nicht ganz tot. Betrachtungen eines Marxisten über Bibel, Religion und Atheismus. München 1968.
2 Dorothee Sölle: Die Stellvertretung. Ein Kapitel Theologie nach dem ›Tode Gottes‹. Stuttgart 1965.
3 Dorothee Sölle: Die Hinreise. Zur religiösen Erfahrung. Stuttgart 1975.
4 Ernst Benz: Über die Schwierigkeit des Verstehens fremder Religionen, in: Geist und Werk. Zum 75. Geburtstag von Daniel Brody. Zürich 1958, S. 247.
5 Schleiermacher: Über die Religion. Reden an die Gebildeten unter ihren Verächtern (1799). Stuttgart 1969, S. 96 und 82 (RUB 8313).
6 Projektionen in dem hier gemeinten Sinn liegen bereits vor, wenn man beispielsweise im jüdisch-christlichen Zusammenhang geprägte Begriffe wie »Heil, Erlösung, Vergebung, Sünde, Gnade« auf hinduistische oder buddhistische Gegebenheiten überträgt, die vor einem ganz anderen weltanschaulichen Horizont entstanden sind. Entsprechendes gilt für die Übertragung von dort nach hier. Vgl. Friso Melzer: Unsere Sprache im Licht der Christusoffenbarung. Tübingen 1952. – Ders.: Gott oder Götze? Grundfragen evangelischer Religionswissenschaft. Neuhausen-Stuttgart 1983.
7 Mircea Eliade: Die Sehnsucht nach dem Ursprung. Wien 1973, S. 9.
8 Rudolf Otto: Das Heilige. Über das Irrationale in der Idee des göttlichen und sein Verhältnis zum Rationalen (1917). München 1979, S. 6 f.
9 Karlfried Graf Dürckheim: Im Zeichen der Großen Erfahrung. München 1974. Ders.: Überweltliches Leben in der Welt. Der Sinn der Mündigkeit. Weilheim 1968, S. 118 ff.
10 Rudolf Otto in: Christliche Welt, Jahrg. 25 (1911), S. 709, zit. bei Hans G. Kippenberg: Theologie und Religionswissenschaft. Überlegungen zum 100. Geburtstag von Rudolf Otto am 25.9.1969, in: Deutsches Pfarrerblatt, 69. 1969, S. 586.
11 Raimundo Panikkar, in: Michael von Brück (Hrsg.): Dialog der Religionen. Bewußtseinswandel der Menschheit. München 1987, S. 140.
12 Günter Lanczkowski: Die heilige Reise. Auf den Wegen von Göttern und Menschen. Freiburg 1982. – Udo Tworuschka: Sucher, Pilger, Himmelsstürmer. Reisen im Diesseits und Jenseits. Stuttgart 1991.

Teil 1 Die abrahamitischen Religionen

Kapitel 1 Das Judentum
Israels Gang durch die Geschichte

1 Martin Buber: Moses (1944). Heidelberg 3.Aufl. 1966, S. 28 f.
2 Leo Baeck: Das Wesen des Judentums. Frankfurt 1922, S. 275 f.
3 Emmanuel Lévinas, zit. in Bernhard G. F. Taureck: Emmanuel Lévinas – zur Einführung. Hamburg 1997, S.16 f.
4 Sabatino Moscati: Geschichte und Kultur der semitischen Völker. Stuttgart 1953, S. 109. Vgl. H.H. Ben-Sasson (Hrsg.) Geschichte des jüdischen Volkes. Bd. I. Von den Anfängen bis zum 7. Jahrhundert. München 1978, S. 35 ff.
5 Unter Israeliten sind die Mitglieder des alten Gottesvolkes Israel zu verstehen, während als Israeli die Bürger des heutigen, seit 1948 bestehenden Staates Israel gelten, die religiös betrachtet zum weitaus größeren Teil aus Juden bestehen, zum kleineren Teil aus Angehörigen anderer Religionen oder Weltanschauungen, vor allem Muslime und Christen.
6 Otto Kaiser: Altes Testament – Vorexilische Literatur, in: Theologie und Religionswissenschaft. Hrsg. Ulrich Mann. Darmstadt 1973, S. 257.
7 Exodus 20,4 f: »Du sollst dir kein Bildnis noch irgend ein Gleichnis machen, weder des, das oben im Himmel, noch des, das unten auf Erden, oder des, das im Wasser unter der Erde ist. Bete sie nicht an und diene ihnen nicht.«
8 Die Zeitangaben folgen – sofern nicht anders angegeben – denen, von Religion in Geschichte und Gegenwart, 3.Aufl. Tübingen 1959, Band III, Sp. 978 ff.
9 Friedrich Nietzsche: Jenseits von Gut und Böse 52, in: Ders. Werke in drei Bänden, hrsg. von Karl Schlechta. München 1966, Band II, S. 614 f.
10 Hartmut Schmökel: Heilige Hochzeit und Hoheslied. Wiesbaden 1956. – Gerhard Wehr: Heilige Hochzeit. Symbol und Erfahrung menschlicher Reifung. München 1986.
11 Michael Wise u.a.: Die Schriftrollen vom Qumran. Übersetzung und Kommentar. Hrsg. von Alfred Läpple. Augsburg 1997. – Hartmut Stegemann: Die Essener, Qumran, Johannes der Täufer und Jesus. Freiburg 1993.
12 Die masoretische Bibel verweist auf die Masora (Überlieferung), d.h. auf die traditionelle Gestalt des Bibeltextes. Dieser wurde von jüdischen Gelehrten, den Masoreten, im 7. bis 10. Jahrhundert teils in Palästina, teils in Babylonien hergestellt, mit den heute üblichen Vokalzeichen sowie mit Abschnitteinteilungen versehen.
13 Günter Sternberger: Geschichte der jüdischen Literartur. Eine Einführung. München 1977, S. 43 f.
14 Martin Buber: Die Schrift und ihre Verdeutschung, in: Werke, 2. Band. Schriften zur Bibel. Heidelberg-München 1964, S. 1185 f.
15 Berühmt geworden ist die Geniza von Fostat (Kairo), in der u.a. 100 000 Fragmente der hebräischen Bibel »bestattet« worden sind. Da sich Teile von alten und ältesten Bibelhandschriften darunter befanden, wurde dieser Aufbewahrungsort für die moderne Bibelforschung wichtig.
16 Leo Hirsch. Jüdische Glaubenswelt. Gütersloh 1962, S. 24.
17 Diese Übersetzung Bubers in Psalm 1 erinnert an den vernehmbaren, also laut sprechenden bzw. murmelnden Umgang mit dem »Gesetz«, während Luthers

ANMERKUNGEN

Übersetzung (»er redet von seinem Gesetz Tag und Nacht«) unzutreffende Assoziationen von einem bloßen »darüber-reden« weckt.
18 Hans Joachim Schoeps (Hrsg.): Jüdische Geisteswelt. Darmstadt 1953, S. 35.
19 Günter Stemberger: Der Talmud. Einführung, Texte, Erläuterungen. München 1982, S. 30 ff.
20 Emanuel bin Gorion, in: Geschichten aus dem Talmud. Frankfurt 1966, S. 15.
21 Diese Gedanken hat Albert H. Friedlander, Oberrabbiner und Leiter des Leo-Baeck-Instituts in London in: Evangelische Kommentare, Stuttgart, Nr. 2/2000, S. 23 ff. unter Berufung auf Martin Buber und Leo Baeck dargelegt.
22 Gerhard Wehr: Esoterisches Christentum. Von der Antike zur Gegenwart. 2.erweiterte Auflage Stuttgart 1995. – Ders.: Kabbala. Kreuzlingen 2002.
23 Gershom Scholem: Die Geheimnisse der Schöpfung. Ein Kapitel aus dem Sohar. Berlin 1935, S. 6. – Ders.: Die jüdische Mystik in ihren Hauptströmungen. Frankfurt 1957.
24 David S. Ariel: Die Mystik des Judentums. (Darin Karl Erich Grözinger: Formen jüdischer Mystik, S. 7–31). München 1993. – Der Chassidismus. Beiträge einer Tagung der Evangelischen Akademie Baden in Bad Herrenalb 1994. (Darin: Gerhard Wehr: Der Chassidismus in Leben und Werk Martin Bubers, S. 107 – 126). Karlsruhe 1996.
25 Jehuda Halevis Hymnen und Gedichte übertrug Franz Rosenzweig ins Deutsche. Halevis Zionslied übersetzte bereits Herder.
26 Ders. zit. in: Jüdischer Glaube. Hrsg. von Kurt Wilhelm. Bremen 1961, S. 131.
27 Martin Buber: Die Chassidische Botschaft. Heidelberg 1952, S. 13.
28 Vgl. Norbert M. Samuelson: Moderne jüdische Philosophie. Eine Einführung. Reinbek 1995, S. 134 ff.
29 Julius Guttmann: Philosophie des Judentums. München 1933, S. 345 ff.
30 Franz Rosenzweig: Der Stern der Erlösung. Mit einer Einführung von Reinhold Mayer und einer Gedenkrede von Gershom Scholem. Frankfurt 1988.
31 Gerhard Wehr: Martin Buber in Selbstzeugnissen und Bilddokumenten. Reinbek 1968 (Rowohlt Monographie 147). – Ders.: Martin Buber. Leben, Werk, Wirkung. Zürich 1991.
32 Schmarya Levin: Kindheit im Exil. Berlin 1935, S. 87, zit. bei Leo Prijs: Begegnung mit dem Judentum. Freiburg 1985, S. 13 f..
33 Leo Prijs a.a.O., S. 15 f.
34 Pinchas Lapide: Er wandelte nicht auf dem Meer. Ein jüdischer Theologe liest die Evangelien. Gütersloh 1984, S. 51–86.
35 Ders. a.a.O. S. 60 f.
36 Achtzehn-Gebet, wiedergegeben in: Du unser Vater. Jüdische Gebete für Christen, Hrsg. von Pnina Navé. Freiburg 1975, S. 97 ff.
37 Leo Hirsch: Jüdische Glaubenswelt, S. 49.
38 Ders. a.a.O. 52 ff.
39 Leo Trepp: Die Juden. Volk, Geschichte, Religion. Reinbek 1987, S. 190.
40 Gershom Scholem: Sabbatai Zwi. Der mystische Messias. Frankfurt 1992.
41 Salcia Landmann: Jüdischer Sexualmessianismus von Sabbatai Zwi bis Herbert Marcuse, in dies.: Der ewige Jude. München 1974, S. 144 ff.
42 Gershom Scholem: Zum Verständnis der messianischen Idee im Judentum, in: Ders.: Judaica I. Frankfurt 1963, S. 73.
43 Martin Buber: Zwei Glaubensweisen (1950), in: Werke I. Schriften zur Philosophie. München-Heidelberg 1962, S. 657.

Anhang

44 Pnina Navé in: Du unser Vater (wie Anmerkung 47, S. 82).
45 Der französische Generalstabsoffizier Alfred Dreyfus wurde des Hochverrats verdächtigt, degradiert und zu lebenslänglicher Verbannung nach Cayenne, der Teufelsinsel, verurteilt. Der jahrelang währende Prozeß, der Einblick in die antisemitischen Machenschaften gewährte und den Theodor Herzl als Pariser Berichterstatter der »Neuen Freien Presse«, Wien, verfolgte, endete mit der völligen Rehabilitierung des Verurteilten.
46 Hans Julius Schoeps in: Zionismus, Hrsg. von H.J. Schoeps. München 1973, S. 17.
47 Theodor Herzl zit. bei H.J. Schoeps: Zionismus, S. 19.
48 Leo Baeck: Geheimnis und Gebot, in: Jüdischer Glaube, Hrsg. von Kurt Wilhelm, S. 487.
49 Ein Musterbeispiel stellt jene Übersetzung dar, die bis in die Abendmahlsliturgie hinein seit Jahrhunderten verwendet wird, wo es heißt: »In der Nacht, in der er (Jesus) verraten wurde.« Die im griechischen Urtext mehrfach verwendete Vokabel heißt *paradidónai* bzw. *paradídom*« (ich gebe dahin, ich liefere aus) steht in einem Kontext, der gerade nicht den »Verrat« des Judas als das ausschließliche Handeln des Menschen zum Inhalt hat, sondern Vorsehung und Willen Gottes (Mark. 9, 31): »Der Menchensohn wird überliefert in Menschenhände. Überliefert aber in ihre Hände wird er durch Gott, der ihn preisgibt.« (Walter Grundmann: Das Evangelium nach Markus. Theologischer Handkommentar zum Neuen Testament. Berlin 1968, S. 193). Es müsste anstelle des Judas-Verrats eine Übersetzung gewählt werden, die deutlich macht, dass die menschliche Untat letztlich in der Absicht und im Willen Gottes lag.– Gerhard Wehr: Judentum. Kreuzlingen – München 2001, S. 83 ff.

Kapitel 2   Das Christentum
Gottesoffenbarung in Menschengestalt

1 C.G. Jung: Aion, in: Gesammelte Werke. Olten 1977, Bd. 9, II, S. 46 f. Vgl. Gerhard Wehr: Tiefenpsychologie und Christentum – C.G. Jung. Augsburg 1990, S. 7 ff.
2 Edward Schillebeeckx: Der Lebensweg des Jesus bezeugt als der Christus, in: Marcel Messing (Hrsg.): Von Buddha bis C.G. Jung. Olten-Freiburg 1990, S. 181. – Vgl. Schillebeeckx: Jesus, die Geschichte eines Lebenden. Freiburg 1978.
3 Martin Luther: Kleiner Katechismus (1529).
4 Ernst Benz: Beschreibung des Christentums. München 1975, S. 11.
5 Gerhard Wehr: Esoterisches Christentum (1975). Stuttgart 1995.
6 Aurelius Augustinus: De vera religione – Von der wahren Religion. XXXIX, 72. Stuttgart 1983, S. 123.
7 Johann Arndt: Vier Bücher vom wahren Christentum (1610).
8 Rudolf Bultmann: Jesus (1926). München-Hamburg 1964, S. 10.
9 Gerd Theissen: Der historische Jesus. Göttingen 1997, S. 159.
10 Günter Sternberger: Das klassische Judentum. Kultur und Geschichte der rabbinischen Zeit. München 1979, S. 208.
11 Heiligenthal, Roman: Der verfälschte Jesus. Eine Kritik moderner Jesusbilder. Darmstadt 1999.
12 Gerd Theissen: Der Historische Jesus. Ein Lehrbuch. Göttingen 2. Aufl. 1997, S. 91.

13 Vgl. die einschlägigen Evangelienkommentare zur Stelle.
14 Der heutige Sprachgebrauch »pharisäisch« oder »pharisäerhaft« drückt lediglich den negativen Aspekt aus, den Jesus im Evangelium anprangert. Ursprünglich zeichneten sich Pharisäer (Fromme) durch ihre ethischen wie religiösen Qualitäten aus.
15 Elaine Pagels: Versuchung durch Erkenntnis. Die gnostischen Evangelien. Frankfurt 1981, S. 40 ff.
16 Ben-Chorin, Schalom: Bruder Jesus. Der Nazarener in jüdischer Sicht. München 1967, S. 120 ff.
17 Rudolf Meyer: Die Wiedergewinnung des Johannesevangeliums. Stuttgart 1962, S. 263 f. und 296. – Alfons Rosenberg: Das Experiment Christentum. Umrisse einer künftigen Christenheit. München 1969, S. 95 ff. – Ders.: Jesus der Mensch. München 1986, S. 48 ff.
18 Josef Rupert Geiselmann: Jesus der Christus. Erster Teil: Die Frage nach dem historischen Jesus. München 1965, S.237.
19 Günter Bornkamm: Jesus. Stuttgart 1957, S. 75.
20 Christian Wolff: Der erste Brief des Paulus an die Korinther, II. Teil. Theologischer Handkommentar zum Neuen Testament. Berlin 1982, S. 153 ff.
21 Leonhard Goppelt: Die apostolische und nachapostolische Zeit, in: Die Kirche in ihrer Geschichte, Bd. I, A. Göttingen 1962, S. 8.
22 Vgl. Martin Dibelius: Die Botschaft von Jesus Christus. München-Hamburg 1967, S. 114 f.
23 Martin Buber: Zwei Glaubensweisen, in: Werke. Erster Band, Schriften zur Bibel. München-Heidelberg 1962. – Vgl Alfons Rosenberg: Experiment Christentum, S. 175 ff: »Wer aber wirft Paulus heraus?«
24 Gerhard Wehr: Esoterisches Christentum (1975). Stuttgart 1995, S 41 – 59.
25 Hans Küng: Große christliche Denker. München 1994, S. 38 ff.
26 Hierzu u.a. Emil Bock: Das Evangelium. Betrachtungen zum Neuen Testament. Stuttgart 1984, S. 45 ff.; 633 ff. u.ö. – Christoph Rau: Struktur und Rhythmus im Johannes-Evangelium. Stuttgart 1972. – Ders.: Das Matthäus-Evangelium. Stuttgart 1976.
27 Umstritten ist vor allem die Datierung des Johannes-Evangeliums, das lange mehrheitlich als die jüngste Evangelienschrift (ca. 90 entstanden) angesehen wurde. Dagegen neuerdings u.a. Klaus Berger: Am Anfang war Johannes. Stuttgart 1977.
28 Oscar Cullmann: Einführung in das Neue Testament. München 1968.
29 Joachim Jeremias: Unbekannte Jesusworte. Gütersloh, 3.Aufl. 1963.
30 Es handelt sich um das aus der zweiten Hälfte des zweiten Jahrhunderts stammende, vom 1750 verstorbenen Bibliothekar Ludovico Antonio Muratori in der Ambrosianischen Bibliothek in Mailand aufgefundene erste Kanonverzeichnis zum Neuen Testament. Es ist lateinisch abgefasst und erkennt unsere vier Evangelien bereits als kanonisch an, 13 Paulusbriefe und die Apostelgeschichte.
31 Adolf von Harnack: Marcion. Das Evangelium vom unbekannten Gott. – Neue Studien zu Marcion (1924). Darmstadt 1960.
32 Oscar Cullmann (wie Anmerkung 89) S. 145.
33 Hennecke-Schneemelcher (Hrsg.): Neutestamentliche Apokryphen. I/II. Tübingen 1959 ff. – Gerd Lüdemann – Martina Janßen (Hrsg.): Bibel der Häretiker. Die gnostischen Schriften aus Nag Hammadi.Stuttgart 1997.
34 Schriften des Urchristentums. I/III. Darmstadt 1964 ff. – Berdhold Altaner: Patrologie. Leben, Schriften und Lehre der Kirchenväter. Freiburg 6. Aufl. 1960 u.ö.

ANHANG

35 Kurt Frör: Biblische Hermeneutik. München 1964. – Henning Graf Reventlow: Epochen der Bibelauslegung. Bd. I. Vom Alten Testament bis Origenes. München 1990. – Henri de Lubac: Geist aus der Geschichte. Das Schriftverständnis des Origenes. Einsiedeln 1968.
36 Gerhard Wehr: Wege zu religiöser Erfahrung. Analytische Psychologie im Dienste der Bibelauslegung. Eine Anregung. Darmstadt 1974. – Eugen Drewermann: Tiefenpsychologie und Exegese, I/II. Olten-Freiburg 1984 ff.
37 C.G. Jung: Antwort auf Hiob, in Ges. Werke XI, S. 496 f.
38 Otto Kuss / Hans Jürgen Schultz: Hat Jesus die Kirche eigentlich gewollt?, in: Kontexte 4. Stuttgart 1967, S. 15–34.
39 Für das im lateinischen Urtext stehende griechische Fremdwort ›catholicam‹ fand man noch keine für Protestanten und Katholiken gemeinsame Verdeutschung. Die Katholiken sagen: »heilige katholische Kirche«
40 Die Barmer Theologische Erklärung. Einführung und Dokumentation, Hrsg. von Alfred Burgsmüller und Rudolf Weth. Neukirchen-Vluyn 1983.
41 Ernst Benz: Beschreibung des Christentums. München 1975, S. 288 ff. – Gerhard Wehr: Esoterisches Christentum. Von der Antike bis zur Gegenwart (1975). Stuttgart 1995.
42 Georg Schmid: Die Mystik der Weltreligionen. Stuttgart 1990. – Gerhard Wehr: Europäische Mystik – zur Einführung. Hamburg 1995. – Ders.: Mystik im Protestantismus. Von Martin Luther bis zur Gegenwart. München 2000.
43 Paul F. Knitter: Die Einzigartigkeit Jesu in einer Befreiungstheologie der Religionen, in: Wandel und Bestand. Denkanstöße zum 21. Jahrhundert (Festschrift für Bernd Jaspert) Hrsg. von Helmut Gehrke u.a. Paderborn 1995, S. 323 ff. – P.W. Knitter: Ein Gott, viele Religionen. Gegen den Absolutsheitsanspruch des Christentums. München 1988.
44 Franz Furger: Ethos des Christentums, in: Das Ethos der Weltreligionen, Hrsg. von Adel Th. Khoury. Freiburg 1993, S. 172.

Kapitel 3   Der Islam
Allah als autoritärer Allerbarmer

1 R.J. Zwi Werblowsky: Krisenbewußtsein und Zukunft der Religion. Zukunft der Menschheit, Dialog der Religionen, in: Hoffnung in der Überlebenskrise? Graz-Wien-Köln 1979, S. 138 f.
2 Burchard Brentjes: Die Mauren. Der Islam in Nordafrika und Spanien. Leipzig-Wien-Darmstadt 1989.
3 Gerhard Wehr: Thomas Müntzer in Selbstzeugnissen und Bilddokumenten. Reinbek 1971 u.ö.
4 W. Montgomery Watt, Alford T. Welch: Der Islam I, S. 17–38.
5 Henry Corbin: Über die philosophische Situation der Schiitischen Religion, in: Antaios, Band V. Stuttgart 1964, S. 177 ff.
6 S.H. Nasr: Die Erkenntnis des Heiligen. München 1990; vgl. Titus Burckhardt: Spiegel der Weisheit. München 1992. Zu verweisen ist u.a. auch auf die Arbeiten von René Guenon. Hierzu Gerhard Wehr: Spirituelle Meister des Westens. München 1995, S. 147 ff.

7 Henri Lammens S.J. zit. in: Mohammed für Christen. Eine Herausforderung. Eingeleitet von M.S. Abdullah. Freiburg 1984, S. 16.
8 Salman Rushdie: The Satanic Verses (Die satanischen Verse). London 1988; deutsch: 1990.
9 Monika und Udo Tworuschka: Denkerinnen und Denker der Weltreligionen im 20. Jahrhundert. Gütersloh 1994, S. 91–97.
10 Reinhart Hummel: Religiöser Pluralismus oder christliches Abendland. Darmstadt 1994, S. 144.
11 Seyyed Hossein Nasr: Der Islam, in: Arvind Sharma (Hrsg.): Innenansichten der großen Religionen, S. 390.
12 Vgl. Anton Schall, in: Theologische Realenzyklopädie, Bd. 16, S. 316.
13 Geo Widengren: Mani und der Manichäismus. Stuttgart 1961. – Ders. (Hrsg.): Der Manichäismus. Darmstadt 1970. – Ludwig Koenen / Cornelia Römer (Hrsg.): Mani. Auf der Spur der verschollenen Religion. Freiburg 1993.
14 Seyyed Hossein Nasr: Ideal und Wirklichkeit des Islam. München 1993, S. 80.
15 Bericht und Zitate erfolgen nach W.M. Watt: Islam I, S. 53.
16 W. M. Watt: Islam I, S. 144 f.
17 Zit. bei Annemarie Schimmel: Und Muhammed ist sein Prophet, S. 238.
18 W.M. Watt: Islam I, S. 142.
19 Zit. bei Annemarie Schimmel: Und Muhammed ist sein Prophet. S. 139 f.
20 S.H. Nasr: Ideal und Wirklichkeit des Islam, S. 87.
21 S.H. Nasr: »Islam«, in: Innenansichten der großen Religionen, S. 392.
22 R. Paret: Mohammed und der Koran. Stuttgart 1957, S. 51, zit. bei Paul Schwarzenau: Der größere Gott. Christentum und Weltreligionen. Stuttgart 1977, S. 107.
23 Tilman Nagel: Der Koran. Einführung, Texte, Erläuterungen. München 1983, S. 16.
24 A. Th. Khoury in: Islam-Lexikon. Freiburg 1991, Bd. II, S. 457.
25 Henry Corbin: Die Verinnerlichung des Sinns in der Hermeneutik der iranischen Sufistik, in: Eranos-Jahrbuch Band XXVI. Zürich 1958, S. 57–188; 511 ff.
26 Textbeispiele in: Emile Dermenghem: Mohammed. Reinbek 1992, S. 110 ff.
27 S.H. Nasr, in: Innenansichten der Religionen, S. 431.
28 Peter Heine, in: Islam-Lexikon, Bd. II, S. 305 f.
29 Adel Theodor Khoury: Gebete des Islams. Mainz 1981.
30 John A. Williams: Der Islam. Genf 1973, S. 161.
31 Ders.: Das Ethos der Weltreligionen. Freiburg 1993, S. 174–208.
32 W.M. Watt / Michael Marmure: Der Islam II, S. 459.
33 H.S. Nasr: Ideal und Wirklichkeit des Islam, S. 178.
34 Valentin Tomberg: Lazarus komm heraus. Basel 1985, S. 106.
35 Henry Corbin: Über den zwölften Imam, in: Antaios, Bd. II, S. 85.
36 Rudolf Frieling: Christentum und Islam. Der Geisteskampf um das Menschenbild. Stuttgart 1977, S. 127.
37 Ernst Benz: Ecclesia spiritualis. Kirchenidee und Geschichtstheologie der franziskanischen Reformation (1934). Darmstadt 1964. – Gerhard Wehr: Esoterisches Christentum. Stuttgart (1975) 1995, S. 162–168.
38 Henry Corbin: Der geistige Kampf des Schiismus, in: Eranos-Jahrbuch XXX. Zürich 1962, S. 69 – 125; 333 – 337.
39 H.S. Nasr: Ideal und Wirklichkeit des Islam, S. 146.
40 Annemarie Schimmel: Mystische Dimensionen des Islam. München 1992, S. 34.

Anhang

41 Dies. a.a.O. 149.
42 Dies. a.a.O. 148.
43 Zit. a.a.O. 217.
44 Annemarie Schimmel a.a.O. 238 ff.
45 Dies. 242 f.
46 Al-Halladsch: O Leute, rettet mich vor Gott. Texte zum Nachdenken, ausgewählt, übersetzt und eingeleitet von Annemarie Schimmel: Freiburg 1995.
47 Annemarie Schimmel, in: Gärten der Erkenntnis. Texte aus der islamischen Mystik. Düsseldorf-Köln 1982, S.42 f.
48 Zit. bei Annemarie Schimmel: Rumi. Ich bin Wind und du bist Feuer. Düsseldorf-Köln 1978, S. 44 f.
49 Al-Ghazzali zit. a. a. O. 77.
50 S. H. Nasr, zit. bei Annemarie Schimmel (wie Anmerkung 144), S. 370. – Henry Corbin: Die smaragdene Vision. Der Licht-Mensch im persischen Sufismus. München 1989.
51 Annemarie Schimmel: Gärten der Erkenntnis, S. 13.
52 S.H. Nasr., in: Arvind Sharma (Hrsg.): Innenansichten der Religionen, S. 536.
53 Annemarie Schimmel: Rumi, S. 45.

Teil 2 Die indischen Religionen

Kapitel 4 Der Hinduismus
Seine vielgestaltige Religionswelt

1 Sarvapalli Radhakrishnan: Weltanschauung der Hindu. Baden-Baden 1961, S. 6.
2 Monika Thiel-Horstmann: Guru Nanak und der Sikhismus, in: Peter Antes: Große Religionsstifter, S. 115–132.
3 Arvind Sharma: Hinduismus, in ders.: Innenansichten der Religionen, S. 297.
4 Ders. a.a.O. S. 375.
5 Friso Melzer: Indien greift nach uns. West-östliche Begegnungen mit dem modernen Hinduismus. Stuttgart 1962. – Asien missioniert im Abendland. Hrsg. von Kurt Hutten und Siegfried von Kortzfleisch. Stuttgart 1962.
6 Rüdiger Sachau: Westliche Reinkarnationsvorstellungen. Gütersloh 1996.
7 Helmuth von Glasenapp: Die fünf Weltreligionen (1963). München 2001, S. 13 f.
8 Raimondo Panikkar: Aktion und Kontemplation, in: Meditation, Hrsg. von Ursula von Mangoldt. Säckingen 1977, Nr. 4, 1977, S. 9.
9 M.K. Gandhi, Äußerung vom 6. 2. 1921, zit. bei Peter Schreiner: Begegnung mit dem Hinduismus. Freiburg 1984, S. 20.
10 Klaus Mylius: Geschichte der altindischen Literatur. Bern-München 1988. – Carl A. Keller: Heilige Schriften des Hinduismus, in: Heilige Schriften. Hrsg. von Udo Tworuschka. Darmstadt 2000, S. 144–166.
11 Weltschöpfungslied, in: Helmuth von Glasenapp: Indische Geisteswelt, Bd. I. Baden-Baden 1958, S. 20 f.
12 Herman Lommel, in: Gedichte des Rig-Veda. Auswahl und Übersetzung von H. Lommel. München-Planegg 1955, S. 10.
13 Lied an den Feuergott Agni, a.a.O., S. 16.
14 Lied an Indra, a.a.O. S. 17.

Anmerkungen

15 Herman Lommel, in: Gedichte des Rig-Veda, S. 17.
16 Hymnus an die Morgenröte, a.a.O., S. 17.
17 M. Witzel: Brahmanas, in: Kindlers Neues Literaturlexikon. München 1988, Bd. 18, S. 332–336.
18 Helmuth von Glasenapp: Indische Geisteswelt I, S. 29.
19 Bettina Bäumer: Upanishaden. Die heiligen Schriften Indiens meditieren. München 1997, S. 24 f.
20 Helmuth von Glasenapp: Indische Geisteswelt I, S. 35 f.
21 Upanishaden. Altindische Weisheit, übersetzt von Alfred Hillebrandt. Düsseldorf-Köln 1958, S. 88 f.
22 Arthur Schopenhauer, zit. bei Kurt Friedrichs: Shankaras Vedanta und das Abendland, in: Shankara: Das Kleinod der Unterscheidung. München 1981, S. 159.
23 Michael von Brück: Einleitung zu Bhagavadgita. München 1993, S. 7.
24 Bhagavadgita II, 12 ff übersetzt von Leopold von Schroeder. Jena 1912; Düsseldorf 1985 u. ö.
25 S. Radhakrishnan: Die Bhagavadgita. Baden-Baden 1958, S. 151 f.
26 Bede Griffiths, in: Bhagavadgita. München 1993, S. 252 f.
27 Übersetzt von Michael von Brück, a.a.O. 397 f.
28 S. Radhakrishnan, op. cit. S. 439 f.
29 M.K. Gandhi, zit. bei Anand Nayak, in: Die Bhagavadgita in der Übertragung von Sri Aurobindo. Freiburg-Basel 1992, S. 14.
30 Die von Arthur Avalon (d.i. John Woodroffe) durchgeführten speziellen Studien wurden durch die Arbeiten anderer, z.b. von Agehananda Bharati, Ajit Kookerje/Madhu Khanna, Herbert V. Guenther fortgeführt.
31 S. Radhakrishnan: Indische Philosophie II, S. 547 f.
32 Klaus Mylius: Geschichte der altindischen Literatur, S. 147 f.
33 Agehananda Bharati: Die Tantra-Tradition. Freiburg 1977, S. 229.
34 Detlef-Ingo Lauf, in: A. Bharati: Die Tantra-Tradition, S. 7.
35 Madhu Khanna: Das große Yantra-Buch. Das Tantra-Symbol der kosmischen Einheit. Freiburg 1980.
36 Ajit Mookerjee / Madhu Khanna: Die Welt des Tantra. München-Bern 1978, S. 228.
37 Hermes: Asclepius 21, in: Corpus Hermeticum Deutsch, Teil I. Stuttgart 1997, Bd. I, S. 281 f.
38 Vgl. Irenäus: Adversus haereses, 1, 6,4. – Gilles Quispel: The original doctrine of Valentinus the Gnostic, in: From Poimandres to Jacob Böhme. Gnosis, Hermetism and the Christian Tradition. Hrsg. von R. van den Broek und C. van Heertum. Amsterdam 2000, S. 233 ff.
39 Mahanivana-Tantra, zit. in Hellmuth von Glasenapp: Indische Geisteswelt I, 130 f.
40 Mircea Eliade: Yoga. Unsterblichkeit und Freiheit. Zürich-Stuttgart 1960, S. 272.
41 Georg Feuerstein: Der Yoga im Lichte der Bewußtseinsgeschichte der indischen Kultur. Schaffhausen 1981, S. 214.
42 Helmuth von Glasenapp, in: Indische Geisteswelt I. S. 191.
43 Ders. a.a.O. S. 192.
44 Sarvapalli Radhakrishnan: Indische Philosophie. Darmstadt-Baden-Baden 1956, Bd. II, S. 348 ff.
45 Bei den Puranas (skr. ›alte Geschichte‹) handelt es sich um poetische Schriften und Lehrgedichte, die im konkreten Leben und Denken der indischen Bevölkerung verankert sind und bei den Verehrern Vishnus, Shivas und der Shiva-Ge-

Anhang

fährtin Durga in hohem Ansehen stehen und gleichfalls als heilige Schriften gelten.Vgl. Carl A. Keller, in: Heilige Schriften, S. 157 ff.
46 S. Radhakrishnan: Indische Philosophie II, S. 353.
47 Shankara: Das Kleinod der Unterscheidung und Die Erkenntnis der Wahrheit. München 1981, S. 91.
48 Zit. bei Helmut von Glasenapp: Indische Geisteswelt I, S. 249 f.
49 Katha-Upanishad III, 9.Von der Unsterblichkeit des Selbst. Mit Kommentaren von Shankara und Erläuterungen von Swami Nikhilananda. München 1989, S. 86 f.
50 A.a.O. S. 88 und 91.
51 S. Radhakrishnan: Indische Philosophie II, S. 354.
52 Belege zu den Genannten u.a. bei Helmuth von Glasenapp: Indische Geisteswelt I, S. 203–222.
53 Zu Weisheit und Technik dieser und weiterer Yoga-Systeme vgl. Hans Ulrich Rieker: Die zwölf Tempel des Geistes. Zürich 1955. – Friedrich Schulz-Raffelt: Die große Tradition. Quellentexte und Wege des Yoga, in: Der Weg des Yoga. Petersberg 1994, S. 17–37.
54 Mircea Eliade:Yoga. Unsterblichkeit und Freiheit. Zürich-Stuttgart 1960, S. 12 f.
55 Svetasvatara-Upanishad, zit. in: Quellen des Yoga. Klassische Texte, Hrsg. von Hartmut Weiß. München 1986, S. 29 und 33.
56 Zur praktischen Einführung empfielt sich das Handbuch: Der Weg des Yoga. Petersberg 1994, S. 3–95. – Ferner S. Radhakrishnan: Indische Philosophie II, S. 261–292.
57 S. Radhakrishnan a.a.O. S. 193–259.
58 Tschögyam Trungpa: Spiritueller Materialismus. Vom wahren geistigen Weg. Freiburg 1975.
59 J.W. Hauer: Der Yoga. Ein indischer Weg zum Selbst (1932). Südergellersen 1983, S. 312.
60 J.W. Hauer: Der Yoga, S. 312 ff. – Mircea Eliade:Yoga, S. 56 ff. – B.K.S. Iyengar: Licht auf Yoga, S. 17 ff.
61 B.K.S. Iyengar: Licht auf Yoga. Yogastellungen und Atemübungen. Weilheim 1969, S. 57–252. – Mircea Eliade:Yoga, S. 61 ff.
62 Ders. a.a.O. S. 259–290.
63 J.W. Hauer:Yoga, S. 322.
64 S. Radhakrishnan: Indische Philosophie II, S. 281.
65 Hierzu ausführlicher J.W. Hauer:Yoga, S. 336–369.
66 S. Radhakrishnan: Die Gemeinschaft des Geistes. Östliche Religionen und westliches Denken. Darmstadt-Genf 1952, S. 62.
67 Werner Bohm: Chakras. Lebenskräfte und Bewußtseinszentren im Menschen. Weilheim 1966.
68 Stanislav und Christia Grof (Hrsg.): Spirituelle Krisen. Chancen der Selbstfindung. München 1990, 145 ff.
69 Gopi Krishna: Kundalini. Weilheim 1968. – Ders.: Die neue Dimension des Yoga. München-Bern 1971. – Ders.: Höheres Bewußtsein. Die evolutionäre Kundalini-Kraft. Freiburg 1975.
70 C.F. von Weizsäcker / Gopi Krishna: Biologische Basis religiöser Erfahrung. Weilheim 1971.
71 Jean Gebser: Ursprung und Gegenwart, in: Gesamtausgabe. Schaffhausen 1978 ff, Bd. II – IV. – Gerhard Wehr: Jean Gebser. Individuelle Transformation vor dem Horizont eines neuen Bewußtseins. Petersberg 1996.

ANMERKUNGEN

72 Ken Wilber: Die drei Augen der Erkenntnis. Auf dem Wege zu einem neuen Weltbild. München 1988, S. 120.
73 Gerhard Wehr: Carl Gustav Jung. Leben, Werk, Wirkung. München 1985, S. 251 ff.; 411 ff. – Walter Schwery: Im Strom des Erwachens. Der Kundaliniweg des Siddha-Yoga und der Individuationsprozeß nach C.G. Jung. Interlaken 1988. – Martina Wegener-Stratmann: C.G. Jung und die östliche Weisheit. Olten 1990.
74 Vgl. Georg Feuerstein: Der Yoga im Lichte der Bewußtseinsgeschichte der indischen Kultur. Schaffhausen 1981, S. 224–235.
75 Satprem: Sri Aurobindo oder das Abenteuer des Bewußtseins. Weilheim 1970, S. 36.
76 Georg Feuerstein: Der Yoga., S. 226. – Vgl. Georg Feuerstein: Heilige Narren. Über die Weisheit ungewöhnlicher Lehrer. Frankfurt 1990.
77 Klaus Mylius: Geschichte der altindischen Literatur, S. 407–426.
78 Allein in New Delhi zählt man heute einige hundert protestantische Gemeinschaften!
79 Martin Kämpchen: Rabindranath Tagore in Selbstzeugnissen und Bilddokumenten. Reinbek 1992.
80 Romain Rolland: Das Leben des Ramakrishna (1928). Zug 1986, S. 20.
81 Evangelium M, zit. bei Solange Lemaitre: Ramakrishna in Selbstzeugnissen und Bilddokumenten. Reinbek 1963, S. 109.
82 Reinhart Hummel: Religiöser Pluralismus oder Christliches Abendland. Herausforderung an Kirche und Gesellschaft. Darmstadt 1994, S. 8–43.
83 Vivekananda am 28. Januar 1900 in Pasadena/Californien, zit. bei Hellmuth von Glasenapp: Indische Geisteswelt, I, S. 294 f.
84 Swami Nityabodhananda: Vivekananda und die Einheit der Religionen, in: Das Gespräch der Religionen. Hrsg. von Waldemar Kurtz, Heft 2. Wahrheit und Toleranz. Stuttgart 1964, S. 31.
85 Vivekananda, zit. bei Friso Melzer: Indische Weisheit und christliche Erkenntnis. Tübingen 1948, S. 35.
86 M.K. Gandhi, zit. bei Stanley J. Samartha: Hindus vor dem universalen Christus. Beiträge zu einer Christologie in Indien. Stuttgart 1970, S. 95.
87 Martin Luther King, in: Heimo Rau: Mahatma Gandhi in Selbstzeugnissen und Bilddokumenten. Reinbek 1970, S. 136.
88 Aurobindo: Speeches, zit. bei Otto Wolff: Sri Aurobindo in Selbstzeugnissen und Bilddokumenten. Reinbek 1967, S. 54.
89 Aurobindo: Die Synthese des Yoga. Bellnhausen 1972, S. 84.
90 Aurobindo: a.a. O. S. 79.
91 Aurobindo: Letters, zit. in: Aurobindo: Der Integrale Yoga. Hamburg 1957, S. 70 f.
92 Otto Wolff: Sri Aurobindo in Selbstzeugnissen und Bilddokumenten. S. 87 und 90.
93 Rudolf Frieling: Sri Aurobindo, ein neuer Ton im Geistesleben Indiens, in: Die Christengemeinschaft, Stuttgart 1958, S. 186 f.
94 Frederic Spiegelberg: Die lebenden Weltreligionen. Frankfurt 1977, S. 275 f.
95 Vgl. Aurobindo: Vorbote eines Neuen Zeitalters, S. 280 ff.
96 Otto Wolff: Radhakrishnan: Göttingen 1962. – Horst Bürkle: Dialog mit dem Osten. Radhakrishnans neuhinduistische Botschaft im Lichte christlicher Weltsendung. Stuttgart 1965.
97 Zu Übersetzungen gehören u.a.: Die Gemeinschaft des Geistes; Indische Philosophie I/II; Religion und Gesellschaft; Die Bhagavadgita; Weltanschauung der Hindu; Meine Suche nach der Wahrheit.

98 S. Radhakrishnan in einem Prospekt seines Verlegers Holle in Baden-Baden 1961/62.
99 Stanley J. Samartha: Hindus vor dem universalen Christus. Stuttgart 1970, S. 120.
100 Hans Küng: Christentum und Weltreligionen. München 1984, S. 248 f.
101 Sadhu Sundar Singh: Gesammelte Schriften. Übersetzt und erläutert von Friso Melzer, 7. erweiterte Aufl. Stuttgart 1969. – Zur psychoanalytischen Kritik, Oskar Pfister: Die Legende Sundar Singhs. Bern-Leipzig 1926.
102 Raymondo Panikkar: Christus, der Unbekannte im Hinduismus. Luzern 1965. – Ders.: Die vielen Götter und der eine Herr. Beiträge zum ökumenischen Gespräch der Weltreligionen. Weilheim 1963.
103 Ders. : Die vielen Götter und der eine Herr, S. 119.
104 Zur Kritik Panikkars vgl. Stanley Samartha: Hindus vor dem universalen Christus, S. 141 ff. – R.W. Taylor: Das Wirken Christi in unserer Gesellschaft, in: Horst Bürkle (Hrsg.): Indische Beiträge zur Theologie der Gegenwart. Stuttgart 1966, S. 109 f.
105 Robert H.S. Boyd: Theologie im Kontext indischen Denkens, in: Indische Beiträge. S.89 ff. – Stanley Samartha: Hindus vor dem universalen Christus, S. 134 ff.
106 Chenchiah zit. bei Herwig Wagner: Erstgestalten einer einheimischen Theologie in Südindien. München 1963, S. 191. – Vgl. Ernst Benz über Aurobindos Lehre von der Evolution und von der Zukunft des Menschen in: Schöpfungsglaube und Endzeiterwartung. München1965, S. 206–223.
107 Henri Le Saux: Das Geheimnis des heiligen Berges. Als christlicher Mönch unter den Weisen Indiens. Freiburg 1989, S. 137.
108 Vgl. Bettina Bäumer: Die Begegnung zwischen christlicher und indischer Mystik bei Abhishiktananda, in: Christliche Spiritualität und der geistliche Impuls aus dem Osten, Hrsg. von Willi Massa. Tholley 1978, S. 32–47. – Dieselbe in: Henri Le Saux: Das Feuer der Weisheit. München 1979, S. 7–20.
109 Bede Griffiths: Rückkehr zur Mitte. Das Geheimnis östlicher und westlicher Spiritualität. München 1987, S. 70 f.
110 Ders.: Die Hochzeit von Ost und West. Hoffnung für die Menschheit. Salzburg 1983, S. 8.
111 Martin Kämpchen: Ein Rufer in der Wüste, in: Publik-Forum, 10. Mai, Nr. 9 1996.
112 Ders.: Die neue Wirklichkeit. Westliche Wissenschaft, östliche Mystik und chritlicher Glaube. Grafing 1990.
113 Ders.: Unteilbarer Geist. Quelle der heiligen Schriften. Andechs 1996.

Kapitel 5 Der Buddhismus
Seine »Schulen« und spirituellen Wege

1 Heinrich Dumoulin: Begegnung mit dem Buddhismus. Freiburg 1978.
2 Romano Guardini: Der Herr. Würzburg 1937, S. 410 ff.
3 Karl Jaspers: Vom Ursprung und Ziel der Geschichte. (1949). Frankfurt 1955.
4 Wie noch zu zeigen sein wird, weist die neuere Forschung Laotse eine spätere Lebenszeit zu.

ANMERKUNGEN

5 Hierzu die Studien von Jean Gebser: Abendländische Wandlung; Ursprung und Gegenwart, enthalten in: Gesamtausgabe Schaffhausen 1975 ff.
6 Raimon Panikkar: Gottes Schweigen. Die Antwort des Buddha für unsere Zeit. München 1992, S. 143.
7 Dalai Lama: Das Auge der Weisheit. Grundzüge der buddhistischen Lehre für den westlichen Leser. München 1975, S. 23 f.
8 Hermann Oldenberg: Buddha. Sein Leben, seine Lehre, seine Gemeinde. Berlin 1881 u.ö. – Hans Wolfgang Schumann: Handbuch Buddhismus, S. 146 ff. – Volker Zotz: Buddha mit Selbstzeugnissen und Bilddokumenten. Reinbek 1991, S. 9 f.
9 Nach Günter Lanczkowski (Hrsg.): Geschichte der Religionen. Frankfurt 1972, S. 55.
10 Zu den verschiedenen Berechnungsgrundlagen vgl. Hans Wolfgang Schumann: Der historische Buddha. Köln 1982, S. 22 ff.
11 Zit. nach H.W. Schumann: Handbuch Buddhismus. Die zentralen Lehren. Ursprung und Gegenwart. Kreuzlingen-München 2000, S. 22. – Ders.: Der historische Buddha. Köln 1982, S. 69 ff.
12 Heinrich Zimmer: Yoga und Buddhismus. Indische Sphären. Aufsätze (1925 / 1932). Frankfurt 1973, S. 257 f-
13 Eward Conze: Der Buddhismus. Wesen und Entwicklung. Stuttgart 5. Aufl. 1974, S. 31.
14 Buddhistische Geisteswelt, Hrsg. von Gustav Mensching. Baden-Baden o.J. S. 29.
15 Hermann Beckh: Der Hingang des Vollendeten (1925). Stuttgart 1960, S. 141 und 143.
16 Anagarika Govinda: Der Stupa. Psychokosmisches Lebens- und Todessymbol. Freiburg 1978.
17 Zit. nach Anagarika Govinda: Der Stupa, S. 22.
18 Das lebendige Wort. Texte aus den Religionen der Welt, hrsg. von Gustav Mensching. Darmstadt 1952, S. 180.
19 A.a.O. S. 182.
20 Ernst Benz: Meditation in östlichen Religionen und im Christentum, in: Bewußtseinserweiterung durch Meditation. Freiburg 1983, S. 89 ff. – J. Goldstein / J. Kornfield: Einsicht durch Meditation. München-Bern 1989. – Anagarika Govinda: Schöpferische Meditation und multidimensionales Bewußtsein. Freiburg 1977. – Ders.: Buddhistische Reflexionen. München 1983, S. 75 ff. – Friedrich Heiler: Die buddhistische Versenkung. München 1918. – Almuth und Werner Huth: Praxis der Meditation. München 2000, S. 218 ff. – H.W. Schumann: Handbuch Buddhismus, S. 100 ff. – Tschögyam Trungpa: Aktive Meditation. Olten-Freiburg 1972. – Udo Tworuschka: Meditation I, in: Theologische Realenyklopädie, Bd. 22, S. 331 ff.
21 John Blofeld: Die Macht des heiligen Lautes. Die geheime Tradition des Mantra. München 1978, S. 125 ff.
22 Buddhistische Geisteswelt, S. 142 f.
23 Zit. nach H.W. Schuhmann: Handbuch Buddhismus, S. 28.
24 Zit. nach H.W. Schuhmann: Buddhismus. Stifter, Schulen und Systeme. Olten-Freiburg 1976, S. 24.
25 Masao Abe: Der Buddhismus, in: Innenansichten der großen Religionen, S. 71.
26 Thomas Oberlies: Heilige Schriften des Buddhismus, in: Heilige Schriften, Hrsg. von Udo Tworuschka, S. 167 ff. – Michael von Brück, in: Lexikon der Religionen, Hrsg. von Hans Waldenfels. Freiburg 1987, S. 263 ff.

ANHANG

27 Diamant-Sutra zit. bei Frederic Spiegelberg: Die lebenden Weltreligionen. Frankfurt 1977, S. 348.
28 Anagarika Govinda: Lebendiger Buddhismus im Abendland. München 1986, S. 125.
29 Ders. a.a.O. S. 127.
30 Gebet an Kwanyin, in: Buddhistische Geisteswelt, S. 251.
31 Anagarika Govinda: Schöpferische Meditation und multidimensionales Bewußtsein, S. 36 f.
32 Vgl. H. W. Schumann: Handbuch Buddhismus, S. 262–270.
33 Ders.: S. 188 f. – Ferner: Garma C.C. Chang: Die buddhistische Lehre von der Ganzheit des Seins. München 1989, S. 91 ff.
34 Dalai Lama: Einführung in den Buddhismus. Die Harvard-Vorlesungen. Freiburg 1993, S. 131 ff.
35 Heinrich Dumoulin: Begegnung mit dem Buddhismus, S. 102.
36 Frederic Spiegelberg: Die lebenden Weltreligionen, S. 346 f.
37 Helmut Hoffmann: Die Religionen Tibets. Freiburg 1956.
38 Anagarika Govinda: Grundlagen tibetischer Mystik. Zürich-Stuttgart 1965, S. 113.
39 Dalai Lama: Das Auge der Weisheit. München 1975, S. 23 ff.
40 John Snelling: Buddhismus, S. 231 ff.
41 Anagarika Govinda: Grundlagen tibetischer Mystik, S. 8 ff.; (Der Ursprung und der universelle Charakter der Silbe OM). – John Blofeld: Die Macht des heiligen Lautes. Die geheime Tradition des Mantra. München 1978, S. 55 ff.
42 Regina und Michael von Brück: Ein Universum der Gnade. Die Geisteswelt des tibetischen Buddhismus. Freiburg 1987.
43 A.a.O. S. 55. Werner Huth: Hintergründe und Konsequenzen der Begegnung zwischen Ost und West, in: Meditation. Nr. 1, 1987, S. 25 ff.
44 Anagarika Govinda: Das Buch der Gespräche. München 1998, S. 20.
45 Anagarika Govinda: Grundlagen tibetischer Mystik, S. 12 f.
46 Helmut Uhlig: Tantrische Kunst des Buddhismus. Berlin 1981, S. 33.
47 Regina und Michael von Brück: Ein Universum der Gnade, S. 80 ff. – Detlev I. Lauf: Nachtodzustand und Wiedergeburt nach den Traditionen des Tibetischen Totenbuches, in: A. Rosenberg (Hrsg.): Leben nach dem Sterben. München 1974, S. 81–98.
48 Das Totenbuch der Tibeter. Aus dem Tibetischen übersetzt von Francesca Fremantle und Chögyam Trungpa. Düsseldorf-Köln 1975, S. 63; 65.
49 Anagarika Govinda: Grundlagen tibetischer Mystik, S. 142.
50 W.Y. Evans-Wentz (Hrsg.): Der geheime Pfad der großen Befreiung. Bern 1978.
51 Dalai Lama im Vorwort zu Sogyal Rinpoche: Das tibetische Buch vom Leben und vom Stern. Ein Schlüssel zum tieferen Verständnis von Leben und Tod. München 1993, S. 7.
52 Das Totenbuch der Tibeter, S. 153.
53 Heinrich Dumoulin: Der Erleuchtungsweg des Zen im Buddhismus. Frankfurt 1976.
54 Karlfried Graf Dürckheim: Zen und wir. Frankfurt 1974, S. 11.
55 H. M. Enomiya-Lassalle: Zen und christliche Spiritualität. München 1987, S. 14.
56 Willigis Jäger: Suche nach dem Sinn des Lebens. Bewußtseinswandel durch den Weg nach innen. Petersberg1991, S. 73.
57 John Snelling: Buddhismus. Ein Handbuch für den westlichen Leser. München 1991, S. 181.

ANMERKUNGEN

58 Die erste Übersetzung ins Englische mit Kommentierung erfolgte durch D.T. Suzuki (1928); neuerdings liegt aus dem Sankrit übersetzt von Karl-Heinz Golzio vor: Die makellose Wahrheit erschauen. Das Lankavatara-Sutra. München 1996.
59 D. T. Suzuki: Essays in Zen-Buddhism, III, zit. bei Hans Waldenfels: Absolutes Nichts. Zur Grundlegung des Dialogs zwischen Buddhismus und Christentum. Freiburg 1976, S. 166 f.
60 Heinrich Dumoulin, in: Momonkan. Die Schranke ohne Tor. Meister Wu-men's Sammlung der 48 Koan. Aus dem Chinesischen übersetzt und erläutert von H. Dumoulin. Mainz 1975, S. 12.
61 Zit. nach Martin Buber: Die chassidische Botschaft. Heidelberg 1952, S. 202.
62 Martin Buber a.a.O. S. 204.
63 D.T. Suzuki: Koan. Der Sprung ins Grenzenlose. München 1988, S. 131.
64 Heinrich Dumoulin: Begegnung mit dem Buddhismus, S. 111.
65 C.G. Jung in seinem Vorwort zu D.T. Suzuki: Die große Befreiung. Einführung in den Zen-Buddhismus. Zürich-Stuttgart 1969, S. 14.
66 Ernst Stürmer: Zen, Zauber oder Zucht. Mit einem Geleitwort von H.M Enomiya-Lassalle. Freiburg o.J.
67 Horst Hammitzsch: Zen in der Kunst der Tee-Zeremonie. München 1977.
68 Eugen Herrigel: Zen in der Kunst des Bogenschießens. Konstanz 1948; 33. Aufl. München 1992.
69 Gusty L. Herrigel: Der Blumenweg. Weilheim 1964.
70 Über Zen in den Künsten, vgl. Alan W. Watts: Zen-Buddhismus. Tradition und lebendige Gegenwart. Reinbek 1961, S. 214 ff. – Thomas Hoover: Die Kultur des Zen. München 1977. – Helmut Brinker: Zen in der Kunst des Malens. München 1985.
71 Aus: Haiku. Japanische Dreizeiler. Ausgewählt und aus dem Urtext übertragen von Jan Ulenbrook. Bremen 1963, S. 324.
72 Hierzu die exemplarische theologische Dissertation von Ludwig Frambach: Identität in Gestalttherapie, Zen und christlicher Spiritualität. Petersberg 1994.
73 D.T. Suzuki: Die große Befreiung, S. 60.
74 H.M. Enomiya-Lassalle: Zen und christliche Spiritualität, S. 92.
75 Die drei Pfeiler des Zen, Hrsg. und kommentiert von Philip Kapleau. Zürich-Stuttgart 1969, S. 407 ff.
76 H.M. Enomiya-Lassalle: Erleuchtung ist erst der Anfang. Texte zum Nachdenken, Hrsg. und eingeleitet von Gerhard Wehr. Freiburg 1991.
77 D.T. Suzuki: Leben aus Zen. München-Planegg 1955, S. 15 f.
78 Traditionstafeln des Zen sind u.a. enthalten in: Lexikon der östlichen Weisheitslehren. München 1986, S. 474 ff.
79 Heinrich Dumoulin: Der Erleuchtungsweg des Zen im Buddhismus, S. 159 ff. – Günter Schüttler: Die Erleuchtung im Zen-Buddhismus. Gespräche mit Zen-Meistern und psychopathologische Analyse. Freiburg 1974.
80 Fritz Kraus im Vorwort zu D.T. Suzuki: Der Weg zur Erleuchtung. Die Übung des Koan, S. 26.
81 Allen W. Watts: Zen-Buddhismus, S. 221.
82 Ernst Benz: Buddhismus in der westlichen Welt, in: Buddhismus der Gegenwart, Hrsg. von Heinrich Dumoulin. Freiburg 1970, S. 192.
83 Ernst Benz: Indische Einflüsse auf die frühchristliche Theologie. Mainz-Wiesbaden 1951 (Abhandlungen der geistes- und sozialwissenschaftlichen Klasse der Akademie der Wissenschaften und der Literatur 1951, Nr. 3)

84 Albert Schweitzer: Die Weltanschuung der indischen Denker. Mystik und Ethik. München 1965; vgl dazu kritisch S. Radhakrishnan: Die Gemeinschaft des Geistes, S. 80 ff. u.ö.
85 Ernst Benz in: Buddhismus der Gegenwart, S. 196.
86 Gerhard Wehr: Rudolf Steiner. Leben, Erkenntnis, Kulturimpuls. 2. erw. Aufl. München 1987. Ders.: Rudolf Steiner – zur Einführung. Hamburg 1994, S. 64 ff.
87 Karl König: Geister unter dem Zeitgeist. Biographisches zur Phänomenologie des 19. Jahrhunderts. Stuttgart 1973, S. 233–247.
88 Masao Abe: A Zen Life. D.T. Suzuki remembered. Wetherhill – New York – Tokio 1986.
89 Ernst Benz: Zen in westlicher Sicht. Zen-Buddhismus – Zen-Snobismus. Weilheim 1962. – Manfred Bergler: Die Anthropologie des Grafen Karlfried von Dürckheim im Rahmen der Rezeptionsgeschichte des Zen-Buddhismus in Deutschland. Ein Beitrag zur Begegnung von Christentum und Buddhismus (Diss. phil.) Erlangen-Nürnberg 1981. – Klaus-Josef Notz: Der Buddhismus in Deutschland in seinen Selbstdarstellungen. Frankfurt 1984. – Vgl. Christoph Bochinger: New Age und moderne Religion. Religionswissenschaftliche Analysen. Gütersloh 1994.
90 Shizuteru Ueda: Die Gottesgeburt in der Seele und der Durchbruch zur Gottheit. Die mystische Anthropologie Meister Eckharts und ihre Konfrontation mit der Mystik des Zen-Buddhismus. Gütersloh 1965.
91 Heinrich Dumoulin: Östliche Meditation und christliche Mystik. Freiburg 1966.
92 Hans Waldenfels: Absolutes Nichts. Zur Grundlegung des Dialogs zwischen Buddhismus und Christentum. Freiburg 1976.
93 D.T. Suzuki: Der westliche und der östliche Weg. Essays über christliche und buddhistische Mystik (1957). Frankfurt 1960, S. 11.
94 Ursula Baatz: Hugo M. Enomiya-Lassalle. Ein Leben zwischen den Welten. Zürich-Düsseldorf 1998.
95 Gerhard Wehr: Karlfried Graf Dürckheim. Ein Leben im Zeichen der Wandlung. München 1988.
96 A.a.O. S. 180–194.
97 Vgl. Anmerkung 326.
98 Zit bei Christoph Bochinger: New Age., S. 149.
99 Allan Watts: Zeit zu leben. Erinnerungen eines ›heiligen Barbaren‹. München 1979. – Über Watts vgl. Christoph Bochinger: New Age., S. 468 ff.
100 Hans Thomas Hakl: Der verborgene Geist von Eranos. Eine alternative Geistesgeschichte des 20. Jahrhunderts. Bretten 2001.
101 C.G. Jung: Zur Psychologie westlicher und östlicher Religion (Gesammelte Werke Band 11). Zürich 1963.
102 Wilhelm Bitter (Hrsg.): Meditation in Religion und Psychotherapie. Stuttgart 1958; ders.: Abendländische Therapie und östliche Weisheit. Stuttgart 1968.
103 Anagarika Govinda: Der Weg der weißen Wolken. Erlebnisse eines buddhistischen Pilgers. Zürich-Stuttgart 1969. – Wege zur Ganzheit. Festschrift zum 75. Geburtstag von Lama Anagarika Govinda (mit Bibliographie). Almora/Indien 1973. – Ken Winkler: Lama Anagarika Govinda. Biographie. Grafing 1990.
104 Raimundo Panikkar, in: Monika und Udo Tworuschka: Denkerinnen und Denker der Weltreligionen im 20. Jahrhundert. Gütersloh 1994, S. 69.
105 Dalai Lama: Der Mensch der Zukunft. Meine Vision. München 1998, S. 31.

Teil 3 Die chinesischen Religionen
Kapitel 6 Der Taoismus

1 Vgl. u.a. die Studien von Jean Gebser: Ursprung und Gegenwart (in: Gesamtausgabe II – IV). Schaffhausen 1978 f.
2 G. Debon / W. Speiser in: Chinesische Geisteswelt, S. 9.
3 Richard Wilhelm: Der Mensch und das Sein. Jena 1931, S. 132.
4 Allan Watts: Der Lauf des Wassers. Eine Einfühung in den Taoismus. Bern-München 1976, S. 17 f.
5 Gerhard Wehr: Jean Gebser. Individuelle Transformation vor dem Horizont eines neuen Bewußtseins. Petersberg 1996, S. 239 ff.
6 Tschuang-Tse zit. bei Ernst Schwarz in: Laudse Daudedsching. München 1980, S. 11 f.
7 Chang Chung-Yuan: Tao, Zen und schöpferische Kraft. Düsseldorf-Köln 1975, S. 33.
8 S. Radhakrishnan: India and China. Bombay 1954, zit. bei J. C. Cooper: Der Weg des Tao. München 1977, S. 19.
9 Allan Watts: Der Lauf des Wassers, S. 52.
10 A.a.O. S. 74.
11 Mircea Eliade: Geschichte der religiösen Ideen, Bd. II. Freiburg 1979, S. 24.
12 Heinz Hunger: Heilige Hochzeit. Vorgeschichtliche Sexualkunde und -mythen. Wiesbaden. 1984. – Gerhard Wehr: Heilige Hochzeit. Symbol und Erfahrung menschlicher Reifung. München 1986.
13 Will-Erich Peuckert: Ehe. Eros im Wandel der Jahrtausende. Hamburg 1955.
14 I Ging zit. nach Ernst Schwarz: So sprach der Weise. Chinesisches Gedankengut aus drei Jahrtausenden. Berlin 1981, S. 96.
15 Kindlers Literaturlexikon. Zürich 1967, Bd. III, Sp. 2343 f.
16 I Ging zit. nach Ernst Schwarz (wie Anmerkung 387), S. 96 f.
17 Richard Wilhelm: I-Ging. Das Buch der Wandlungen. Düsseldorf-Köln 1967, S. 15.
18 Anagarika Govinda im Vorwort zu: I-Ging, Hrsg. von John Blofeld. München 1983, S. 9.
19 Hellmut Wilhelm: Die Wandlung. Acht Essays zum I-Ging. Zürich-Stuttgart 1958.
20 Marie-Louise von Franz: Zahl und Zeit. Psychologische Überlegungen zu einer Annäherung von Tiefenpsychologie und Physik. Stuttgart 1970. – Dies.: Wissen aus der Tiefe. Über Orakel und Synchronizität. München 1987.
21 Erfahrungen mit dem I-Ging. Vom kreativen Umgang mit dem Buch der Wandlungen, Hrsg. von Ulf Diederichs. Köln 1984.
22 Anagarika Govinda: Die innere Struktur des I-Ging. Das Buch der Wandlungen. Freiburg 1983, S. 204.
23 Sigrid Strauss-Kloebe: Das kosmopsychische Phänomen. Olten-Freiburg 1977.
24 Florian C. Reiter: Heilige Schriften des Taoismus, in: Heilige Schriften, Hrsg. von Udo Tworuschka, S. 211.
25 Mircea Eliade: Schamanismus und archaische Ekstasetechnik. Zürich-Stuttgart 1957, S. 417–429.
26 Göran Malmqvist: Chinesische Religionen, in: Theologische Realenzyklopädie, Bd. 7, S. 773.

27 Zit. a.a.O. S. 774.
28 Mircea Eliade: Schmiede und Alchemisten. Stuttgart 1960, S. 131–151.
29 Gemeint ist der Ofen der Alchymisten (Athanor) bzw. dessen Metapher.
30 Chang Po-Tuan: Das Geheimnis des Goldenen Elixiers. Die innere Lehre des Taoismus von der Verschmelzung von Yin und Yang. München 1990, S. 82 ff.
31 Richard Wilhelm: Laotse – Tao te king. Düsseldorf-Köln 1957, 9 ff.
32 Richard Wilhelm, in: Die Großen der Weltgeschichte. Zürich 1971, Bd. I, S. 368.
33 Erwin Rousselle: Lau-Dsis Weg. München-Neubiberg 1973, S. 60 f.
34 Hans-Wilm Schütte: Lao Zi, in: Peter Antes (Hrsg.): Große Religionsstifter, S. 186.
35 G. Wohlfart, in: Großes Werklexikon der Philosophie, Hrsg. von Franco Volpi. Stuttgart 1999, Bd. II, S. 878 ff.
36 Richard Wilhelm: Laotse – Tao te king, S. 22.
37 Wolfgang Bauer in: Die Großen der Weltgeschichte, Hrsg. von Kurt Fassmann. Zürich 1971, Bd. I, S. 380.
38 Martin Buber, im Nachwort zu Tschuang-Tse: Reden und Gleichnisse (deutsche Auswahl von Martin Buber). Zürich o.J. S. 228.
39 Ernst Schwarz, in: So sprach der Weise (wie Anmerkung 14), S. 28.
40 Tschuangtse, in: Allan Watts: Der Lauf des Wassers, S. 136 f. – Vgl. Dschuang Dsi: Das wahre Buch vom südlichen Blütenland, übers. von Richard Wilhelm. 11. Aufl. Kreuzlingen-München 2000.
41 G. Debon / W. Speiser: Chinesische Geisteswelt, S. 63 f.
42 Liu Xiaogan, in: Innenansichten der großen Religionen, S. 205.
43 Liu Xiaogan, S. 279.

Kapitel 7 – Der Konfuzianismus

1 George H. Dunne: Das große Exempel. Die Chinamission der Jesuiten. Stuttgart 1965.
2 Belege bei Siegfried Behrsing: Konfuzius, in: Die Großen der Weltgeschichte (wie Anmerkung 412), S. 387 ff.
3 Adolf Reichwein, zit. bei René Fülöp-Miller: Macht und Geheimnis der Jesuiten. Berlin 1929, S. 529.
4 Siegfried Behrsing: Konfuzius, S. 387.
5 Konfuzius, zit. in: Das lebendige Wort, S. 209.
6 Wilhelm, R.: Kung Futse. Gespräche. Jena 1910; 8. Aufl. Kreuzlingen-München 2000.
7 Vgl. Bernd Michael Linke in: Heilige Schriften, Hrsg. von Udo Tworuschka, S. 243 ff.
8 Tu Wei-ming: Der Konfuzianismus, in: Innenansichten der Religionen, S. 644.
9 Li Gi. Das Buch der Riten, Sitten und Gebräuche, übers. von Richard Wilhelm. München 1997, S. 66.
10 Reinhard Emmerich: Konfuzius, in: Peter Antes (Hrsg.): Große Religionsstifter, S. 183.
11 Tu Wei-ming, in: Innenansichten der großen Religionen, S. 653.

ANMERKUNGEN

Die Religionen und Kulturen in Gespräch und Begegnung

1 Ram A. Mall: Die orthaft ortlose ›Philosophia perennis‹ und der interreligiöse Dialog, in: Wandel und Bestand. Denkanstöße zum 21. Jahrhundert. Hrsg. Helmut Gehrke u.a. Festschrift für Bernd Jaspert. Paderborn 1995, S. 345 ff.
2 A.a.O.
3 Peter Meinhold: Die Begegnung der Religionen und die Geistesgeschichte Europas. Wiesbaden 1981, S. 6.
4 Ramon Lull: Buch vom Heiden und den drei Weisen. Freiburg 1986, S. 42.
5 Nikolaus von Kues: Philosophisch-Theologische Schriften, Hrsg. von Leo Gabriel. Bd. III. Wien 1982, S. 711 ff.
6 Dalai Lama: Logik der Liebe. München 1987, S. 78.
7 Michael von Brück: Denn wir sind Menschen voller Hoffnung. Gespräche mit dem XIV. Dalai Lama. Hrsg. von Jürgen Haase. München 1988, S. 55.
8 Verwiesen sei auf die einschlägigen Arbeiten von Jean Gebser oder Ken Wilber, auch auf die vorausgegangenen Studien Rudolf Steiners oder C.G. Jungs. Vgl. Gerhard Wehr: C.G. Jung und Rudolf Steiner. Konfrontation und Synopse. Stuttgart 1972; 1995.
9 Michael von Brück: Denn wir sind Menschen voller Hoffnung, S. 55 f.
10 Damit wird dem in der Religionswissenschaft üblich gewordenen Esoterik-Begriff zwar nicht prinzipiell widersprochen, mit dem man bestimmte Phänomene oder Strömungen als »esoterisch« bezeichnet. Aber es wird der Erwägung anheimgestellt, ob nicht – vom Wort »esoterikos« ausgehend – primär auf die innere Erfahrung, auf das Beschreiten eines inneren Weges geachtet werden müsste, bevor man eine spirituelle Bewegung als esoterisch bezeichnet. Hierzu: Gerhard Wehr: Esoterisches Christentum (1995), S. 9–18.
11 Ernst Troeltsch: Christentum und Religionsgeschichte, in: Gesammelte Schriften, Bd. II, S. 339 und 341.
12 William Johnston: Der ruhende Punkt. Zen und christliche Mystik. Freiburg 1974.
13 Adel Th. Koury: Das Ethos der Weltreligionen. Freiburg 1993, S. 8 f.
14 Martin Buber: Hoffnung für diese Stunde (1952), in: Ders.: Hinweise. Gesammelte Essays. Zürich 1953, S. 325 f.

ANHANG

Stimmen und Zeugnisse

Nikolaus von Kues
Den verschiedenen Völkerschaften hast Du, Gott, verschiedene Propheten und Lehrer gesandt, die einen zu dieser, die andern zur andern Zeit. Alle werden erkennen, daß und wie es nur eine einzige Religion in der Mannigfaltigkeit von Übungen und Gebräuchen gibt. Wohl wird man diese Übungen und Gebräuche nicht abschaffen können, beziehungsweise dies zu tun, wird nicht förderlich sein, da die Verschiedenheit eine Vermehrung der Hingabe bringen mag, wenn jegliches Land seinen Zeremonien, die es Dir, dem König, gleichsam für die angenehmsten hält, die aufmerksamste Bemühung zuwendet; doch sollte es wenigstens – so wie Du nur einer bist – nur eine einzige Religion und einen einzigen Kult von Gottesverehrung geben.
De pace fidei, 1453

Daniel Ernst Friedrich Schleiermacher
Laßt uns aufrichtig miteinander umgehen. Ihr mögt die Religion nicht, aber indem Ihr einen ehrlichen Krieg gegen sie führt, der doch nicht ganz ohne Anstrengung ist, wollt Ihr doch nicht gegen einen Schatten gefochten haben, wie dieser, mit dem wir uns herumgeschlagen haben; sie muß doch etwas Eigenes sein, was in der Menschen Herz hat kommen können, etwas Denkbares, wovon sich ein Begriff aufstellen läßt, über den man reden und streiten kann.
Über die Religion (1799), Erste Rede

Aus dem Nichts geht immer eine neue Schöpfung hervor, und Nichts ist die Religion fast in allen der jetzigen Zeiten, wenn ihr geistiges Leben ihnen in Kraft und Fülle aufgeht. In vielen wird sie sich entwickeln aus einer von unzähligen Veranlassungen und in neuem Boden zu einer neuen Getalt sich bilden. Nur daß die Zeit der Zurückhaltung vorüber sei und der Scheu. Die Religion haßt die Einsamkeit, und in ihrer Jugend am meisten, die für alles die Stunde der Liebe ist, vergeht sie in zehrender Sehnsucht. Wenn sie sich in Euch entwickelt, wenn Ihr die ersten Spuren ihres Lebens innewerdet, so tretet gleich ein in die eine und unteilbare Gemeinschaft der Heiligen, die alle Religionen aufnimmt und in der allein jede gedeihen kann.
A.a.O. Fünfte Rede

Ernst Troeltsch
Der Fromme bedarf des Absoluten, des Hereinragens einer Welt unendlicher Kräfte und letzter Werte, und das heißt nichts anderes, als er bedarf Gottes. Nur in Gott, der Quelle alles geschichtlichen Lebens, und nicht in einer einzelnen geschichtlichen Erscheinung hat er das Absolute. Er hat es immer nur als Gewißheit, daß es überhaupt ein letztes unendlich wertvolles Ziel gebe, und als Verbürgung des Zukünftigen durch die gegenwärtige Erkenntnis Gottes. An diesem Absoluten hat er aber im Lebensprozeß der Geschichte immer nur teil auf geschichtliche, durch den jeweiligen Zusammenhang bedingte Weise, immer nur in historisch individualisierten und auf die Zukunft hindeutenden Offenbarungen des Absoluten, des der Geschichte transzendenten Ewigen und Unbedingt-Wertvollen.
Die Absolutheit des Christentums und
der Religionsgeschichte (1902)

Stimmen und Zeugnisse

Rudolf Steiner
Die religiösen Offenbarungen sind immer dem Menschen gegeben worden aus dem einfachen Grunde, weil er sie innerhalb des eigenen Bewußtseins, insofern dieses Bewußtsein das Erdenbewußtsein ist, nicht finden kann. Daher muß der Mensch, wenn er zu dem Urgrund ein Verhältnis gewinnen will, sich über das Wesen dieses Urgrundes aufklären lassen, eine Offenbarung empfangen. Das ist auch immer geschehen in der ganzen Entwickelung der Menschheit ... Alle Mitteilungen und Offenbarungen, die die Völker in vorchristlichen Zeiten erhalten haben von den großen Menschheitslehrern, führen zuletzt zurück auf solche Stifter der großen Religionen, welche Initiierte, welche Eingeweihte waren, welche das, was sie der Menschheit mitteilten, in überphysischen Zuständen erfahren hatten.
Vortrag vom 6. Juni 1912

Martin Buber
Die Gottesbegegnung widerfährt dem Menschen nicht, auf daß er sich mit Gott befasse, sondern auf daß er den Sinn an der Welt bewähre. Alle Offenbarung ist Berufung und Sendung. Aber wieder und wieder vollzieht der Mensch statt der Verwirklichung eine Rückbiegung auf den Offenbarenden; er will sich statt mit der Welt mit Gott befassen ... Im Ausgesandtsein bleibt Gott dir Gegenwart; der in der Sendung Gehende hat Gott stets vor sich: je treuer die Erfüllung, um so stärker und stetiger die Nähe; befassen kann er sich freilich mit Gott nicht, aber unterreden kann er sich mit ihm. Die Rückbiegung dagegen macht Gott zum Gegenstand.
Ich und Du, 1923

Wladimir Solowjow
Die Religion ist die Vereinigung des Menschen und der Welt mit dem unbedingten und ganzheitlichen Prinzip. Dieses Prinzip schließt, da es ein ganzheitliches oder allumfassendes ist, nichts aus, und darum kann die wahre Vereinigung mit ihm, die wahre Religion kein Element, keine lebendige Kraft im Menschen und in seiner Welt ausschließen oder unterdrücken oder sich gewaltsam unterwerfen. – Die Vereinigung oder die Religion besteht darin, daß alle Elemente des menschlichen Seins, alle einzelnen Prinzipien oder Kräfte der Menschheit in das richtige Verhältnis zum unbedingten zentralen Prinzip und durch dieses und in ihm zum richtigen und harmonischen Verhältnis gegeneinander gebracht werden.
Vorlesungen über das Gottmenschentum, 1878, erste Lesung

Leo Baeck
Alles Jenseits tritt in das Diesseits, und alles Diesseits zeugt vom Jenseits ... So ist die Religion hier alles. Das ganze Leben ist von ihr durchdrungen, der Sinn aller Tage von ihr getragen, der Sinn aller Wege von ihr umfaßt. Es gibt nichts, was bloße ›Welt‹ wäre, und es gibt daher im Grunde keinen bloßen Alltag, keine bloße Prosa des Daseins. Aller Alltag hat sein Sprechendes, seine Stimme aus der Tiefe, alle Prosa ihr Gleichnis, ihr Wort aus dem Verborgenen. Die Religion ist nichts Isoliertes, nichts Eingeschlossenes, nichts, was nur neben dem Leben oder unter oder

ANHANG

über dem Leben wäre. Es gibt kein Geheimnis neben dem Leben und kein Leben neben dem Gebot.

*Geheimnis und Gebot,
in: Jüdischer Glaube, S. 496*

Paul Tillich
Religion ist die Beziehung zu etwas Letztgültigem, Unbedingtem, Transzendentem. Die religiöse Haltung ist das Bewußtsein der Abhängigkeit, Hingabe, Annahme. Religion betrifft den ganzen Menschen, sein Person-Zentrum, seine Moralität.

GW IX, S. 262

Carl Gustav Jung
Religion scheint mir eine besondere Einstellung des menschlichen Geistes zu sein, welche man in Übereinstimmung mit dem ursprünglichen Gebrauch des Begriffes ›religio‹ formulieren könnte als *sorgfältige Berücksichtigung und Beobachtung* gewisser dynamischer Faktoren, die aufgefaßt werden als ›Mächte‹: Geister, Dämonen, Götter, Gesetze, Ideen, Ideale oder wie immer der Mensch solche Faktoren genannt hat, die er in seiner Welt als mächtig, gefährlich oder hilfreich genug erfahren hat, um ihnen sorgfältige Berücksichtigung angedeihen zu lassen, oder als groß, schön und sinnvoll genug, um sie andächtig anzubeten und zu lieben. Konfessionen sind codifizierte und dogmatisierte Formen ursprünglicher religiöser Erfahrungen.

*Psychologie und Religion, 1939,
in: Gesammelte Werke 11, 4*

Aldous Huxley
Nur das Transzendente, das vollständige Andere, kann zugleich immanent sein, ohne daß es vom Werden dessen, worin es wohnt, verändert wird. Die *philosophia perennis* lehrt, daß es wünschenswert, ja notwendig ist, den geistlichen Urgrund der Dinge zu erkennen, und das nicht nur innerhalb der Seele, sondern auch draußen in der Welt und, jenseits der Welt und der Seele, in seinem transzendenten Anderssein – *im Himmel.*

*Die ewige Philosophie –
Philosophia perennis, 1944*

Gustav Mensching
So richtig es ist, daß, wie Rudolf Otto es gelegentlich ausdrückte, Religion mit sich selber anfängt, so muß nun andererseits betont werden, daß der Begriff Religion verwirklicht ist nur in Einzelreligionen, die jedoch keineswegs bloße Abwandlungen dieses Begriffes sind. Die Einzelreligionen sind keine bloßen Variationen desselben Themas, die im Grunde alle einander gleich und daher gleichwertig wären. Der Begriff Religion verbindet sie, aber er ist eben nur der Rahmen, innerhalb dessen eine ungeheure Mannigfaltigkeit religiöser Erfahrungen möglich und religionsgeschichtlich auch tatsächlich verwirklicht worden ist. Hier zeigt sich eben, daß der *Begriff* der Sache noch keineswegs die historische Erscheinung in ihrer Einmaligkeit und Tiefe, das heißt in ihrem *Wesen* erfaßt.

*Allgemeine Religionsgeschichte,
1948, S. 12*

Nikolai Berdjajew

Mein inneres religiöses Leben formte sich unter Qualen, und Augenblicke ungetrübter Freude waren verhältnismäßig selten. Nicht nur, daß das tragische Element in mir unüberwunden blieb, sondern ich durchlebte das Tragische als ein vornehmlich religiöses Phänomen. Ich hatte keine Sympathie für den beruhigten, zufriedenen religiösen Typus, besonders antipathisch war mir alle religiöse Salbung und bürgerlicher religiöser Komfort. Ich bin der Meinung, daß der qualvolle religiöse Weg nicht nur mit meinen inneren Widersprüchen zusammenhing, sondern auch mit einem lebhaften Empfinden für das Böse und mit meiner unsterblichen Liebe für die Freiheit.

Selbsterkenntnis, 1953, S. 200

Karlfried Graf Dürckheim

Alles menschliche Leben, das seiner Bestimmung gemäß sich entwickelt und auch gelebt wird, dreht sich um die Achse der Großen Erfahrung. Was immer über diese Erfahrung in Worte gefaßt wird, ist zuviel und zuwenig zugleich. Und doch muß eigentlich alles, worin menschliches Leben erscheint, im Hinblick auf sie aufgefaßt werden; denn alles, was der Mensch seinem Wesen nach ist und in Wahrheit sein will, läuft auf sie zu oder geht von ihr aus ... Der Gehalt der Großen Erfahrung ist ganz unerschöpflich, und sie entzieht sich jedem Begriff, doch wer sie gemacht hat, weiß sofort, was gemeint ist. Es ist die Erfahrung, die erschütternd beglückt und alles von Grund auf verwandelt.

Im Zeichen der Großen Erfahrung,
(1951), 1974, S. 59 ff.

Sarvapalli Radhakrishnan

Unsere Sehnsucht nach Vollendung, unser Gefühl für das Unzugängliche, unser Bemühen, das Bewußtsein des Unendlichen zu erreichen, unser Drang zum Idealen sind die Quellen der göttlichen Offenbarung. Sie sind bis zu einem gewissen Grade in allen Wesen zu finden. Allein die Tatsache, daß wir Gott suchen, beweist deutlich, daß ein Leben ohne ihn nicht sein kann. Gott ist Leben. Die Erkenntnis dieser Tatsache ist geistige Bewußtheit. Die Feststellung, Gott existiere, bedeutet, daß geistige Erfahrung erlangt werden kann. Die Möglichkeit der Erfahrung bildet den schlüssigsten Beweis für die Wirklichkeit Gottes.

Gemeinschaft des Geistes,
1952, S. 35

Wir können die neue Kultur nicht auf Wissenschaft und Technik allein begründen. Sie bilden kein zuverlässiges Fundament. Wir müssen es lernen, von einer neuen Grundlage aus zu leben, wenn wir die Katastrophe vermeiden wollen, die uns bedroht. Wir müssen die Reserven der Geistigkeit wiederentdecken, die Achtung vor der menschlichen Persönlichkeit, den Sinn für das Heilige, den man in allen religiösen Überlieferungen antrifft, und mit ihnen einen neuen Menschentyp schaffen, der die Instrumente, die er erfunden hat, in dem Bewußtsein gebraucht, daß er größerer Dinge fähig ist, als die Natur zu meistern. Der Mensch muß zum Dienst am Menschen und an dem ihm innewohnenden Geiste zurückkehren.

Wissenschaft und Weisheit,
1961, S. 154

ANHANG

Mircea Eliade
Ich glaube, daß der Religionswissenschaft eine bedeutende Rolle im heutigen kulturellen Leben zukommt, und zwar nicht nur, weil das Verständnis exotisch-archaischer Religionen im Dialog mit den Vertretern dieser Religionen eine große Hilfe sein wird, sondern weil, was noch wichtiger ist, der Versuch, die existentielle Situation zu verstehen, die sich in dem Material offenbart, das dem Religionswissenschaftler zur Verfügung steht, unweigerlich zu einem vertieften Wissen vom Menschen führt. Auf der Basis solchen Wissens könnte sich ein neuer weltweiter Humanismus entwickeln.

Die Sehnsucht nach dem Ursprung,
1973, S. 16

Ernst Benz
Die Religionsgeschichte ging auch post Christum weiter und kümmerte sich nicht um den Anspruch des Christentums, die Erfüllung und den historischen Abschluß der Religionsgeschichte zu bilden. Wie sollte man es von einem christlichen Verständnis der Heilsgeschichte aus begreifen, daß post Christum neue Religionen mit einem neuen höheren Wahrheitsanspruch auftraten?

Kirchengeschichte in
ökumenischer Sicht, 1961, S. 123.

Pierre Teilhard de Chardin
In einer Welt, die selbstbewußt und sich selbstbewegend geworden ist, ist ein Glaube – und ein großer Glaube – und immer mehr Glaube das vital Notwendigste auf der denkenden Erde ... Und da enthüllt sich das, was ich die evolutive Rolle der Religionen nennen möchte.

Die menschliche Energie, zit. nach:
Teilhard de Chardin-Lexikon, 1971, S. 350

Sri Aurobindo
Das göttliche Wesen, das wir verehren, ist nicht nur eine ferne außerkosmische Wirklichkeit, sondern eine halb verhüllte Manifestation, die uns hier im Universum gegenwärtig und nah ist. Das Leben ist das Feld für eine noch nicht vollendete göttliche Offenbarung ... Hier sollen wir das göttliche Wesen besitzen und, soweit das möglich ist, zum Ausdruck bringen.

Die Synthese des Yoga, 1972, S. 84.

Romano Guardini
Anlaß und Situation der religiösen Erfahrung können sehr verschieden sein. Sie kann in der Natur stattfinden, etwa unter dem nächtlichen Himmel oder in der Stille der Berge; vor Werken der Kultur, etwa beim Betreten einer Kathedrale oder beim Hören eines Musikwerks; vor Menschen mit eigentümlich anrührender Wesensart; in erhebenden oder erschütternden geschichtlichen Ereignissen; aber auch in Geschehnissen des Alltags, ja schließlich ohne jeden besonderen Anlaß, irgendwann, von irgendwoher, einfachhin. Bei dieser Erfahrung wird eine innere Tiefe des Menschen angerührt und empfindet etwas, das anders ist als das Irdisch-Welthafte; fremd und geheimnisvoll und doch wieder eigenst vertraut; in das Bekannte nicht einzuordnen und doch wirklich und mächtig; voll eines besonderen, für das persönliche Dasein wesentlichen und durch nichts anderes zu ersetzenden Sinnes.

Freiheit, Gnade, Schicksal, 1979, S. 59

Stimmen und Zeugnisse

Adolf Holl
Unser landläufiger westlicher Religionsbegriff ist, versuchen wir den Sachverhalt zu verdeutlichen, seiner Herkunft nach ein herrschaftspolitischer. Entstanden ist er in der Ära der europäischen Glaubenskriege vor 400 Jahren, als die Landesfürsten sich das Recht nahmen, die von ihnen bevorzugte Konfession in ihren Territorien zur alleinigen Geltung zu bringen.
Religionen. 1981, S. 10

Michael von Brück
Wir wollen uns gegenseitig helfen, die Verpflichtung gegenüber den jeweiligen Meistern unserer Traditionen zu erneuern, so daß wir tiefer und kompromißloser befähigt werden, zwischen Wahrheit und Lüge in unserem Leben zu unterscheiden. Feste Wurzeln in der jeweils eigenen Religion richten sich nicht gegen die anderen, sondern sie sind Quelle eines Lebens für andere. Nur auf solch starker Grundlage können wir dann zu Erbauern einer Bruderschaft werden, die über religiöse, ideologische, nationale und kastengebundene Grenzen hinweg reicht, damit wir endlich eine bessere Welt sehen.
Dialog der Religionen. 1985, S. 67

Raimon Panikkar
Es geht nicht um einen unvollkommenen Menschen auf der einen und einen vollkommenen Gott auf der anderen Seite, sondern vielmehr um eine theandrische (das ist: gott-menschliche) Wirklichkeit, die zu jeder Zeit und in jeder Situation existiert ... Gott und Mensch stehen sozusagen in einer engen und wesenhaften Beziehung des Zusammenwirkens, um die Schöpfung fortzusetzen. Es ist nicht so, daß der Mensch sich hier auf Erden abrackert, während Gott ihn von oben beaufsichtigt und ihm Belohnung oder Strafe in Aussicht stellt. Es gibt eine Bewegung, eine Dynamik, ein Wachstum in dem, was die Christen den mystischen Leib Christi und die Buddhisten *dharmakaya* nennen, um nur zwei Beispiele anzuführen. Gott, Mensch und Welt sind einem einzigartigen Abenteuer verpflichtet, und diese Verpflichtung macht die wahre Wirklichkeit aus.
Trinität, 1993, S. 103 f.

Seyyed Hossein Nasr
Die Wesensnatur des Menschen macht einen säkularen und agnostischen Humanismus unmöglich. Es ist metaphysisch nicht möglich, die Götter zu töten und das Siegel des Göttlichen auf dem Antlitz des Menschen auszulöschen, ohne den Menschen selbst zu zerstören. Die bitteren Erfahrungen der modernen Welt liefern den schlagenden Beweis für diese Wahrheit. Das Antlitz, das Gott dem Kosmos und dem Menschen zugewandt hat, ist nichts anderes als das zur Gottheit gewandte Antlitz des Menschen, und in der Tat das menschliche Antlitz selbst. Man kann nicht das Antlitz Gottes auslöschen, ohne den Menschen selbst auszulöschen.
Die Erkenntnis und das Heilige, 1990, S. 243

Jiddu Krishnamurti
Die Wahrheit ist ein unwegsames Land. Es gibt keine Pfade, die zu ihr hinführen, keine Religionen, keine Sekten. Das ist mein Standpunkt, den ich absolut und bedingungslos vertrete. – Die Wahrheit ist grenzenlos, sie kann nicht konditioniert, sie kann nicht auf vorgegebenen Wegen erreicht und daher auch nicht organisiert werden. Deshalb sollen keine Organisationen gegründet werden, die die Men-

schen auf einen bestimmten Pfad führen oder nötigen. Wenn ihr das einmal verstanden habt, werdet ihr einsehen, daß es vollkommen unmöglich ist, einen Glauben zu organisieren. Der Glaube ist eine absolut individuelle Angelegenheit, und man kann und darf ihn nicht in Organisationen pressen.

Spirituelle Meister des Westens, 1995, S. 100

Hans Küng
Religion ist mehr als eine rein theoretische Angelegenheit, gar nur eine Sache der Vergangenheit, Aufgabe für Urkundenforscher und Quellenspezialisten. Nein, Religion ist immer auch gelebtes Leben, eingeschrieben in die Herzen der Menschen und von daher für alle religiösen Menschen eine höchst gegenwärtige und durchaus den Alltag bestimmende Angelegenheit ... Religion ist eine gläubige Lebenssicht, Lebenseinstellung, Lebensart, ist deshalb ein Menschen und Welt umgreifendes individuell-soziales Grundmuster, durch das der Mensch – ihm nur teilweise bewußt – alles sieht und erlebt, denkt und fühlt, handelt und leidet: ein transzendent begründetes und immanent sich auswirkendes Koordinatensystem, an dem sich der Mensch intellektuell, emotional, existentiell orientiert. Religion vermittelt einen umfassenden Lebenssinn, garantiert höchste Werte und unbedingte Normen, schafft geistige Gemeinschaft und Heimat.

Christentum und Weltreligionen, 1984, S. 19

Carl Friedrich von Weizsäcker
Wer die Beziehungen zwischen den Religionen beleben will, kann Gewinn davon haben, wenn er ihre Unterschiede als Funktionen ihrer kulturellen Situation bedenkt ... Wenn Religionen einander begegnen wollen, sollten sie nicht ihre Theologien vergleichen, sondern versuchen, gemeinsam Gutes zu tun. Sie werden staunen, was sie dabei über sich selbst lernen.

Bewußtseinswandel. 1988, S. 248 f.

Alfons Rosenberg
Wir sind aufgefordert, im Experiment zu leben. Denn so, wie heute das naturwissenschaftliche und technische Wissen im Laufe von jeweils fünf bis acht Jahren veraltet und überholt werden muß, wie darum jeder, der sich mit Mehrung und Bewahrung von Wissen und Können beschäftigt, unaufhörlich für jede weitere, oft unvorhersehbare Entwicklung wach und aufmerksam bleiben muß, stets willig, seinen bisherigen Wissensstand zu korrigieren und zu wandeln, so müssen auch die Erforscher und Gestalter geistiger Wahrheiten und Formen für neue Erkenntnisse und Umgestaltungen offen bleiben ... Im Experiment leben heißt darum, in wachster Aufmerksamkeit dem Kommenden zugewandt leben – sich überraschen lassen von dem, was einem durch Befragung und Erprobung zufällt. Denn es gibt keinen Zugewinn von Erfahrung ohne Gefährdung.

Experiment Christentum, 1969, S. 17

Glossar

Zur Schreibweise
Wie schon im vorstehenden Haupttext wurde mit Rücksicht auf den erwarteten religionsgeschichtlich interessierten Benutzerkreis auf die Anwendung der in der religionswissenschaftlichen Literatur üblichen diakritischen Zeichen bewusst verzichtet. Bekanntlich sind ohnehin unterschiedliche Umschriften, namentlich solche aus asiatischen Sprachen, im Umlauf. Deshalb können z.B. in Zitaten aus diversen Übersetzungen unterschiedliche Wiedergaben auftreten. Sie sind in diesem Zusammenhang unerheblich.

Ausnahmen bilden Sanskrit-Wörter in denen c und ch etwa wie tsch, j und jh wie dsch zu sprechen sind. Das hier enthaltene h ist jeweils deutlich hörbar, v klingt wie w; sh wie sch.

Abkürzungen
hebr. – hebräisch; arab. – arabisch; gr. – griechisch; lat. – lateinisch; skr. – sanskrit; p. – pali; chin. – chinesisch; jap. – japanisch.

Agape, gr. die selbstlose Liebe zu den Mitmenschen.
Apokalypse, gr. ›apokálypsis‹, Enthüllung; Offenbarung(sschrift), z. B. Johannes-Apokalypse.
Apokryphen, gr. ›verborgen‹, Sammelbezeichnung für Schriften, die nicht in den Bibelkanon des Alten oder Neuen Testaments aufgenommen wurden.
Arhat, skr. Idealgestalt; der Heilige in den Pali-Schriften des Theravada.
Arianer, Arianismus, nach dem frühchristlichen als Ketzer bekämpften Theologen Arius (gest. ca. 336), der die Gottheit Christi bestritt und diesen nur als Geschöpf Gottes anerkannte.
Arier, skr. ›arya‹, gastfrei, edel; im übertragenen Sinn im Buddhismus: einer der den Buddha-Weg geht.
Arkandisziplin, lat. ›arcanum‹, Geheimnis; Schutz des Mysteriums, das an dafür Unvorbereitete nicht weitergesagt werden darf, letztlich seines besonderen Charakters wegen auch nicht veräußerlicht werden kann.
Atman, skr. ›selbst‹, das Wesen des Menschen, das nach indischer Auffassung mit dem Göttlichen (Brahman) identisch ist.
Avatara, skr. ›Herabkunft‹; Erscheinung eines Gottes in anderer Gestalt, etwa Vishnus in Gestalt Krishnas.
Avidya, skr. Unwissenheit.
Bhagavat, skr. der Verehrte; Bezeichnung für den Buddha.
Bhakti, skr. ›Liebe‹ zu Gott, personale Frömmigkeit und mystische Teilhabe an seinem Wesen.
Bodhi, skr. Erleuchtung.
Bodhisattva, skr. Idealgestalt im Mahayana-Buddhismus, weil der Betreffende, zwar Erleuchtung erlangt hat, aber um der Unerlösten willen nicht zum endgültigen Heil aufsteigt
Brahman, die göttliche Weltseele und Weltessenz; das Absolute, Eine, das alles umfasst und durchdringt.

ANHANG

Buddhi, skr. ›Vernunft‹, intuitiv und synthetisierend, zum Transzendenten hin geöffnet; im Gegensatz zum analytischen Verstand ›manas‹.
Caitanya, skr.; spirituell erwachtes Bewusstsein, das dem allgemeinen Denkbewusstsein übergeordnet ist.
Ch'i, chin.; vitale Kraft; Lebenskraft; Urfluidum; – Übereinstimmung des menschlich Kausalen mit dem übermenschlich Akausalen.
Ch'ien, chin. Himmel; Name eines Hexagramms.
Ching-tso, chin. Sitzen in der Stille; Meditation.
Coincidentia oppositorum, lat.; das Zusammengefügt-Werden der Gegensätze (in Gott) zu einer harmonischen Ganzheit.
Dhamma, p. vgl. skr. *Dharma.*
Dharma, skr. ›tragen, halten‹: im Hinduismus der umfassende Begriff für das, was unser wahres Wesen ausmacht; die Grundlage für die menschliche Ethik. – Im Buddhismus insbesondere das kosmische Gesetz, die Ordnung, sodann die Lehre Buddhas und der den Geboten gegenüber zu leistende Gehorsam.
Dharmakaya, im Buddhismus der mystische Leib des Dharma.
Deismus, Lehre von Gott, die sich darauf beschränkt, dass Gott die Welt einst erschaffen hat, jedoch keine gegenwärtige und fortwirkende Präsenz mehr hat.
Deus absconditus, lat.; der verborgene Gott.
Dhikr, arab. ›Gedenken, Anrufung‹; eine Weise und Methode spiritueller Verwirklichung im Islam.
Dhyana, skr. Meditation; Zen.
Djihad, arab. ›Anstrengung‹; diese ursprünglich im Koran auftretende Wortbedeutung wurde erst im Zusammenhang der islamischen Eroberungszüge im Sinne muslimischer Kreuzzüge als »heiliger Krieg« bezeichnet.
Dogma, griech. im Christentum nach kirchlicher Auffassung die Gesamtheit der heilsnotwendigen Aussagen über Gott, Mensch und Welt.
Ekklesiologie, gr. ›ekklesia‹, herausgerufene Gemeinschaft; theologische Lehre von der Kirche.
Epiphanie, Erscheinung Gottes.
Eschatologie, theologische Lehre vom Ende aller Dinge.
Esoterik, gr. ›eso‹, innen; innerlich; meint zunächst das innen Erfahrene, nicht beliebig Mitteilbare, sodann das für einen engeren Kreis Bestimmte, weil es einer Vorbereitung, Vorkenntnis und Reife bedarf.
Evangelium, gr. ›euangelion‹, frohe Botschaft; Evangelienschrift, die die Botschaft Christi enthält.
Fakir, arab. ›fakr‹, Armut; einer, der arm im Geist ist, d.h. den strengen Weg der muslimischen Frömmigkeit geht.
Gita, skr. Lied; Kurzbezeichnung für Bhagavadgita, Gesang des Erhabenen.
Gnosis, gr. ›Erkenntnis‹; im Sinne spiritueller Erkenntnis, die mit *Pistis,* Glaube, korrespondiert.
Hadith, arab. ›Ausspruch, Tradition‹; Überlieferung, durch die Allah durch den Propheten spricht. Bei den Schiiten sind in den Hadith-Aufzeichnungen auch Worte der Imame aufgenommen.
Häresie, gr. ›haíresis‹, Schulrichtung, Sekte; von der jeweils orthodoxen Lehrmeinung abweichende Auffassung, die nicht zu einer Abspaltung führen muss.
Hajj, Pilgerfahrt nach Mekka.
Hedschra, arab. Auswanderung bzw. Flucht des Propheten Mohammed von Mekka nach Medina, 622 n. Chr.

Glossar

Hichma, arab. Weisheit; analog der Chochmah in der Kabbala als Weisheit Gottes (Theosophie) verstanden.
Hierophanie, Erscheinung des Heiligen.
Hinayana, skr. ›kleines Fahrzeug‹, altbuddhistische Schulrichtung.
I, chin. Wandlung (vgl. Buchtitel »*I-Ching*«).
Imam, arab. ›derjenige, der vorsteht‹; moslemischer Vorbeter; bei den *Schiiten* wird ein Imam als eine endzeitliche, messianische Gestalt erwartet.
Imamologie, im schiitischen Islam die Lehre von den Imamen als geistlichen Führern, mit besonderer Rücksicht auf den erwarteten Zwölften Imam oder Madhi.
Jnana, skr. ›Erkenntnis‹ der Einheit der Wirklichkeit; Weisheit.
Judenchristen, die ersten Christen Palästinas, die als unmittelbare Nachfolger bzw. Apostel Jesu dem Judentum entstammten. Ihnen standen die aus dem Heidentum kommenden Heidenchristen gegenüber, für deren volle Anerkennung sich vor allem Paulus einsetzte.
Kairós, griech. qualitative Zeit, entscheidender bzw. erfüllter Augenblick.
Kalif, arab. ›Statthalter‹ oder ›Stellvertreter‹: im politischen Sinn der Stellvertreter des Propheten; im spirituellen Sinn ein vollkommener Mensch in seiner Funktion als Allahs Stellvertreter gegenüber der ganzen Schöpfung.
Kanon, gr. ›Richtschnur‹, verbindliche Sammlung heiliger Schriften des Alten und Neuen Testaments.
Karma, skr.'kar', machen; ›Tat‹, ›Werk‹; das menschliche Tun, dem schicksalbestimmende Wirkung zu gesprochen wird.
Katholizität, gr. ›kath'holon‹, allumfassend, allgemein; das nicht nur von der römisch-katholischen Kirche in Anspruch genommene Bestreben, an der Ganzheit der Christenheit teilhaftig zu sein; ein Bestreben, das von den Reformatoren (Luther, Melanchthon, Zwingli, Calvin) voll bejaht wurde.
Kerygma, gr. ›keryssein‹, verkünden; Verkündigung (der Christus-Botschaft).
Konfession, lat. ›confessio‹, Bekenntnis; die aufgrund eines bestimmten Bekenntnisses (z.B. Confessio Augustana, Augsburger Bekenntnis) geprägte Kirchengemeinschaft.
Kun, jap. vgl. skr. Shunyata
Kyrios, Christus als der Herr; in der Anrufung *Kyrie eleison,* Herr erbarme dich!
Li, chin. ›Riten‹, in der konfuzianischen Tradition Inbegriff der Sittlichkeit und der Ordnung.
Liturgie, gr. ›leitourgía‹, (Gottes-)Dienst; in der Regel die Gesamtheit des christlichen Gottesdienstes, speziell die Ordnung der Gebete, Gesänge und Lesungen.
Logos, gr. ›Wort, Gedanke, Vernunft‹; im Neuen Testament mit dem Christus(geist) identisch.
Madhi, arab. ›von Gott geleitet‹; der von Muslimen erwartete Erlöser der Endzeit. – Bei den Schiiten wird er mit dem Zwölften Imam gleichgesetzt.
Mahayana-Buddhismus, skr. ›großes Fahrzeug‹; buddhistische Schulrichtung, die gebietsweise die ältere Schule des *Hinayana-* bzw. des *Theravada-Buddhismus* abgelöst hat.
Manas, skr. analysierender ›Verstand‹.
Messias, hebr. ›der Gesalbte‹; nach israelischer Vorstellung handelt es sich um den Heilbringer, der aus dem Stamm Davids erwartet wurde; in christlich-neutestamentlicher Sicht der Christus.
Metánoia, Sinnesänderung, Umkehr, die beim Denken beginnt und den ganzen Menschen einbezieht.

ANHANG

Mysterium, gr. ›mysterion‹, Geheimnis; im Neuen Testament speziell das Christus-Geheimnis, zugleich Bezeichnung für das Sakrament.
Nehan, jap. vgl. *Nibbana.*
Nibbana, p. vgl. skr. *Nirvana,* Ziel der spirituellen Praxis in allen buddhistischen Schulen.
Nirvana, skr. ›Verlöschen‹, Zustand der Erleuchtung, der endgültigen Befreiung und des Aufgehens in Brahman; in diesem Zusammenhang letztlich unbeschreiblich.
Ökumene, gr. ›die ganze bewohnte Erde‹; Bezeichnung für die Gesamtheit der Christen.
Pantokrator, Christus als Herrscher über das All.
Parusie, Erwartung der Wiederkunft Christi; im Urchristentum als Naherwartung verstanden, die sich aber als Parusie-Verzögerung herausstellt, weil die Wiederkunft Christi unterblieben ist.
Pentateuch, griechische Bezeichnung für die fünf Bücher Moses, hebr. ›Thora‹.
Pistis, gr. Glaube.
Polytheismus, Glaube, der von einer Vielheit von Göttern bzw. Göttinnen ausgeht.
Sadhana, skr. geistige Übung.
Sadhu, skr. einer, der den geistigen Weg geht; hinduistischer Mönch.
Salat, das rituelle Pflichtgebet des Moslem.
Samhita, skr. Sammlung hinduistischer Hymnen und Gebete.
Samsara, skr. ›Wanderung‹; Kreislauf, dem der Mensch von Erdenleben zu Erdenleben unterworfen ist.
Sangha, skr. ›Schar, Menge‹; im Hinduismus eine um einen Guru gescharte Schülergruppe; im Buddhismus die Gemeinde Buddhas, speziell Mönche und Nonnen, ferner Laienanhänger.
Sanhedrin, Synedrion, jüdischer Gerichtshof in hellenistisch-römischer Zeit.
Saum, das pflichtgemäße Fasten der Muslime im Monat Ramadan.
Schahada, islamisches Glaubensbekenntnis »*La ilaha ill Llah – es gibt keinen Gott außer Gott*« und: »*Muhamad rasul Allah – Mohammed ist sein Prophet*«.
Schiiten, (arab. ›sch'a‹, Partei), die der Partei Alis, des vierten und einzig legitimen Kalifen, angehörigen Muslime.
Schisma, griech. ›schizein, spalten‹; religiöse Abweichung, die – anders als die *Häresie* – zur Abspaltung von der bisherigen Glaubensgemeinschaft geführt worden ist.
Septuaginta, lat. ›siebzig‹; die in vorchristlicher Zeit erfolgte Übersetzung des hebräischen Alten Testaments ins Griechische.
Shahada, moslemisches Glaubenszeugnis als eine der fünf Säulen des Islam.
Shastra, skr. ›Lehrbuch‹.
Shunyata. skr. ›Leere, Leerheit‹, zentraler buddhistischer Begriff für die Aufhebung aller Gegensätze.
Smitri, skr. heilige Überlieferung im Hinduismus.
Sruti, skr. ›Offenbarung‹; im Sinne der vedischen Literatur im Hinduismus.
Sukzession, lat. ›successio‹, Nachfolge; die seit Aposteltagen geübte, angeblich ununterbrochene Weitergabe der (Priester-)Weihe.
Sunnata, p. vgl. skr. *Shunyata;* im Mahayana-Buddhismus vielfach eine Entsprechung für das Absolute.
Sunniten, arab. ›sunna‹, Brauch, übliche Handlungsweise; Mehrheit der Muslime, die die vier ›recht geleiteten Kalifen‹ anerkennen.

Sutra, skr. ›Leitfaden‹, religiöser Text.
Symbol, gr. ›symballein‹, zusammenfügen; das sichtbare Zeichen, das auf eine unsichtbare Wirklichkeit und Bedeutung hinweist. Auch das Glaubensbekenntnis wird als Symbol(on) bezeichnet.
Synkretismus, gr. ›synkretismós‹ Vermengung bzw. Assimilation von Glaubensgut, das aus verschiedenen Religionen stammt.
Synoptiker, synoptische Evangelien, gr. ›synopsis‹, Zusammenschau; gemeint sind die wegen vieler Gemeinsamkeiten vergleichbaren Evangelien von Matthäus, Markus und Lukas – im Gegenüber zum Johannes-Evangelium, das sich in wesentlichen Punkten (Struktur, Sondergut, Chronologie) von diesen abhebt.
Tao, chin. ›Weg‹, ›Straße‹, zentraler Begriff des Taoismus, der sich letztlich jeder Definition entzieht.
Tao Chia, chin. philosophischer Aspekt des Taoismus, u.a. vertreten durch Laotse und Tschuangtse.
Tao Chiao, chin. religiöser Aspekt des Taoismus seit dem 2. Jahrhundert n.Chr. u.a. durch Chang Ling.
Theismus, Gottesvorstellung von einem höchsten, überweltlichen personal vorgestellten Gott, der die Welt nicht nur geschaffen hat, sondern auch erhält.
Thora, hebräische Bezeichnung für die fünf Bücher Moses, die als Bücher der göttlichen Weisung gelten.
T'ien, chin. Himmel.
Trinität, Dreieinigkeit bzw. Dreifaltigkeit Gottes.
Umma, arab. Gemeinde der Muslime; im weiteren Sinn werden auch Angehörige anderer Religionen »Umma« genannt.
Unitarier, eine dem liberalen Protestantismus entstammende Religionsgemeinschaft, zu deren Kennzeichen der Versuch gehört, ein »dogmenfreies«, unter Verzicht auf die göttliche Trinität geartetes Christentum zu praktizieren. Damit entfällt auch die Christologie mit der Gottessohnschaft Jesu.
Upanishaden, skr. ›sich nahe bei etwas oder jemandem niedersetzen‹, mystisch-philosophische Texte Indiens, die als Ende und Abschluss der Veden verstanden werden.
Veda, skr. ›Wissen‹; die Veden sind die ältesten heiligen Schriften Indiens.
Wu, chin. Nicht-Sein, das Nichts.
Wu-wei, chin. ›Nicht-Tun‹, im Taoismus Inbegriff des absichtslosen, begierdefreien Schaffens und des Verzichts darauf, in naturhafte Abläufe einzugreifen; Gewaltverzicht in Hingabe an das *Tao.*
Yang, im Taoismus das lichte männliche Prinzip, das sich im *Tao* in polarer Spannung zu *Yin* zur Ganzheit des Seins und Werdens verbindet.
Yantra, skr. ›Stütze, Instrument‹; geometrisches Diagramm, das zur meditativen Sammlung Verwendung findet; bekannt ist das Ganzheit konstellierende Shri Yantra.
Yin, das weibliche, dunkle Prinzip im Taoismus
Zakat, Almosen als die moslemische Pflichtabgabe.

Literatur

Antes, Peter: *Die Botschaft fremder Religionen.* Mainz 1981.
–: *Große Religionsstifter.* München 1992.
–: *Die Religionen der Gegenwart.* München 1996.
Benz, Ernst: *Neue Religionen.* Stuttgart 1971.
Benz, Ernst / Nambara, Minoru: *Das Christentum und die nichtchristlichen Hochreligionen.* Leiden/Köln 1960.
Bernhardt, R. (Hrsg.): *Horizontüberschreitung. Die pluralistische Theologie der Religionen.* Gütersloh 1991.
Bowker, John: *Das Oxford Lexikon der Weltreligionen.* Übers. und bearbeitet von K.H. Golzio. Düsseldorf-Darmstadt. 1999.
Brück, Michael von: *Einheit der Wirklichkeit.* München 1986.
- (Hrsg.): *Dialog der Religionen. Bewußtseinswandel der Menschheit.* München 1987.
Brunner-Traut, Emma: *Die fünf großen Weltreligionen (1974).* Freiburg 1991.
Burckhardt, Titus: *Vom Wesen heiliger Kunst in den Weltreligionen.* Zürich 1955.
Caramodi, Denise: *Die großen Lebensfragen. Antworten der Weltreligionen.* Graz 1984.
Chalmers, R.C. / Irving J.A. (Hrsg.): *Der Sinn des Lebens nach den fünf Weltreligionen.* Weilheim 1967.
Eliade, Mircea: *Geschichte der religiösen Ideen.* Bd. I/IV Freiburg 1978 ff.
–: *Die Religionen und das Heilige. Elemente der Religionsgeschichte.* Frankfurt 1986.
Figl, Johann: *Die Mitte der Religionen. Idee und Praxis universalreligiöser Bewegungen.* Darmstadt 1993.
Gerlitz, Peter: *Kommt die Welteinheitsreligion. Das Christentum und die anderen Weltreligionen zwischen gestern und morgen.* Hamburg 1969.
–: *Mensch und Natur in den Weltreligionen. Grundlagen einer Religionsökologie.* Darmstadt 1998.
Gerlitz / Schwöbel / Grözinger: »Pluralismus«, in: *Theologische Realenzyklopädie (TRE).* Berlin 1996, Bd. 26, S. 717–742.
Glasenapp, Helmuth von: *Die fünf Weltreligionen (1963).* München 1998.
–: *Glaube und Ritus in den Hochreligionen.* Frankfurt 1960.
Griffiths, Bede: *Die Hochzeit von Ost und West. Hoffnung für die Menschheit.* Salzburg 1983.
–: *Die neue Wirklichkeit. Westliche Wissenschaft, östliche Mystik und christlicher Glaube.* Grafing 1990.
–: *Göttliche Gegenwart.* Augsburg 1997.
Haas, William S.: *Östliches und westliches Denken. Eine Kulturmorphologie.* Reinbek 1967.
Heiler, Friedrich: *Das Gebet. Eine religionsgeschichtliche und religionspsychologische Untersuchung.* München 1919 (Neuauflagen).
–: *Erscheinungsformen und Wesen der Religion.* Stuttgart 1961.
Hick, J.: *Gott und seine vielen Namen.* Altenberge 1985.
Huth, Werner: *Flucht in die Gewißheit. Fundamentalismus.* München 1995.
Huth, Almuth und Werner: *Praxis der Meditation.* München 2000.
Khoury, Adel Th.: *Das Ethos der Weltreligionen.* Freiburg 1993.
Kippenberg, Hans Gerhard: *Die Entdeckung der Religionsgeschichte. Religionswissenschaft und Moderne.* München 1997.

Knitter, Paul F.: *Ein Gott, viele Religionen. Gegen den Absolutsheitsanspruch des Christentums.* München 1988.
–: »Die Einzigkeit Jesu in einer Befreiungstheologie der Religionen«, in: *Wandel und Bestand. Denkanstöße zum 21. Jahrhundert.* FS für Bernd Jaspert, hrsg. von Gerke Helmut u.a. Paderborn 1995, S. 323 ff.
Küng, Hans u.a.: *Christentum und Weltreligionen.* München 1984.
Lanczkowski, Günter: *Heilige Schriften.* Stuttgart 1956.
–: *Geschichte der Religionen.* Frankfurt 1972.
Leeuw, Gerardus van der: *Einführung in die Phänomenologie der Religion.* Gütersloh 1961.
Lexikon der östlichen Weisheitslehren. Buddhismus, Hinduismus, Taoismus, Zen. Hrsg. von Stephan Schuhmacher /Gerd Woerner. Bern-München 1986.
Lindenberg, Wladimir: *Die Menschheit betet. Praktiken der Meditation in der Welt.* München-Hamburg 1968.
Mann, Ulrich (Hrsg.): *Theologie und Religionswissenschaft.* Darmstadt 1973.
Mann, Ulrich: *Einführung in die Religionsphilosophie.* Darmstadt 1970.
–: *Die Religion in den Religionen.* Stuttgart 1975.
Meinhold, Peter: *Die Begegnung der Religionen und die Geistesgeschichte Europas.* Wiesbaden 1981.
Mensching, Gustav: *Allgemeine Religionsgeschichte.* Heidelberg 1949.
- (Hrsg.): *Das lebendige Wort. Texte aus den Religionen.* Darmstadt 1952.
–: *Toleranz und Wahrheit in der Religion* (1955). München-Hamburg 1966.
–: *Der offene Tempel. Die Weltreligionen im Gespräch miteinander.* Stuttgart 1974.
Messing, Marcel: *Von Buddha bis C.G. Jung. Religion als lebendige Erfahrung.* Olten-Freiburg 1990.
Michaelis, Axel (Hrsg.): *Klassiker der Religionswissenschaft. Von Friedrich Schleiermacher bis Mircea Eliade.* Darmstadt 1997.
Nasr, Seyyed Hossein: *Die Erkenntnis und das Heilige.* München 1990.
Panikkar, Raimon: *Der neue religiöse Weg. Im Dialog der Religionen leben.* München 1990.
–: *Trinität. Über das Zentrum menschlicher Erfahrung.* München 1993.
Panorama der neuen Religiosität. Sinnsuche und Heilsversprechen zu Beginn des 21. Jahrhunderts, hrsg. von der Evangelischen Zentralstelle für Weltanschauungsfragen. Gütersloh 2001.
Rahner, Karl: Das »Christentum und die nichtchristlichen Religionen«, in: *Schriften zur Theologie,* Bd. V. Einsiedeln 1962.
Schlette, Heinz Robert: *Die Konfrontation mit den Religionen. Eine philosophische und theologische Einführung.* Köln 1964.
–: *Einführung in das Studium der Religionen.* Freiburg 1971.
Schmid, Georg: *Die Mystik der Weltreligionen.* Stuttgart 1990.
Schuon, Frithjof: *Das Ewige im Vergänglichen. Von der einen Wahrheit in den großen Religionen und Kulturen.* München 1984.
Schwarzenau, Paul: *Der größere Gott. Christentum und Weltreligionen.* Stuttgart 1977.
Schwikart, Georg: *Sexualität in den Weltreligionen.* Gütersloh 2001.
Sharma, Arvind (Hrsg.): *Innenansichten der großen Religionen.* Frankfurt 2000.
Söderblom, Nathan: *Der lebendige Gott im Zeugnis der Religionsgeschichte.* München-Basel 1966.
Spiegelberg, Frederic: *Die lebenden Weltreligionen.* Frankfurt 1977.
Strolz, Walter: *Heilswege der Weltreligionen. Bd. I / III.* Freiburg 1984 ff.

ANHANG

Tillich, Paul: »Das Christentum und die Begegnung der Weltreligionen«, in: *Gesammelte Werke*, Bd. V. Stuttgart 1978.
Tworuschka, Monika und Udo: *Denkerinnen und Denker der Weltreligionen im 20. Jahrhundert.* Gütersloh 1994.
Tworuschka, Udo (Hrsg.): *Heilige Schriften. Eine Einführung.* Darmstadt 2000.
Wach, Joachim: *Vergleichende Religionsgeschichte.* Stuttgart 1962.
Waldenfels, Hans (Hrsg.): *Lexikon der Religionen.* Freiburg 1987.
Weltreligionen – Weltprobleme. Hrsg. von H. Schulte, W. Trutwin. Düsseldorf – Göttingen 1973.
Wolff, Otto: *Anders an Gott glauben. Die Weltreligionen als Partner des Christentums.* Stuttgart 1969.

Judentum

Quellen

An erster Stelle ist die hebräische Bibel zu nennen, deren Urtext in Gestalt der Biblia Hebraica vorliegt. Auf ihrer Basis sind zahlreiche Übersetzungen erfolgt, z.b. die seit 1534 erstmals veröffentlichte aus Altem und Neuem Testament bestehende Luther-Bibel. Sie wurde unter Wahrung ihres Grundbestandes immer wieder aktualisiert bzw. einer partiellen Korrektur unterzogen. Bis heute sind weitere Verdeutschungen (Vollbibeln) erarbeitet worden. Darunter befinden sich die im Auftrag der Bischöfe Deutschlands, Österreichs und der Schweiz geschaffene sogenannte Einheitsbibel, die auch von der Deutschen Bibelgesellschaft verbreitet wird. Die Neue Jerusalemer Bibel mit dem neu bearbeiteten und erweiterten Kommentar der Jerusalemer Bibel wird sowohl im Auftrag der Römisch-Katholischen Kirche als auch des Rates der Evangelischen Kirche in Deutschland bzw. des Evangelischen Bibelwerks veröffentlicht.

Einen besonderen Hinweis verdient die ihrer Neuartigkeit und Originalität wegen ausgezeichnete Verdeutschung der hebräischen Bibel, die Martin Buber in Gemeinschaft mit Franz Rosenzweig begonnen und nach dessen Tod (1929) vollendet hat. Die Schrift besteht aus vier Einzelbänden:

Die fünf Bücher der Weisung, Bücher der Geschichte, Bücher der Kündung, Die Schriftwerke. Abgesehen von seinen bibeltheologischen Arbeiten hat Buber dieser Ausgabe noch Beilagen hinzugefügt, die den besonderen Charakter seiner Verdeutschung erläutern. Denn zum ersten Mal wurde es hier unternommen, die hebräische Bibel nicht nur ihrem Wortlaut nach wiederzugeben. Die Übersetzer hatten darauf zu achten, dass die vom Hebräischen her sich ergebenden Lautgefüge, die rhythmischen Strukturen der biblischen Prosa sowie der lyrischen und der spruchhaften Wortlaute vom Urtext her transparent werden.

Der Babylonische Talmud. Ausgewählt, übersetzt und erklärt von Reinhold Mayer. München 1963.
Der Talmud. Einführung, Texte, Erläuterungen von Günter Stemberger. München 1982.
Geschichten aus dem Talmud. Hrsg. von Emanuel bin Gorion. Frankfurt 1966.
Weisheit des Talmud. Hrsg. von Alfons Rosenberg. München 1954.
Der Sohar. Das heilige Buch der Kabbala. Nach dem Urtext herausgegeben von Ernst Müller. Wien 1932.
–: in Auswahl. Düsseldorf-Köln 1982.

LITERATUR – JUDENTUM

The Zohar, Vol. I-V, Übers. von Harry Sperling and Maurice Simon. London-Jerusalem- NewYork 1934 ff.

Sekundärliteratur

Ariel, David S.: *Die Mystik des Judentums. Eine Einführung.* München 1993.
Aronstam-Wieser, Hana: *Das Hebräische Alphabet und der Tierkreis.* Dornach 1993.
Auf der Suche nach einer jüdischen Theologie. Der Briefwechsel zwischen Schalom Ben-Chorin und Hans-Joachim Schoeps. Frankfurt 1989.
Baeck, Leo: *Das Wesen des Judentums.* Köln 1960.
–: *Dieses Volk. Jüdische Existenz, I/II.* Frankfurt 1955 f.
Battenberg, Friedrich: *Das europäische Zeitalter der Juden I /II.* Darmstadt 1990.
Bein, Alex: Theodor Herzl. *Biographie (1934).* Frankfurt 1983.
Beltz, Walter: *Gott und die Götter. Biblische Mythologie.* Berlin-Weimar 1975.
Ben-Chorin, Schalom: *Jüdischer Glaube. Strukturen einer Theologie des Judentums anhand des Maimonidischen Credo.* Tübingen 1975.
Ben-Sasson, Haim Hillel: *Geschichte des jüdischen Volkes I-III.* München 1978.
Buber, Martin: *Der Jude und sein Judentum. Gesammelte Aufsätze und Reden. Mit einer Einleitung von Robert Weltsch.* Köln 1963.
Davidowicz, Klaus Samuel: *Gershom Scholem und Martin Buber. Die Geschichte eines Mißverständnisses.* Neukirchen-Vluyn 1993.
Drei Wege zu dem einen Gott. Glaubenserfahrung in den monotheistishen Religionen, hrsg. von A. Falaturi, J.J. Petuchowski, W. Strolz. Freiburg 1976.
Elbogen, Ismar: *Ein Jahrhundert jüdischen Lebens. Die Geschichte des neuzeitlichen Judentums.* Frankfurt 1967.
Erler, H./Koschel, A. (Hrsg.): *Der Dialog zwischen Juden und Christen. Versuche des Gesprächs nach Auschwitz.* Frankfurt-NewYork 1999.
Fohrer, Georg: *Glaube und Leben im Judentum.* Heidelberg 1979.
–: *Geschichte der israelitischen Religion* (1968). Freiburg 1992.
Gamm, Hans Jochen: Judentumskunde. Eine Einführung. Frankfurt 1962; 1979.
Gerhardt, Ulrich: Jüdisches Leben im jüdischen Ritual. Heidelberg 1980.
Graupe, Heinz Mosche: Die Entstehung des modernen Judentums. Geistesgeschichte des deutschen Judentums. 1650–1942. Hamburg 1969.
Guttmann, Julius: *Jüdische Philosophie.* München 1933.
Heil, Helmut J.: *Die neuen Propheten. Moses Hess, Leon Pinsker, Theodor Herzl, Achad-Haam.* Fürth 1969.
Hirsch, Leo: *Jüdische Glaubenswelt.* Gütersloh 1966.
Idel, Mosche: *Abraham Abulafia und die mystische Erfahrung.* Frankfurt 1994.
Jüdische Geisteswelt. Zeugnisse aus zwei Jahrtausenden. Hrsg. von H.J. Schoeps. Darmstadt 1953.
Jüdischer Glaube. Eine Auswahl aus zwei Jahrtausenden. Hrsg. von Kurt Wilhelm. Bremen 1961.
Keller, Werner: *Und wurden zerstreut unter alle Völker. Die nachbiblische Geschichte des jüdischen Volkes.* München 1966.
Kirche und Synagoge I/II. Hrsg. von K.H. Rengstorff und S. von Kortzfleisch. Stuttgart 1968 f.
Krupp, Michael: *Die Geschichte des Zionismus.* Gütersloh 2001.

Kupisch, Karl: *Das Volk der Geschichte. Randbemerkungen zur Geschichte der Judenfrage.* Berlin 1953.
Kuschel, Karl-Josef: *Streit um Abraham. Was Juden, Christen und Muslime trennt und was sie eint.* München 1994.
Landmann, Salcia: *Wer sind die Juden? Geschichte und Anthropologie eines Volkes.* München 1973.
–: *Der ewige Jude.* München 1974.
Lapide, Pinchas: *Er predigte in ihren Synagogen. Jüdische Evangelienauslegung.* Gütersloh 1980.
–: *Er wandelte nicht auf dem Meer. Ein jüdischer Theologe liest die Evangelien.* Gütersloh 1984.
Leuner, Heinz David: *Religiöses Denken im Judentum des 20. Jahrhunderts.* Wuppertal 1969.
Loretz, Oswald: *Des Gottes Einzigkeit. Ein altorientalisches Argumentationsmodell zum ›Schma Jisrael‹.* Darmstadt 1997.
Maier, Johann: *Das Judentum. Von der biblischen Zeit bis zur Moderne.* München 1973 (mit ausführlicher Bibliographie).
–: *Geschichte der jüdischen Religion.* Berlin 1972; Freiburg 1992.
Noveck, Simon (Hrsg.): *Große Gestalten des Judentums I-II.* Zürich 1972.
Petuchowski, Jakob J.: *Es lehrten unsere Meister. Rabbinische Geschichten* (1979), Freiburg 1992.
Philo-Lexikon. Handbuch des jüdischen Wissens. (1936). Frankfurt 1992.
Prijs, Leo: *Begegnung mit dem Judentum. Eine Einführung in seine Religion.* Freiburg 1985.
Ranke-Graves, Robert von / Patai, Raphael: *Hebräische Mythologie. Über die Schöpfungsgeschichte und andere Mythen aus dem Alten Testament.* Reinbek 1986.
Rosenzweig, Franz: *Der Stern der Erlösung* (1921). Mit einer Einführung von Reinhold Mayer und einer Gedenkrede von Gershom Scholem. Frankfurt 1988.
Rübenach, Bernhard (Hrsg.): *Begegnungen mit dem Judentum.* Stuttgart 1981
Scholem, Gershom: *Die jüdische Mystik in ihren Hauptströmungen.* Frankfurt 1957.
–: *Judaica I-VI.* Frankfurt 1963 ff.
–: *Über einige Grundbegriffe des Judentums.* Frankfurt 1970.
Scriba, Albrecht: *Außerbiblische Literatur. Ihre Bedeutung für das frühe Christentum und das rabbinische Judentum.* Darmstadt 1999.
Soggin, J. Albert: *Einführung in die Geschichte Israels und Judas. Von den Ursprüngen bis zum Aufstand Bar Kochbas.* Darmstadt 1991.
Stemberger, Günter: *Geschichte der jüdischen Literatur. Eine Einführung.* München 1977.
–: *Das klassische Judentum. Kultur und Geschichte der rabbinischen Zeit.* München 1979.
Stör, Martin (Hrsg.): *Abrahams Kinder. Juden – Christen – Moslems.* Frankfurt 1983.
Wehr, Gerhard: *Martin Buber in Selbstzeugnissen und Bilddokumenten.* Reinbek 1968; 13. Aufl. 1998.
–: *Martin Buber. Leben, Werk, Wirkung.* Zürich 1991.
–: *Der Chassidismus. Mysterium und spirituelle Lebenspraxis.* Freiburg 1978.
–: *Judentum.* München 2001 (Diederichs Kompakt).
–: *Kabbala.* München 2002 (Diederichs Kompakt).

Christentum

Quellen

Novum Testamentum Graece, hrsg, nach Eberhard und Erwin Nestle (1898) von Barbara und Kurt Aland. Stuttgart (27. rev. Aufl., 3. Druck) 1995.
Neue Jerusalemer Bibel. Einheitsübersetzung mit dem Kommentar der Jesusalemer Bibel. Freiburg 1985.
Neues Testament und Psalter in der Sprache Martin Luthers für Leser von heute. (Wortlaut der Lutherbibel von 1545). Hamburg 1982.
Das Neue Testament und frühchristliche Schriften, übersetzt und kommentiert von Klaus Berger und Christiane Nord. Frankfurt 1999.
Schriften des Urchristentums, I/III, hrg. von J. Fischer u.a. Darmstadt 1966–1998.

Sekundärliteratur

Barth, Hans-Martrin: *Dogmatik. Evangelischer Glaube im Kontext der Weltreligionen.* Gütersloh 2001.
Barth, Karl: *Die kirchliche Dogmatik, Bd. I,1–IV,4.* Zürich 1932–1967.
Benz, Ernst: *Beschreibung des Christentums. Eine historische Phänomenologie.* München 1975.
Berger, Klaus: *Formgeschichte des Neuen Testaments.* Heidelberg 1984
Berkhoff, Hendrik: *Die Katholizität der Kirche.* Zürich 1964.
Biser, Eugen u.a.: *Paulus. Wegbereiter des Christentums. Zur Aktualität des Völkerapostels in ökumenischer Sicht.* München 1934.
Bittlinger, Arnold: *Das Geheimnis der christlichen Feste. Astrologische und tiefenpsychologische Zugänge.* München 1995.
Bonhoeffer, Dietrich: *Sanctorum Communio. Eine dogmatische Untersuchung zur Soziologie der Kirche.* München 1954.
Bornkamm, Günther: *Jesus von Nazareth* (1956). Stuttgart 1987.
–: *Paulus.* Stuttgart 1969.
Bultmann, Rudolf: *Jesus* (1926). Gütersloh 1970.
–: *Theologie des Neuen Testaments* (1953). Tübingen 1984.
–: *Das Urchristentum im Rahmen der antiken Religionen.* Reinbek 1962.
Crossan, John D.: *Der historische Jesus.* München 1995.
Delius, Walter: *Geschichte der Marienverehrung.* München-Basel 1963.
Denzler, Georg: *Wörterbuch der Kirchengeschichte.* München 1982.
Faber, Gustav: *Auf den Spuren des Paulus. Eine Reise durch den Mittelmeerraum.* (1989). Freiburg 1992.
Feministische Exegese, hrsg. von Schottroff, L / Schoer, S. / Wacker, M. Darmstadt 1995.
Flusser, David: *Jesus* (1968). Reinbek 1999.
Harnack, Adolf von: *Das Wesen des Christentums.* Leipzig 1900.
Heiligenthal, Roman: *Der verfälschte Jesus. Eine Kritik moderner Jesusbilder.* Darmstadt 1999.
Hummel, Reinhart: *Religiöser Pluralismus im christlichen Abendland? Herausforderung an Kirche und Gesellschaft.* Darmstadt 1994.

ANHANG

Jedin, Hubert u.a. (Hrsg.): *Handbuch der Kirchengeschichte*, 10 Bde. Freiburg 1962 ff; Darmstadt 2001.
Kahl, Joachim: *Das Elend des Christentums oder Plädoyer für eine Humanität ohne Gott.* Reinbek 1968.
Karpp, Heinrich: *Schrift, Geist und Wort Gottes. Geltung und Wirkung der Bibel in der Geschichte der Kirche* – Von der Alten Kirche bis zum Ausgang der Reformationszeit. Darmstadt 1992.
Küng, Hans: *Die Kirche*. Freiburg 1967.
–: *Existiert Gott? Antwort auf die Gottesfrage der Neuzeit.* München 1978.
–: *Credo. Das Apostolische Glaubensbekenntnis.* München 1992.
–: *Große christliche Denker.* München 1994.
Kuschel, Karl-Josef (Hrsg.): *Christentum und nichtchristliche Religionen.* Darmstadt 1994.
Loth, H.J. Mildenberger, M., Tworuschka, U. (Hrsg.): *Christentum im Spiegel der Weltreligionen.* Stuttgart 1978.
Mack, Burton L.: *Wer schrieb das Neue Testament? Die Erfindung des christlichen Mythos.* München 2000.
Marxen, Willi: *Einleitung in das Neue Testament.* Gütersloh 1963.
Mayeur, J. M. u.a. (Hrsg.): *Die Geschichte des Christentums*, 14 Bde. Darmstadt 1991 ff.
McGinn, Bernard: *Die Mystik im Abendland, I/IV.* Freiburg 1994 ff.
Meinhold, Peter: *Maria in der Ökumene.* Wiesbaden 1978.
Metzger, Bruce M.: *Der Text des Neuen Testaments. Einführung in die neutestamentliche Textkritik.* Stutt-gart 1966.
Moltmann, Jürgen: *Kirche in der Kraft des Geistes.* München 1975.
Poeplau, Wolfgang: *Jesus der Buddha. Christliches Urgestein und Zen.* Freiburg 1989.
Rahner, Karl: *Grundkurs der Glaubens. Einführung in den Begriff des Christentums.* Freiburg 1976.
Rendtorff, Trutz: *Theorie des Christentums.* Gütersloh 1972.
Reventlow, Hennig Graf: *Epochen der Bibelauslegung, I/III.* München 1990–1997.
Ruh, Kurt: *Geschichte der abendländischen Mystik, I/IV.* München 1990–1999.
Schillebeeckx, Edward: *Jesus. Die Geschichte von einem Lebenden.* Freiburg 6. Aufl. 1978.
–: *Christus und die Christen. Die Geschichte einer neuen Lebenspraxis.* Freiburg 1977.
Schneemelcher, Wilhelm: *Neutestamentliche Apokryphen, I/II.* Bd. Tübingen 5. Aufl. 1987 ff.
Schneider, Carl: *Geistesgeschichte des antiken Christentums, I/II.* München 1954.
Schoeps, Hans Joachim: *Paulus. Die Theologie des Apostels Paulus im Lichte der jüdischen Religionsgeschichte.* Tübingen 1959.
Schubert, Kurt: *Vom Messias zum Christus. Die Fülle der Zeit in religionsgeschichtlicher und theologischer Sicht.* Wien-Freiburg 1964.
Schweitzer, Albert: *Geschichte der Leben-Jesu-Forschung* (1906), Tübingen 6. Aufl. 1984.
–: *Die Mystik des Apostels Paulus.* Tübingen 1930.
–: *Die Weltanschauung der indischen Denker. Mystik und Ethik.* (1935). München 1965.
Stählin, Wilhelm: *Große und kleine Feste. Eine Anleitung, sie recht zu begehen.* Gütersloh 1963.
–: *Mysterium. Vom Geheimnis Gottes.* Kassel 1970

Stegemann, Hartmut: *Die Essener, Qumran, Johannes der Täufer und Jesus*. Freiburg 1993.
Theissen, Gerd: *Die Religion der ersten Christen*. Gütersloh 2001
Theissen, Gerd / Merz, Annette: *Der historische Jesus*. Göttingen 1996.
Troeltsch, Ernst: *Die Absolutheit des Christentums und die Religionsgeschichte* (1902). München-Hamburg 1969.
Vielhauer, P.: *Geschichte der urchristlichen Literatur*. Berlin-New York 1975.
Watts, Allan W.: *Mythus und Ritus des Christentums*. München-Planegg 1956.
Wehr, Gerhard: *Esoterisches Christentum. Von der Antike bis zur Gegenwart* (1975). Stuttgart 1995.

Islam

Quellen

Deutsche Koran-Übersetzungen von
Friedrich Rückert (auszugsweise), hrsg. von August Müller Frankfurt 1888.
Max Henning. Leipzig 1901 weitere Auflagen; Neudruck mit Einleitung und Anmerkungen von Annemarie Schimmel. Stuttgart 1960; Neudruck, hrg. von Ernst Werner und Kurt Rudolph. Leipzig 1968.
Ludwig Ullmann, bearb. und erl. von L.W. Winter. München 1959.
Rudi Paret: *Der Koran*. Stuttgart 1963–1966.
Adel T. Khoury: Der Koran. Übersetzung und wissenschaftlicher Kommentar, mehrere Bände. Stuttgart 1990 ff.

Sekundärliteratur

Abd al-Qadir as-Suf: *Der Pfad der Liebe. Wesen und meditative Praxis der sufischen Mystik. Eine Einführung in die ›innere Lehre‹ des Islams*. München 1982.
Andrae, Tor: *Mohammed. Sein Leben und sein Glaube*. Göttingen 1932; 1977.
–: *Islamische Mystiker*. Stuttgart 1960.
Bouman, Johan: *Christentum und Islam im Vergleich*. Gießen 1982.
–: *Der Koran und die Juden. Die Geschichte einer Tragödie*. Darmstadt 1990.
Burckhardt, Titus: *Vom Sufitum. Einführung in die Mystik des Islams*. München 1953.
Busse, Heribert: *Die theologischen Beziehungen des Islams zu Judentum und Christentum. Grundlagen des Dialogs im Koran und die gegenwärtige Situation*. Darmstadt 1991.
Corbin, Henry: »Über den zwölften Imam«, in: *Antaios*, hrg. von Mircea Eliade und Ernst Jünger. Stuttgart 1961, Bd. I. S. 75–92.
–: »Mir Damad und die Ispahaner Schule«, in *Antaios*, Stuttgart 1962, Bd, III, S. 497–521.
–: »Über die philosophische Situation der Shiitischen Religion«, in: *Antaios*, Stuttgart 1964, Bd.V, S.177–200.
–: *Die smaragdene Vision. Der Lichtmensch im persischen Sufismus*. München 1989.
Dermenghem, Emile: *Mohammed mit Selbstzeugnissen und Bilddokumenten*. Reinbek 1992.

Endress, Gerhard: *Der Islam. Eine Einführung in seine Geschichte.* München 1991.
Ess, Josef van: *Theologie und Gesellschaft im 2. und 3. Jahrhundert Hidschra.* Bd. 1– . Berlin 1991 ff.
Frieling, Rudolf: *Christentum und Islam. Der Geisteskampf um das Menschenbild.* Stuttgart 1977.
Gottschalk, Herbert: *Weltbewegende Macht Islam.* Bern-München 1980.
Gramlich, R.: *Die schiitischen Derwischorden,* 3 Bde. Wiesbaden 1965–81.
Hagemann, Ludwig: *Christentum contra Islam. Eine Geschichte gescheiterter Beziehungen.* Darmstadt 1999.
Halm, Heinz: *Die Schia.* Darmstadt 1988.
Heine, Ina und Peter: *O ihr Musliminnen. Frauen in islamischen Gesellschaften.* Freiburg 1993.
Hofmann, Murad W.: *Islam.* München 2001.
Hübsch, Hadayatullah: *Die Kosmologie des Islam.* Berlin 1995.
Islam und Abendland, hrsg. von Ary Roest Crollius. Düsseldorf 1982.
Khoury, Adel Th.: *Toleranz im Islam.* Mainz 1980.
–: *Begegnung mit dem Islam. Eine Einführung.* Freiburg 1980.
Khoury, Raif G.: *Der Islam. Religion, Geschichte, Kultur.* Mannheim 1993.
Maas, Wilhelm: *Im Namen des barmherzigen Gottes? Der Islam zwischen Fundamentalismus und Erneuerung.* Stuttgart 2000.
Nagel, Tilman: *Der Koran. Einführung, Texte, Erläuterungen.* München 1983.
Nasr, Seyyed Hossein: *Ideal und Wirklichkeit des Islam.* München 1993.
Özelsel, Michaela M.: *40 Tage. Erfahrungsbericht einer traditionellen Derwischklausur.* München 1993.
Paret, Rudi: *Mohammed und der Koran.* Stuttgart 6. Aufl. 1985.
Renaissance des Islams. Weg zur Begegnung oder zur Konfrontation, hrsg. von M. Fitzgerald u.a. Graz 1980.
Schall, Anton (Hrsg.): *Fremde Welt Islam. Einblicke in eine Weltreligion.* Mainz 1982.
–: »Islam, religionsgeschichtlich«, in: *Theologische Realenzyklopädie (TRE),* Berlin-New York 1987, Bd. 16, S. 315–336.
Schimmel, Annemarie: *Und Muhammad ist sein Prophet. Die Verehrung des Propheten in der islamischen Frömmigkeit.* Düsseldorf 1981.
–: *Rumi. Ich bin Wind und Du bist Feuer. Leben und Werk des großen Mystikers.* Düsseldorf 1978.
–: *Gärten der Erkenntnis. Texte aus der islamischen Mystik.* Düsseldorf 1982.
–: *Mystische Dimensionen des Islam. Die Geschichte des Sufismus.* München 1992.
–: *Der Islam im indischen Subkontinent.* Darmstadt 1995.
–: *Jesus und Maria in der islamischen Mystik.* München 1996.
Schuon, Frithjof: *Den Islam verstehen. Eine Einführung in die innere Lehre und die mystische Erfahrung einer Weltreligion.* München 1988.
Schwarzenau, Paul: *Korankunde für Christen. Ein Zugang zum heiligen Buch der Moslems.* Stuttgart 1982.
Shah, Idries: *Die Sufis.* Düsseldorf-Köln 1976.
Spuler-Stegemann, Ursula: *Muslime in Deutschland.* Freiburg 1998.
Stiegleder, Hermann: *Die Glaubenslehren des Islam.* Paderborn 1964.
Stoddart, William: *Das Sufitum. Geistige Lehre und mystischer Weg.* Freiburg 1979.
Tibi, Bassam: *Kreuzzug und Djihad. Der Islam und die christliche Welt.* München 1999.
–: *Fundamentalismus im Islam.* Darmstadt 2000.

Tworuschka, Monika: *Islam*. Göttingen 1992.
Watt, William Montgomery u.a.: *Der Islam, Bd. I-III*. Stuttgart 1980 ff.
Zirker, Hans: *Der Koran. Zugänge und Lesarten*. Darmstadt 1999.

Hinduismus

Quellen

Gedichte des Rig-Veda. Auswahl und Übersetzung von Herman Lommel. München-Planegg 1955. (Weisheitsbücher der Menschheit, hrg. von Jean Gebser). München-Planegg 1955.
Gedichte aus dem Rig-Veda. Aus dem Sanskrit übertragen und erläutert von Paul Thime. Stuttgart 1964.
Deussen, Paul: *Sechzig Upanischads des Veda* (1905). Darmstadt 1963.
Upanishaden. Altindische Weisheit aus Brahmanas und Upanishaden, übersetzt und eingeleitet von Alfred Hillebrandt (1921). Düsseldorf-Köln 1958.
Upanishaden. Hrsg., aus dem Sanskrit übersetzt und mit spirituellen Kommentaren versehen von Bettina Bäumer; mit einem Vorwort von Raimon Panikkar. München 1997.
Katha-Upanishad. Von der Unsterblichkeit des Selbst. Mit Kommentaren von Shankara und Swami Nikhilananda. München 1989.
So spricht das Yoga-Sutra des Patanjali. Hrsg. von Ursula von Mangoldt. München-Planegg 1957.
Shankara: Das Kleinod der Unterscheidung. Aus dem Englischen übersetzt von Ursula von Mangoldt (Weisheitsbücher der Menschheit, hrg. von Jean Gebser). München 1957.
Indische Geisteswelt. Textauswahl eingeleitet und hrg. von Helmuth von Glasenapp, I/II. Baden-Baden 1959.
Quellen des Yoga. Klassische Texte der Körper- und Geistesschulung, hrsg. und kommentiert von Hartmut Weiss. Bern-München 1986.
Bhagavadgita. Sanskrit-Text mit Einleitung und Kommentar von S. Radhakrishnan, übersetzt von Siegfried Lienhard. Baden-Baden 1958.
- Aus dem Sanskrit übersetzt und eingeleitet von Richard Garbe (1921). Darmstadt 1988.
- *Des Erhabenen Sang*. Übertragen von Leopold von Schroeder (1922). Düsseldorf-Köln 1965.
- In der Übertragung von Sri Aurobindo, mit einer Einführung von Anand Nayak. Freiburg 1992.
- Aus dem Sanskrit übersetzt, eingeleitet und erläutert von Michael von Brück; mit einem spirituellen Kommentar von Bede Griffiths. München 1993.

Sekundärliteratur

Aurobindo, Sri: *Vorbote eines neuen Zeitalters. Einführung und Werkauswahl*, hrsg. von Rober McDermott. Grafing 1991.
Avalon, Arthur (Sir John Woodroffe): *Die Schlangenkraft*. Weilheim 1961.
–: *Shakti und Shakta. Lehre und Rituale der Tantra-Shastras*. Weilheim 1962.

ANHANG

–: *Die Girlande der Buchstaben. Studien über das Manta-Shastra.* Weilheim 1968.

Bechert, H. / Simson, G. von (Hrsg.): *Einführung in die Indologie.* Darmstadt 1993.

Bharati, Agehananda: *Die Tantra-Tradition.* Freiburg 1977.

Blofeld, John: *Die Macht des heiligen Lautes. Die geheime Tradition des Mantra.* Bern-München 1978.

Bohm, Werner: *Chakras. Lebenskräfte und Bewußtseinszentren.* Weilheim 1966.

Deussen, Paul: *Allgemeine Geschichte der Philosophie. Bd. 1–2: Philosophie des Veda bis auf die Upanishads. Bd. 3:* Die nachvedische Philosophie der Inder. Leipzig 1920.

Eidlitz, Walther: *Der Glaube und die heiligen Schriften der Inder.* Olten-Heidelberg 1957.

–: *Der Sinn des Lebens. Der indische Weg zur liebenden Hingabe.* Olten-Freiburg 1974.

Eliade, Mircea: *Yoga. Unsterblichkeit und Freiheit.* Zürich-Stuttgart 1960.

Feuerstein, Georg: *Der Yoga im Lichte der Bewußtseinsgeschichte der indischen Kultur.* Schaffhausen 1981.

Glasenapp, Helmuth von: *Der Stufenweg zum Göttlichen. Shankaras Philosophie der All-Einheit.* Baden-Baden. 1948.

–: *Die Religionen Indiens.* Stuttgart 1955.

–: *Der Hinduismus. Religion und Gesellschaft im heutigen Indien* (1922). München 1978.

Gonda, Jan: *Die Religionen Indiens, Bd. 1/2.* Stuttgart 1960/63.

Gunturu, Vanamali: *Hinduismus. Die große Religion Indiens.* München 2000.

Hauer, Jakob Wilhelm: *Der Yoga. Ein indischer Weg zum Selbst.* Stuttgart 1958; Südergellersen 1983.

Hinze, Oscar Marcel: *Tantra Vidya. Wissenschaft des Tantra.* Freiburg 1983.

Iyengar, B.K.S.: *Licht auf Yoga.* Weilheim 1969.

–: *Licht auf Pranayama. Das grundlegende Lehrbuch der Atemschule des Yoga.* Bern-München 1984.

Keilhauer, Anneliese und Peter: *Die Bildsprache des Hinduismus.* Köln 1983.

Krishna, Gopi: *Kundalini. Erweckung der geistigen Kraft im Menschen.* Weilheim 1968.

–: *Die neue Dimension des Yoga. Kundalini und Naturwissenschaft.* Bern-München 1975.

–: *Höheres Bewußtsein. Die evolutionäre Kundalini-Kraft.* Freiburg 1975.

Lemaitre, Solange: *Ramakrishna in Selbstzeugnissen und Bilddokumenten.* Reinbek 1963.

Le Saux, Henri: *Der Weg zum anderen Ufer. Die Spiritualität der Upanishaden.* Düsseldorf-Köln 1980.

–: *Das Geheimnis des heiligen Berges. Als christlicher Mönch unter den Weisen Indiens.* Freiburg 1989.

–: *Das Feuer der Weisheit. Ein Benediktiner und das spirituelle Erbe Indiens.* Bern-München 1979.

Mall, Ram Adhar: *Der Hinduismus. Seine Stellung in der Vielfalt der Religionen.* Darmstadt 1997.

Melzer, Friso: *Indische Weisheit und christliche Erkenntnis.* Tübingen 1948.

–: *Christus und die indischen Erlösungswege.* Tübingen 1949.

Mookerjee, A. / Khanna, M.: *Die Welt des Tantra.* Bern-München 1978.

Mylius, Klaus: *Geschichte der altindischen Literatur.* Bern-München 1988.

Nikhilananda, Swami: *Der Hinduismus. Seine Bedeutung für die Befreiung des Geistes.* Frankfurt 1958.

LITERATUR – HINDUISMUS

Panikkar, Raimundo (Raimon): *Christus der Unbekannte im Hinduismus*. Luzern-Stuttgart 1965.
–: *Die vielen Götter und der eine Herr*. Weilheim 1963.
Poeppig, Fred: *Yoga oder Meditation. Der Weg des Abendlandes*. Freiburg, 2. erw. Aufl. 1965.
Radhakrishnan, Sarvapalli: *Gemeinschaft des Geistes*. Darmstadt-Genf 1952.
–: *Indische Philosophie, Bd. I/II*. Darmstadt/Baden-Baden 1956.
–: *Erneuerung des Glaubens aus dem Geist*. Frankfurt 1959.
–: *Weltanschauung der Hindu*. Baden-Baden 1961.
–: *Wissenschaft und Weisheit. Westliches und östliches Denken*. München 1961.
–: *Meine Suche nach Wahrheit*. Gütersloh 1961.
Ramakrishna: *Leben und Gleichnis. Die Botschaft des größten indischen Heiligen*. Bern-München 1975.
Rau, Heimo: *Mahatma Gandhi in Selbstzeugnissen und Bilddokumenten*. Reinbek 1970.
Rieker, Hans Ulrich: *Die 12 Tempel des Geistes. Weisheit und Technik der Yogasysteme*. Zürich 1955.
Saher, J.P.: *Evolution und Gottesidee. Studien zur Geschichte der philosophischen Gegenwartsströmungen zwischen Asien und dem Abendland*. Ratingen 1967.
Samartha, Stanley J.: *Hindus vor dem universalen Christus. Beiträge zu einer Christologie in Indien*. Stuttgart 1970.
Satprem: *Sri Aurobindo oder das Abenteuer des Bewußtseins*. Weilheim 1970.
Schleberger, Eckhard: *Die indische Götterwelt*. Darmstadt 1986.
Schmidt, Christian: *Erfahrungsweg Yoga. Gottesbegegnung durch Selbstfindung*. München 1993.
Schreiner, Peter: *Yoga. Grundlagen, Methoden, Ziele. Ein bibliographischer Überblick*. Köln 1979.
Schumann, Hans Wolfgang: *Die indische Götterwelt. Gestalt, Ausdruck und Sinnbild. Ein Handbuch der hinduistischen Ikonographie*. Darmstadt 1986; München 1997.
–: *Die großen Götter Indiens. Grundzüge von Hinduismus und Buddhismus*. München 1996.
Schweitzer, Albert: *Die Weltanschauung der indischen Denker* (1935). München 1965 u.ö.
Schwarzenau, Paul: *Der größere Gott. Christentum und die Weltreligionen*. Stuttgart 1977.
Schwery, Walter: *Im Strom des Erwachens. Der Kundaliniweg des Siddha-Yoga und der Individuationsprozeß nach C.G. Jung*. Interlaken 1988.
Torwesten, Hans: *Ramakrishna und Christus oder das Paradox der Inkarnation*. Planegg 1981.
–: *Ramakrishna. Ein Leben in Ekstase*. Zürich-Düsseldorf 1997.
Tucci, Giuseppe: *Geheimnis des Mandala. Theorie und Praxis*. Weilheim 1972.
Unger, Gerhard: *Yoga, Ursprung und Begegnung. Die Yoga-Sutren des Patanjali*. Würzburg 1985.
Der Weg des Yoga. Handbuch für Übende und Lehrende. Hrsg. vom Berufsverband deutscher Yoga-Lehrer. Petersberg 1994.
Weizsäcker, C.F. von / Gopi Krishnan: *Biologische Basis religiöser Erfahrung*. Weilheim 1971.
Wolff, Otto: *Indiens Beitrag zum neuen Menschenbild*. Hamburg 1957.
–: *Radhakrishnan*. Göttingen 1962.

–: *Sri Aurobindo in Selbstzeugnissen und Bilddokumenten*. Reinbek 1967.
Zaehner, R.C.: *Der Hinduismus*. München 1964.
Zimmer, Heinrich: *Philosophie und Religion Indiens*. Frankfurt 1973.
–: *Yoga und Buddhismus*. Frankfurt 1973.

Buddhismus

Quellen

Die Reden Gotamo Buddhos. Mittlere Sammlung I/III, übertragen von Karl Eugen Neumann. München 1922.
Pali-Buddhismus in Übersetzungen, übersetzt von K. Seidenstücker. München 1923.
Worte des Erwachten, übersetzt von Kurt Schmidt. München-Planegg 1951.
Buddhistische Geisteswelt. Vom historischen Buddha zum Lamaismus. Baden-Baden 1955 u.ö.
Im Zeichen des Buddha. Buddhistische Texte übers. von Edward Conze. Frankfurt 1957.
Der Hingang des Vollendeten, aus dem Pali-Kanon übersetzt und eingeleitet von Hermann Beckh (1925). Stuttgart 1960.
Reden des Buddha (1922), übersetzt von Hermann Oldenberg, mit einer Einführung von Heinz Bechert. Freiburg 1993.
Das tibetische Buch der Toten. Erste Originalübertragung aus dem Tibetischen, mit einer Einführung von Lama Anagarika Govinda. München 1984.
Weisheit der Leere. Sutra-Texte des indischen Mahayana-Buddhismus, hrsg. von Michael von Brück. Zürich 1989.
Die makellose Wahrheit erschauen. Lankavatara-Sutra, übersetzt aus dem Sanskrit von K.H. Golzio. Bern-München 1996.
Zutritt nur durch die Wand. Wu-men Hui-k'ai, aus dem Chinesischen übersetzt von Walter Liebenthal. Heidelberg 1977.
Mumonkan. *Die Schranke ohne Tor. Meister Wu-mens Sammlung der 48 Koan*, aus dem Chinesischen übersetzt und erläutert von Heinrich Dumoulin. Mainz 1975.
Die torlose Schranke. Momonkan. Zen-Meister Momons Koan-Sammlung, übertragen und kommentiert von Zen-Meister Koun Yamada. München 1989.
Huan-Po. Der Geist des Zen. Hrsg. von John Blofeld. München 1963.
Bi-Yän-Lu. Meister Yüan-wu's Niederschrift von der Smaragdenen Felswand. Verdeutscht und erläutert von Wilhelm Gundert. Bd. I/III. München 1960–67.

Sekundärliteratur

Anderson, Walt: *Das offene Geheimnis. Der tibetische Buddhismus als Religion und Psychologie*. Bern-München 1981.
Baatz, Ursula: Hugo M. Enomiya-Lassalle. *Ein Leben zwischen den Welten*. Zürich-Düsseldorf 1998.
Bechert, Heinz: »Buddhismus«, in: *Theologische Realenyzklopädie*. Berlin 1981, Bd. VII, S. 317–335.
Bechert, H. / Gombrich, R. (Hrsg.): *Der Buddhismus. Geschichte und Gegenwart*. München 2000.

Beckh, Hermann: *Buddha und seine Lehre* (1916). Stuttgart 1958.
Benz, Ernst: *Buddhas Wiederkehr und die Zukunft Asiens.* München 1963.
Bergler, Manfred: *Die Anthropologie des Grafen Karlfried von Dürckheim im Rahmen der Rezeptionsgeschichte des Zen-Buddhismus in Deutschland* (Diss. phil.) Erlangen 1981.
Birnbaum, Raoul: *Der heilende Buddha.* Bern München 1982.
Blofeld, John: *Die Macht des heiligen Lautes. Die Geheime Tradition des Mantra.* München 1978.
Brück, Michael von: *Buddhismus. Grundlagen, Geschichte, Praxis.* Gütersloh 1998.
–: *Denn wir sind Menschen voller Hoffnung. Gespräche mit dem 14. Dalai Lama.* München 1988.
Brück, Regina und Michael von: *Ein Universum voller Gnade. Die Geisteswelt des tibetischen Buddhismus.* Freiburg 1987.
Brück, Michael / Whalen Lai: *Buddhismus und Christentum.* München 1998.
Bürkle, Horst: *Dialog mit dem Osten. Radhakrishnans neuhinduistische Botschaft im Lichte christlicher Weltsendung.* Stuttgart 1965.
- (Hrsg.): *Indische Beiträge zur Theologie der Gegenwart.* Stuttgart 1966.
Chögyam Trungpa: *Das Buch vom meditativen Leben. Die Shambhala-Lehren vom ›Pfad des Kämpfers‹ zur Selbstverwirklichung im täglichen Leben.* München 1986.
Christentum und Buddhismus. Verwandtes und Unterscheidendes, hrsg. von Alfons Rosenberg. München-Planegg 1959.
Conze, Edward: *Der Buddhismus. Wesen und Entwicklung.* Stuttgart 1953 u.ö.
–: *Eine kurze Geschichte des Buddhismus.* Frankfurt 1984.
Dalai Lama: *Einführung in den Buddhismus. Die Harvard-Vorlesungen.* Freiburg 1993.
–: *Das Auge der Weisheit. Grundzüge der buddhistischen Lehre für westliche Leser.* Bern-München 1975.
–: *Der Mensch der Zukunft. Meine Vision.* Bern-München 1998.
David-Neel, Alexandra: *Der Weg zur Erleuchtung. Geheimlehren und Zeremonien in Tibet.* Stuttgart 1960.
Dürckheim, Karlfried Graf: *Japan und die Kultur der Stille.* München 6. Aufl. 1975.
–: *Zen und wir.* Weilheim 1961; erw. Aufl. Frankfurt 1974.
–: *Hara. Die Erdmitte des Menschen.* München 9. Aufl. 1981.
Dumoulin, Heinrich: *Östliche Meditation und christliche Mystik.* Freiburg 1966.
- (Hrsg.): *Buddhismus der Gegenwart.* Freiburg-Barcelona 1970
–: *Der Erleuchtungsweg des Zen im Buddhismus.* Frankfurt 1976.
–: *Begegnung mit dem Buddhismus. Eine Einführung.* Freiburg 1978.
–: *Zen im 20. Jahrhundert.* Frankfurt 1993.
Enomiya-Lassalle, H.M.: *Zen-Weg zur Erleuchtung.* Wien-Freiburg 1960 u.ö.
–: *Zen und christliche Mystik.* Freiburg 1986.
–: *Zen-Unterweisung,* hrsg. von Roland Ropers und Bogdan Snela. München 1987.
Garma, C.C. Chang: *Die buddhistische Lehre von der Ganzheit des Seins.* Bern-München 1989.
Glasenapp, Helmuth von: *Buddhistische Mysterien.* Stuttgart 1940.
Govinda, Anagarika Lama: *Die psychologische Haltung der frühbuddhistischen Philosophie.* Zürich 1962.
–: *Grundlagen tibetischer Mystik. Nach den esoterischen Lehren des großen Mantra Om mani padme hum.* Zürich 1966.
–: *Der Weg der weißen Wolken. Erlebnisse eines buddhistischen Pilgers in Tibet.* Zürich 1969.

–: *Der Stupa. Psychokosmisches Lebens- und Todessymbol.* Freiburg 1978.
–: *Buddhistische Reflexionen. Die Bedeutung von Lehre und Methoden des Buddhismus für westliche Menschen.* München 1983.
–: *Lebendiger Buddhismus im Abendland.* München 1986.
–: *Das Buch der Gespräche. Im Dialog mit einem großen Meister des Buddhismus.* Bern-München 1998.
Guenther, Herbert V.: *Tantra als Lebensanschauung.* München 1974.
Guenther, Herbert V. und Tschögyam Trungpa: *Tantra im Licht der Wirklichkeit. Wissen und praktische Anwendung.* Freiburg 1975.
Herrigel, Eugen: *Zen in der Kunst des Bogenschießens* (1948). München-Planegg 1954.
–: *Der Zen-Weg.* (Aus dem Nachlaß in Verbindung mit Gusty L. Herrigel hrg. von Hermann Tausend). München-Planegg 1958.
Hoffmann, Helmut: *Mila Raspa. Sieben Legenden.* München-Planegg 1950.
–: *Die Religionen Tibets. Bön und Lamaismus in ihrer geschichtlichen Entwicklung.* Freiburg-München 1956.
Hoover, Thomas: *Die Kultur des Zen.* Düsseldorf-Köln 1977.
Hopkins, Jeffrey (Hrsg.): *Tantra in Tibet. Das geheime Mantra des Tsong-ka-pa.* Düsseldorf 1980.
Izutsu, Toshihiko: *Philosophie des Zen-Buddhismus.* Reinbek 1979.
Johnston, William: *Der ruhende Punkt. Zen und christliche Mystik.* Freiburg 1974.
–: *Spiritualität und Transformation. Erneuerung aus den Quellen östlicher und westlicher Mystik.* Freiburg 1986.
Kapleau, Philip (Hrsg.): *Die drei Pfeiler des Zen. Lehre, Übung, Erleuchtung.* Zürich-Stuttgart 1969.
Kennedy, Alex: *Was ist Buddhismus? Lehre und Weltsicht.* Bern-München 1987.
Khema, Ayya: *Morgenröte im Abendland. Buddhistische Meditationspraxis.* Bern-München 1991.
Klimkeit, H.J.: *Der Buddha. Leben und Lehre.* Stuttgart 1990.
Meier, Erhard: *Weisungen für den Weg der Seele. Aus dem Tibetischen Totenbuch.* Freiburg 1987.
Mensching, Gustav: *Buddha und Christus. Vergleichende Untersuchung,* hrsg. von Udo Tworuschka. Freiburg 2001.
Merton, Thomas: *Weisheit der Stille. Die Geistigkeit des Zen und ihre Bedeutung für die moderne Welt.* München 1975.
Moacanin, Radmila: *Archetypische Symbole und tantrische Geheimlehren.* Interlaken 1988.
Nyanaponika Thera / Hellmuth Hecker: *Die Jünger Buddhas. Leben, Werk und Vermächtnis der 24 bedeutendsten Schüler und Schülerinnen des Erwachten.* München 2000.
Nyanatiloka: *Buddhistisches Wörterbuch.* Konstanz 1983.
Nydal, Ole: *Die Buddhas vom Dach der Welt. Mein Weg zu den Lamas.* Düsseldorf 1979
Oldenberg, Hermann: *Buddha. Sein Leben, seine Lehre, seine Gemeinde.* Stuttgart 1959.
Powers, John: *Religion und Kultur Tibets. Das geistige Erbe eines buddhistischen Landes.* München 2000.
Rinser, Luise: *Mitgefühl als Weg zum Frieden. Meine Gespräche mit dem Dalai Lama.* München 1995.

Schneider, Ulrich: *Der Buddhismus. Eine Einführung.* Darmstadt 1997.
Schuhmacher; Stephan: *Zen.* München 2001.
Schumann, Hans Wolfgang: *Ein ikonographisches Handbuch des Mahayana- und Tantrayana-Buddhismus.* München 1998.
–: *Buddhismus. Stifter, Schulen und Systeme.* München 1998.
–: *Handbuch Buddhismus. Die zentralen Lehren, Ursprung und Gegenwart.* München 2000.
Schüttler, Günter: *Die Erleuchtung im Zen-Buddhismus. Gespräche mit Zen-Meistern und psychopathologische Analyse.* Freiburg 1974.
Shibayama, Zenkei: *Zu den Quellen des Zen.* München 1976.
–: *Eine Blume lehrt ohne Wort. Zen im Gleichnis und Bild.* Bern-München 1989.
Siegmund, Georg: *Buddhismus und Christentum. Vorbereitung eines Dialogs.* Frankfurt 1968.
Snelling, John: *Buddhismus. Ein Handbuch für westliche Leser,* mit Anmerkungen von K.H. Golzio. München 1991.
Sogyal Rinpoche: *Das tibetische Buch vom Leben und Sterben. Mit einem Vorwort des Dalai Lama.* München 1993.
Suzuki, Dasetz Taitaro: *Leben aus Zen.* München-Planegg 1955.
–: *Der westliche und der östliche Weg.* Frankfurt 1957.
–: *Amida der Buddha der Liebe.* Bern-München 1974.
–: *Zen und die Kultur Japans.* Reinbek 1958.
–: *Satori (Essays in Zen Buddhism, first Series).* Bern-München 1987.
–: *Mushin (The Zen Doctrine of No-Mind).* Bern-München 1987.
–: *Zazen. Die Übung des Zen.* Bern-München 1988.
–: *Shunyata (Essays in Zen Buddhism, second and third Series).* Bern-München 1991.
Waldenfels, Hans: *Meditation – Ost und West.* Einsiedeln-Köln 1975.
–: *Absolutes Nichts. Zur Grundlegung des Dialogs zwischen Buddhismus und Christentum.* Freiburg 1976.
–: *An der Grenze des Denkbaren. Meditation – Ost und West.* München 1988.
Watts, Allan W.: *Zen-Buddhismus. Tradition und lebendige Gegenwart.* Reinbek 1961.
Welte, Bernhard: *Das Licht des Nichts.* Düsseldorf 1990.
Yamasaki, Taiko: *Shingon. Der esoterische Buddhismus in Japan.* Zürich-München 1990
Zen-Buddhismus und Psychoanalyse. Hrsg. von Erich Fromm, D.T. Suzuki, R. Martin. Frankfurt 1972.
Zotz, Volker: *Buddha mit Selbstzeugnissen und Bilddokumenten.* Reinbek 1991.
–: *Geschichte der buddhistischen Philosophie.* Reinbek 1996.

Taoismus und Konfuzianismus

Quellen

I Ging. Das Buch der Wandlungen. Aus dem Chinesischen übertragen und erläutert von Richard Wilhelm (1923). Düsseldorf-Köln 1967.
I Ging. Das Buch der Wandlungen. Hrsg. von John Blofeld, mit einem Vorwort von Lama Anagarika Govinda. München 1963.

Anhang

Eranos Yi Jing. Das Buch der Wandlungen. Hrsg. von Rudolf Ritsema und Hansjakob Schneider. München-Bern 2000.
Dschuang-Dsi: Das wahre Buch vom südlichen Blütenland. Übers. und erläutert von Richard Wilhelm. Düsseldorf- Köln 1969.
Kungfutse (Konfuzius): Gespräche. Lun Yü. Übertragen und erläutert von Richard Wilhelm. Düsseldorf-Köln 1955; München 2000.
Lao-Tses Tao-Te-King, übersetzt von Viktor von Strauß. Leipzig 1924.
Laotse: Tao te king. Das Buch des Alten vom Sinn und Leben. Übertragen und erläutert von Richard Wilhelm. Düsseldorf-Köln 1958.
Lau-Dse: Führung und Kraft aus der Ewigkeit (Dau-Dö-Ging). Übersetzt von Erwin Rousselle. Wiesbaden 1952.
Laudse: Daudedsching. Übersetzt und kommentiert von Ernst Schwarz. München 1980.
Tschuangtse. Reden und Gleichnisse. Deutsche Auswahl von Martin Buber. Zürich 1951.
Geheimnis der Goldenen Blüte. Übersetzt und erläutert von Richard Wilhelm, mit einem europäischen Kommentar von C.G. Jung. Köln 1986.
Die Erfahrung der Goldenen Blüte. Basistext taoistischer Meditation aus dem China des 12. Jahrhunderts. Hrsg. und kommentiert von Mokusen Miyuki. München 1984.
Chinesische Geisteswelt. Von Konfuzius bis Mao Tse-Tung. Texte ausgewählt und eingeleitet von G. Debon und Werner Speiser. Baden-Baden 1957.
Die Weisheit Asiens. Das Lesebuch aus China, Japan, Tibet, Indien und dem Vorderen Orient. Ausgewählt und zusammengestellt von Michael Günther. Kreuzlingen-München 1999.

Sekundärliteratur

Bauer, Wolfgang: »Lao-tzu«, in: *Die Großen der Weltgeschichte,* hrsg. Kurt Fassmann. Zürich 1971, Band I, S. 364 ff.
Behrsing, Siegfried: »Konfuzius«, in: *Die Großen der Weltgeschichte,* a.a.O. S. 382 ff.
Blofeld, John: *Das Geheime und Erhabene. Mysterien und Magie des Taoismus.* München 1974.
–: *Jenseits der Götter. Auf den Spuren der Weisen, die heitere Kunst des Lebens in der chinesischen Mystik.* München 1976.
–: *Selbstheilung durch die Kraft der Stille (Taoistische Theorie und Praxis).* München 1981.
–: *Der Taoismus oder die Suche nach Unsterblichkeit.* Köln 1986.
Chang Chung-Yuan: *Tao, Zen und schöpferische Kraft.* Düsseldorf-Köln 1975.
Chang Po-Tuan: *Das Geheimnis des Goldenen Elixiers. Die innere Lehre des Taoismus von der* Verschmelzung von Yin und Yang. Bern-München 1990.
Cooper, J.C.: *Der Weg des Tao. Eine Einführung in die älteste chinesische Weisheitslehre.* München 1977.
Darga; Martina: *Konfuzius.* München 2001.
Eberhard, Wolfgang: *Geschichte Chinas.* Stuttgart 1971.
Eichorn, Werner: *Die Religionen Chinas.* Stuttgart 1955.
Engler, Friedrich K.: *Die Grundlagen des I-Ching. Leben, Lebensgesetze, Lebensordnung.* Freiburg 1987.

Literatur – Taoismus und Konfuzianismus

–: *Diskussionen über das I-Ching. Freiheit und Ordnung im Menschenschicksal.* Freiburg 1989.
Erfahrungen mit dem I Ging. Vom kreativen Umgang mit dem Buch der Wandlungen. Köln 1984.
Forke, Alfred: *Geschichte der chinesischen Philosophie.* Hamburg 1964.
Gan, Shaoping: *Die chinesische Philosophie.* Darmstadt 1997.
Gernet, Jacques: *Christus kam bis nach China. Eine erste Begegnung und ihr Scheitern.* Zürich-München 1984.
Govinda, Lama Anagarika: *Die innere Struktur des I Ging. Das Buch der Wandlungen.* Freiburg 1983.
Granet, Marcel: *Das chinesische Denken. Inhalt, Form, Charakter.* München 1963; Frankfurt 1985.
Gregor, Paul: *Konfuzius. Meister der Spiritualität.* Freiburg 2001.
Gu, Xuewu: *Konfuzius – zur Einführung.* Hamburg 1999.
Hentze, Carl: *Tod, Auferstehung, Weltordnung. Das mystische Bild im älteren China, I/II.* Zürich 1955.
Hook, Diana F.: *I Ging für Fortgeschrittene. Strukturen, Kräfte, Kombinationen.* Köln 1983.
Linck, Gudula: *Yin und Yang. Auf der Suche nach Ganzheit im chinesischen Denken.* München 2000.
Malek, Roman: *Das Tao des Himmels.* Freiburg 1996.
Malmqvist, Göran: *Die Religionen Chinas.* Göttingen 1974.
–: »Chinesische Religionen«, in: *Theologische Realenzyklopädie (TRE).* Berlin 1981, Bd. 7, S. 760–782.
Miyuki, Mokusen (Hrsg.): *Die Erfahrung der Goldenen Blüte.* München 1984.
Needham, Joseph: *Wissenschaftlicher Universalismus.* Hrsg. von Tilman Spengler. Frankfurt 1979.
Paul, Gregor: *Konfuzius. Meister der Spiritualität.* Freiburg 2001.
Reimers, Emil: *Meditationen über fernöstliche Symbole.* Weilheim 1964.
Reiter, Florian C. (Hrsg.): *Leben und Wirken Lao-Tzu's in Schrift und Bild.* Würzburg 1990.
–: *Lao-Tzu zur Einführung.* Hamburg 1994.
Robinet, I.: *Geschichte des Taoismus.* München 1995.
Rousselle, Erwin: Lau-Dsis Weg durch Seele, Geschichte und Welt. München 1973.
Schmidt-Glintzer, Helwig: *Geschichte der chinesischen Literatur.* München-Bern 1990.
Schwarz, Ernst: *Weisheit des alten China.* München 1994.
Watts, Alan: *Der Lauf des Wassers. Eine Einführung in den Taoismus.* München 1976.
Wilhelm, Hellmut: *Die Wandlung. Acht Essays zum I Ging.* Zürich 1958.
Wilhelm, Richard: *Der Mensch und das Sein.* Jena 1931.
–: *Wandlung und Dauer. Die Weisheit des ›I-Ging‹.* Düsseldorf 1956.
Yutang, Lin (Hrsg.): *Laotse.* Frankfurt 1955.
–: *Konfuzius.* Frankfurt 1957.

Religionsstatistik

Analog zur Bevölkerungszählung besteht das Bedürfnis, den Mitgliederbestand in den einzelnen Weltreligionen zu ermitteln. Diese Aufgabe hat die Religionsstatistik zu erfüllen. Folgt man den in der Enzyclopaedia Britannica (Stand 1999) erstellten Angaben, dann ergeben sich bei einer Weltbevölkerung von mehr als 6 Milliarden Menschen folgende Zahlen (in Millionen):

Christen	1595
Katholiken	1044
Protestanten	337
Orthodoxe	214
Juden	14
Muslime	1155
Hindus	799
Buddhisten	356
Konfuzianer	6
Schintoisten	3
Stammes- und Naturreligionen	100
Atheisten	240
Andersgläubige	1732

Abgesehen davon, dass diese Zahlen lediglich auf formale Zugehörigkeit bezogen sind und individuelle Glaubensüberzeugungen zahlenmäßig nicht erfasst werden können, ist die Aussagekraft sämtlicher Zählungen schon vom Ansatz her problematisch. Aus einer Reihe gravierender Gründe ist eine auch nur annähernde Erfassung kaum möglich. Die Zahlen ergeben sich nur zu einem begrenzten Teil aus offiziellen Erhebungen, zu einem anderen Teil beruhen sie auf Schätzungen bzw. Hochrechnungen. Eine Reihe weiterer Gesichtspunkte kommt noch hinzu:

Überall dort, wo man (z.B. in Ostasien) aufgrund der sozio-kulturellen Situation verschiedene Glaubensüberzeugungen in sich vereint, kann man etwa Buddhist sein, gleichzeitig aber auch dem schintoistischen bzw. konfuzianischen oder taoistischen Brauchtum verbunden sein. In solchen Fällen sind Mehrfachzählungen nichts Außergewöhnliches. Anders verhält es sich bei Gemeinschaften, in denen nur Erwachsene, etwa durch Erwachsenentaufe (bei Baptisten oder Zeugen Jehovas), die volle Mitgliedschaft erwerben können, und es ist nicht immer klar, ob Kinder mitgezählt werden. Ein weiterer Unsicherheitsfaktor ergibt sich aus dem Bestreben bestimmter religiöser Gruppen, die eigene Mitgliedschaft »aufzurunden« bzw. Abweichler oder Sektierer als nicht zugehörig zu deklarieren.

Einen besonderen Status beanspruchen sogenannte Mischreligionen, die aus der jeweiligen historisch bedingten Fusion verschiedener Religionen entstanden sind. Bisweilen waren deren Begründer bestrebt, zwischen den Gläubigen unterschiedlicher religiöser Einstellungen zu vermitteln. Eine solche Gruppierung stellt u.a. die dem Islam nahestehende, von diesem jedoch prinzipiell abgelehnte und bekämpfte Bahai-Bewegung dar, die sich als »Religion der Einheit« verstehen möchte. In Japan hat sich parallel zu anderen »moderneren Religionen« im 20.

Jahrhundert die Soka-Gakkai-Bewegung als »Gesellschaft zur Schaffung von Werten« entwickelt; sie verbindet buddhistische Elemente mit pädagogischen und politischen Zielsetzungen. Im Christentum bzw. an deren Rand gehören die Mormonen als »Kirche Jesu Christi der Heiligen der letzten Tage« zu jenen Sondergemeinschaften und Sekten, die aus anderem Blickwinkel betrachtet als eigenständige Religionen angesehen werden können, zumal sich ihre Glaubensanschauungen in wesentlichen Fragen vom Grundbestand des christlichen Dogmas unterscheiden.

Zu alledem kommt noch hinzu, dass die Einschätzung und Zuordnung einer solchen Gemeinschaft vom Selbstverständnis derer abhängt, die über die Andersgläubigen und als Konkurrenten Empfundenen urteilen. Sprichwörtlich ist der Alleinvertretungsanspruch der römisch-katholischen Kirche, deren oberstes, autoritär auftretendes Lehramt – zuletzt zum Ausdruck gebracht in der Enzyklika »Dominus Jesus« – allen Nicht-Katholiken das volle Christsein abspricht und sich damit selbst den Charakter einer sektiererischen Grundhaltung zuerkennt. Verlautbarungen dieser Art stehen zumindest im Widerspruch zu anderen Gesten, die eine versöhnliche, an der Liebe Jesu Christi orientierte Haltung zum Ausdruck bringen sollen.

Personenregister

Jeremia 35
14. Dalai Lama 332
A. Govinda 265
A. Schweitzer 106
A. v. Harnack 78
Aaron 32
Abdallah 134
Abraham 24-27, 29-30, 33, 42, 47, 77, 88, 127, 133, 140, 145
Abrahams 24, 28
Abu-Bakr 139, 142, 149, 157
Abu-Bakrs 158
Achad-Haam 76
Adam 127, 145
Adam und Eva 45
Adolf Reichwein 316
Agape 100
Agni 184
Aischa 139-140, 142
Aischylos 109
Akiba ben Joseph 72
Al-Ghazzali 170
Al-Halladsch 168-169
Albert Schweitzer 277, 338
Alexander der Große 38, 48, 87, 109, 133, 277, 301
Ali 142, -158
Allan Watts 280, 286, 313
Amba 182
Amina 134
Anagarika Govinda 256, 260, 262-263, 281, 295
Ananda 241, 249
Annemarie Schimmel 132, 165, 169
Annie Besant 221
Antiochus IV 38
Antipas 87
Apostel Paulus 109, 169
Aristoteles 128, 301
Arjuna 192, 196-197
Arthur Schopenhauer 191, 277
Arvin Sharma 178
Ascher Ginzberg 76
Aschera 35
Ashoka 236, 248, 277
Asser 30

Astarte 35, 66
August Faust 279
Augustinus 85, 106
Aurobindo 223-225, 229
Avalokiteshvara 282
Averroës 58
Ayatollah Khomeini 132
Bahira 135
Bar-Kochba 39, 72
Baruch Spinoza 58
Basho 271
Bassam Tibi 129
Bede Griffiths 195, 230-231
Benjamin 30
Berber Tariq Ibn Siad 129
Bhagwan Rajneesh 228
Bharata 192
Bodhidharma 267
Buber 43, 269, 339
Buddha 125, 178, 227, 233-236, 253
Buddha Shakyamuni 268
Bultmann 86, 89
C.G. Jung 79, 115-117, 125, 214, 231, 257, 270, 295
Caitanya 207
Carl Friedrich von Weizsäcker 213
Carl Gustav Jung 281
Chadidscha 134-137, 140, 146
Chakkarai 229
Chang Chung-Yuan 288
Chenchiah 229
Christus 229
Cyrenius 39
Cyrus 28
D.T. Suzuki 270, 273-274, 279-280
Daisetz Taitaro Suzuki 269, 279
Dalai Lama 333
Dan 30
Dante 20
Dareios I. 174
David 33, 36, 72, 87
David Ben-Gurion 27
Dayananda Sarasvati 217
Debon 308
Debora 35
Descartes 59
Deutero-Jesaja 37
Dietrich Bonhoeffer 11
Dogen 275

Personenregister

Dorothee Sölle 11
Dostojewski 85
Dschelaleddin 169
Durga 182
E. Schwarz 311
Eduards VII. 278
El 35
Elia 21
Emmanuel Lévinas 28
Enomiya-Lassalle 273
Ernst Benz 276
Ernst Lothar Hoffmann 281
Ernst Schwarz 287
Ernst Troeltsch 118, 336
Eros 100
Erwin Rousselle 287, 295, 304
Esra 38
Eugen Herrigel 280
Fariduddin 'Attar 169
Fatima 135, 158
Ferdinand Lassalle 75
Flavius Josephus 49
Franz Rosenzweig 43, 58–59
Frederic Spiegelberg 225
Friedrich Max Müller 216, 277
Friedrich Nietzsche 40, 277
Friedrich Rückerts 147
Friedrich Schleiermacher 13
Fu-hsi 292
G. Debon 306
G. Mensching 239
Gabriel 137
Gad 30
Gandhi 218, 221-222
Ganesha 180
Gautama 236
Georg Feuerstein 215
Georg Forster 216
Gerd Theissen 89
Gershom Scholem 56, 73
Gideon 35
Goethe 59, 216, 218, 287
Golo Mann 330
Gopi Krishna 213
Graf Dürckheims 16
Günter Debon 287
H.P. Blavatsky 221
H.S. Nasr 164
Haggai 37

Hans Heinrich Schaeder 169
Hans Joachim Schoeps 57
Hans Küng 19, 228, 338
Hans Waldenfels 279
Hasan 158
Hegel 59, 277, 290, 316
Heinrich Dumoulin 279
Heinrich Oldenberg 277
Heinrich Zimmer 239
Helena Petrowna Blavatskys 218
Hellmut Wilhelm, 295
Henoch 21
Henri Bergson 338
Henri le Saux 229
Henry Corbin 131, 159, 162
Henry Steel Olcott 218
Heraklit 292, 301
Herder 59, 277, 316
Hermann Cohen 59
Hermann Graf Keyserling 280
Hermann Hesse 295
Hermann Oldenberg 236
Hermes Trismegistos 201
Herodes Antipas 87
Herodes der Große 39
Herrigel 280
Herzl 28, 75
Hesekiel 37, 43, 56, 71
Hess 75
Hobbes 59
Hugo Makibi Enomiya-Lassalle 267, 279
Husain 158
Ibn 'Arabi 170
Ignatius 115
Ignatius von Antiochien 83
Ina Seidel 51
Indra 185
Irenäus von Lyon 201
Isaak 24-25, 30, 42, 66
Isai 36
Isaschar 30
Ismael 133
J. Needham 306
Jahve 24, 31, 33, 35-38, 44, 47, 55, 61, 71, 78, 152
Jakob 25, 28, 30, 42, 66
Jakob Frank 72
Jakob Wilhelm Hauer 210

Anhang

Jakob-Israel 24
Jakobus 98, 123
Jawaharlal Nehru 218
Jean Gebser 214-215, 286, 333
Jehoschua 78
Jehoschua ben Joseph 73
Jehoshua 74
Jehuda Halevi 58
Jephta 35
Jeremia 37, 43, 74
Jerobeam 36
Jesaias 90
Jesaja 16-17, 37, 43, 56, 74, 91, 94
Jeshua ben Joseph 74
Jesus 49, 57, 72-73, 78-80, 84, 87, 91-92, 102, 127, 137, 140, 169, 227, 229, 233, 235-236, 318
Jesus Christus 73, 81-83, 113, 143, 225, 227
Jesus von Nazareth 39, 62, 72, 77, 79, 81, 87, 90, 110, 126
Joachim von Fiore 162
Johann Arndt 85
Johannes 90-91, 95, 98-99, 106, 109, 114, 123
Johannes der Täufer 72, 80, 90, 96, 104
Johannes von Damaskus 130
John Snelling 268
Joseph 30
Josephus 42, 89
Josua 32, 35, 43
Juda 30, 38, 47
Judas 38
Judas der Makkabäer 70
Judas Makkabäus 38
Jules Monchanin 230
Jung 295
K. Barth 116
Kaiser Augustus 39
Kaiser Neros 107
Kaiser Vespasian 39
Kali 180, 182
Kant 277
Karl Barth 86
Karl Jaspers 233
Karl Martell 129
Karl Marx 75, 338
Karlfried Graf Dürckheim 267, 272, 280

Ken Wilber 214, 333
Keshab Chandra Sen 217, 228
Konfuzius 233, 293, 310, 317, 319
Konstantin 122
König David 36
König Salomo 44
Könige 43
Krishna 192, 196-197, 227
Kurt Wilhelm 57
Kyros 38
Laotse 233, 287, 301-304, 310
Lazarus 99
Le Saux 230
Le Saux-Abhishiktananda 230
Leibniz 315
Leo Baeck 26, 76
Leo Hirsch 52, 67
Leo Pinsker 75
Lessing 59, 330
Levi 30
Liu Xiaogan 313
Lukas 78, 87, 90-91, 114
Lull 330
Luther 71, 106, 108, 162
M. Dibelius 91, 102, 106
Maharishi Mahesh Yogi 228
Maharshi 230
Mahatma Gandhi 89, 218
Mahavira 238
Mahendra Nath Gupta 219
Maimonides 57, 59
Maitreyi 190
Mani 135
Mao Tse-tung 282, 322
Marc Chagall 62
Marcel Granet 289
Maria 98, 121, 137, 140
Maria Hippius Gräfin Dürckheim 280
Markion 113
Markus 78, 90
Martin Buber 13, 25, 31, 43, 45, 50, 57, 59, 73, 76, 105, 269, 310
Martin Luther 54, 81, 120, 130
Martin Luther King 222
Matteo Ricci 315
Matthäus 78, 87, 90-91
Max Müller 216
Maya 237
Meinhold 330

Meister Eckhart 58, 279
Melanchthon 120
Merneptah 34
Michael von Brück 192, 261, 333
Mircea Eliade 14
Mohammed 127
Mohandas Karamchand Gandhi 182, 221
Moses 24, 31-32, 41-42, 46-47, 57, 88, 97, 113, 127, 169, 235-236
Moses Hess 75
Mu'awiya 158
Muhammad 26, 127, 133-136, 139, 142, 154, 158, 330
Mulla Sadra von Schiras 161
Nagarjuna 252
Nanak 176
Naphtali 30
Narendra Nath Datta 219
Nathan Birnbaum 75
Nehemia 38
Nehemia Goreh 228
Nero 122
Nikolai Berdjajew 162
Nikolaus von Kues 130, 331
Novalis 126
Olga Fröbe-Kapteyn 281
Otto 15-16
Otto Wolff 225
P. Tillich 12, 15
Padmasambhava 260, 265
Pajapati 237
Pandipeddi Chenchiah 229
Paramahansa Yogananda 227
Parzivals 20
Paul F. Knitter 125
Paulus 26, 40, 90, 98, 100, 102-103, 105-106, 110, 140
Peter Meinhold 330
Petrus 99-100, 105, 109, 111, 117, 123
Petrus Venerabilis 130
Philippus 87
Philo 42
Philo Alexandrinus 57
Pinchas Lapide 62
Pius 121
Piyadasi 236
Platon 57, 301
Plinius d. J. 89

Pnina Navé 74
Pompeius 38
Pontius Pilatus 39, 92, 96
Ptah 37
R. Paret 146
R. Wilhelm 300
R.O. Franke 236
Rabia 165
Rabindranath Tagore 217, 221
Radhakrishnan 212, 226-228
Rahula 237
Raimon (Raimundo) Pannikar 228
Raimon Panikkar 233, 281
Raimundo Panikkar 19, 334
Ram Mohan Roy 217, 228
Ramakrishna 180, 220, 228
Ramana Maharshi 227, 230
Ramanuja 206
Ramon Lull 130, 330
Rehabeam 36
Reinhold Schneider 330
Richard Rothe 118
Richard Wagner 277
Richard Wilhelm 285, 287, 289, 293, 295, 302-303, 306-307
Richter 43
Robert de Nobili 228
Romain Rolland Ramakrishna 218
Romano Guardini 233, 276
Rousselle 308
Roy 217
Ruben 30
Rudolf Bultmann 11, 86
Rudolf Otto 15, 17, 279
Rudolf Ritsema 287
Rudolf Steiner 214
S.H. Nasr 144-145, 171
Sabbatai 73
Sabbatai Zwi 72
Sacharia 37
Saladin 58
Salman Rushdie 132
Salomo 33, 36
Salomos 36
Samaj 217
Samjaya 197
Sammelt 107
Samuel 35, 43
Sarah 25, 30

Sarvapalli Radhakrishnan 175, 203, 212, 225, 289
Satprem 214
Saul 35, 105
Schelling 59
Schihabaddin Yahya as-Suhrawardi 170
Schleiermacher 13
Schopenhauer 191, 316
Schuej Ohasama 279
Schwarz 308
Sebastian Franck 130
Sebulon 30
Seyyed Hosein Nasr 159
Seyyed Hossein Nasr 131-132, 136
Shakti 182
Shakyamuni 236-237
Shankara 179, 202, 204
Shankaracharya 202
Shiva 174
Shizuteru Ueda Zen 279
Shmarya Levin 60
Shri Aurobindo Ghosh 222
Shuddhodana 238
Siddhartha 236-237
Siddhartha Gautama 236-238, 253, 318
Siddhartha Gautama Buddhas 239
Siddhartha Gotama 239
Sima Qian 301
Simeon 30
Simnani 167
Simon ben Kosiba 39
Simon Petrus 100
Sir John Woodroffe 199, 213
Sokrates 301, 318
Soma 185
Spinoza 59
Sri Aurobindos 214
St. Paulus 229
Stanley J. Samartha 227
Sueton 89
Suleiman 129
Sultan Mehmed II. 129
Sundar Singh 228

Swami Nityabodhananda 220
T.W. Rhys David 277
Tacitus 89
Tagore 218
Theodor Herzl 27, 75
Thomas Müntzer 130
Thomas von Aquin 14, 58
Timotheus 110
Titus 39, 110
Tschögyam Trungpa Rinpoche 265
Tu Wei-ming 323
Ulrich Mann 226
Umar 142
Uthman 142
Valentin Tomberg 159
Valentinos 201
Vallabha 206
Vata 186
Venus 66
Viktor von Strauß 287
Vishnu 174, 178
Viteslav Gardavsky 11
Vivekananda 180, 219-220, 228
Vjasa 191
Voltaire 315-316
W. Marxen 102
Wen-Wang 292
Wieland 315
Wilber 214
Wilhelm Bitter 281
Wilhelm Schlegel 216
Wilhelm von Humboldt 191
William Johnston 336
William Jones 216
Willigis Jäger 267
Wolfgang Pauli 295
XIV. Dalai Lama 235, 258, 260, 266
Yajnavalkya 190
Yin Hsi 303
Yogananda 228
Zarathustra 233, 290
Zayd ibn Thabit 149
Zebaoth 17
Zephania 94
Zhuangzi 288, 310-312
Zwi Werblowsky 128

Zum Autor

Gerhard Wehr, geboren 1931 in Schweinfurt/Main, ist Verfasser zahlreicher Studien zur Religions- und Geistesgeschichte, zur Archetypischen Psychologie C.G. Jungs und zur Anthroposophie. Er ist Autor international verbreiteter Biographien über Martin Buber, C.G. Jung, Rudolf Steiner, Jean Gebser, Graf Dürckheim, Meister Eckhart, Giordano Bruno. Zahlreiche Übersetzungen in europäische und asiatische Sprachen liegen vor. Er lebt als freier Schriftsteller in Schwarzenbruck bei Nürnberg.

Im Heinrich Hugendubel Verlag (Diederichs) hat er Schriften über Jakob Böhme (DG 144), Meister Eckhart (DG 153), die Grundtexte der Rosenkreuzer (DG 53) herausgegeben, ferner: »Spirituelle Meister des Westens« (DG 116), »Heilige Hochzeit« (DG 146) und »Judentum« (Diederichs Kompakt).

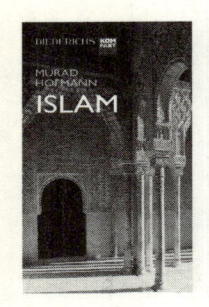

Murad Hofmann
Islam
Diederichs kompakt, 120 Seiten, Paperback

Gerhard Wehr
Judentum
Diederichs kompakt, 104 Seiten, Paperback

Konrad Dietzfelbinger
Die Bibel
Diederichs kompakt, 119 Seiten, Paperback

Carlo Zumstein
Schamanismus
Diederichs kompakt, 128 Seiten, Paperback

DIEDERICHS KOMPAKT

Sylvia und Paul Botheroyd
Kelten
Diederichs kompakt, 104 Seiten, Paperback

Martina Darga
Konfuzius
Diederichs kompakt, 96 Seiten, Paperback

Martina Darga
Taoismus
Diederichs kompakt, 96 Seiten, Paperback

Stephan Schumacher
Zen
Diederichs kompakt, 120 Seiten, Paperback

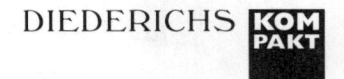

DIEDERICHS KOMPAKT

Hans Wolfgang Schumann
Handbuch Buddhismus
Die zentralen Lehren: Ursprung und Gegenwart
400 Seiten, mit zahlreichen s/w- und Farbabbildungen, gebunden mit Schutzumschlag

Das Grundlagenwerk zum Buddhismus in allen seinen Ausprägungen. Theravadā- und Māhāyana-Buddhismus mit seinen Verzweigungen, ferner das Tantryāna-System, Zen, Amida-Glauben, Shingon- und Nichiren-Buddhismus sowie der Buddhismus Tibets mit seinen Traditionslinien und dem Dzogchen: Kenntnisreich zeichnet Hans Wolfgang Schumann die zentralen Ideen, die philosophischen Weiterentwicklungen und den Wandel der Leitbilder nach – vom historischen Buddha bis in die Gegenwart.